국제기구와
지역협력

EU · ASEAN · OAS · AU

유네스코 아태교육원 국제기구 총서 9

국제기구와 지역협력

EU · ASEAN · OAS · AU

인 쇄: 2015년 8월 20일
발 행: 2015년 8월 25일

기 획: 유네스코 아시아태평양 국제이해교육원
공저자: 조한승 · 오영달 · 김도희 · 이한규

발행인: 부성옥
발행처: 도서출판 오름(www.oruem.co.kr)
등록번호: 제2-1548호(1993. 5. 11)
주 소: 서울특별시 중구 퇴계로 180-8 서일빌딩 4층
전 화: (02) 585-9122, 9123 / 팩 스: (02) 584-7952

ISBN 978-89-7778-448-2 93340

* 잘못된 책은 교환해 드립니다.
* 값은 뒤표지에 있습니다.

이 저서는 2012년 정부(교육과학기술부)의 재원으로 한국연구재단의 지원을 받아 수행된 연구임(NRF-2012S1A5B4A01035996)

유네스코 아태교육원 국제기구 총서 9

국제기구와 지역협력

EU · ASEAN · OAS · AU

조한승 · 오영달 · 김도희 · 이한규 공저

International Organizations and Regional Cooperation

EU · ASEAN · OAS · AU

CHO HanSeung · OH Youngdahl
KIM Dohee · LEE Hankyu

APCEIU · ORUEM Publishing House
Seoul, Korea
2015

머리말

글로벌화가 빠르게 진행되면서 한국의 젊은이들도 세계 각지에 나아가 활약하는 경우가 많아졌다. 특히 유엔을 포함한 국제기구에 진출하거나 국제NGO에 참여하여 세계 여러 곳에서 한국의 위상을 알리고 국제평화와 번영에 기여하며 인류사회의 발전을 위해 봉사하는 사례도 종종 접하게 된다. 지금도 많은 젊은이들이 국제무대로 진출하기 위해 실력을 쌓아가고 있으며, 앞으로 이들이 우리나라와 세계의 미래를 짊어지게 될 것이다.

이 책은 미래 글로벌 사회의 주역이 되고자 하는 대학생 혹은 일반인, 그리고 국제기구 관련 연구자들을 대상으로 국제기구의 종류와 기능, 역할 및 쟁점, 그리고 글로벌 거버넌스에서의 한국의 위상과 나아갈 방향을 체계적으로 제시할 목적으로 출판되었다. 2012년 유네스코 아시아태평양 국제이해교육원(APCEIU, 원장 정우탁)이 중심이 되어 학계의 국제기구 관련 전문가들이 참여하여 국제기구를 소개하고 각각의 기능과 쟁점을 분석하는 국제기구 총서 발간 3개년 계획을 수립하였다. 그리고 이 계획은 한국연구재단의 토대학문연구과제로 선정되어 국가적으로도 연구의 필요성을 인정받았을 뿐만 아니라 국가적인 지원을 받게 되었다.

3년간의 연구를 통해 총 10권으로 출판되는 국제기구 총서는 지난 2년 동안 제1권『국제기구의 과거·현재·미래』, 제2권『유엔과 세계평화』, 제3

권 『국제기구와 인권·난민·이주』, 제4권 『국제기구와 교육·문화·노동·스포츠』, 제5권 『국제기구와 보건·인구·여성·아동』, 제6권 『국제기구와 환경·농업·식량』을 출판하였으며, 연구 3년차인 이번에 제7권 『국제기구와 경제협력·개발』, 제8권 『국제기구와 과학·기술 협력』, 제9권 『국제기구와 지역협력』, 제10권 『국제기구와 한국외교: 이론과 실제』에 관한 연구 결과를 단행본으로 출판하게 되었다.

그러한 연구 결과물 가운데 하나인 이 책은 유럽, 아시아, 아메리카, 아프리카 지역의 대표적인 지역기구들을 다루고 있다. 구체적으로 이 책은 지역협력의 모범 사례로 꼽히는 유럽연합EU, 아시아 지역의 대표적인 지역기구인 아세안ASEAN, 남북 아메리카와 카리브 지역을 포괄하는 미주기구OAS, 그리고 아프리카 대륙의 지역협력을 주도하는 아프리카 연합AU을 소개하고 이들이 각각의 지역에서 어떻게 지역협력을 이끌어내며 어떠한 쟁점과 도전에 직면해 있는지를 상세하게 설명한다. 이를 위해 집필자들은 그동안 각각의 지역기구가 발간한 자료와 더불어 관련 논문, 보고서, 간행물을 꼼꼼하게 살펴보고 분석해왔다. 또한 여러 차례 학술회의를 통해 관련 전문가들의 조언을 청취함으로써 연구의 질을 높이고자 노력했다.

이 책이 나오기까지 많은 분들이 수고를 아끼지 않았다. 유네스코 아태교육원의 정우탁 원장을 비롯한 여러 직원들의 노고가 없었다면 이 책은 나오지 못했을 것이다. 특히 수많은 자료를 정리하고 꼼꼼하게 교정을 도와준 이미지 연구보조원, 박아영 연구보조원의 수고에 고마움을 표시한다. 그리고 이 연구를 위해 여러 가지 자료와 조언을 제공해 준 국제기구, 정부, 연구기관의 관계자 여러분에게도 감사한다. 그리고 무엇보다 국제기구 총서의 발간 취지를 이해하고 적극적으로 연구와 집필에 참여해준 집필자 여러분에게 무한한 감사를 표한다.

2015년 여름

대표 집필자 조한승

차례

제 1 장

지역주의, 지역기구, 유엔 그리고 동(북)아시아

조한승

Ⅰ. 서론

지역기구가 가장 잘 발달된 것으로 평가받는 유럽은 역내 국가들 사이의 협력 증진을 넘어서서 단일화폐와 단일시장을 형성하고 궁극적으로는 주권의 개념을 변모시키고 국가의 벽까지 허무는 지역통합을 시도하고 있다. 이러한 유럽의 경험을 중심으로 지역공동체의 통합에 대한 기대가 높아지면서 다른 지역에서도 기존 지역기구의 기능이 확대되거나 다양한 유형의 새로운 지역기구가 수립되고 있다. 유럽뿐만 아니라 아프리카, 라틴아메리카, 중동 및 마그레브, 동남아시아, 중앙아시아 등에서 여러 지역기구들이 활동하고 있으며, 이들이 다루는 이슈들도 안보, 교역, 금융, 교육, 정보, 기술, 인권, 마약, 인신매매, 환경, 민주주의 등 다양한 분야로 확대되고 있다.

그런데 지역단위의 공동체를 발전시키기 위한 목적의 지역기구가 수립되는 원인을 살펴보면 오히려 지역 바깥에서의 변화와 도전에 대한 대응인 경우가 많다. 냉전 시대 미국과 그 동맹국들은 공산주의의 확산을 경계하면서 공산주의 국가들로부터의 안보위협과 이념적 공세를 차단할 목적으로 지역단위의 국제기구를 수립하였다. 미주기구OAS, 아세안ASEAN 등은 각각의 지역에 대한 공산주의 팽창을 막기 위한 목적으로 만들어진 것이다. 한편 글로벌리제이션 현상 속에서 국가들은 상품과 자본의 글로벌 시장에 직접적으로 노출되기 시작했고 치열한 경제적 경쟁을 헤쳐 나가는 방법으로써 지역단위의 관세동맹과 자유무역협정을 만들었다. 유럽연합EU과 이를 모델로 하는 남아메리카국가연맹UNASUR 및 서아프리카경제통합체ECOWAS가 대표적인 사례이다.

이처럼 지역기구는 역외 행위자 및 환경과의 상호작용을 통해 스스로를 변화시킬 뿐만 아니라 지역 바깥에 대해서도 많은 영향력을 미친다. 글로벌 단위에서의 치열한 시장경쟁에서 스스로를 보호하기 위해 국가들이 주변 국가들과 지역기구를 수립하여 대응한 것이 역내의 소규모 세계화를 만들었고, 이러한 방식으로 지역단위의 경쟁력을 확보하고 나면 점차 다른 지역공동체와의 교류와 협력을 확대함으로써 결과적으로 글로벌리제이션을 가속화시키는 결과를 만든다. 예를 들어 유럽연합은 2007년 아세안ASEAN과 자유무역협정FTA 체결을 위한 협상을 시작하였다. 미얀마의 민주주의 후퇴를 이유로 2009년 협상이 중단되자 유럽연합은 싱가포르, 말레이시아, 베트남, 태국과 개별적인 FTA를 체결하였으나, 2015년 아세안과 다시 FTA 협상을 시작하기로 했다.[1] 이것이 이루어질 경우 두 지역 사이의 무역시장은 더욱 확대되어 글로벌리제이션을 가속화할 것이다.

결국 지역단위의 공동체로서 지역기구는 단순히 역내 국가들 사이의 상호관계의 증진뿐만 아니라 역외 환경과의 작용-반작용을 제도화하는 중요한 역할을 수행한다는 측면에서 비록 우리가 살고 있지 않은 지역의 공동체라고 할지라도 우리의 삶에 직간접적인 영향을 미치게 되는 것이다. 이러한 이유에서 지역기구에 대한 이해와 연구는 그 의미가 크다. 이 책은 유럽, 아시아, 아메리카, 아프리카의 대표적인 지역기구인 유럽연합EU, 아세안ASEAN, 미주기구OAS, 아프리카연합AU의 등장배경, 구조, 역할, 성과, 과제 등을 살펴보고 글로벌리제이션 시대에 각 지역기구와 한국 사이의 상호관계를 분석한다.

---

1 European Union, "Overview of FTA and Other Trade Negotiations"(May 5, 2015), http://trade.ec.europa.eu/doclib/docs/2006/december/tradoc_118238.05.05.pdf (검색일: 2015.6.13).

각각의 지역기구를 상세하게 다루기에 앞서 이 장에서는 지역주의의 개념이 무엇이고, 지역기구가 어떤 양상으로 발전하여 왔는지 살펴본다. 또한 분쟁의 관리와 해결에 있어 유엔과 지역기구의 관계는 어떻게 이루어지는지를 유엔헌장과 현실 사이의 괴리를 통해 분석한다. 끝으로 한국이 속한 동(북)아시아에서의 지역기구 수립의 가능성을 논의한다.

Ⅱ. 지역주의 개념과 지역기구의 발전

국제관계학에서 지역region은 특정한 공간적 영역 내에서 서로 지리적으로 근접하여 존재하는 영토적 행위자들(주로 국가들)을 집합적으로 일컫는 표현이다. 일반적으로 지역은 유럽, 중동, 남미 등과 같은 대주(大洲) 혹은 아(亞)대주와 동일시된다. 최근에는 교통과 통신기술의 발달로 인하여 지리적으로 근접하지 않고 대양(大洋)의 건너편에 있는 나라들끼리도 상호관계가 원활하여 마치 인접한 국가처럼 간주되면서 지역의 개념이 육상의 근접한 영역을 초월하여 굉장히 넓은 범위로 확대된 것으로 해석되는 경우도 있다. 가령 아시아-태평양 지역 혹은 환(環)인도양 지역과 같은 표현도 종종 사용되며, 아시아태평양경제협력체APEC나 북극이사회Arctic Council와 같이 지리적으로 인접하지 않은 국가들로 구성된 국제기구도 넓은 의미의 지역기구로 인정된다. 그런 의미에서 지역은 "상상된 것이면서 동시에 제도적으로 만들어진 것"이라 하겠다.[2]

APEC과 같이 거대한 대양을 사이에 두고 상호작용하는 국가들로 구성된 대륙간지역기구가 존재하기는 하지만 대부분의 지역기구들은 서로 인접한

2 Luk Van Langenhove, *Building Regions: The Regionalization of World Order* (Aldershot, UK: Ashgate, 2011), p.1.

국가들로 구성된다. 어떻게 지역을 정의하든 많은 지역기구는 지역공동체로서의 정체성이라 할 수 있는 지역주의regionalism에 뿌리를 두고 있다. 그렇다면 지역주의란 무엇인가? 지역주의의 가장 큰 특징이 지리적 근접성이라는 사실은 명약관화하다.[3] 서로 국경을 접하는 인접한 국가들은 필연적으로 밀접한 상호관계를 맺기 마련이다. 그리고 이들은 물리적 인접성으로 인해 오랜 역사에 걸쳐 다양한 형태의 인적·문화적·물질적 교류를 경험하였고, 그 과정에서 그 지역 고유의 특정한 상호인식이 만들어진다. 따라서 지역주의는 지리적으로 인접한 국가들이 상호의존성을 공유하고[4] 오랜 역사를 통해 만들어진 동질적 문화를 바탕으로 하여 만들어진[5] 그 지역 고유의 지역공동체 의식[6]으로 설명된다. 다시 말해 지역주의는 단순히 지리적 공간에 국한되는 개념이 아니라 사회문화적·정치적·경제적·안보적 차원에서 이해되는 개념이다.[7]

지역주의는 단순히 지역기구의 설립 배경으로서의 의미만을 가지는 것이 아니라 지역형성의 과정과 구조 그 자체를 포함하는 것으로도 이해된다. 예를 들어 미주기구가 바탕을 두고 있는 지역주의인 범미주의Pan-Americanism는 19세기 스페인 식민지배를 겪고 독립한 라틴아메리카 국가들의 지역공

---

3 Andrew Hurrell, "Explaining the Resurgence of Regionalism in World Politics," *Review of International Studies*, Vol.21. No.4(1995), pp.333-334, 353.

4 Joseph S. Nye, *International Regionalism: Readings* (Boston: Little, Brown and Company, 1968), p.vii.

5 Bruce Russett, *International Regions and the International System: A Study in Political Ecology* (Chicago: Rand-MacNally, 1967).

6 Karl W. Deutsch, Sidney A. Burrell, Robert A. Kann, Maurice Lee, Jr., Martin Lichterman, Raymond E. Lindgren, Francis L. Lowenheim and Richard W. Van Wagene, *Political Community and the North Atlantic Area: International Organization in the Light of Historical Experience* (Princeton: Princeton University Press, 1957).

7 Tanja A. Borzel, "Do All Roads Lead to Regionalism?" in Tanja A. Borzel, Lukas Goltermann, Mathis Lohaus and Kai Striebinger, eds., *Roads to Regionalism: Genesis, Design, and Effects of Regional Organizations* (Farnham, UK: Ashgate, 2012), p.255.

동체 의식으로 출발하였지만, 미국과 캐나다, 그리고 카리브 국가들까지 포함하는 서반구 모든 독립국가들을 포함하는 개념으로 확장되었다. 그리고 미주기구 수립 이후, 범미주의는 미국의 패권적 영향력하에서 반공과 자유무역이라는 미국식 가치와 질서를 서반구에 확대하여 적용하는 개념으로 확장되었다. 이처럼 지역주의는 지역기구 수립에 영향을 미치는 동시에 지역기구의 활동과 변화에 의해 영향을 받아 함께 변화, 발전한다.

아울러 모든 지역기구가 똑같은 목적을 가지고 똑같은 기능을 수행하는 것은 아니다. 유럽연합은 광범위한 영역에서 높은 수준의 법적 통합을 추구하며 이른바 공동주권pooled sovereignty을 행사하는 기능까지 수행하지만, 대부분의 지역기구들은 역내 국가들 사이의 통상협력 수준에 머물러 있으며 주권평등과 불간섭의 원칙에 의해 실제 기구가 수행하는 기능도 제한적인 경우가 많다. 그러므로 유럽 사례를 설명하는 여러 이론들, 예를 들어 신기

(신)기능주의

1940년대 미트라니(David Mitrany)가 제시한 기능주의(functionalism) 통합이론은 기술적 혹은 기능적 분야에서의 국가 간 상호관계의 증진이 다른 기술적·기능적 부문에서의 협력으로 옮겨가는 분기(ramification) 현상을 일으켜 점진적으로 정치적·안보적 측면에서의 협력까지도 가능하게 함으로써 통합을 이룬다고 설명한다. 이러한 접근법은 제2차 세계대전 직후 수립된 유럽석탄철강공동체(ECSC)와 유럽원자력공동체(EURATOM)가 유럽경제공동체(EEC)와 유럽공동체(EC)로 발전하여 통합의 분위기를 이끌어낸 현상을 설명하는 데 유용하다. 1960년대 하스(Ernst Haas)가 주창한 신기능주의(neofunctionalism) 통합이론은 한 분야에서의 협력이 다른 분야로 파급(spill-over)된다고 설명하는 점에서 기능주의 접근법을 따르지만 그러한 파급이 무의식적으로 이루어지기보다는 정치적 의지를 내포하고 있음을 강조한다는 점에서 기능주의와 차이를 보인다. 신기능주의 이론은 유럽의 지도자들이 유럽통합을 목표로 유럽공동체(EC)를 유럽연합(EU)으로 발전시키는 과정을 설명하는 데 유용하다.

정부간주의

1990년대 모라프칙(Andrew Moravcsik) 등이 제시한 자유주의적 정부간주의(intergovernmentalism)는 국가 간 협력과 지역통합이 국내정치적 측면과 정부간 협상에 의해 영향을 받는다는 점을 강조한다. 국내정치적 측면에서 다양한 이익집단의 이해관계가 정부의 정책에 반영되기 때문에 국가 간 협력과 통합은 필연적으로 이러한 이해관계로부터 영향을 받는 정부의 협상력에 의해 결정되며, 이를 통해 협력의 제도화가 만들어짐으로써 통합이 구체화된다는 설명이다. 이 과정에서 협력과 통합의 주체는 각국의 정부이다. 정부간주의는 유사한 사회적 선호도를 가진 국가의 정부들이 통합을 위한 협상을 이루는 데 유리하다고 설명한다. 이 이론은 유럽통합의 과정에서 국가마다 협력과 통합의 선호도와 정책이 상이하게 나타남을 설명하는 데 용이하다.

능주의neofunctionalism나 정부간주의intergovernmentalism와 같은 지역통합 이론들이 모든 지역기구의 활동에 똑같이 적용될 수 있는 것은 아니다.[8]

이러한 측면에서 지역주의는 지역화regionalization 혹은 지역통합regional integration과 구분되는 별개의 개념이다. 지역화는 궁극적으로 그 지역의 사회적·경제적·정치적 통합을 위해 역내의 국가 및 민간 행위자들이 매우 높은 수준에서 협력하는 과정을 의미한다. 단순히 역내 개별 국가들 사이의 상호협력 수준에 머물러 있다고 해서 지역주의가 낮다고 말할 수는 없다. 지역화가 반드시 역내 국가들의 의도적인 정책으로 구체화되는 것은 아니며,[9] 지역주의의 결과가 반드시 지역통합으로 나타나야 하는 것도 아니

8 신기능주의를 위해서는 Ernst B. Haas, *The Uniting of Europe: Political, Social, and Economic Forces, 1950-1957* (Stanford: Stanford University Press, 1957)을 참조하라. 그리고 정부간주의를 위해서는 Andrew Moravcsik, *The Choice of Europe — Social Purpose & State Power from Messina to Maastricht* (Ithaca: Cornell University Press, 1998)을 참조하라.

9 Andrew Hurrell, "Regionalism in Theoretical Perspective," in Louis Fawcett and

다.[10] 다시 말해 유럽의 통합 사례가 반드시 지역주의와 지역기구의 전형적 모델이라고 말할 수는 없다.

지역기구들의 기원과 성장, 제도적 디자인, 회원국과의 상호관계 등은 천차만별이다. 이 책의 제2장에서 다루어지는 유럽연합EU의 경우 1950년대 유럽석탄철강공동체ECSC, 유럽원자력공동체Euratom, 유럽경제공동체EEC 등으로부터 비롯되었고 1960년대 이들 개별 지역기구가 유럽공동체EC로 통합되었으며, 냉전 종식 이후 유럽연합EU으로 발전하였다. 그 과정에서 회원국의 수도 함께 증가하였는데 1951년 6개 국가로부터 시작하여 2013년 28개로 꾸준히 늘었으며, 현재 터키 등 일부 국가가 가입 대기 상태에 있다. 유럽연합은 지역기구들 가운데 가장 발달된 구조와 조직을 갖추고 있으며, 회원국들 스스로 유럽연합의 규범과 규칙을 철저하게 준수하려는 의지가 매우 강하다는 점에서 기구와 회원국 상호관계의 대표적 사례로 꼽힌다.

제3장에서 논의되는 아세안ASEAN은 1960년대 미국의 반공노선하에 만들어진 동남아시아 5개 국가의 연합으로 시작하였으나 냉전 종식 이후 동남아의 경제성장과 평화안정을 추구하는 성격으로 변모하여 베트남과 같은 사회주의 국가까지 포함하게 되었다. 아세안은 동남아 10개 국가와 더불어 한국, 중국, 일본 등 동아시아 3개국을 포함하는 연례 협의체ASEAN+3를 주도하고 있으며, 2005년부터는 ASEAN+3 이외에 호주, 인도, 뉴질랜드, 미국, 러시아 등과 같은 역외 국가들까지 포함하는 동아시아정상회의EAS까지 아세안 연례정상회의에 더하여 궁극적으로 동남아시아가 주축이 되는 동아시아공동체East Asian Community를 모색하고 있다.[11]

제4장에서 다루어지는 미주기구OAS는 역사적으로 미주회의와 범미연맹

Andrew Hurrell, eds., *Regionalism in World Politics: Regional Organization and International Order*(Oxford: Oxford University Press, 1995), pp.39-40.

10 Tanja A. Borzel, "Comparative Regionalism: European Integration and Beyond," in Walter Carlsnaes, Thomas Risse and Beth A. Simmons, eds., *Handbook on International Relations*(London: Sage, 2012).

11 미국과 러시아는 2010년에 동아시아정상회의의 정식 회원국이 되었다.

을 계승한 가장 오랜 지역기구이며 지리적으로도 서반구 모든 독립국가를 포함하는 거대 지역기구이지만, 다른 지역기구들에 비해 변화의 방향과 과정이 구분된다. 무엇보다 미주기구는 최근 지역 하위 수준sub-regional의 소지역기구들에 의해 그 영향력이 크게 위축되고 있다. 미주기구를 사실상 주도하는 패권국 미국과 중남미 회원국들 사이에 신대륙 국가라는 공통점 이외에 특별하게 공유하는 사회적·문화적·경제적 유대관계가 높지 않기 때문이다. 특히 9·11 테러사건 이후 미국이 중동에 관심을 집중하면서 라틴아메리카 지역에서는 패권국인 미국을 배제하고 자신들만의 상호관계와 협력을 강조하는 소지역기구들이 속속 등장하였다. 심지어 2011년에는 미주기구 35개 회원국 가운데 미국과 캐나다를 제외한 모든 국가로 구성된 라틴아메리카-카리브 국가공동체CELAC가 수립되어 미주기구를 사실상 대체하는 것이 아니냐는 논란까지 일었다.

제5장에서 언급되는 아프리카의 지역기구도 독특하다. 아프리카 대륙을 포괄하는 가장 대표적인 지역기구는 1961년에 수립된 아프리카 단결기구OAU와 2002년 이를 계승하여 만들어진 아프리카연합AU이다. 처음 OAU가 수립되었을 때 아프리카 국가들은 신생독립국들이 대부분이었기 때문에 주권평등과 불간섭 원칙을 강조하였지만, 계속되는 국가 간 무력분쟁과 내전으로 점차 지역기구에 의한 안보와 평화유지가 강조되었다. 이는 지역기구인 AU가 역내 평화유지를 위해 내정에 간섭하는 것을 정당화하는 단계로까지 발전하였다. 따라서 형식적인 측면에서만 보았을 때 아프리카의 지역기구는 개별 주권국가에 대한 영향력이 매우 큰 강력한 행위자로 간주된다. 하지만 현실에서 아직까지 민족국가 수립이 완성되지 않은 상태에서 아프리카 내의 지역기구의 기능과 영향력은 대단히 제한적이다.

이 책에서는 다뤄지지 않았지만 중동과 마그레브 지역에도 고유한 지역주의가 존재하며, 이를 바탕으로 여러 종류의 지역기구들이 만들어졌다. 이 지역의 특징은 지역의 영역이 불명확하게 정의된다는 것이다. 흔히 중동 지역을 아라비아반도와 그 주변으로 이해하지만 넓은 의미에서 북아프리카 지중해연안의 마그레브를 포함하는 아랍권 전체로 해석하는 경우도 많다. 예를 들어 이 지역의 대표적인 지역기구인 아랍국가연맹[LAS]은 아라비아반도와 이집트, 리비아, 튀니지, 모로코 등 북아프리카 국가들과 대서양 연안의 모리셔스, 그리고 홍해 연안의 수단, 지부티, 소말리아 등 매우 광범위한 지역의 국가들을 포함하고 있다. 대부분 아랍어를 사용하며, 종교적으로 이슬람교라는 커다란 공통점을 가지고 있다는 점에서 이 지역의 지역주의는 다른 지역과 뚜렷하게 구분되며, 역내 국가들의 정치, 경제, 문화, 사회적 동질성도 비교적 높다. 하지만 그에 비해 지역통합은 낮은 수준으로 이는 아직까지 민족국가 수립의 진행단계에 있으며, 국민적 정당성의 수준도 그리 높지 못하기 때문인 것으로 풀이된다.[12]

〈표 1〉 1945년 이후의 주요 지역기구들

	아프리카	중동/마그레브	아시아/태평양	유럽	아메리카/카리브
1945~1990	CEAO (서아프리카경제공동체) Conseil de l'Entente (화합협회) OAU (아프리카단결기구), 2002년부터 AU (아프리카연합) EAC (동아프리카공동체) SACU (남아프리카관세동맹) MRU (마노강동맹)	LAS (아랍국가연맹) CAEU (아랍경제통합이사회) GCC (걸프협력위원회) AMU (아랍마그레브연합) ECO (경제협력기구)	SPC (태평양공동체사무국) ASEAN (동남아시아연합) South Pacific Forum (남태평양포럼) SAARC (남아시아지역협력연합) APEC (아시아태평양경제협력체)	Council of Europe (유럽이사회) Nordic Council (북유럽이사회) EC (유럽공동체), 1993년부터 EU (유럽연합) Benelux Economic Union (베네룩스경제연합) EFTA (유럽자유무역연합) OSCE (유럽안보협력기구)	OAS (미주기구) OCAS (중앙아메리카국가기구) LAFTA (라틴아메리카자유무역연합), 1980년부터 ALADI (라틴아메리카통합연합) Andean Pact (안데스협정) CARICOM (카리브공동체) ACTO (아마존협력조약기구) OECS (동카리브국가기구)

12 최근 중동 지역의 지역주의와 지역기구의 역할을 위해서는 "Regional Cooperation in a New Middle East," Workshop Report of the Council on Foreign Relations (CFR)(Cairo, November 10-11, 2012) 참조.

	CPEGL (대호수국가경제공동체) ECOWAS (서아프리카경제공동체) IGADD (정부간가뭄개발기구), 1996년부터 IGAD (정부간개발기구) SADCC (남아프리카개발협력회의), 1992년부터 SADC (남아프리카개발위원회) ECCAS (중앙아프리카국가경제위원회)				
1990~현재	AEC (아프리카경제공동체) CEMAC (중부아프리카경제통합공동체) CEN-SAD (사헬-사하라국가공동체)	Melanesian Spearhead Group (멜라네시아선두그룹) BIMSTEC (벵골만포괄협력체)	CACO (중앙아시아협력기구)	CBSS (발트해국가위원회) EEA (유럽경제지역)	MERCOSUR (남미공동시장) NAFTA (북미자유무역협정) ACS (카리브국가협의회) ALBA (볼리바르동맹) UNASUR (남미국가연합) CELAC (라틴아메리카-카리브국가공동체)
			CIS (독립국가연합) EurAsEC (유라시아경제공동체) GUAM (민주주의와 경제개발을 위한 구암기구)		
		BSEC (흑해경제협력체)			
	IOR-ARC (인도양연합지역협력연합)		Arctic Council (북극이사회) Stability Pact for South Eastern Europe (남동유럽안정조약), 2008년부터 RCC (남동유럽지역협력협의회)		

출처: Lukas Goltermann, Mathis Lohaus, Alexander Spielau and Kai Striebinger, "Roads to Regionalism: Concepts, Issues, and Cases," in Tanja A. Borzel et al., eds., *Roads to Regionalism: Genesis, Design, and Effects of Regional Organizations* (Farnham, UK: Ashgate, 2012), pp.12-13

〈표 1〉은 1945년부터 현재까지 등장한 지역기구들을 보여준다. 초기의 지역기구들은 전쟁 이후 화해와 경제적 복구 그리고 국제질서 회복을 목적으로 수립되었으며, 유럽, 라틴아메리카, 중동을 중심으로 지역기구 논의가 활발하게 이루어졌다. 1960년대와 1970년대에는 아프리카, 아시아, 카리브해 등에서 지역기구가 만들어졌으며 이념 대결과 경제개발이 지역기구 내의 주요 이슈였다. 1990년대 이후에는 동유럽과 중앙아시아에서의 지역통합 프로젝트가 전개되었으며, 아메리카 대륙에서는 지역단위의 자유무역과 시장통합의 움직임이 거세게 불었다. 아울러 유럽과 아프리카에서 기존의 지역기구가 개혁을 시도하고 지역통합 프로젝트의 변혁을 이루었다.

Ⅲ. 지역기구와 유엔의 관계

오늘날 유엔은 세계평화와 안보에 관한 역할과 기능을 담당하는 가장 핵심적인 행위자이며, 특히 유엔의 안전보장이사회(이하 안보리)는 그 중추적인 조직이다. 하지만 이 책이 다루고 있는 지역기구들도 각각의 지역의 평화와 안보에 관한 중요한 역할을 담당하고 있다. 분쟁지역에서 유엔이 평화유지활동을 벌이는 것처럼 지역기구들도 유사한 군사적 활동을 벌이고 있으며, 때로는 유엔과 지역기구가 서로 협력하는 경우도 있다. 그렇다면 평화와 안보와 관련하여 지역기구와 유엔 사이의 관계는 어떠한가?

주요 지역기구들 대부분은 유엔과의 관계를 일종의 가족 개념으로 받아들이고 있으며, 유엔이 그 중심에 자리 잡고 있다고 간주된다. 예를 들어 미주기구OAS는 1948년 보고타에서 채택된 미주기구헌장 제1조에 "미주기구는 유엔 내의 지역기구이다"라고 명시하고 있으며, 1963년 아디스아바바에서 채택된 아프리카 단결기구OAU도 스스로를 '지역적 약정'으로 정의했다. 유엔 설립 직전에 만들어진 아랍국가연맹League of Arab States 역시 스스로를 글로벌 구조의 지역적 일부로 간주하였다. 유럽안보협력기구OSCE도 기존의 CSCE를 발전시키면서 스스로를 유엔헌장을 따르는 지역기구로 정의했다.

유엔은 헌장 103조에서 "유엔 회원국의 헌장상의 의무와 다른 국제협정상의 의무가 상충되는 경우에는 이 헌장상의 의무가 우선한다"고 명시하고 있다. 하지만 유엔의 창설자들은 유엔이 세계 여러 지역에서 발생하는 문제들을 하나하나 모두 다룰 수는 없다고 보았고, 따라서 지역기구에게 지역의 분쟁에 대해 지역포럼으로써 우선적으로 활동하도록 허용하였다.[13] "지역적 약정"이라는 제목의 유엔헌장 8장에 따르면 분쟁의 평화적 해결에 관한 역할에 있어서 지역기구가 우선순위를 가지는 것으로 해석된다.[14]

헌장 8장의 52조는 분쟁의 평화적 해결과 관련하여 유엔과 지역기구 사이의 관계를 언급하고 있다. 52조 1항은 "헌장의 어떠한 규정도 국제평화와 안전의 유지에 관한 사항으로서 지역적 조치에 적합한 사항을 처리하기 위하여 지역적 약정 또는 지역적 기관이 존재하는 것을 배제하지 않는다"라고 명시하고 있으며, 52조 2항에는 지역기구와 유엔에 모두 가입한 회원국이 "지역적 분쟁을 안보리에 회부하기 전에 지역적 약정 또는 지역적 기관에 의해 분쟁의 평화적 해결을 성취하기 위해 노력을 다한다"고 규정하였다.

이러한 내용은 분쟁의 평화적 해결에 관한 헌장 6장 33조 1항의 규정, 즉, "헌장의 어떠한 규정도, 국제평화와 안전의 유지를 위태롭게 할 우려가 있는 분쟁에서 분쟁 당사자는 … 우선 지역적 기관 또는 지역적 약정에 의한 해결을 구한다"는 것과 일맥상통한다. 그리고 유엔헌장은 분쟁의 평화적 해결에 대한 지역기구의 역할을 인정만 하는 것이 아니라 지역기구의 적극적 문제 해결을 장려하고 보호한다. 헌장 52조 3항은 "안보리는 … 지역적

13 Francis O. Wilcox, "Regionalism and the United Nations," in Norman J. Padelford and Leland M. Goodrich, eds., *The United Nations in the Balance: Accomplishments and Prospects* (New York: Praeger, 1965), p.427.

14 Alan K. Henrikson, "The Growth of Regional Organizations and the Role of the United Nations," in Louise Fawcett and Andrew Hurrell, eds., *Regionalism in World Politics: Regional Organization and International Order* (Oxford: Oxford University Press, 1995), pp.122-168.

약정 또는 지역적 기관에 의한 지역적 분쟁의 평화적 해결의 발달을 장려한다"고 명시하고 있다.

분쟁의 평화적 해결뿐만 아니라 강제적 조치에 관해서도 유엔은 지역기구의 역할과 기능을 인정하고 있다. 헌장 8장 53조 1항은 "안보리는 그 권위하에 취해지는 강제조치를 위하여 적절한 경우에는 그러한 지역적 약정 또는 지역적 기관을 이용한다. 다만, 안보리의 허가 없이는 어떠한 강제조치도 지역적 약정 또는 지역적 기관에 의하여 취하여져서는 안 된다"고 명시하고 있다. 따라서 지역기구 혹은 지역상호협력조약은 유엔과 더불어 분쟁의 해결을 위한 강제적인 조치를 취할 수 있다. 물론 안보리의 허가를 언급하고 있지만 "적국에 의한 침략정책의 재현에 대비한 지역적 약정에 규정된 것은, 관계정부의 요청에 따라 기구(유엔)가 그 적국에 의한 새로운 침략을 방지할 책임을 질 때까지는 예외로 한다"고 덧붙임으로써 침략자에 대한 지역기구의 강제조치의 권한을 폭넓게 인정하고 있다.

헌장 8장 54조는 "안보리는 국제평화와 안전의 유지를 위하여 지역적 약정 또는 지역적 기관에 의하여 착수되었거나 또는 계획되고 있는 활동에 대하여 항상 충분히 통보받는다"고 명시하고 있다. 다시 말해 유엔은 국제평화와 안전에 관련된 지역기구 중심의 여러 가지 활동을 인정하며 각각의 활동 내용을 유엔 스스로가 충분히 인지해야 함을 분명히 하고 있다.

주로 침략에 대한 군사적 조치를 담고 있는 헌장 7장에서도 지역기구의 권리가 인정되고 있다. 헌장 7장 51조는 "헌장의 어떠한 규정도 … 개별적 또는 집단적 자위의 고유한 권리를 침해하지 않는다"고 규정하였다. 즉, 국가들 사이의 군사동맹이 가지는 집단적 자위권을 유엔이 인정한다는 내용이다. 그런데 대부분의 지역기구들이 안보를 위한 상호협력 혹은 상호원조의 내용을 포함한다는 점에서 지역기구들도 그러한 '고유한 권리'를 인정받는 것으로 해석된다.[15]

이처럼 세계 평화와 안보를 위한 유엔안보리의 특별한 리더십과 지역기

15 Henrikson(1995), pp.127-128.

구의 고유한 권리는 서로 충돌하지 않는 것처럼 보인다. 하지만 유엔과 지역기구가 특정 사안에 대해 어떻게 협력하고 보완할 것인지에 대한 구체적인 규정이나 계획이 뚜렷하게 제시되지 않았다. 따라서 유엔과 지역기구 사이에 미묘한 긴장이 존재하는 것은 사실이다.

유엔헌장 8장은 분쟁해결에 있어 지역기구에 전반적인 우선순위를 부여하고 있지만 헌장 6장은 안보리의 독립적 권한을 인정하고 있다. 예를 들어 헌장 34조는 "어떠한 분쟁에 관하여도, 또는 국제적 마찰이 되거나 분쟁을 발생하게 할 우려가 있는 어떠한 사태에 관하여도, 그 분쟁 또는 사태의 계속이 국제평화와 안전을 위태롭게 할 우려가 있는지 여부를 결정하기 위해 조사할 수 있다"고 명시하고 있다.

안보리의 임무와 권한을 정한 헌장 24조에는 "유엔 회원국은 국제평화와 안전의 유지를 위한 일차적 책임을 안보리에 부여하며, 안보리가 그 책임하에 의무를 이행함에 있어 회원국을 대신하여 활동하는 것에 동의한다"고 되어 있다. 또한 헌장 34조, 35조, 39조의 내용은 유엔, 특히 안보리가 지배적이라고 할 수는 없지만 현저한 역할과 우월성을 가지고 있다는 뉘앙스로 해석될 수 있다.[16]

유엔과 지역기구 사이에 과연 어느 쪽이 분쟁 해결에 우선순위를 가지고, 어느 쪽이 더 우월하며, 어느 쪽이 더 영향력이 있는가? 이 질문에 대한 답은 유엔 및 지역기구들의 헌장 해석으로만 구해질 수 있는 것이 결코 아니라는 것이다. 세계정부와 세계헌법이 존재하지 않는 국제정치에서 국내정치에서와 같은 법률적 판단과 적용을 기대하는 것은 오히려 실제 국제관계 현상을 잘못 이해하도록 만들 수 있다. 위에서 살펴본 것처럼 유엔헌장 안에서도 서로 다르게 해석될 수 있는 내용이 종종 발견된다.

따라서 유엔과 지역기구 사이의 상호관계는 헌장의 문구를 해석하는 것보다는 오히려 실제 현장에서 찾아야 할 것이다. 동일한 지역기구라고 할지라도 상황에 따라서는 유엔에 우선하는 주도적 역할을 담당할 수 있지만

16 Henrikson(1995), pp.129-130.

때로는 반대로 유엔이 분쟁해결의 핵심적 역할을 수행하는 경우도 있다.

유엔과 지역기구의 관계는 지역기구의 성격에 의해서만 결정되는 것이 아니라 특정 시점에 지역기구가 수행할 수 있는 기능에 더 많은 영향을 받는다.[17] 예를 들어, 1963년 카리브 해의 도미니카공화국에서 좌파성향의 보쉬Juan Bosch가 집권하자 미국은 인접한 쿠바에서의 사회주의 혁명이 라틴아메리카와 카리브 지역으로 확산되는 것을 크게 우려하여 1965년 군사개입을 단행했다. 당시 미주기구는 미주평화군을 조직하여 도미니카공화국에 주둔하였다. 냉전 시대 유엔안보리에서는 미국과 소련의 대결로 인하여 특정 이념을 반대 혹은 옹호하는 군사적 행동을 기대하기 어려웠지만 반공이념을 내세웠던 미주기구는 도미니카공화국 내 공산주의 확산을 미국에 의해 거의 완벽하게 통제했다. 그렇지만 냉전 종식 직후 1991년 도미니카공화국과 국경을 접하는 아이티에서 민주정부가 쿠데타로 전복되었을 때 미국은 미주기구가 아닌 유엔을 앞세워 아이티에 대한 군사적 개입을 단행했다. 소련의 해체로 민주화가 세계적 흐름이 되었고 민주화의 물결을 확산시키기 위한 유엔의 역할에 대해 전 세계적 기대가 높았기 때문이었다. 따라서 유엔과 지역기구 사이의 관계를 이해하기 위해 우리가 눈여겨봐야 할 것은 '어떠한 기구이냐'가 아니라 '기구가 무엇을 할 수 있느냐'이다.

IV. 결론: 동(북)아시아 지역기구의 가능성

헤럴드 제이콥슨Harold K. Jacobson은 국제기구 유형을 두 가지의 기준을 가지고 구분하였다. 〈표 2〉와 같이 첫 번째 기준은 **회원자격**membership으로

17 R.A. Akindele, *The Organization and Promotion of World Peace: A Study of Universal-Regional Relationships* (Toronto: University of Toronto Press, 1976), p.63.

〈표 2〉 제이콥슨의 국제기구 유형 구분

		기본 목적(manifest purposes)	
		일반적(general)	전문적(specific)
회원자격 (membership)	보편적 (universal)	UN	UNESCO, WHO, IMF
	제한적 (limited)	EU, ASEAN, OAS, AU	OPEC, ADB, OSCE

서 회원국 자격에 특별한 제한이 없는 보편적 회원제universal membership와 특별한 제한을 두는 제한적 회원제limited membership로 구분된다. 두 번째 기준은 기구가 어떤 사안들을 주로 다루느냐에 관한 **기본 목적**manifest purposes으로서 안보, 경제, 환경, 문화, 기술 등 전반적인 사안을 모두 논의하는 일반적 목적general purpose과 특정 사안만을 주로 다루는 전문적 목적specific purpose으로 나뉜다.[18] 이 책에서 다뤄지는 주요 지역기구들(유럽연합, 아세안, 미주기구, 아프리카연합)은 특정 지역 내의 국가들이 참가하여 안보, 경제, 사회, 문화, 기술 등 다양한 이슈들을 논의하고 해결한다는 점에서 제한적 회원제/일반적 목적의 국제기구로 분류될 수 있다. 따라서 이들 지역기구는 일종의 작은 유엔으로서 지역공동체의 핵심적 역할을 수행한다.

그렇다면 한국이 속한 지역에는 이러한 종류의 지역기구가 존재하는가? 동아시아는 아직까지 지역기구의 발달이 상대적으로 매우 뒤처져 있다. 비록 아세안, APEC, 아시아개발은행ADB 등의 지역기구가 존재하고 있지만 유럽연합이나 미주기구와 같은 수준으로는 발달해 있지 못하다. 현재 한국은 아세안+3와 아세안지역포럼ARF에 참여하고 있지만 이들은 지역기구라기보

18 Harold K. Jacobson, *Networks of Interdependence: International Organizations and the Global Political System*, 2nd ed. (New York: Alfred A. Knopf, 1984), pp. 11-12.

다는 협의체 수준에 머물고 있을 뿐만 아니라 동남아시아 지역기구인 아세안이 회의를 주관하고 한국은 초청받아 참가하는 형식이다. 또한 한국은 아시아개발은행ADB, 아시아태평양경제협력체APEC 등의 회원국이지만 이들 기구의 역할과 기능이 경제개발이나 경제협력 등의 특정 분야로 제한되어 있다는 점에서 일반적 목적general purposes의 기구로 볼 수 없다.

동아시아, 특히 동북아시아에서는 다른 지역에서와 같은 지역기구를 수립하려는 노력이 상대적으로 약했다. 반기문 유엔사무총장이 지적한 바와 같이 동북아시아는 아직도 유엔헌장 8장에 따른 유엔의 지역기구와의 협력에 있어 끊어진 핵심 연결고리로 남아 있다. 물론 동북아 다자간안보대화NEASED, 동북아협력대화NEACD, 동북아평화협력구상NAPCI 등이 논의되기도 했지만 아직까지 다자간 동(북)아시아 지역기구가 수립되지는 못하고 있다.

왜 동(북)아시아에서는 다자간 지역기구가 발달하지 못했는가? 첫째, 역내 국가들을 하나로 묶는 공동인식, 즉, 지역주의가 발달하지 않았다는 사실이 지적된다. 유럽의 경우 공동의 역사적·인종적·문화적 배경이 발달하였으며, 복지국가를 지향하면서 국가의 한계를 인정함으로써 탈국경적 지역통합체를 비교적 쉽게 수용하였다.[19] 다른 지역에서도 지역기구 수립의 추동력은 외부환경의 도전에 개별국가가 대응하는 데 한계를 느끼고 집단적 대응을 모색하는 데에서 시작되었다. 하지만 동아시아 국가들, 특히 한국, 중국, 일본은 아직도 '강한 국가'의 성격을 유지하고 있어 국가의 힘을 제약할 수 있는 새로운 행위자로서 지역기구의 필요성을 덜 느끼고 있다. 한국, 중국, 일본은 다른 지역과 달리 '지역화'의 과정 없이 개별 국가 차원에서 '글로벌화'에 성공하였고 글로벌 시장의 중요 행위자가 되었다. 따라서 굳이 지역화에 연연할 필요성을 못 느꼈던 것이다.[20]

둘째, 다른 지역에서는 이미 탈냉전의 새로운 질서를 받아들이면서 지역

---

19 Andrew Moravcsik(1998), pp.343-347.

20 조한승, "동아시아 정상회의(EAS) 개최와 아세안(ASEAN): 도약의 발판인가 트로이의 목마인가?" 『국제지역연구』 9권 3호(2005), pp.342-343.

샌프란시스코체제(San Francisco System)

1951년 9월 8일 체결된 샌프란시스코 평화조약에 의해 형성된 아시아·태평양 국제질서를 의미한다. 당시 한국전쟁을 치르던 미국은 일본과 연합국 사이의 평화조약 체결을 명목으로 공산주의 확산을 봉쇄하기 위해 동아시아 국가들을 미국 중심의 군사적 협력체제에 편입시키고자 하였다. 반공 대소봉쇄정책을 위해 미국은 일본을 미국의 동맹으로 끌어들여야 했고, 이를 위해서는 제2차 세계대전 당시 적대관계였던 일본과 아시아·태평양의 연합국 사이의 평화조약을 서둘러 체결해야만 했다. 총 48개 국가가 서명했으나 소련은 이 조약을 거부했고 중국은 초대받지 못했다. 한국은 제2차 세계대전 당사국이 아니라는 이유로 배제되었다. 일본의 식민지배, 전쟁배상 등 과거 청산 문제를 마무리짓지 못한 상황에서 서둘러 조약이 체결됨으로써 훗날 아시아 여러 나라들과 일본 사이에 외교적 분쟁을 야기했다. 이 조약을 계기로 미국은 일본, 필리핀, 한국 등과 쌍무동맹을 체결했고 호주, 뉴질랜드와는 3자동맹을 체결했다.

공동체에 대한 기대감을 높여왔지만, 동(북)아시아에서는 여전히 냉전적 질서가 강하게 남아 있다는 사실도 지적된다. 한반도에서 이념적 대립이 계속되고 있으며 냉전 초기에 만들어진 샌프란시스코체제가 여전히 남아 있다.[21] 특히 한국과 일본에서는 'Hub and Spoke' 방식의 미국 중심의 쌍무적 관계가 안보정책을 지배하고 있다. 이러한 구조적 조건하에서 다자간 지역협력이나 포괄적인 지역기구 논의는 제한적일 수밖에 없었다. 특히 미국과의 관계를 중시하는 한국과 일본은, 지역화가 미국 중심의 질서를 부정하는 것이라고 생각하여 논의 자체를 기피했다.[22]

중국이 지역 강대국에서 글로벌 강대국으로 떠오르고 있고, 일본은 중국

---

21 1951년의 샌프란시스코체제는 다음의 5대 원칙에 기반을 둔다. (1) 쌍무적 관계, (2) 미군 주둔, (3) 미국의 일방적 경제지원, (4) 적대국가의 선별적 배제, (5) 안보, 경제 분야에서의 ***다자주의 배제.***

22 조한승(2005), pp.335-336.

의 팽창을 견제하기 위해 보통국가화를 시도하고 있으며, 미국은 일본을 후원하며 이 지역에서의 영향력을 지키기 위한 노력을 벌이고 있고, 러시아는 전통적 군사대국으로서 영향력을 회복하기 위한 정책을 꾸준히 전개하고 있을 뿐만 아니라 한반도의 분단 상황은 당장 해결될 기미가 보이지 않고 있다. 여전히 이 지역의 국가들은 다자적 접근보다는 쌍무적 관계를 통해 문제를 해결하는 것을 선호한다. 이러한 상황에서 국가의 역할과 기능을 제한할 수 있는 지역기구를 새로운 행위자로서 이 지역에 수립하는 것은 대단히 어려워 보인다.

그럼에도 불구하고 상호의존 네트워크의 증가라는 거대한 변화의 흐름 속에서 동(북)아시아에서도 국가들 역시 새로운 문제들에 직면하고 있으며 언제까지나 개별적 노력으로만 그러한 문제를 관리해나갈 수는 없을 것이다. 비록 다자적 지역기구를 수립하는 것은 단기적으로 국가의 주권적 영향력을 제한할 수 있으며, 국내 정치지도자들에게는 인기 하락이라는 정치적 비용을 치러야 하는 선택이 되겠지만 장기적으로 국가들 사이의 집단적 문제해결에 따른 거래비용을 낮추는 효과가 있다.

동(북)아시아에서도 초국가적 정책 문제가 커지고 주민들 사이의 국경을 넘나드는 활동이 증가하면서 지역기구를 수립하는 비용과 효과를 판단하는 기준도 변화하고 그 필요성이 높아질 것이다. 필요는 창조의 어머니Mater artium necessitas라 했다. 동(북)아시아지역기구의 수립은 이 지역 주민들과 지도자들이 그 필요성을 얼마나 절실하게 인식하느냐에 달려 있다. 그렇다고 하여도 아직까지는 미일동맹이나 한미 FTA와 같은 쌍무적dyadic 접근을 보다 편리하게 인식하는 동(북)아시아에서 다자적multilateral 지역기구를 통한 문제해결의 필요성을 절실히 인식하기까지에는 적지 않은 시간이 걸릴 것이다.

제 2 장

유럽의 지역협력과 유럽연합(EU)

오영달

Ⅰ. 서론
Ⅱ. 유럽 지역협력의 배경
Ⅲ. 유럽연합의 역사, 조직, 정책
Ⅳ. 유럽연합과 한국
Ⅴ. 결론

Ⅰ. 서론

세계의 여러 지역 중에서 유럽 지역은 국가 간 협력이 매우 진전된 곳이라 할 수 있다. 따라서 세계의 여러 지역협력 사례들 중 유럽 지역은 국제협력 분야 학자들과 정책결정자들의 주목을 끌기에 충분하다. 유럽 지역은 오늘날 높은 수준의 진전을 보여주는 지역협력 또는 통합의 측면에서뿐만 아니라 그 오랜 역사를 통하여 정치, 경제, 사회, 문화 등 각 분야에 있어서 흔히 말하는 서구문명의 본고장이기도 하다. 이와 동시에 유럽 지역은 또한 수많은 전쟁의 중심 무대였다는 것도 역사적 사실이다. 그럼에도 불구하고, 유럽 지역은 오늘날 국가 간의 전쟁의 불씨가 될 수 있는 갈등 요인들을 비교적 원만하게 잘 해결하고 있다.

유럽 지역은 제2차 세계대전 후 이러한 지역협력을 유럽평의회, 유럽안보협력기구 등 다양한 지역제도들의 설립을 통해서 실행하고 있다. 그러나 이 장은 서술의 편의상 국제 지역협력의 대표적 모범사례라고 할 수 있는 유럽연합을 중심으로 논의하고자 한다. 이를 위해 유럽연합이 등장하고 발전한 역사적 배경, 유럽연합을 구성하고 있는 행정적, 입법적, 그리고 사법적 기관들을 일별하고 나아가 지역협력의 구체적 내용을 이루는 주요 정책들을 살펴보고자 한다. 마지막으로 유럽연합과 한국과의 관계에 대해서도 간단히 소개하고자 한다.

Ⅱ. 유럽 지역협력의 배경

1. 공통의 문화적 정체성

유럽 지역은 세계 다른 지역과 비교해볼 때 문화적 동질성이 매우 높은 곳으로 인정되고 있다. 이는 유럽이 고대로부터 내려온 헬레니즘 및 로마문명과 유대교 및 기독교적 전통에 기초하고 있다. 헬레니즘과 로마문명이 서구 합리주의의 토대가 되었다고 한다면, 유대교 및 기독교적 전통은 유럽인들의 종교적 삶에서 중요한 지침 역할을 했다.

유럽 지역은 역사적으로 로마제국의 사례가 보여주는 것처럼 그 공동체 운영에 있어서 처음에는 하나의 제국 형식을 취하였다. 5세기 후반에 서로마제국이 멸망하고 9세기 초에 등장한 기독교적 신성로마제국의 시기 이후 수세기 동안 유럽사회의 질서를 유지한 봉건제도 속에서도 하나의 세계를 형성하고 있었다. 이와 관련하여 로이 긴스버그Roy H. Ginsberg는 흥미롭게도 카알 대제가 통치했던 신성로마제국의 지리적 영역은 오늘날 유럽공동체 원 6개 회원국의 영역과 거의 일치하며 그 수도였던 아아헨(엑스라샤펠)도 브뤼셀에서 멀리 떨어져 있지 않다고 지적한다.[1] 13세기 이후 근대 이탈리아에서 시작된 르네상스 시대를 거쳐 16세기의 종교개혁 등을 통해 개인의 자유와 평등 사상이 부상하면서 단일한 기독교 세계 속에서도 개별적 왕조국가들이 태동하였다. 이러한 국가들은 대내적으로 최고·절대적이며, 대외

---

1 Roy H. Ginsberg, *Demystifying the European Union: The Enduring Logic of Regional Integration* (Lanham: Rowman & Littlefield Publishers, Inc., 2010), p.16.

적으로 독립·평등한 주권개념을 바탕으로 국가의 융성을 위해 이웃 국가들과 빈번한 전쟁을 치르게 되었는데 그 절정은 제1차 세계대전과 제2차 세계대전에서 볼 수 있다.

전쟁 후 유럽의 지도자들은 이러한 전쟁들이 주권적 민족국가를 기본 단위로 한 유럽 지역의 운영 결과라는 인식 속에서 국가를 넘어선 유럽 지역 차원의 협력을 추구하게 되었다. 따라서 유럽의 국가들과 그 정치 지도자들은 서로 간에 치열한 전쟁을 치렀으면서도 다른 한편으로 유럽의 공통적 문화 정체성이라는 개념하에서 지역협력을 추구할 수 있게 되었다. 이와 관련하여 쥴리아노 가라비니Giuliano Garavini는 유럽에 있어서 1968년의 정치 및 사회적 소요가 기존의 민족국가와 민족주의적 이념이 가졌던 권위에 가한 정치 및 문화적 분위기의 변화를 통해 이후 유럽의 통합을 가속화시키는 계기가 되었다는 점을 강조한다.[2]

전체적으로 볼 때, 유럽에 있어서 문화적 정체성은 그 내용에 있어서 다양성과 더불어 평화, 번영, 그리고 사회적 응집성을 중요한 요소로 가지고 있었다.[3] 이러한 공통의 문화 정체성이라는 인식 속에서 유럽인들이 유럽 지역의 전쟁을 막고 평화를 이루기 위해 유럽공동체European Community의 형성보다 먼저 지역협력을 시도한 것이 유럽평의회Council of Europe라고 할 수 있으며 오늘날까지 유럽인들의 인권보호 분야에서 중요한 역할을 하고 있다.[4]

그리하여 유럽 지역의 여러 국가들이 공유하는 문화적 전통은 유럽인들이 민주주의 국가 집단의 구성원 자격에 관한 구조와 관행을 발전시키는

---

2 Giuliano Garavini, "Foreign Policy beyond the Nation-State: Conceptualizing the External Dimension," in Wolfram Kaiser and Antonio Varsori, eds., *European Union History: Themes and Debates* (Basingsoke: Palgrave Macmillan, 2010), p. 198.

3 Irena Guidikova, "General Introduction," in Tanja E. J. Kleinsorge, ed., *Council of Europe* (The Netherlands: Wolters Kluwer, 2010), p.26.

4 오영달, "라우터파흐트(H. Lauterpacht)의 피치자 중심 주권론과 유럽인권협약의 초국가적 제도화," 『국제정치논총』, Vol.42, No.1(2002), pp.275-296.

잠재력으로 작용하였다.[5] 그 결과, 제2차 세계대전 후 유럽에서는 이러한 공통의 문화 정체성을 바탕으로 서로의 이해관계에 대하여 함께 허심탄회하게 논의할 수 있는 분위기가 성숙되어 있었다.

2. 경험을 통한 교훈

물론 유럽 공통의 문화적 전통과 정체성이 곧 유럽인들이 항상 협력 및 평화 지향적이었다는 것을 의미하지는 않는다. 이러한 공통의 전통과 정체성 속에서도 세상과 삶에 대하여 서로 다른 다양한 관점을 지니는 사상가들과 지도자들이 존재했음은 물론이었다. 그리하여, 어떤 사상가나 지도자들은 국수주의적이고 권위주의적인 노선을 옹호, 추구하기도 하였으며 또 다른 사상가나 지도자들은 이와 대조적으로 협력이나 평화공존의 정책을 옹호, 추구하기도 하였다.

즉, 19세기 말 이래 유럽에서 부상한 국가중심의 국수주의는 독일 등에서 권위주의 정치노선으로 발전하였으며 제국주의적 침탈 경생을 정당화시켰다. 그 결과는 제1차 세계대전의 비극으로 나타났으며 그 후에도 히틀러 등의 등장과 제2차 세계대전으로 연결되었다. 물론 이러한 과정에서 정치를 우적관계로 단순화시켜 보았던 칼 슈미트Carl Schmitt의 이론적 입장도 중요한 역할을 하였다.

이와 대조적으로 우드로 윌슨Woodrow Wilson 등 자유주의자들은 개인의 자유와 평등이라는 자유민주주의 이념을 바탕으로 국제사회에 접근하였다. 그 결과는 주지하는 바와 같이 국제연맹의 설립으로 나타났다. 이처럼 대립적인 성향을 띠는 두 사상은 유럽에서 제2차 세계대전이 종결되면서 후자의 우세로 귀결되었다. 그렇게 된 이유는 무엇보다도 제2차 세계대전의 종결 무렵에 히틀러 같은 국수주의자들이 사라지게 되었고 그 자리에 국수주의의

---

5 *Ibid.*, p.27.

심각한 해악을 경험한 지도자들이 등장하게 되었기 때문이다. 이들은 그토록 처절하게 싸웠던 전쟁이 자신의 국가나 인류공동체 누구에게도 아무런 도움이 되지 않았다는 교훈을 얻게 되었던 것이다.

따라서 이들은 또 다른 전쟁을 방지하기 위한 구상을 하게 되었다. 따라서 이미 제2차 세계대전 직후인 1946년에 유럽에서는 이미 처칠Winstern Churchill과 스피넬리Altiero Spinelli 등을 중심으로 하는 유럽통합운동United Europe Movement이 전개되고 있었다. 1948년 5월 네덜란드의 헤이그에서 600여 명의 영향력 있는 유럽 16개국 지도자들이 참석한 유럽회의Congress of Europe가 개최되었다. 이 회의의 결과 1949년에 유럽 최초의 지역협력기구로 등장한 것이 유럽평의회Council of Europe이다.[6] 오늘날 유럽에서 유럽평의회의 대표적인 기능은 유럽 지역 차원의 인권보호제도인 유럽인권협약European Convention on Human Rights과 관련 유럽인권재판소European Court of Human Rights의 운영이다.

유럽 지역은 다른 정치제도나 이념에 있어서처럼 지역협력에 있어서도 세계적으로 중요한 귀감이 되는 주요 지역협력제도들을 많이 운영하고 있다. 이미 언급한 유럽평의회뿐만 아니라 원래 유럽석탄철강공동체 등 몇 개의 지역기구로 시작하여 오늘날 발전된 모습의 유럽연합European Union, 이와 경쟁적으로 존재했던 유럽자유무역연합European Free Trade Association, 유럽안보협력회의Conference for Security and Cooperation in Europe가 진화한 유럽안보협력기구Organization for Security and Cooperation in Europe 등이 대표적인 경우이다. 다음 절에서는 유럽 지역의 대표적 지역협력기구라고 할 수 있는 유럽연합을 중심으로 살펴보고자 한다.

---

6 Desmond Dinan, *Ever Closer Union: An Introduction to European Integration* (Basingstoke: Palgrave Macmillan, 2005), pp.14-15.

III. 유럽연합의 역사, 조직, 정책

1. 역사

유럽인들은 제1차 그리고 제2차 세계대전의 참화를 경험하면서 또 다른 전쟁을 방지하기 위한 방안을 모색하게 되었다. 기본적으로 오늘날 유럽연합의 시작은 유럽 지역에 있어서 평화로운 공존을 추구했던 전후 지도자들의 협력 및 공동체적 비전에 기초하고 있었다. 이러한 의미에 있어서 존 맥코믹John McCormick과 조나단 올슨Jonathan Olsen은 유럽의 지역통합의 출발 동기는 언제나 평화였다고 지적하였다.[7] 보통 유럽연합의 출발은 로베르 슈망Robert Schuman과 장 모네Jean Monnet의 협력 비전과 지도력에 있었던 것으로 말해진다. 당시 프랑스 외무장관이었던 슈망은 1950년 5월 7일 프랑스와 독일의 석탄 및 철강 생산 전체를 공동의 기구하에 관리하며 이 기구는 다른 국가들의 가입에 개방된다는 구상을 발표했던 것이다. 이러한 구상은 당시 프랑스 정부에서 활동하고 있던 모네의 비전에 기초하고 있었다.[8] 슈망의 이 구상에서 중요한 내용은 고위 권위체High Authority로 하여금 회원국의 석탄과 철강을 공동으로 통제하는 것이었다. 이러한 구상에 대하여 당시 패전국이었던 서독의 아데나워Konrad Adenauer 수상은 독일의 부흥을 위해 수용하였다. 여기에 이탈리아와 벨기에, 네덜란드, 룩셈부르크 4개국이 협상에 합류하여 파리조약을 통해 1952년 8월 유럽석탄철강공동체European Coal and Steel Community가 탄생한 것이다. 이 기구는 이사회Council, 위원회Commission 같은 조직적 구조를 가지고 있었는데 바로 오늘날 유럽연합의 시초가 되었던 것이다.

---

7 John McCormick and Jonathan Olsen, *The European Union: Politics and Policies* (Boulder: Westview Press, 2014), p.19.

8 Dinan, *op. cit.*, p.11.

석탄과 철강 분야에서 공동체 구성이 이루어지면서 다른 분야에서도 유사한 공동체의 구성 노력이 기울여졌다. 막 시작된 동서냉전의 시대적 맥락 속에서 새롭게 시도된 분야는 방위 분야로서 유럽방위공동체European Defense Community 였다. 그러나 이것은 1954년 8월 프랑스 의회에서의 비준에 실패함으로써 무산되었다. 이후 유럽 지역에 있어서 또 다른 분야의 공동체 형성 노력이 지속되었는데 바로 원자력과 경제부문이었다. 이때 특히 경제통합과 관련하여 적극적인 구상을 표명한 것은 네덜란드였는데 그 내용은 회원국 간의 무역에 있어서 할당량과 관세를 철폐하고, 역외 지역에 대한 공동관세 및 무역정책을 실시하며, 사회경제부문에 대한 공동의 정책을 입안하고, 단일시장을 조직한다는 것이었다. 한편, 모네는 에너지원으로서 석탄의 중요성이 감소되고 있다는 점을 인식하여 당시 새로이 부상하던 원자력의 공동체 형성을 통해 지역협력의 동력을 살리고자 하였다. 1955년 6월, 이탈리아 메시나Messina 에서 개최된 유럽석탄철강공동체 회원국들의 외무장관회의는 벨기에 외무장관 폴-앙리 시파크Paul-Henri Spaak 에게 원자력공동체와 공동시장의 방안들에 관한 연구위원회를 구성하여 그 보고서를 제출하도록 요청하였다. 시파크 장관은 1956년 5월 이탈리아 베니스Venice 에서 개최된 외무장관회의에 그 최종보고서를 제출하면서 원자력 부문의 공동체 형성과 보다 넓은 경제통합 즉, 공동시장의 형성이 각각의 조약을 통해 별도의 기구로 실현되어야 함을 제안하였다.[9] 이후 이와 관련된 수차례의 협상을 거쳐 1957년 2월 두 개의 조약안으로 귀결되었는데 하나는 유럽원자력기구이고, 다른 하나는 유럽경제공동체 관한 것이었다. 이때 유럽경제공동체의 형성이 성공할 수 있었던 것은, 존 길링검John R. Gillingham 이 지적하듯이, 독일이 그 이웃 국가인 프랑스로 하여금 평화로운 경제적 경쟁이 국가 간, 지역 간, 문명 간 군사적 경쟁을 이길 수 있다고 설득할 수 있었기 때문이었다.[10]

---

9 *Ibid.*, pp.31-32.

10 John R. Gillingham, "The German Problem and European Integration," in Desmond Dinan, ed., *Origins and Evolution of the European Union* (Oxford: Oxford University Press, 2014), p.84.

두 조약안은 1957년 3월 이탈리아 로마에서 서명되었고 그 해 말까지 비준 절차를 마쳐 1958년 1월에 운영을 시작하였다.

그 결과, 1960년대에 들어서 유럽의 국가들은 상호무역에 있어서 관세 부과를 중단하기 시작했다. 또한 유럽경제공동체 국가들은 식량생산의 공동 통제에 합의함으로써 모든 사람들이 식량을 충분히 확보할 수 있게 하였으며 곧 잉여의 농산물 생산도 보기 시작했다. 1970년대에 들어서면서 유럽공동체는 그 회원국을 늘려나가기 시작했다. 1973년 1월 덴마크, 아일랜드, 그리고 영국이 유럽공동체에 가입하였다. 유럽공동체는 그 지역정책을 통해 가난한 지역의 고용과 기간시설 창출 및 구축을 위해 많은 액수의 예산을 전환하기 시작했다. 이 시기에 유럽의회도 그 영향력을 키우기 시작하여 1979년에 유럽의 시민들은 처음으로 그 대표들을 투표를 통해 직접 선출하였다. 1981년 그리스는 유럽공동체의 10번째 회원국이 되었으며 1986년 스페인과 포르투갈이 또한 새 회원국이 되었다. 1986년 2월 단일유럽의정서 Single European Act가 룩셈부르크에서 서명되어 1987년 7월 발효됨으로써 유럽공동체 내 국가들 사이의 자유로운 무역을 통한 단일시장 형성의 기초를 제공하는 6개년 계획을 제시하였다.[11]

1993년에 상품과 용역, 사람들과 자본의 자유로운 이동이 가능해짐으로써 단일시장이 완성되었다. 1993년에는 다시 마스트리히트조약Maastricht Treaty 그리고 1999년에는 암스테르담조약Amsterdam Treaty이 체결되어 공동체의 자연환경을 보호하고 안전과 방위 문제를 함께 다루는 문제에 대하여 합의하였다. 1995년에는 오스트리아, 핀란드, 그리고 스웨덴이 신회원국이 되었다. 룩셈부르크의 작은 마을 이름을 딴 셴겐협정Schengen Agreement이 체결되어 이제 그 협정에 가입한 국가의 시민들은 국경에서 여권 검사 없이 자유롭게 넘나들 수 있게 되었다. 뿐만 아니라 오늘날 수백만의 젊은이들이 유럽연합의 재정 지원으로 다른 국가에 가서 교환학생으로서 공부하고 있다.

마스트리히트조약으로 유럽연합의 공동통화인 유로가 창설되어 통용되고

---

11 McCormick and Jonathan, *op. cit.*, pp.69-72.

유럽연합

유럽연합(European Union: EU)은 1993년 유럽연합조약에 의해 설립된 기구로서 세 개의 기둥(pillars)이라고 하는 개념적 구조를 가지고 있다. 제1기둥은 유럽공동체들, 제2기둥은 공동외교안보정책, 그리고 제3기둥은 사법 및 내무 문제를 다루고 있다. 비록 유럽연합은 회원국들 간의 관계를 더욱 향상하고 심화시키고자 하며 그 자체의 시민을 갖는다고 주장함에도 불구하고 보조성(subsidiarity)의 원칙을 수용하며 국가들의 정체성을 인정한다. 유럽연합조약은 유럽연합을 고정된 구조가 아니라 '좀 더 친밀한 연합을 형성해가는 과정에 있어서 하나의 새로운 단계'로 말하고 있다. 따라서 이후 1999년 암스테르담조약, 2003년 니스조약, 그리고 2009년 리스본조약을 통해 지속적인 개혁을 추진해 왔다.

있고, 2015년 5월 현재 유럽연합의 19개 회원국이 유로를 공식통화로 사용하고 있다. 제2차 세계대전 후 오랫동안 지속되었던 동유럽과 서유럽 간의 정치적 분립은 10개의 새로운 국가들이 유럽연합에 가입함으로써 치유되었다. 2009년 12월 1일에 리스본조약Risbon Treaty이 비준, 발효되어 유럽연합 대통령, 외교안보정책 최고대표 등의 새로운 제도 도입을 통해 유럽연합이 좀 더 효율적인 방식으로 운영될 수 있게 하고 있다.[12]

2. 유럽연합의 주요 기관들

유럽연합의 정책에 있어서 전반적인 우선순위는 회원국 및 유럽연합 수준

12 유럽연합의 역사에 대해서는 강원택·조홍식, 『하나의 유럽: 유럽연합의 역사와 정책』(서울: 푸른길, 2009), pp.42-126; 송병준, 『유럽연합의 거버넌스와 공동정책』(서울: 높이 깊이, 2013), pp.22-60 참조.

의 최고 지도자들이 참석하는 유럽이사회European Council에서 결정된다. 유럽 시민들에 의해 직접 선출된 유럽의회European Parliament의 의원들은 유럽의회에서 유럽 시민들의 이익을 대표한다. 유럽집행위원회European Commission의 위원들은 회원국들에 의하여 지명되는데 이들은 유럽연합 전체의 이익을 증진한다. 회원국 정부들은 그들 각각의 국가이익을 유럽연합 각료이사회Council of Ministers에서 지키기 위해 노력한다. 또한 마스트리히트조약을 통해 유럽회계감사원European Court of Auditors이 공식적으로 도입되어 예산집행에 대하여 감독 기능을 수행한다.

1) 유럽이사회(European Council)

유럽이사회는 유럽연합 회원국들의 지도자들이 참석하는 정상회담으로서 광범위한 정치적 우선순위와 주요 정책방향들을 결정한다. 이러한 이해의 맥락에서 유럽이사회는 의제 설정자, 최고의 정책결정자, 범세계적 행위자 그리고 입헌적 건설자로 불리기도 한다.[13] 유럽이사회는 1974년 유럽공동체 지도자들의 비공식적인 토론 포럼으로 시작되어 이후 빠르게 유럽공동체의 목표와 우선순위를 결정하는 공식적인 기관이 되었다. 이후 1992년 마스트리히트조약에서 공식적인 지위와 역할을 획득하였으며 2009년 리스본조약에서 도입된 제도적 변화에 따라 유럽연합의 7개 공식적인 기관의 하나가 되었다. 그 역할은 유럽연합의 전반적 의제와 우선순위 등을 확인하고 지침을 제시하는 것으로 하위의 정부간 협력 수준에서 해결될 수 없는 복잡하고 민감한 문제들을 다룬다.

그러나 유럽이사회는 유럽연합의 정치적 의제를 결정하는 데 있어서 영향력을 가지지만 법안을 통과시킬 권한은 없다. 이 유럽이사회에는 유럽연합 회원국의 모든 정치지도자들이 참석하는데 이에 더하여 유럽집행위원회 위

13 Edward Best, Thomas Christiansen, and Pierpaolo Settembri, *The Institutions of the Enlarged European Union: Continuity and Change* (Edward Elgar: Cheltenham, 2008), p.31.

원장, 유럽이사회 상임의장president, 그리고 유럽연합 외교안보정책 최고대표The High Representative of the Union for Foreign Affairs and Security Policy도 참석한다. 유럽이사회는 조약들이 별도로 정한 경우 외에는 합의에 의해 결정을 내리는데 어떤 경우에는 조약의 규정에 따라 만장일치 또는 제한 다수결로 결정을 채택하기도 한다. 그러나 유럽이사회 상임의장, 유럽집행위원회 위원장 그리고 외교안보정책 최고대표는 의결권을 갖지 않는다. 대체로 매년 6월과 12월에 2회의 회합을 브뤼셀에서 갖는데 상임의장은 특별회의를 소집할 수 있다.[14]

2) 각료이사회(Council of Ministers)

유럽연합의 각료이사회의 기원은 유럽석탄철강공동체를 설립한 1951년 파리조약Treaty of Paris으로 거슬러 올라가는데 당시 새로 만들어졌던 초국가적이었던 고위 권위체High Authority에 대한 직접적이고 분명한 견제 장치였다.[15] 따라서 오늘날에 있어서도 각료이사회는 유럽연합이 국제기구로서 보여주는 초국가적 경향에 대하여 균형자적 역할을 하면서도 회원국의 국가이익을 대표하고 수호해야 하는 독특한 성격을 띠는 기관이다.[16]

각료이사회는 위에서 언급한 유럽이사회나 유럽평의회Council of Europe와 전혀 다른 것으로 유럽연합 전체 회원국의 정부 각료들이 모여 공동정책결정 원칙에 따라 유럽의회와 함께 유럽집행위원회가 제안한 법안에 대해 최종적 결정권을 갖는다. 유럽연합 회원국들은 유럽의 전체적인 경제정책 추구를 원칙으로 하는데 이러한 정책들은 경제 및 재무 분야 각료들에 의하여 조정된다. 이러한 지역차원의 경제정책들을 통해 좀 더 많은 일자리를 창출

---

14 http://www.consilium.europa.eu/en/european-council/(검색일: 2015.5.31).

15 Fiona Hayes-Renshaw, "The Council of Ministers," in John Peterson and Michael Shackleton, *The Institutions of the European Union* (Oxford: Oxford University Press, 2012), pp.69-70.

16 Andreas Staab, *The European Union Explained: Institutions, Actors, Global Impact* (Bloomington, Indiana University Press, 2013), p.61.

하고 교육, 보건, 복지체계의 향상을 추구한다. 비록 회원국들은 각 국가의 정책에 대해 책임과 권한을 갖지만 공통의 목표에 합의할 수 있으며 서로 각자의 경험으로부터 배울 수 있다.

또한 각료이사회는 유럽연합을 대신하여 환경, 무역, 개발, 섬유, 어업, 과학, 기술, 그리고 운송과 같은 다양한 주제들에 대하여 유럽연합과 역외 국가들 사이에 체결된 협정에 서명한다. 또한 유럽연합이 매년 지출하는 예산안에 대하여 유럽의회와 함께 승인권을 갖는다. 회원국 정부들은 외교 및 방위 분야에 있어서 독자적인 통제권을 갖지만 공동외교안보정책common foreign and security policy하에서 공동의 외교 및 방위정책을 발전시키기 위해 노력한다. 유럽연합은 그 자체의 군대를 가지지 않지만 일부 회원국은 유럽연합이 좀 더 신속하게 국제 분쟁과 자연재해 등에 대응할 수 있는 신속대응군rapid reaction force을 제공한다. 이러한 군대의 역할은 인도주의적 임무, 구호 및 평화유지활동에 한정된다. 유럽연합의 시민들은 유럽연합 내 어느 곳에서든 동등한 사법적 접근권을 가져야 한다. 유럽연합 각료이사회에서 법무장관들은 유럽연합의 한 회원국 내에서, 예를 들면 이혼에 관한 법원 판결이 다른 모든 유럽연합 회원국들에서 인정될 수 있도록 노력하고 있다. 법무장관과 내무장관들은 유럽연합의 역외 경계에 대한 순찰, 테러 및 국제 조직범죄와의 투쟁에 대하여 서로 조정한다.

이러한 각료이사회에 참석자가 꼭 정해져 있는 것은 아니지만 각 회원국들은 각료이사회 각각의 회의에 해당 장관들을 파견한다. 예를 들면, 환경 문제를 다루는 회의에는 환경장관을 보내는데 이 경우 이 회의는 '환경이사회'로 이해된다. 이러한 각료이사회의 의장은 일반적으로 유럽연합의 순환 의장국의 각료가 회의를 주재하게 되는데 외교장관이사회는 상임의장이 있어서 유럽연합 '외교안보정책 최고대표High Representative for Foreign Affairs and Security Policy'가 그 역할을 맡는다. 예를 들어, 2015년 현재 라트비아가 의장국 역할을 하는데 환경이사회의 회의가 열리는 경우 라트비아 환경장관이 회의를 주재한다.17

3) 유럽의회(European Parliament)

유럽의회의 뿌리는 유럽석탄철강공동체 공동의회Common Assembly의 1952년 9월 10일 스트라스부르 첫 회의로 거슬러 올라간다. 당시 의원들은 78명이었는데 이들은 이 공동의회와 원 6개 회원국의 국가 의회 양쪽에서 역할을 수행하는 이중적 임무를 띠고 있었다.[18] 이러한 유럽의회는 오늘날 유럽 수준에 있어서 정치적 토론과 정책결정을 위한 중요한 기관이다. 유럽의회의 의원들은 모든 회원국들의 유권자들에 의해 직접 선출되어 유럽연합의 입법과 관련하여 그 국민들의 이해관계를 반영하고 유럽연합의 기관들이 민주적으로 임무를 수행하도록 감독하는 일을 한다. 유럽의 조약들에 있어서 오랜 시간의 변화 과정을 통해 유럽의회는 실질적인 입법 및 예산 권한을 획득하여 이제 각료 이사회의 회원국 정부 대표들과 함께 유럽의 정책방향을 결정할 수 있다.

(1) 입법권

유럽연합의 일상적 입법절차는 유럽의회와 유럽연합 각료이사회에 경제, 이민, 에너지, 운송, 환경, 그리고 소비자 보호 등 광범위한 분야들과 관련하여 동등한 권한을 부여하고 있다. 따라서 유럽법의 대부분은 유럽의회와 각료이사회에 의해 공동으로 채택된다. 공동입법 절차는 1992년 유럽연합에 관한 마스트리히트조약에 의하여 도입되었으며 1999년의 암스테르담조약에 의해 확대되고 보다 효과적으로 개정되었다. 2009년 12월 1일 발효한 리스본조약에 의하여 일상적 입법절차로 명칭이 바뀌고 유럽연합의 정책결정체제에 있어서 중심적 입법절차가 되었다.[19]

---

17 http://europa.eu/about-eu/institutions-bodies/council-eu/index_en.htm(검색일: 2015. 5.31).

18 John McCormick, *European Union Politics* (Basingstoke: Palgrave Macmillan, 2011), p.204.

19 Frederic P. Miller, Agnes F. Vandome, John McBrewster (ed.), *Institutions of the European Union* (Beau Bassin: Alphascript Publishing, 2009), pp.61-63.

유럽의회는 어떤 입법 제안에 대하여 승인, 거부, 또는 그 수정을 제안할 수 있다. 각료이사회는 법적으로 의회의 의견을 고려해야 할 의무가 있는 것은 아니지만, 유럽법원의 판례법에 입각하여 그 자체를 전혀 고려함이 없이 결정해서는 안 된다. 처음 1957년의 로마조약은 의회에 대하여 입법과정에 있어서 자문역할을 부여하였고 대신 유럽집행위원회가 법안을 제안하고 각료이사회가 법을 채택하도록 했었다. 유럽단일의정서, 마스트리히트, 암스테르담, 니스, 리스본조약들은 연이어 의회의 고유 권한을 확대하였다. 그 결과, 의회는 이제 광범위한 분야에 있어서 각료이사회와 동등한 자격으로 공동 입법할 수 있으며 제한된 경우들에 있어서 협의는 특별입법절차가 되었다. 이러한 절차는 현재 역내시장 면제와 경쟁법과 같은 제한된 입법 분야에 있어서 적용될 수 있다. 의회의 협의는 또한 비입법적 절차로서도 필수적인 것으로 공동외교안보정책하에서 국제협정이 채택되고 있다.

이전에는 동조라는 절차로 통용되었던 것이 1986년 단일유럽의정서를 통해 연합협정과 유럽연합 가입통제절차 관련 협정의 두 영역을 통해 동의하는 절차가 도입되었다. 이 절차의 적용 범위는 유럽연합조약TEU 에 대한 이후의 모든 수정에 의해 확대되었다. 비입법적 절차로서 동의는 보통 유럽연합에 의해 협상되는 어떤 협정들의 비준에 적용되거나 유럽연합조약 7조하의 기본적 권리의 심각한 침해 사례들 또는 유럽연합으로부터의 탈퇴 등에 관한 제도적 절차에 가장 현저하게 적용가능하다. 하나의 입법절차로서는 차별 척결에 대한 새로운 입법이 채택될 때 활용될 수 있는데 그것은 이제 유럽의회에 그 하부기관의 일반적 법적 근거가 유럽연합의 운영에 관한 조약TFEU 352조에 따라 적용될 때도 활용될 수 있다.

이와 같은 주요 입법절차와 함께 유럽의회가 특정 분야에서 수행하는 다른 절차들이 있다. 첫째는 유럽연합의 운영에 관한 조약 140조(통화연합)하 의견opinion 의 표시이다. 유럽집행위원회와 유럽중앙은행European Central Bank 은 각료이사회에 대하여 법의 부분적 개폐를 통해 회원국들의 경제 및 통화연합에 대하여 이행하는 그들의 의무의 진전에 대하여 보고서를 작성한다. 의회가 그 의견을 전달한 후 집행위원회의 제안에 대하여 각료이사회는 어떤 회원국이 법의 부분적 개폐를 통해 유럽연합의 운영에 관한 조약 140조 1항에서 규정한 기준을 기초로 하여 단일통화의 채택을 위한 조건을 수행했는지 결정하고 이러한 회원국들의 법률 개폐를 종결시킨다. 이 절차에서 의회는 수정안 전체에 대하여 투표하고 수정안을 상정할 수 없다.

둘째는 경영자와 노조 간의 대화에 관한 절차이다. 유럽연합의 목적은 협정과 협약의 체결을 위한 산업계 양측 간 대화의 증진을 포함한다. 유럽연합의 운영에 관한 조약의 154조하에서 유럽집행위원회는 유럽연합 수준에서 경영자와 노조 간의 협의를 증진하는 임무를 가지는데 그에 따라 산업계의 양측과 협의한 후 유럽연합을 위해 의회에 가능한 지침을 제출한다. 어떤 집행위원회 문서 또는 경영자와 노조 간의 합의도 책임 있는 의회위원회에 조회된다. 경영자와 노조가 어떤 합의에 도달하고, 공동으로 그 합의가 유럽연합의 운영에 관한 조약 155조 2항하에서 유럽집행위원회의 제안에 관한 각료이사회의 결정에 의해 실행되도록 요청할 때 책임 있는 위원회는 그 요청의 채택 또는 거부를 건의하는 결의를 위한 동의안을 상정해야 한다.

셋째는 유럽집행위원회가 입법보다는 임의의 협정을 활용하고자 할 때 의회에 이를 통보해야 한다. 의회의 해당 위원회는 규칙 48항하에서 그 자체 발의의 보고서를 작성할 수 있다. 유럽집행위원회는 임의의 협정을 체결하고자 할 때 이를 의회에 통보한다. 해당 위원회는 그 제안의 채택 또는 거부 그리고 어떤 조건하에서 그러한지에 대해 건의하는 결의를 위해 동의안을 상정할 수 있다.

넷째는 법전화이다. 공식적 법전화는 법전화 되는 법들을 폐기하고 단일한 법에 의해 그것을 대체하는 절차를 의미한다. 통합된 법은 그 법이 처음 효력을 발생한 이후 이루어진 모든 수정을 포함한다. 그것은 그 법의 어떤 실체에 대한 어떤 수정도 포함하지 않는다. 법전화는 빈번한 수정을 겪은 유럽연합 입법의 의미를 뚜렷이 하는 데 도움을 준다. 의회의 법률 문제 소관위원회는 집행위원회의 법전화 제안을 검토한다. 만약 이러한 과정에서 실체에 대한 수정이 없을 때 규칙 46항하에서 보고서의 채택을 위한 단순화된 절차가 적용된다. 의회는 수정이나 토론 없이 단 1회의 투표에 의해서 결정해야 한다.

다섯째는 실행과 위임에 대한 조항들이다. 집행위원회는 기존 입법에 대하여 실행 조항을 도입할 수 있다. 이러한 조항들은 회원국의 전문가위원회에 제시되고 참고 또는 감독을 위해 의회에 전달된다. 그 해당 위원회의 제안에 대하여 의회는 그 조치를 반대하는 결의를 채택할 수 있는데 이때 조치를 실행하는 안이 해당 법에 규정된 권한을 초과하고 기본법의 목표 또는 내용과 부합하지 않으며 또는 보조성 또는 비례성의 원칙을 존중하지 않음을 적시하여 집행위원회에 조치 안의 철회 또는 수정하거나 적절한 입법절차에 따라 적절한 제안서를 제출하도록 요청한다. 법이 집행위원회에 그 법의 어떤 비본질적인 요소들을 보완하거나 수정하도록 위임한 곳에서 해당 위원회는 의회의 검토를 위해 전달되어 온 어떤 위임 법안을 검토하는 바, 그 법의 조항에 따라 결의를 위한 동의안으로 어떤 적절한 제안을 제출할 수 있다.

집행위원회는 입법발의권을 갖는다. 그러나 리스본조약에 의해 향상된 마스트리히트조약하에서 유럽의회는 집행위원회에 대하여 어떤 법률 제안서를 제출하도록 요청할 수 있도록 하는 입법 발의의 권한을 가진다.

첫째, 1년 및 다년 기획이다. 유럽연합조약에 따르면, 집행위원회는 유럽연합의 1년 또는 다년의 기획을 발의해야 한다. 이러한 목표를 성취하기 위하여, 집행위원회는 그 업무 계획을 준비하는데 바로 이것이 집행위원회가 유럽연합의 1년 및 다년의 계획에 기여하는 것이다. 유럽의회는 이미 집행위원회가 업무계획을 입안하는 과정에서 협력하게 되는데 집행위원회는 이 단계에서 의회에 의해 표명된 우선순위를 고려하게 되는 것이다. 집행위원회에 의해 그것이 채택된 후 의회, 각료이사회, 그리고 집행위원회 사이에 유럽연합의 기획에 대한 합의에 도달하기 위한 삼자대화가 가까운 시일에 열리게 된다. 시간 일정을 포함한 구체적인 제도적 장치가 의사진행 규칙의 부속서 14에 규정되어 있다. 의회는 1년 기획에 대한 결의를 채택한다. 의장은 각료이사회에 집행위원회의 업무계획과 의회의 결의에 대하여 의견을 전달해줄 것을 요청한다. 한 기관이 이미 수립된 시간 일정을 준수할 수 없을 때 다른 기관들에 대하여 지연에 대한 이유를 반드시 통지해야 하며 새로운 시간 일정을 제안해야 한다.

둘째, 유럽연합의 운영에 관한 조약 225조하의 발의이다. 의회는 유럽연합의 운영에 관한 조약 225조하에서 그 위원회들 중 하나의 보고서에 기초하여 그 회원국 다수의 행동을 통해 집행위원회에 어떤 적절한 입법제안서를 제출하도록 요청할 수 있다. 의회는 동시에 그러한 제안서의 제출에 대한 기한을 정할 수 있다. 의회의 해당 위원회는 먼저 권위 부여를 위한 의장들의 회합을 요청하지 않으면 안 된다. 집행위원회는 요청된 제안서를 제출하는 것에 동의하거나 거부할 수 있다. 유럽연합의 운영에 관한 조약 225조하 의회에 부여된 발의권에 기초한 유럽연합 법안의 제안은 또한 유럽연합의 개별 회원국에 의하여 제안될 수 있다. 그러한 제안은 의회 의장에게 제출될 수 있으며 의장은 그것을 해당 위원회의 고려를 위해 조회한다. 그 위원회는 전체회의에 제출하도록 결정할 수 있다.

셋째, 자체 발의보고서이다. 조약들이 유럽의회에 발의권을 부여한 영역에 있어서 의회의 위원회들은 그 소관 주제에 대한 보고서를 작성하여 의회에 결의를 위한 동의안을 제출할 수 있다. 이때 위원회들은 보고서를 작성하기 전에 위원장들의 회의로부터 이와 관련한 권위부여를 요청하지 않으면 안 된다.[20]

(2) 예산권

리스본조약의 발효 이후, 유럽의회는 이제 유럽연합의 연간예산 전체에 대하여 각료이사회와 함께 결정할 수 있는 권한을 갖게 되었으며 최종적 결정권을 갖게 되었다. 연간 지출과 수입에 대한 의회와 각료이사회의 결정은 유럽연합의 장기적 재정계획에 규정되어 있는 연간지출 한계 내에서 이루어져야 하며 다년재정프레임워크는 매 7년마다 한 번씩 협상된다.

---

20 http:/www.europarl.europa.eu/aboutparliament/en/20150201PVL00004/Legislative-powers(검색일: 2015.5.31).

일단 유럽연합의 예산이 채택되면, 유럽집행위원회는 그 실행에 대한 책임을 지게 된다. 다른 기관들은 그들 자신의 행정 예산에 대해 책임을 맡는다. 유럽연합의 납세자들을 대표하는 직접 선출 기관으로서, 유럽의회는 집행위원회와 다른 기관들이 유럽의 기금을 적절하게 다룰 수 있도록 민주적 감독권을 행사한다. 의회는 각료이사회의 건의에 따라 어떤 특정 연도의 예산을 어떻게 이행할 지에 대하여 최종 승인한다. 의회는 집행위원회의 예산 항목 및 당해 연도의 사업에 대한 보고에 대해 그 예산통제위원회를 통해 면밀히 검토하게 한 후 결정을 내린다. 유럽의회는 또한 유럽회계감사원의 연례보고서와 유럽의회 의원들이 가질 수 있는 특정 질문들에 대한 집행위원회의 응답을 고려한다. 유럽의회는 또한 집행위원회에 대하여 예산의 집행에 대해 건의할 수 있다. 집행위원회는 의회의 요청에 따라 그러한 건의 및 의견표명에 대하여 결과를 보고해야만 한다. 이 절차는 이행의 승인, 연기 또는 거부로 귀결된다. 의회는 비슷한 방식으로 그 자체의 행정 예산을 포함하여 다른 기관들의 예산 항목의 승인 문제를 다룬다.

(3) 조직 및 구성

의장은 의회 의원들 임기의 반에 해당하는 2년 반의 임기로 선출되는데 중임이 가능하다. 의장은 의회 밖의 세계와 유럽연합의 다른 기관들과의 관계에 있어서 유럽의회를 대표한다. 의장은 의회와 그 구성 기관들의 임무수행, 그리고 전체회의에서의 토론을 감독하며 의회의 의사진행 규칙이 준수되도록 하는 책임을 진다. 모든 유럽이사회의 개회에서 유럽의회 의장은 의제와 다른 주제들 항목에 대하여 의회의 견해와 관심사를 제시한다. 유럽연합의 예산이 의회에 의해 채택되면 의장은 그에 서명하여 실행에 들어갈 수 있도록 한다. 유럽연합 의장과 각료이사회 의장은 모두 보통의 입법절차 하에서 채택된 모든 법률들에 서명한다.

유럽의회는 확대된 유럽연합의 28개 회원국에서 선출된 751명의 의원으로 구성된다. 1979년 이래 유럽의회 의원들은 5년의 임기로 보통, 직접선거에 의하여 선출되고 있다. 각 국가들은 그 선거의 형태에 대하여 결정하지만 양식 간의 평등 및 비밀투표를 보상해야만 한다. 유럽연합의 선거들은 비례대표제에 의한다. 의석은 각 회원국의 인구에 기초하여 배분한다. 유럽의회 의원들의 약 1/3 이상이 여성이다. 유럽의회 의원들은 국적이 아니라 정치 이념적 유사성에 의하여 정치집단political groups을 형성한다.

유럽의회의 의원들은 국적이 아니라 정치집단에 따라 자리가 배정된다.[21] 현재 유럽의회에는 7개의 정치집단이 존재한다. 어떤 정치집단을 구성하기 위해서는 25명의 의원이 필요하며 회원국의 최소한 1/4이 그 집단 내에서 대표되어야 한다. 의원들은 한 개 이상의 정치집단에 소속할 수 없다. 어떤 의원들은 어떤 정치집단에도 속하지 않으면서 무소속 의원으로 남는다. 각 정치집단은 대표(또는 공동대표), 사무소, 그리고 사무국을 정함으로써 그 자체의 조직을 운영하게 한다. 의사당 내 회의장에서 의원들의 공간은 좌파로부터 우파까지의 정치적 유사성에 의하여 정치집단 대표들의 동의하에 배정된다. 전체회의에서 있게 되는 모든 투표 전에 정치집단들은 의회의 위원회들에 의하여 마련된 보고서들을 면밀히 검토하고 그들에 대하여 수정안을 상정한다. 어떤 정치집단에 의해 채택된 입장은 그 집단 내의 토론을 통하여 마련된다. 어떤 의원도 어떤 특정 방향으로 투표하도록 강요될 수 없다. 이러한 정치집단들 중에는 유럽인민당집단Group of the European People's Party, 기독교 민주당Christian Democrats, 유럽의회 사회주의자 및 민주주의자들의 진보 동맹 그룹Group of the Progressive Alliance of Socialists and Democrats in the European Parliament, 유럽 자유주의자 및 민주주의자들의 동맹 그룹Group of the Alliance of Liberals and Democrats for Europe, 유럽 보수주의자 및 개혁주의자 집단European Conservatives and Reformists Group, 유럽 통일 좌파 연합 집단—북유럽 녹색좌파Confederal Group of the European United Left—Nordic Green Left, 녹색당/유럽자유연맹 집단Group of the Greens/European Free Alliance, 자유 및 직접민주주의 유럽 집단Europe of Freedom and Direct Democracy Group 등이 있다.

---

21 Trevor C. Hartley, *The Foundations of European Union Law* (Oxford: Oxford University Press, 2014), p.17.

의회의 전체회의를 준비하기 위해 의원들은 수 개의 전문 상임위원회로 나뉘는데 총 20개가 있다. 하나의 위원회는 25명에서 71명에 이르는 유럽의회 의원으로 구성되어 있으며 1명의 위원장, 사무소 그리고 사무처를 가진다. 이 위원회들의 정치적 구성은 전체 의회의 회의를 반영한다. 의회위원회는 한 달에 한두 번씩 브뤼셀에서 회합을 갖으며 공개회의로 열린다. 이 위원회들은 법안과 자체발의의 보고서를 마련하고, 개정, 채택한다. 또한 위원회들은 집행위원회와 각료이사회의 제안들을 고려하며 필요할 때는 전체회의에 제출해야 할 보고서들을 작성하기도 한다.

의회는 또한 특정의 문제를 다루기 위한 소위원회와 특별임시위원회를 설치할 수 있으며 유럽연합 법의 부적절한 처리에 대한 주장을 조사하기 위해 그 감독범위하의 공식적 조사위원회를 설치할 권한을 갖는다. 위원회 위원장들은 그들의 회의에서 위원회들의 업무를 조정한다.

유럽의회의 대표단delegations은 비유럽연합 국가들의 의회와 관계를 유지하고 정보를 교환한다. 그 대표단을 통해 유럽의회는 역외에서 유럽연합을 대표하는 데 일조하며 제3국에서 유럽연합이 근거하고 있는 가치들, 즉 자유, 민주주의, 인권 및 기본적 자유의 존중 그리고 법의 지배 등을 증진한다. 여러 가지 형태의 대표단이 있는데 합동의회위원회들, 의회협력위원회들, 기타 의회 간 대표단과 다자적 의회회의에 대한 대표단 등이 있다.

유럽의회에는 의회의 업무 및 입법 기획 또는 의회 규칙과 행정, 재정, 직원 그리고 조직 문제에 관한 서로 다른 정치조직체들political bodies이 있다. 의장회의체는 의회 의장과 정치집단의 대표들로 구성되며 무소속 의원들의 한 대표 또한 의장회의체에 좌석을 가지나 투표권은 가지지 못한다. 이 회의체는 의회의 업무 및 입법기획의 조직에 책임을 지니며 위원회의 책임과 구성원 그리고 다른 유럽연합 기관들, 국가 의회들, 그리고 비유럽연합 국가들과의 관계를 결정한다. 의장회의체는 의회의 일정, 전원회의 의제를 준비하며 전체회의장의 좌석을 배정한다. 의장회의체는 합의 또는 각 정치집단의 의원 수에 기초한 가중 투표에 의해 결정을 내린다. 의장회의체의 의무는 의사진행 규칙에 규정되어 있는데 유럽의회와 그 기관들의 임무를 조직

한다. 입법기획 및 기타 유럽연합 조직 및 기관들과의 관계에 대한 모든 문제들에 대하여 협의를 받는다. 의장회의체는 일반적으로 한 달에 두 번 회합을 갖는다. 그 회의는 비공개로 열린다. 의장회의체의 의사록은 공식 언어들로 번역, 인쇄되어 모든 의원들에게 배부된다. 어떤 의원도 의장회의체의 활동들에 대하여 질의할 수 있다. 이렇게 함으로써 의원들에게 전체회의 밖에서 초청 손님과 의견을 교환하고 집행위원회 제안에 대한 사전 정보를 얻을 수 있는 기회가 주어진다.

운영국The Bureau은 의회의 규칙을 제정하는 기관이다. 의회의 예비적 예산안을 마련하고 모든 행정, 직원 및 조직적 문제를 결정한다. 운영국은 임기 2년 반의 연임 가능한 유럽의회의 의장, 14명의 부의장, 그리고 의회에 의해 선출되는 5명의 재무관Quaestor으로 구성된다. 이 운영국에서 투표 시 가부 동수일 때는 의장이 결정권을 갖는다. 재무관들은 자문관의 자격으로 운영국의 구성원이 된다. 운영국은 의회 내에서 많은 행정 및 재정적 의무를 지니며. 의회의 내부 운영에 관계되는 모든 문제들에 책임을 진다. 또한 운영국은 좌석 배치에 관한 결정을 내리며, 통상적인 임무수행 장소 밖의 위원회 또는 대표단 회합에 권위를 부여할 수 있으며 의회의 지출에 대한 예비적 추계안을 준비한다. 더불어 의회의 행정을 담당하는 사무국장을 지명하며 사무국의 구성과 조직을 마련한다. 운영국은 보통 월 2회 회의를 개최하며 의사록은 공식 언어들로 번역, 인쇄되어 모든 의원들에게 배부된다. 어떤 의원도 운영국의 활동에 대하여 질의할 수 있다. 운영국은 유럽의회에 대표를 갖는 정당들에 대한 재원 지원을 결정한다.

재무관단College of Quaestors은 의원들 및 그들의 근무조건에 직접 관계되는 행정 및 재정적 문제를 맡는 유럽의회의 기관이다. 5명의 재무관이 있는데 이들은 또한 운영국의 구성원이 된다. 재무관들은 세 단계에 걸친 다수결 비밀투표에 의하여 선출된다: 첫 두 단계에는 절대 다수표가 필수이며 나머지 한 단계에는 상대 다수표이면 충분하다. 그들의 임기는 2년 반이며 운영국에서 자문의 역할을 한다. 재무관들은 의원들에게 직접적으로 영향을 미치는 행정 및 재정적 문제를 담당하는데 일반적 행정 서비스와 시설이

제공될 수 있도록 한다. 재무관들은 운영국에 의하여 채택된 모든 규칙에 대한 문안들을 수정하거나 다시 쓰도록 하는 제안서를 제출할 수 있다. 재무관들은 월 1회 회합을 갖는다. 어떤 의원도 재무관들의 활동에 대하여 질의할 수 있다.

위원회위원장회의체Conference of Committee Chairs는 의회에 있는 정치적 조직으로서 위원회들 간에 좀 더 원활한 협조를 위해 기능한다. 이 회의체는 모든 상임위원회와 임시위원회들의 위원장들로 구성되며 그 의장을 선출한다. 위원회위원장회의체는 일반적으로 월 1회 스트라스부르에서 전체회의가 있을 때 회합한다. 이 회의체는 의장들 회의체에 위원회들의 업무와 전체회의의 의제에 대하여 건의할 수 있다. 그것은 또한 어떤 위원회에 책임이 있는가에 대하여 의견의 불일치가 있을 때 의장들의 회의체에 대하여 조언할 수 있다. 운영국과 의장회의체는 어떤 임무를 위원회 위원장들의 회의체에 위임할 수 있다.

대표단 단장회의체Conference of Delegation Chairs는 의회 간 대표단의 순조로운 운영 및 합동의회위원회들에 대한 대표단 관련 모든 문제를 주기적으로 고려하는 의회의 정치조직이다. 이 회의체는 모든 상설적 의회 간 대표단의 단장들로 구성되며 그 의장을 선출한다. 이 회의체는 이 대표단의 업무에 대하여 의장회의체에 건의할 수 있다. 이 대표단 단장회의체는 의회 간 회합과 합동의회위원회들의 연간 회합 일정안을 작성한다. 운영국과 의장회의체는 어떤 임무를 대표단 단장회의체에 위임할 수 있다.

정치집단 간 회의체Intergroups는 어떤 정치집단 및 위원회의 의원들에 의하여 어떤 특정 주제에 관한 비공식적 의견교환 및 의원-시민사회 간 접촉을 증진할 목적으로 형성될 수 있다. 정치집단 간 회의체는 의회의 조직은 아니며 따라서 의회의 의견을 표명할 수 없다. 정치집단 간 회의는 1999년 12월 16일(2014년 9월 11일 가장 최근에 갱신됨)에 의장들의 회의체에 의해 채택된 내부적 규칙에 의해 규율되는데 이 규칙은 정치집단 간 회의가 각 의회 회기 시작 시에 설립될 수 있는 조건들과 그들의 운영규칙을 제시한다. 정치집단 간 회의체의 의장들은 개인으로서 의원들에게 적용되는 똑

같은 기준에 따라 현금 또는 물품의 어떤 지원도 반드시 선언해야 한다. 이 선언들은 매년 갱신되어야 하며 재무관들에 의해 보관되는 공공기록부에 정리된다. 2014년 12월 11일 의장회의체는 현 의회 입법 기간 중에 적극적 활동이 가능한 고령화, 세대 간 단합 및 가족정책 등 28개 주제에 대한 정치집단 간 회의를 승인하였다.[22]

4) 유럽집행위원회(European Commission)

유럽연합의 정책집행기관이라고 할 수 있는 집행위원회는 유럽석탄철강공동체의 설립 당시에 설치되었던 고위 권위체High Authority에서 기원한다. 1958년 유럽원자력공동체와 유럽경제공동체가 로마조약들하에서 설립되었을 때 세 기구들은 1967년까지 각각 운영되다가 그 해 통합조약Merger Treaty을 통해 단일한 행정조직인 유럽공동체들의 집행위원회에서 서로 연합하였던 것이다.[23] 따라서 유럽집행위원회는 출발 당시부터 개별 국가들이 아니라 유럽연합 전체의 이익을 대표하도록 되어 있었다. 집행위원회Commission라는 용어는 위원들 집단과 기관 그 자체 모두를 지칭한다. 유럽집행위원회의 본부는 벨기에 브뤼셀에 있으며 어떤 업무는 룩셈부르크에서 수행되기도 한다. 집행위원회는 모든 유럽연합 회원국에 대표부를 가지고 있으며 세계 전체에 139개의 대표부가 있다.

집행위원회의 주요 역할은 다음과 같다; 첫째, 법안을 제안하는 것인데 이 법안은 공동입법자들인 유럽의회와 각료이사회에 의해 채택된다. 둘째, 유럽법을 집행한다. 이때 필요한 경우 유럽연합 사법재판소의 도움을 받는다. 셋째, 집행위원회의 연례 업무 계획에 나와 있는 것처럼 행동의 목적과 우선순위 그리고 그 실행을 위한 업무를 정한다. 넷째, 유럽연합의 정책들과

---

22 http://www.europarl.europa.eu/aboutparliament/en/20150201PVL00010/Organisation-and-rules(검색일: 2015.5.31).

23 Martina Bosiakova, *Institutions of European Union and Their Reform: Lisbon Treaty and the Institutions of the European Union* (Saabrücken: LAP LAMBERT Academic Publishing, 2010), p.13.

예산을 관리, 실행한다. 다섯째, 유럽연합 밖에서 유럽연합과 다른 국가들과의 무역협정 관련 협상을 벌이는 등 유럽연합을 대표한다.

집행위원회는 1명의 위원장, 7명의 부위원장, 그리고 20명의 집행위원으로 구성된다. 매 5년마다 새로운 28명의 집행위원들이 임명된다. 집행위원회의 위원장 후보는 각료이사회에 의하여 가중 다수결 그리고 유럽의회에서의 선출을 고려하여 유럽의회에 제안된다. 그리고 나서, 집행위원회 위원장은 유럽의회 구성 의원들의 다수결, 즉 751표 중 최소한 376표를 얻음으로써 선출된다. 이 선거 후에 위원장 당선자는 집행위원회의 다른 27명을 회원국들의 제안에 기초하여 선임한다. 집행위원 지명자 명단은 다음 집행위원장 당선자와 각료이사회 사이에 합의되어야 한다. 집행위원회는 전체로서 의회의 동의를 필요로 하며 이에 앞서 집행위원 지명자들은 유럽의회의 위원회들에 의하여 평가받는다. 현 집행위원회의 임기는 2019년 10월 31일까지이며, 그 집행위원장은 장-클로드 융커Jean-Claude Juncker이다.

집행위원들은 일주일에 한 번 보통 수요일에 브뤼셀에서 회합을 갖는데 하나의 집단으로서 그렇게 한다. 이 집단의 의제는 집행위원장에 의해 결정된다. 의회가 스트라스부르에서 전체회의를 개최할 때 집행위원들은 보통 그곳에서 회합을 갖는다. 각 회합의 의제는 집행위원회의 업무 계획에 근거한다. 회합과 토론은 비공개이지만 의제와 의사록은 입수가능하다. 집행위원회는 또한 긴급사태를 다룰 필요가 있고 또 각료이사회에 의해 주요 쟁점들이 논의될 때도 회합을 갖는다.

집행위원회의 중요 조직에는 총국들Directorates-General과 기타 집행부서들이 있다. 총국들Directorates-General: DGs은 각각 특정 정책영역을 담당하는 국들departments이 있어 총국장이 그 수장이 되는데 이러한 총국들에 근무하는 직원은 모두 23,000명이다. 총국들은 법안을 작성하지만 그들의 제안서들은 단지 집행위원단이 주례 회합에서 그것들을 채택할 때만 공식화된다. 총국들은 또한 유럽연합 수준에서 재원 발의를 관리하며 대중에 대한 협의와 소통활동을 수행한다. 집행위원회는 또한 수 개의 집행부서들을 행정적으로 운영하는데 이들은 집행위원회가 유럽연합의 사업들을 관리하는 데 조력한다.[24]

5) 유럽사법재판소(The European Court of Justice)

유럽사법재판소는 1952년 처음 설치되어 유럽연합의 모든 회원국들에 있어서 유럽법이 동등하게 적용될 수 있도록 하는 역할을 수행한다. 유럽연합의 사법재판소는 또한 유럽연합 회원국 정부들과 유럽연합 주요 기관들 간의 법률적 분쟁을 해결한다. 개인들, 회사들, 그리고 기구들 또한 그들의 권리가 유럽연합의 기관들에 의해 침해되었다고 생각할 때 이 재판소에 그 문제를 제기할 수 있다. 그러나 유럽사법재판소는 분쟁사례들을 다룸에 있어서 유럽 지역의 통합주의적 편향성을 띠는 것으로 비판받기도 한다.[25]

유럽사법재판소는 유럽연합 회원국당 1명씩 추천, 즉 총 28명의 재판관으로 구성된다.[26] 이 재판소에는 그 앞에 제기된 사건들에 대하여 먼저 예비적 의견을 제출하는 임무를 가진 9명의 '법무관advocate-general'들이 있다. 이 법무관들은 어떤 사건에 대하여 공개적이며 불편부당하게 그 의견을 제시해야 한다. 이러한 재판관들과 법무관들은 6년의 임기를 갖는데 연임가능하다. 유럽연합 회원국 정부들은 각 회원국에서 추천한 1명의 재판관들에 대하여 동의권을 갖는다. 이 사법재판소가 그 앞에 제기된 많은 수의 사건들을 제대로 다룰 수 있도록 돕고 시민들에게도 좀 더 나은 법적 보호를 제공하기 위해 '일반법원General Court'이 1988년부터 존재하여 사적인 개인, 회사, 그리고 어떤 기관들에 의해 제기된 사건들과 경쟁법 관련 사건들을 다루도록 되어 있다. 유럽연합 '행정법원Civil Service Tribunal'은 2004년에 설치되어 유럽연합과 그 직원들 사이에 발생하는 분쟁에 대하여 판결을 내린다.

이 사법재판소에서 판결이 내려지는 가장 흔한 5가지 유형의 사건들은 다음과 같다: 첫째, 예비적 판결의 부탁—국가 법원이 유럽연합 법의 어떤

---

24 http://ec.europa.eu/about/index_en.htm(검색일: 2015.5.31).

25 Ian Bache and Stephen George, *Politics in the European Union* (Oxford: Oxford University Press, 2006), p.317.

26 2015년 4월 12일, 유럽사법재판소는 그 일반법원(General Court)에 12명의 재판관을 추가로 충원하는 문제를 논의하다가 합의에 이르지 못해 결국 회원국이 1명씩 추가하기로 결정함으로써 재판관의 총수는 56명이 된다. http://news.zum.com/articles/21202579(검색일: 2015.7.6).

사항을 해석하도록 유럽연합 사법재판소에 부탁할 때, 둘째, 의무 불이행에 대한 행동—유럽법을 적용하지 않은 유럽연합 회원국 정부들에 대한 문제 제기, 셋째, 무효화의 행동—유럽연합조약 또는 기본권을 침해한 것으로 생각되는 유럽연합 법에 대하여, 넷째, 무행동에 대한 행동—그들에게 의무인 결정을 내리지 않은 유럽연합의 기관들에 대해 제기, 다섯째, 직접 행동—유럽연합의 결정 또는 행동에 대하여 개인들, 회사들, 또는 기구들에 의해 제기된다.

재판의 절차를 보면, 먼저 유럽사법재판소에 제기된 사건들은 이곳의 재판관과 법무관에게 배당된다. 이 재판소에 제기된 사건들은 2단계로 처리되는데 각각 서면 단계와 구두 단계이다. 먼저 서면 단계에서 모든 관련 당사자들은 그 사건을 담당하는 재판관에게 서면 진술문을 제출한다. 담당 재판관은 이러한 진술문들의 요약문과 그 사건의 법적 배경에 대하여 작성한다. 제2단계인 구두 단계에서는 공청회가 개최된다. 그 사건이 얼마나 복잡한가에 따라 이러한 공청회는 3인, 5인, 또는 13인의 패널 또는 법원의 전체 재판관과 법무관이 참석하는 형태로 개최될 수 있다. 이 공청회에서 사건 양측의 변호인들은 그들의 입장을 재판관과 법무관들에게 제시하는데 재판관과 법무관들은 이들에게 질문할 수 있다. 이것을 바탕으로 법무관들은 그들의 의견을 제시한다. 이후에 재판관들은 그 사건을 함께 토론하며 그들의 판결을 내린다.

법무관들은 사법재판소가 법의 새로운 측면을 제기하는 것으로 판단할 때 그에 대하여 의견을 제시할 수 있는데 그렇다고 해서 사법재판소가 반드시 그 의견을 따르는 것은 아니다. 사법재판소의 판결은 다수결에 의하며 공청회에서 낭독되고 빈번히 텔레비전에 방영되기도 한다. '일반법원'의 공청회 절차도 이와 유사한데 법무관에 의해 아무런 의견도 제시되지 않는 것이 다른 점이다.[27]

---

27 http://europa.eu/about-eu/institutions-bodies/court-justice/index_en.htm(검색일: 2015.5.31).

6) 유럽회계감사원(European Court of Auditors)

유럽회계감사원은 유럽연합 기관들의 회계를 감찰하는 임무를 갖는다. 이 회계감사원은 1975년 예산조약에 의해 만들어졌으며 1977년 10월 룩셈부르크에 공식적으로 설립되었다. 이 회계감사원은 유럽경제공동체와 유럽원자력기구 그리고 유럽석탄철강공동체의 재정을 각각 감사하던 기존의 두 감사기구를 대체하였다. 이 기관은 마스트리히트조약을 통해 다섯 번째 기관으로 법적인 지위를 획득하였다. 그 결과, 이 회계감사원은 유럽연합 사법재판소에 어떤 문제를 제기할 수 있는 권한을 갖게 되었다. 그럼에도 불구하고 아직 유럽연합의 유럽공동체 기둥 부분에 관계되는 것만 감사권한을 가졌었는데 암스테르담조약을 통해 유럽연합 전 분야의 예산에 대한 회계감사 권한을 획득하였다.

이 회계감사원은 유럽연합 각 회원국에서 파견한 1명의 위원들로 구성되며 갱신 가능한 6년 임기로 근무한다. 이 중에 한 명이 갱신 가능한 3년 임기의 회계감사원장으로 선출된다. 이들은 약 800명에 이르는 회계감사자들, 통역자들, 그리고 직원들에 의하여 행정지원을 받는데 이들은 모두 유럽연합의 공무원으로서 충원된다. 감사 시에 어떤 잘못이 발견되었을 때 회계감사원은 자체의 법적인 권한을 갖는 것은 아니고 대신 유럽부패방지실European Anti-Fraud Office에 통보한다. 이 회계감사원은 또한 그 자체의 사무총장이 있어서 회의록을 작성하고 관련 결정문서들을 관리하며 유럽연합 공보에 보고서가 게재될 수 있도록 한다.[28]

이 회계감사원의 주된 임무는 유럽연합의 예산이 적절하게 집행되었는지를 외부적으로 점검하는 것으로 유럽연합의 어떤 소득이나 지출을 담당하는 모든 사람들의 서류를 심사하고 현장 점검을 수행한다. 이 회계감사원은 그 보고서에 어떤 문제들에 대해서도 다룸으로써 유럽연합 회원국들과 기관들의 주의를 환기시키며 이 보고서는 일반적 연례보고서와 어떤 기관이나 문제들에 대한 특별보고서 등으로 나뉜다. 이 회계감사원의 결정은 유럽집행

---

28 http://www.eca.europa.eu/en/Pages/History.aspx(검색일: 2015.5.31).

위원회의 결정에 대한 근거가 된다. 이 회계감사원은 독립적으로 행동하면서도 다른 기관들과 긴밀한 관계를 유지하는데 예를 들면, 유럽의회에 연례적으로 보고서를 제출한다. 유럽의회는 이 보고서에 기초하여 유럽집행위원회의 당해 연도 예산 집행에 대하여 완료 등을 결정할 수 있다. 이 회계감사원은 만족스런 경우 시민들의 납세금이 적절하게 사용되고 있다는 확증을 각료이사회와 유럽의회에 하게 된다.[29]

7) 유럽중앙은행(European Central Bank)

유럽중앙은행은 유럽의 단일통화인 유로를 관리하기 위한 중앙은행이다. 유럽중앙은행의 주된 임무는 유로의 구매력을 유지하여 유로 지역에 있어서 물가안정을 유지하는 것이다. 유로 지역은 1999년부터 유로를 도입한 19개 유럽연합 국가들로 구성된다. 유럽중앙은행과 국가중앙은행은 유로체제Euro System를 형성한다. 유럽중앙은행체제European System of Central Banks: ESCB와 유로체제의 임무는 '유럽연합의 운영에 관한 조약'에 규정되어 있는데 또한 유럽중앙은행체제와 유럽중앙은행European Central Bank의 규약Statute에 구체화되어 있다. 이 규약은 '유럽연합의 운영에 관한 조약'에 첨부된 한 의정서protocol이다. '유럽연합의 운영에 관한 조약'은 일반적으로 유로체제보다는 유럽중앙은행체제에 대하여 언급하는데 그 이유는 이것이 모든 유럽연합 회원국들이 결국 유로를 채택할 것이라는 전제에서 작성되었기 때문이다.

유로체제는 유럽중앙은행과 통화가 유로인 유럽연합 회원국들의 국가중앙은행들로 구성되어 있는데 유럽중앙은행체제는 유럽중앙은행과 모든 유럽연합회원국들의 국가중앙은행으로 구성되어 있다(유럽연합의 운영에 관한 조약 282(1)). 유로를 통화로 사용하지 않는 유럽연합 회원국들이 존재하는 한 유로체제와 유럽중앙은행체제를 구분하는 것이 필요하다.

---

29 http://www.eca.europa.eu/en/Pages/MissionObjectives.aspx(검색일: 2015.5.31); 김용훈, "유럽연합의 통합동력으로서의 법치주의: 유럽회계감사원을 통한 법치주의의 구체화," 『유럽헌법연구』, Vol.10(2011), pp.101-161.

유럽중앙은행

유럽중앙은행(European Central Bank: ECB)은 유럽의 단일통화인 유로를 관리하기 위한 중앙은행이다. 유럽중앙은행의 주된 임무는 유로의 구매력을 유지하여 유로 지역에 있어서 물가안정을 유지하는 것이다. 유로 지역은 1999년부터 유로를 도입한 19개 유럽연합 국가들로 구성된다. 유럽중앙은행과 국가중앙은행은 유로체제(Euro System)를 형성한다. 유럽중앙은행체제(European System of Central Banks: ESCB)와 유로체제의 임무는 '유럽연합의 운영에 관한 조약'에 규정되어 있는데 또한 유럽중앙은행체제와 유럽중앙은행(European Central Bank)의 규약(Statute)에 구체화되어 있다. 유로를 통화로 사용하지 않는 유럽연합 회원국들이 존재하는 한 유로체제와 유럽중앙은행체제를 구분하는 것이 필요하다.

물가안정은 유럽중앙은행 통화정책의 기본 목적일 뿐만 아니라 유럽연합 전체의 중요한 목적이기도 하다. 따라서 '유럽연합의 운영에 관한 조약'은 유로체제를 위한 목적들의 확실한 위계체제를 수립하는데 이 중 물가안정이 보다 바람직한 경제환경과 높은 수준의 고용 달성에 기여할 수 있는 통화정책의 가장 중요한 기여 역할임을 분명히 하고 있다. '유럽연합의 운영에 관한 조약'의 127(2)조에 따르면, 유로체제를 통해 수행해야 할 기본적 임무는 유로 지역을 위한 통화정책의 정의와 실행, 외환운용의 수행, 유로 지역 국가들의 공식적 외환예비금의 보유와 관리(포트폴리오 관리), 지불체제의 순조로운 운용 증진 등이다. 게다가, '유럽연합의 운영에 관한 조약' 127(6)조와 각료이사회 규정[EC] 1024/2013("SSM 규정")에 기초하여 유럽중앙은행은 참여 회원국들 내 설립된 신용기관의 세심한 감독에 관한 구체적인 임무에 책임을 진다.

유럽중앙은행은 그 자체와 회원국의 책임 당국자들로 구성된 단일 감독 메커니즘Single Supervisory Mechanism 내에서 이러한 임무를 수행한다. 유럽중앙은행은 유로 지역 내에서 은행 지폐의 발행을 승인하는 배타적인 권리를 갖는다. 또한 국가중앙은행들과 협력하여 유럽중앙은행체제의 임무 수행을 위해 필요한 통계정보를 국가 당국들 또는 경제 행위체들로부터 직접 수집한다. 유로체제는 신용기관들의 세심한 감독과 금융체제 안정에 관하여 권한을 가진 당국들에 의한 정책들의 순조로운 수행에 기여한다. 유럽중앙은행은 유럽연합 내와 세계적인 수준에 있어서 유로체제에 맡겨진 임무와 관련하여 관련 제도들, 기관들, 그리고 대화의 장에서 업무관계를 유지한다.[30]

3. 유럽연합의 주요 정책 분야

유럽연합의 권한에 있어서 그 근원과 한계에 대한 논쟁에도 불구하고 유럽연합의 권한은 심화, 확대되어온 것이 사실이다. 출발 당시에 회원국들은 통합 문제를 주로 석탄, 철강정책에 초점을 두었지만 이제 그 권한을 유럽연합의 관련 기관들에 이전 또는 공유함으로써 유럽연합은 이제 유럽의 경제, 외교, 사회정책 등 다양한 정책 분야에 영향을 미치고 있다. 따라서 유럽연합의 정책 분야는 농업, 어업, 대외무역 등과 같은 광범위한 것으로부터 교육, 보건, 사회복지 등의 한계적인 주제들에까지 펼쳐져 있다.[31]

1) 공동농업정책(Common Agricultural Policy: CAP)

유럽연합의 농업에 관한 정책으로서 농업보조금 및 관련 사업들을 실행한다. 1957년 서명된 로마조약은 공동농업정책의 일반적 목적을 정의하였다. 공동농업정책의 수립과 관련하여 1958년 7월 스트레자회의Stresa Conference가 개최되고 여기에서 농산물 단일시장, 공동체 농산물 선호, 공동재원조달

30 http://www.ecb.europa.eu/ecb/orga/escb/html/mission_eurosys.en.html(검색일: 2015.5.31).

31 McCormick and Jonathan, *op. cit.*, pp.217-219; Laurie Buonano and Neill Nugent, *Policies and Policy Processes of the European Union* (Basingstoke: Palgrave Macmillan, 2013), p.23.

공동농업정책

유럽연합의 농업에 관한 정책으로서 농업보조금 및 관련 사업들을 실행한다. 1962년경에 공동농업정책(Common Agricultural Policy: CAP)을 운영해 나갈 세 가지 기본원칙이 수립되었는데 시장통일, 공동체 선호, 그리고 재정적 단합이었다. 이후 공동농업정책은 유럽의 제도체제에 있어서 하나의 중심적 요소가 되었다. 공동농업정책은 유럽연합 내 정책개혁 노력에 있어서 항상 하나의 어려운 영역으로 인정되었으며 맨숄트(Sicco Mansholt), 맥샤리(Raymond MacSharry), 다시안 시오로스(Dacian Cioloş)에 의해 개혁이 시도되어왔다. 공동농업정책은 전통적으로 농업생산에 있어서 대규모 확장을 장려함으로써 농민들로 하여금 생산증가 방법으로 비료와 살충제의 무분별한 사용을 조장하여 환경에 심각한 결과를 가져온 것으로 비판받는다. 이와 관련하여 유럽연합은 2010년 농업 문제에 배정된 50억 유로의 31%를 유럽의 농촌에 있어서 생물 다양성 보호와 증진에 쓰이도록 하였다.

등의 3가지 원칙이 합의되었다.[32] 유럽집행위원회는 1960년 공동농업정책의 수립을 제안하였으며 그 제도적 체제가 당시의 6개 회원국들에 의해 채택되었고 1962년 공동농업정책은 발효하였다. 6개 회원국은 개별적으로 그들의 농업 부문, 특히 생산품목, 가격유지, 농업운영 등에 대하여 관여하고 있었다. 이러한 관여는 국가마다 그 규칙이 달라서 상품의 자유무역에 어떤 장애가 되었다. 어떤 회원국들, 특히 프랑스에서는 모든 농업 관련 단체들이 농업에 대해 국가의 강력한 개입을 원하였다. 따라서 이러한 문제의 해결은 유럽공동체 수준에서 농업 관련 정책이 조화되고 전환될 때 가능한 일이었다. 그리하여 1962년경에 공동농업정책을 운영해 나갈 3가지 기본원칙으로 시장통일, 공동체 선호, 그리고 재정적 단합이 제시되었다. 이후 공동농업정책은 유럽의 제도체제에 있어서 하나의 중심적 요소가 되었다.

---

32 *Ibid.*, p.281.

공동농업정책은 종종 프랑스와 독일 간의 정치적 타협의 산물로 해석되기도 한다. 독일 제조업은 프랑스 시장에 접근하게 되고 대신 독일은 낙후되고 있던 프랑스 농민들에게 반대급부를 지불한다는 것이다.[33] 독일은 아직도 유럽연합의 예산에 가장 크게 기여하고 있고, 2005년 현재 프랑스도 순 기여자이며 농업에 좀 더 많은 초점을 두고 있는 스페인, 그리스, 그리고 포르투갈은 최대의 수혜국이다. 다른 한편, 네덜란드나 영국처럼 도시화를 이룬 국가들은 농업이 그 산업에서 차지하는 비중이 작아 공동농업정책은 종종 그 정부에서 별로 인기가 없다. 공동농업정책 관련 전환적인 규칙들이 유럽연합의 새 회원국들에 적용되는데 현재 농부들이 받고 있는 보조금을 제한하고 있다.

공동농업정책은 유럽연합 내 정책개혁 노력에 있어서 항상 어려운 영역이다. 공동농업정책에 대한 변화는 유럽집행위원회에 의하여 제안되어 공개 논의를 거친 후 마련된 제안서가 각료이사회와 유럽의회로 보내지는 절차를 밟는다. 각료이사회와 유럽의회가 반드시 동의해야 개혁이 가능하다. 유럽의회는 2013년 처음으로 이 과정에 참여하게 되었는데 이는 공동농업정책의 민주적 정당성을 높인다. 브뤼셀 밖에서 농업부문의 로비활동 영향력은 유럽공동체 초기부터 관련 정책을 결정하는 데 있어서 중요한 요소로 작용해왔다. 최근에 들어서 역외로부터의 무역 관련 요구와 유럽연합 내에 있어서 소비자단체 및 환경단체 등 다른 정책부문의 개입으로 인하여 공동농업정책에 대한 변화 요구는 좀 더 거세지고 있다. 게다가 영국과 덴마크에서는 공동농업정책이 그들의 경제에 손해를 끼치고 있다는 인식이 강화되어 유럽 냉소주의를 부추기고 있다. 그러나 공동농업정책의 지지자들은 이 정책이 세계적 빈곤에 영향을 미칠 수 있어도 농촌의 삶의 방식을 보호하는 예외적인 경제부문이라고 주장한다.

---

33 Lee Rotherham, *The EU in a Nutshell: Everything you wanted to know about the European Union but didn't know who to ask* (Petersfield, Hampshire: Harriman House, 2012), p.15.

따라서 이러한 논쟁 속에서 공동농업정책을 개혁하려는 수차례의 시도가 있었다. 1968년 12월 21일 당시 농업담당 집행위원이었던 시소 맨숄트Sicco Mansholt는 유럽공동체의 농업개혁에 관한 비망록을 각료이사회에 보냈었다. 이 장기계획서는 유럽농업에 대한 새로운 사회 및 구조적 정책의 기초를 놓았다. 즉, 이 맨숄트 계획은 가격 및 시장지원정책의 한계 그리고 경작지를 줄이지 않는 경우 발생할 시장 불균형에 유념하였다. 그는 농업을 일찍 포기하는 사람들에 대하여 직업훈련 외에 복지시책을 제공하면서 회원국들이 이득을 내지 못하는 농장에 대한 직접 지원을 자제할 것을 요구하였다. 농업 집단의 거센 반발에 부딪히자 맨숄트는 그 제안의 범위를 축소하여 결국 농지의 근대화, 일부 농업활동의 중지, 농민의 연수 등 세 가지 지침만 남기게 되었다.

맨숄트 개혁의 실패로 인하여 이후의 개혁 노력은 1970년대에는 잠잠했다. 1980년대에 들어서 농업부문의 진정한 개혁이 시작되어 이후의 지속적인 개혁의 선례가 되었다. 농업 집단의 영향력이 약화되는 대신 개혁가들은 힘을 얻었으며 환경운동가들도 이를 지원하였는데 여기에는 결국 재원 문제가 결정적인 역할을 하였다. 공동농업정책에 의한 엄청난 과잉생산으로 인하여 이 정책은 비용이 너무 컸으며 낭비적이기까지 했다. 이러한 배경하에서 1984년에 낙농제품의 할당제, 그리고 1988년에는 유럽연합 예산 중 농민에 대한 한도액이 등장하게 되었다.

그럼에도 불구하고, 공동농업정책에 대한 논리는 그대로 살아 있어서 1992년이 되어서야 진지한 개혁이 시도될 수 있었다. 1992년 당시 농업담당 집행위원 맥샤리MacSharry는 곡물가격 지원수준의 축소 등을 통해 늘어나는 생산량을 제한하고 보다 자유로운 농업시장에 적응할 수 있는 개혁안을 마련하였다. 이 개혁을 통해, 곡물가격 등이 균형수준에 도달하였고 농업지원이 좀 더 투명해졌으나 행정적 복잡성 등으로 인한 부패요인이 존재하여 아직 그 성공을 말하기에는 시기상조였다.

오늘날 유럽연합 농업의 개혁에 있어서 주요 쟁점은 가격 인하, 식품안전 및 질 보장, 안정적인 농민소득의 보장 등이다. 이에 더하여, 환경오염, 동물

복지, 농민의 대안적 소득도 중요한 문제이다. '의제 2000Agenda 2000'의 개혁은 공동농업정책을 두 가지 기둥Pillars, 즉 생산지원과 농촌개발에서 접근하였다. 여기에는 몇 가지 농촌개발 조치들이 추가되었는데 다양화, 생산자 집단, 청년농의 지원 등이 포함되었다. 또한 모든 회원국에 있어서 농촌 환경사업이 의무사항이 되었다. 그리하여 곡물, 우유, 유제품, 비육우 및 송아지 고기에 대한 시장가격 지원은 점차로 축소되었는데 동시에 농민들에 대한 생산품 연계 직불제는 증가되었다.

유럽집행위원회는 벨기에 경제학자인 앙드레 사피르가 주도하는 전문가 집단으로 하여금 공동농업정책에 대한 평가보고서를 제출하도록 의뢰하였다. 이 전문가 집단은 2003년 작성, 제출한 보고서에서 공동농업정책의 예산구조가 '역사적 유물'이라고 지적하며 유럽연합의 지출이 그 부의 창출과 단합 강화의 방향으로 전환할 필요성을 제기하였다. 이 보고서는 또한 농장에 대한 지원을 함에 있어서 각 회원국의 사정에 따라 관리되는 것이 보다 효율적일 것임을 지적하였다. 이 보고서의 제안 사항은 대체로 무시되었는데 다만 그 제안에 따라 공동농업정책의 지출을 유럽연합의 예산 범위 내에 묶어 놓기로 하였다.

2003년 6월, 유럽연합 농업장관들은 특정 농산물의 생산과 연계하여 지불하던 보조금 제도를 변경함으로써 공동농업정책에 대한 하나의 개혁을 시도하였다. 즉, 특정 농산물의 생산과 연계시키지 않는 비연계decoupling 보조금 제도, 즉 단일농장지불금single farm payments 제도를 채택하기로 합의한 것이다. 이 제도는 환경, 식품안전, 그리고 동물복지 등의 조건을 준수했을 때 농장들에 대하여 지불금을 주는 제도이다. 영국의 경우, 이 제도에 의하여 더 많은 토지들이 경작 가능한 상태에서 농산물을 생산하지 않으면서도 보조금을 받을 수 있었다. 이 개혁은 2004~2005년에 발효되었는데 회원국마다 실행의 변경을 요청할 수 있었다. 개혁은 사탕무에 대해서도 시도되었는데 2006년 2월 21일, 유럽연합은 설탕의 보장가격을 4년에 걸쳐 36%까지 인하하기로 결정하였다. 이 결과, 유럽의 생산량은 크게 감소될 것으로 예상되었는데 이것은 공동농업정책 40년 역사에 있어서 설탕에 대한 첫 번째 심각한 개혁시도였다.

2007년 가을, 유럽집행위원회는 개인 토지보유자들과 공장형 농장에 대한 보조금을 30만 파운드로 제한하는 개혁을 고려하였다. 영국의 경우 유럽연합으로부터 50만 파운드를 받고 있던 20개 이상의 농장/대토지 등이 있었는데 영국의 전국농민연맹National Farmers Union 등이 반대 로비를 하는 등 이 개혁정책의 추진은 강한 반발에 부딪혔다.

가장 최근의 공동농업정책 개혁은 2013년에 농업 및 농촌개발 담당 집행위원인 다시안 시오로스Dacian Cioloş에 의하여 발표되었는데 2014~2020년 기간에 적용된다.34 각 회원국들은 지불금이 농장 또는 지역별로 주어질 것인가에 대해 선택할 수 있도록 하였으며 단일농장지불금을 받는 농민들은 그 농토에서 과일, 채소, 식탁감자 등을 제외한 어떤 농산물을 생산할 수 있는 융통성을 부여하였다. 게다가 농민들은 그들의 농토를 농업 및 환경이라는 조건에서 잘 유지할 의무가 있어서 환경, 식품안전, 식물위생, 동물복지 등의 표준을 준수하도록 했다. 2010년에 직불금과 시장 관련 지불액은 유럽연합 전체 예산의 31%를 차지했는데 농촌개발을 위한 11%를 더하면 총 42%에 이른다.

이러한 개혁의 결과, 공동농업정책의 예산이 유럽공동체 총 예산에서 차지하는 비율은 1984년에 71%에서 2013년의 39%로 감소될 것으로 추산되었다. 또한 개입제도가 크게 줄어들었는데 예를 들면, 유럽집행위원회는 일반 밀, 버터, 탈지유분말 등에 대해서만 개입하도록 했다. 2008년 11월에 합의된 공동농업정책의 '건전성점검Health Check'은 농민들이 시장의 동향에 좀 더 민감하게 대응하고 새로운 도전에 대처할 수 있도록 돕기 위한 몇 가지 조치들을 추가하였다. 즉, 이러한 조치들 중에는 경작지 휴경제도 폐지, 우유할당량을 증가시켜 2015년 폐지, 시장개입의 진정한 안전망으로의 전환 등이 있었다. 또한 이 합의는 농민들에 대한 직불금을 줄여 남는 돈을 농촌발전기금Rural Development Fund으로 전환하기로 했다.

---

34 http://ec.europa.eu/agriculture/cap-post-2013/(검색일: 2015.5.31).

2000년 이래의 개혁으로는 공동농업정책의 제2기둥으로 알려진 농촌발전정책이 있다. 이 정책은 농촌 지역에 있어서 경제, 사회, 환경 측면의 발전을 목표로 한다. 이를 위해 유럽연합 총 예산의 11%가 세 가지 축에 따라 할당되어 있다. 첫 번째 축은 개편, 발전, 그리고 혁신에의 지원을 통해 농업 및 삼림 부문의 경쟁력 향상에 초점을 두었다. 두 번째 축은 토지관리 및 기후변화대처 노력에 대한 지원을 통해 수질 관리, 지속가능한 토지 관리, 식수 등 환경 및 농촌의 향상에 관계된다. 세 번째 축은 농촌 지역의 삶의 질 향상과 경제활동의 다양화 고무이다. 이 정책은 또한 지역의 지도자들에게 농촌발전방법론을 제시하도록 하는데 이에 따라 지역행동 집단이 그 지역에 대한 발전전략을 수립, 수행하도록 하였다. 회원국들은 '제2기둥' 기금을 농촌개발사업Rural Development Programme 실천을 통해 배분한다. 유럽집행위원회는 현재 공동농업정책의 다음 개혁을 논의하고 있다. 농업 및 농촌발전 담당 집행위원인 다시안 시오로스는 미래 공동농업정책이 다루어야 할 도전을 식량생산, 세계화, 환경, 경제 문제, 영토적 접근, 다양성 및 단순화 등으로 보고 있다.

공동농업정책은 그 시작 이후 거센 비판을 받아왔다. 심지어 유럽집행위원회 조차도 이 정책의 문제점들에 대하여 설득되고 있다. 2007년 5월, 스웨덴은 유럽연합 회원국으로서는 처음으로 유럽연합에서 환경보호와 관련되는 것을 제외한 모든 농업 보조금이 폐지되어야 한다는 입장을 취했다. 공동농업정책에 대한 비판은 다양한 근거에 기초하고 있다. 공동농업정책의 보조금은 유럽 철옹성이라는 문제를 악화시키는 불공정한 경쟁에 해당되는 것이며, 도하개발의제도 선진국들이 농업보조금 철폐를 거부했기 때문에 정체상태에 있다는 것이다. 또한 유럽연합의 공동농업정책은 유럽의 농업 경쟁력을 지속시키기 위하여 어떤 농산물에 대하여 자유 시장에서 필요로 하는 수요량보다 더 높은 가격수준으로 정해놓은 것으로 비판받는다.

그 결과 유럽연합은 매년 과잉생산 분을 보장가격에 매입함으로써 버터가 산처럼 쌓이고 우유는 호수처럼 넘치고 있다는 것이다. 이러한 농산물들은 다시 '가난한 사람들에 대한 식량원조Food Aid for the Needy' 사업에 따라 경제적으로 어려운 사람들에게 공급되고 있다. 2005년 인간개발보고서는 2000년에 유럽연합하의 낙농우는 매년 평균 913달러의 보조금을 받았던 반면에, 사하라 이남 아프리카 국가들의 국민들에 대한 원조금은 불과 8달러 수준이라고 비판하였다.

공동농업정책하에서의 가격 개입은 유럽연합 내에서 식량 가격을 인위적으로 높이고 있는 것으로 비판받고 있다. 높은 수입 관세는 비유럽연합 생산자들의 경쟁력을 제한함으로써 물가를 높이는 효과를 가져오고 있다는 것이다. 공중보건 전문가들은 또한 공동농업정책과 그 지원체제가 유럽 시민들의 건강 문제를 간과하고 있다고 비판한다. 즉, 건강 관련 단체들은 공동농업정책이 좀 더 식량의 소비적인 측면에 주의를 기울이는 방향으로 나갈 것을 요구한다. 예를 들면, 과도한 포화지방산, 설탕, 소금의 섭취와 비타민과 무기물의 저섭취 문제를 지적한다. 개입정책의 초기에 일차적 식량생산과 가공단계에 좀 더 많은 주의를 기울임으로써 영양의 질과 그에 대한 확보성, 접근성 그리고 적절한 가격이라는 식량 선택의 구조적 결정요인에 영향을 미칠 수 있다는 것이다.

비록 유럽에서 대부분의 정책결정자들이 '가족농'과 소규모 생산의 증진을 장려한다고 할지라도 실제에 있어서 공동농업정책은 대규모 생산자들에게 더 도움이 되고 있다. 전통적으로 공동농업정책은 더 많이 생산하는 농민들을 보상해왔기 때문에 좀 더 큰 규모의 농장들이 작은 규모의 농장들보다 더 많은 보조금을 받아왔다. 이러한 상황을 감안하여, 유럽연합의 농업 및 농촌발전 담당 집행위원인 다시안 시오로스는 '소규모 농장은 새 회원국에서뿐만 아니라 남부 유럽에서 중요한 비율을 차지하고 있기 때문에 그들의 현대화와 지역 시장의 기회 활용 필요성을 강조했다.

공동농업정책은 전통적으로 농업생산에 있어서 대규모 증산을 장려함으로써 농민들로 하여금 생산량 증가 방법으로 비료와 살충제의 무분별한 사용을 조장하여 환경에 심각한 결과를 가져온 것으로 비판받는다. 이와 관련하여 유럽연합은 2010년 농업 문제에 배정된 50억 유로의 31%를 유럽의 농촌에 있어서 생물 다양성 보호와 증진에 지출되도록 하였다. 또한 공동농업정책이 농장에 서식하는 새들의 수 감소에 관련이 있다는 비판이 있는데 이에 대하여 영국, 독일, 헝가리, 키프로스 등의 농촌에서 친환경적인 농업을 추구하고 있으며 차츰 긍정적인 결과가 나타나고 있다는 것이다.

2) 공동시장정책

오늘날 유럽연합은 그 시작이 유럽경제공동체에 있었다고 할 수 있다.[35] 로마조약의 제2조는 공동시장에 기초한 유럽의 단일경제지역의 창설이 유럽의 경제적 번영의 추구에 있어서 기본적 과제임을 분명히 밝히고 있다. 이러한 공동시장은 그 자체가 목적이라기보다는 경제 및 정치적 목표를 성취하기 위한 수단이었다. 여기서 공동시장이라는 용어는 단일시장, 내부시장 등과 거의 동의어로 사용되는데 유럽사법재판소의 지적처럼 국가시장들을 단일한 시장으로 통합하여 국내시장과 같은 조건을 창출하기 위해 공동체 내 무역에 있어서 모든 장벽의 제거를 목표로 하였음을 의미한다.

공동시장의 설립을 위해서는 우선 유럽경제공동체 수립 전에 회원국 간의 모든 수출입 관세의 제거를 필수로 하였다. 내부시장과 유사한 공동시장의 창출은 참가 회원국 중에 무역의 자유화뿐만 아니라 생산요소인 노동, 자본, 그리고 용역의 자유로운 이동을 필요로 한다. 또한 회원국의 영토 내에서 그들의 직업 또는 기업 활동을 하기 위해서 사람과 회사들의 자유로운 설립이 포함된다. 공동체 존재의 첫 10년 동안 경제통합을 위한 두 가지 중요한 장애물의 제거 협상이 있었는데 1968년 7월 회원국 간의 관세와 양적 제한의 철폐를 포함하는 관세동맹의 성취와 회원국 간 농산물의 자유로운 이동을 위해 필요한 공동농업정책의 정의이다. 이러한 핵심적 성취는 브레턴우즈체제에 의해 보장된 호의적인 경제 분위기와 안정된 통화환경 속에서 6개 회원국들에 의하여 결정되었다. 그러나 1971년 8월 미국은 당시까지 유럽공동시장의 작동에 필수적인 통화안정을 보장했던 브레턴우즈협정에 기초하는 국제통화체제를 해체하기로 결정하였다. 국제적 투기는 아무런 제

35 McCormick and Jonathan, *op. cit.*, p.239.

한을 받지 않은 채 유럽에서 경제 및 통화연합을 창설하려는 시도를 좌절시켰다. 더구나, 1973년과 1979년의 석유위기는 유럽 경제를 뒤흔들었고 유럽은 1980년대 초 경기침체와 비관주의에 빠지게 되었다. 정부간자유무역제도의 옹호자들은 이 당시 유럽통합의 실험이 실패할 것으로 생각했다. 그들은 공동체 방식의 강점과 그것이 회원국들 사이에 이미 만들어 놓은 연계망을 과소평가하고 있었다.

1985년 1월, 유럽집행위원회 작크 들로어Jacques Delors 위원장은 유럽경제공동체조약의 중심 목적인 단일시장의 창설을 위해서는 유럽의 모든 국경들이 1992년까지 제거되어야 함을 강하게 선언하였다. 그리하여 1985년 6월, 집행위원회는 유럽이사회European Council에 내부시장의 완성에 관한 백서white paper를 제출하면서 이러한 목표의 성취를 위한 282가지의 조치들을 제시하였다. 1985년 6월 28일, 밀라노 유럽이사회는 이 백서에 확립된 사업을 환영하고 회원국들의 다수가 참여하는 내부시장의 완성을 위해 한편으로 정치적 협력 그리고 다른 한편으로 유럽경제공동체조약의 개정을 다루는 조약안을 마련하는 정부간회의의 개최를 결정하였다.36 유럽경제공동체조약의 개정과 정치적 협력을 위한 단일한 틀에 관한 집행위원회의 제안은 1986년 1월 27일 정부간회의에서 외무장관들 회합에 의해 '단일유럽의정서'로 최종적 결론이 났다. 공동체의 정책결정절차에 대한 중요한 변경을 가함으로써 단일유럽의정서는 무역에 대한 기술적 장벽 제거 그리고 단일시장의 창설에 성공했을 뿐만 아니라 운송, 세금부과, 그리고 환경보호 등 많은 공동 정책들에 대하여 중요한 확산효과를 가져왔다.

1968년 7월의 관세동맹을 통한 관세 철폐는 공동체 내 무역에 대한 관세장벽을 제거하였다. 하지만, 무역에 대한 기술적 장벽이 남아 있었는데 유럽경제공동체조약은 그 제거를 위한 시간표를 정하지 못하고 있었다. 무역에 대한 기술적 장벽은 공산품과 식료품의 생산자들에게 어떤 기준을 만족시키

---

36 Susan Senior Nello, *The European Union: Economics, Policies & History* (London: McGraw-Hill Higher Education, 2012), pp.125-126.

거나 어떤 표준과 기술적 구체사항들을 준수하는 것을 의무화하는 국가들의 법에 의한 규제로부터 비롯된다. 이러한 법제화는 다양한 이유로 정당화되는데 공업생산의 표준화, 노동자들의 안전 보장, 소비자들의 건강보호, 그리고 환경오염의 방지 또는 감소 등이다. 공동시장에 대한 문제는 국가의 규제가 존재한다는 데 있는 것이 아니라 그러한 규제들 간의 차이였으며 또한 그러한 규제들이 다른 규제하에 있는 다른 회원국들로부터 온 상품으로부터 국가 시장을 보호하기 위해 사용될 수 있다는 사실에 있었다.

기술적 필수사항의 측면에서 국가들 간에 존재하는 불일치는 역사 및 경제적 고려에서 비롯되기도 하였다. 어떤 상품이 제조되기보다 수입되는 국가에서는 그에 대하여 엄격한 조건을 부과하여 시장에 유통되기 전에 관련 사항을 점검하는데 그것이 야기할 경제적 비용에 대하여 큰 관심을 두지 않는 경향이 있다. 다른 한편, 어떤 제품의 생산 국가는 요구사항과 통제의 경제적 의미를 고려하고 그 과도한 적용이 경제에 미칠 손해를 고려하여 좀 더 관용적인 경향이 있다. 그 결과, 다른 유럽경제공동체 국가들에게 상품을 수출하고자 하는 제조업자들은 그 국가의 모든 표준을 준수하기 위해 추가적 연구, 개발, 그리고 생산비용을 감수하지 않으면 안 되었다. 이러한 양상은 공동체 수준에서의 생산이 중소기업보다는 대기업에 유리하도록 만들었다.

유럽단일의정서는 바로 이러한 문제들을 제거하고 단일시장을 만드는 데 중요한 전환점이 되었다. 또한 단일시장을 수립하는 지침의 채택을 통해 상품의 자유로운 이동과 관련한 주요 문제를 해결하였다. 이러한 지침의 이행이 불완전하거나 정확하지 않은 경우 집행위원회는 사전 경고체계를 발동하여 해당 회원국들이 시정하도록 요구하였다. 또한 공동체법을 위반할 경우 벌금의 부과가 가능하도록 하였다.

'유럽연합의 운영에 관한 조약' 28조와 29조에 의해 확립된 유럽공동체/연합 내에서 상품의 자유로운 이동은 실제 258조에 규정된 침해절차에 의해 보호된다. 집행위원회는 어떤 회원국의 당국이 되었든 간에 공동체 규정의 위반이 있을 때는 이러한 절차를 원용한다. 보통 어떤 사례의 진정은 특정

회사, 협회, 또는 심지어 회원국에 의하여 다른 회원국의 표준 또는 기술적 규칙 안에 대하여 제기될 수 있다. 집행위원회 해당 국(局)과 국가 행정부 사이의 협력이 유럽법의 준수를 확보하는 가장 신뢰할 만한 방식이라고 할 수 있다.

진정한 단일시장 성취라는 측면에서 공공부문도 유럽 역내 무역 및 경쟁에 개방되어야만 한다. 공공 조달 부문이 유럽연합의 경제활동에서 차지하는 비중은 15%에 이르기 때문이다. 항공, 에너지, 운송, 그리고 통신 부문에 있어서 공공기관에 의한 조달은 시장에 있어서 가장 큰 비중을 차지한다. 공공조달 부문을 유럽의 모든 기업들에게 개방하는 것이 공동의 이익에 부합됨에도 불구하고 각 회원국의 기득권 고려 때문에 필요한 공동 조치가 지연되고 있다. 그러나 단일시장의 맥락에서 국가, 지방 당국 등 공법 주체들에 의한 계약 체결도 유럽공동체/연합조약의 원칙, 특히 상품의 자유로운 이동, 용역의 설립과 제공의 자유, 그리고 평등대우, 비차별, 상호인정의 원칙들을 존중해야 한다.

공동시장의 맥락하에서 체결되는 계약들은 유럽연합 집행위원회의 지침들에 의하여 규율되는데 이러한 지침들은 공공업무 계약, 공공조달 계약, 공공서비스 계약의 절차 조정에 관한 2004년의 단일한 지침에 의해 대체되었고 이 지침은 다시 2014년 공공조달에 관한 지침에 의하여 교체되었다 Directive 2014/24. 또한 공공계약뿐만 아니라 일정 정도의 가치를 넘는 디자인 경연에 대하여 공공당국에 의한 공공조달의 절차 관련 규칙을 수립하였다.

유럽 법제의 준수를 감독하기 위하여 집행위원회는 공공조달 정보체제 그리고 구조기금과 기타 유럽 재원수단으로부터 지원받은 사업들의 집행이 공공조달에 관한 유럽의 규칙을 준수하여 수행되고 있는지 점검하는 제도들을 마련하였다. 집행위원회는 또한 유럽공동체조약TEC 26조에 규정된 대로 실행하지 않는 경우에 대한 절차에 기초하여 공공조달을 규율하는 규칙들의 위반에 대한 조치들을 강화하였다.

급여 및 비급여 노동자들의 자유로운 이동은 유럽 시민들이 유럽연합 내에서 출신 지역에서 얻을 수 있는 것보다 더 나은 삶 및 근로조건을 찾아

나설 수 있게 하였다. 그 결과, 개인들의 삶의 표준을 향상시킬 수 있는 가능성을 크게 증가시켰다. 동시에 이동의 자유는 유럽연합의 가장 빈곤한 지역에 있어서 사회적 압력을 감소시키면서 남아 있는 사람들의 삶의 조건이 나아질 수 있게 한다. 유럽연합 내 기업 등의 다양한 노동 수요에 대하여 노동 공급이 적응할 수 있는 상황을 촉진시킴으로써 경제정책이 보다 일관성 있고 효과적으로 될 수 있게 한다. 그리하여 노동자들의 자유로운 이동은 공동시장의 목적 달성뿐만 아니라 노동시장의 유연성과 효율성에 기여한다. 자유로운 이동은 노동자들에게만 한정된 것이 아니다. '유럽연합의 운영에 관한 조약'의 21조는 유럽연합의 모든 시민들이 회원국들의 영토 내에서 자유롭게 이동하고 거주할 권리를 부여하고 있다. 이 권리는 또한 배우자, 21세 이하의 2세들, 직계 부양 친척들까지 해당된다. 이러한 이동의 자유가 유럽연합에 주는 도전은 그것이 단지 법적인 권리일 뿐만 아니라 또한 유럽의 사람들 모두에게 일상의 현실이 되는 실제적 유럽이동지역을 창출할 수 있는가 하는 것이다. 즉, 사람들의 이동으로부터 일어나는 전입 또는 전출 지역상황의 악화에 대처하기 위한 유럽연합 차원의 정책이 더욱 필요하게 된 것이다.

'유럽연합의 운영에 관한 조약' 56조는 회원국 국민들에 의해 용역을 제공할 수 있는 자유에 대한 제한을 금지하고 있다. 국적에 기초하여 용역제공에 관련한 어떤 차별도 이 조항에 의하여 직접적으로 금지된다. 이 조항에서 말하는 용역은 모든 기업 활동, 기능인 및 전문직업인의 활동에 적용된다. 용역은 회원국들 대부분에 있어서 국민총생산과 고용의 70%를 차지하여 유럽연합 경제성장의 엔진을 형성한다. 집행위원회의 용역지침(2006/123)은 용역제공자들의 설립자유권 행사 및 용역의 자유로운 이동을 촉진하는 일반적 법의 틀을 수립하고 있다. 예를 들면, 금융서비스는—은행업, 보험회사, 주식시장—특히 중요하여 당국들에 의하여 면밀히 감독되는데 이 분야는 규모가 방대할 뿐만 아니라 다른 경제 분야의 적절한 작동을 위해 필수불가결하기 때문이다. 이러한 분야는 보호주의로부터 자유화되는 것이 필수이면서도 동시에 금융안보를 위해 매우 엄격한 통제기준을 유지하는 것이 필요하기도 하다. 2007년과 2008년의 금융시장 위기는 금융시장 감독의 약점을 노출시켰는데 부정적 경제상황 전개를 예측하지 못했고 위험의 과도한 축적을 방지하지 못했다. 그리하여 현재는 유럽연합의 금융시장 감독이 회원국 간에 수렴될 수 있고 협력할 수 있도록 하기 위한 제도가 운용 중에 있다(규칙 258/2014). 이 제도는 국제금융보고표준재단International Financial Reporting Standards Foundation: IFRS Foundation 등에 의해 수행되는 다양한 보고의무에 관한 유럽연합의 정책을 다루고 있다. 더 나아가, 유럽금융감독체제European System of Financial Supervision: ESFS도 설립되어 있는데 유럽체제위험위원회ESRB, 유럽은행공사Europe Banking Authority, 유럽보험직업연금공사European Insurance and Occupational Pensions Authority, 유럽증권시장공사European Securities and Markets Authority: ESMA 등으로 구성되어 있다.

대규모 유럽 역내 시장의 적절한 기능을 위해서 자본이동의 자유는 또 다른 필수적인 요소이다. 지불거래의 자유화는 물건, 사람, 그리고 용역의 자유로운 이동에 대한 핵심적 보완 요소이다. 차용자들은 — 개인 및 기업들 — 그들의 필요에 따라 가장 저렴한 비용과 가장 잘 맞는 유형의 자본 획득을 해야 하는 반면에 투자자들과 자본 공급자들은 가장 큰 이윤이 있는 시장에서 그들의 자원을 제공할 수 있어야만 한다. 이 모든 조건들은 단일통화를 포함하는 경제 및 통화 연합의 단계 이전에 존재해야만 한다.

이러한 목적을 위하여 1998년의 집행위원회 지침에 의하여 자본이동의 완전한 자유화(88/361과 유럽경제지역협정EEA)가 도입되었는데 이에 따라 1990년 초부터 모든 제한이 철폐되었다. 나아가, '유럽연합의 운영에 관한 조약' 63조는 회원국 간의 모든 자본의 이동 및 회원국 및 제3국간의 모든 지불에 관한 제한은 금지되는 것으로 선언하고 있다. 물론 이러한 자유화가 유럽연합의 경제 및 통화연합에 위험이 되는 경우 긴급보호조치를 취할 수 있도록 하고 있다.

이러한 조항들 그리고 은행, 주식시장, 그리고 보험업의 자유화를 바탕으로 유럽공동체/유럽연합의 금융시장은 1993년 1월 1일 이래 완전히 자유화되었다. 2007/64호 집행위원회 지침은 지불부문에 있어서 기존의 법적인 장애물을 제거함으로써 전 유럽 지불체계에 필요한 하부구조, 절차, 공통규칙, 그리고 표준의 개발을 가능하게 하였다. 그리하여 국가체계 각각의 운용 경우보다 지불비용의 감소 그리고 더 나은 안전과 능률을 향상시킬 수 있게 되었다. 이 지침은 어떤 조건들하에서 신용기관, 전자화폐기관, 우체국 지로기관, 이 지침의 의미 내의 지불기관들, 유럽중앙은행, 국가 중앙은행, 그리고 회원국 또는 그들의 지역 및 지방 당국들에 적용된다.

기간시설의 전 유럽 네트워크에 대한 공동정책은 공동시장의 운용을 위해 필요하다. 역내시장의 완성을 통한 국가시장들의 통합은 기업계와 시민들이 전 유럽의 운송, 통신, 에너지 네트워크를 누릴 수 있을 때 가능하다. 따라서 유럽연합은 국가 네트워크의 상호연결과 상호운용 그리고 이러한 네트워크에의 접근을 증진하기 위해 노력해왔다. 예를 들면, 유럽연합의 운영에 관한 조약 171조는 전 유럽의 네트워크 완성을 위해 공통이익을 갖는 사업들의 확인을 위한 지침을 수립, 기술적 표준의 조화를 위한 조치의 채택, 공통이익의 사업을 위한 회원국의 재정적 노력 지원, 결속기금을 통해 하부구조 분야의 특별 사업의 재원 기여 등을 규정하고 있다.[37]

3) 사회·고용 및 환경정책

(1) 사회·고용정책

일반적으로 사회정책은 인간의 복지에 도움을 주는 삶의 조건에 영향을 미치는 지침, 원칙, 법제, 활동 등을 의미한다. 그것은 보건, 휴먼 서비스, 사법제도, 불평등, 교육, 노동 등의 영역에 있어서 공동정책 등을 포함한다. 또한 사회정책은 때때로 성적소수자의 권리, 낙태법 폐지 등에도 관련된다. 원래 로마조약하에서 사회정책은 대체로 각각의 회원국에서 다루어져야 할 것으로 여겨졌다. 하지만 유럽공동체가 심화되어가면서 '유럽통합의 사회적 차원'이라는 개념하에서 재분배 및 단합을 증진하는 다양한 정책적 접근이

37 http://europa.eu/pol/singl/index_en.htm(검색일: 2015.5.31).

있었다.[38]

이와 관련하여 유럽집행위원회는 유럽연합이 사회시장경제 개념에 기초하고 있음을 강조한다. 즉, 완전고용, 사회적 진보, 사회적 포용, 사회적 보호, 그리고 사회적 결속 등이 유럽연합조약의 우선적 목표들 중에 포함되어 있다는 것이다. 유럽연합조약 그리고 최근의 리스본조약은 높은 수준의 고용, 적절한 사회적 보호, 그리고 사회적 배제와의 대결이 모든 유럽연합의 정책개발 및 실행에 고려되어야 한다고 규정하고 있다. 뿐만 아니라 유럽연합조약은 유럽연합의 기본권헌장을 포함하는데 이것은 구속력을 가진다. 이 헌장은 모든 유럽연합 시민들의 사회적 권리를 보장하는데 노동자들이 그들의 고용주에 의해 권리에 대하여 안내되고 협의되어야 하며 협상과 파업의 권리, 배치서비스에 접근할 권리, 부당한 해고의 경우 보호받을 권리, 아동노동의 금지, 직장에서 청년의 보호, 모성과 관련한 이유로 인한 해고로부터의 보호와 유급 출산휴가와 양육휴가를 통한 가족생활과 직장생활의 조화, 사회보장 및 주거지원 그리고 의료혜택을 받을 권리 등을 포함한다.[39]

유럽연합은 2010년 유럽연합의 많은 회원국들이 겪고 있는 경제위기와 관련하여 10개년 성장전략을 개시하였는데 이러한 전략은 좀 더 현명하고, 지속가능하며, 포용적인 형태의 다소 다른 조건을 창출하고자 한다. 이러한 목표를 성취하기 위하여 2020년까지 유럽연합이 달성해야 할 5가지 핵심적 목표를 설정하였다. 이러한 목표들은 고용, 교육, 연구 및 혁신, 사회적 포용, 빈곤축소, 기후/에너지 분야에 관계된다.

2013년 11월 현재 유럽연합의 시민 중 2,650만 명 이상이 실업상태에 있어서 이 문제를 해결하기 위한 노력이 경주되고 있다. 이와 관련하여 유럽연합은 2020년까지 이들 중 75%가 직업을 가질 수 있도록 목표를 세워놓고 있다. 이러한 목표를 달성하기 위한 구체적인 방안으로 유럽연합은 사

---

38 Michael Cini, *European Union Politics* (Oxford: Oxford University Press, 2007), p.272.

39 http://eur-lex.europa.eu/legal-content/EN/TXT/?uri=URISERV:ai0023(검색일: 2015.5.31).

회적 기업의 권장 등을 통해 일자리 창출을 지원하고, 경제 재편의 예측을 통한 노동시장의 동력 회복, 유럽연합의 회원국 중 모범사례의 발간 등을 통한 유럽연합 거버넌스를 향상시키기 위한 정책들을 추진하고 있다. 특히, 유럽연합은 일반 성인 실업의 2배에 이르는 청년 실업을 감소시키는 데 좀 더 뚜렷한 초점을 두고 있으며 종합적인 접근을 추구하고 있다. 즉, 가장 도움이 절실한 청년들에 대한 직접 지원에 더하여 유럽연합 모든 국가들 내에서 정부기관, 공식적 교육기관들, 직업교육기관들, 취업 알선처, 기업, 사회적 동반자들 그리고 시민사회단체들 사이에 동반자관계를 향상시키기 위한 구조적 개혁을 추구하고 있다.[40]

2012년 유럽연합에서 총 인구 중 약 1억 2,450만 명(18.5%)이 빈곤의 위험 즉, 사회적 배제의 위험 상태에 놓여 있다. 이들 중 높은 비율을 차지하는 계층은 여성과 아동들이다. 뿐만 아니라 2011년에 유럽연합 회원국들의 인구 매 6명 중 1명 비율로 물질적 결핍상태에 있다. 이들 중 반 정도는 심각한 물질적 결핍 상태에 있어서 일반적인 사람들이 유럽에서 보통의 삶을 영위하기 위해 필수적인 삶의 수단들, 예를 들면, 적절한 난방, 비상금, 세탁기, 전화 또는 자동차 등을 마련할 수 없는 것으로 보여진다. 가장 가난한 국가들에 있어서 이러한 사람들의 비율은 45%를 상회한다. 또한 근로연령에 있는 유럽인들 중 10% 정도는 아무 일도 하지 않는 가계의 구성원으로 살고 있다. 이러한 상황은 최근 경제위기로 인하여 더 악화되었다.

그리하여 유럽 2020 전략의 주요 목표 중 하나는 최소한 2,000만 명을 2020년 말까지 빈곤으로부터 벗어나게 하는 것이다. 유럽에서 가장 큰 집단으로서 또한 가장 어려운 처지에 있는 민족 집단은 약 1,000만~1,200만 명에 이르는 로마 집단Roma community으로 심각한 빈곤의 위험하에 있다. 이들 중 70% 이상이 초등 이하의 교육을 받고 있는데 이러한 현실은 그들이 고용기회에서 배제될 뿐만 아니라 그들의 고용 고려에 있어서 부정적인 이미지를 낳고 결국 더욱 배제되는 결과로 나타난다. 로마 집단이 직면하고 있는

40 http://europa.eu/pol/pdf/flipbook/en/employment_en.pdf(검색일: 2015.5.31).

모든 도전들, 즉 형편없는 교육, 실업, 불우한 주거, 사회적 배제, 그리고 차별은 바로 유럽연합이 유럽 2020 전략의 범위 내에서 정면으로 척결하고자 하는 것들이다. 유럽연합은 모든 회원국들의 국가, 지역 및 지방 당국들의 정책들 그리고 로마 NGO를 포함하는 비정부기구들을 통합하는 로마 포용정책 틀을 수립하였다. 이 틀 안에서 유럽집행위원회는 국가 전략들을 평가하고 이러한 전략들이 구체적인 사업과 조치들로 실행될 수 있도록 점검한다. 2013년 12월 9일, 유럽연합 각료이사회는 로마 집단의 포용을 위한 최초 유럽연합 법적 문서를 채택하여 로마 집단의 경제 및 사회적 통합을 수립할 일련의 건의를 하였다.[41]

유럽연합 회원국들의 사회보호체제는 주로 실업, 건강 악화, 폐질, 가족 상황, 그리고 노령 등의 문제에서 야기되는 위험을 다루기 위해 수립되었다. 비록 회원국들은 자체적으로 그들 각자의 사회보호체제를 마련하고 재원을 충당할 책임이 있지만 유럽연합은 특히 그 회원국들 사이의 이동과 관련하여 국가 사회보장체제를 조정함으로써 특별한 역할을 수행한다.

하나의 주요한 정책수단은 2010년에 마련된 것으로 매년 1월부터 7월까지 기간의 유럽학기European semester이다. 이것은 회원국 정부들이 예산안을 마련하여 의회 심의에 부치기 전에 유럽연합 수준의 공동분석을 하고 그를 바탕으로 구체적인 건의안을 낼 수 있게 한다. 이러한 건의안들 중 상당한 내용이 노동시장개혁, 빈곤, 취약 집단의 노동시장 포용, 연금개혁 등을 포함하는 고용, 사회적 보호와 포용 문제를 다룬다. 고용, 사회 문제, 포용정책 등은 회원국 수준에서 보다 효과적으로 실행될 수 있기 때문에 이러한 분야에 있어서 유럽연합의 역할은 회원국 정부들을 지원하고 보완하는 것이다. 이를 위해, 흔히 공개조정방법open method of coordination: OMC이라고 불리는 것을 활용한다. 이것은 이 분야에 있어서 유럽연합 회원국정책들이 공동의

---

41 European Commission, *The European Union Explained: Justice, Fundamental Rights and Equality* (Luxemburg: Publications Office of the European Union, 2014), pp.13-14.

목표를 위해 나아가고 이것이 유럽연합에 의해 관찰되는 협력의 틀이다. 이에는 '유럽고용전략 공개조정방법'과 '사회 보호 및 사회 포용 공개조정방법'이 있다. 유럽연합조약은 노동조합과 고용자단체들이 유럽연합 수준에서 합의도출을 위해 협상할 가능성을 허용하고 있다. 직장에 있어서 노동조건, 건강 및 안전에 관한 것 등 어떤 문제들에 대한 합의가 유럽의 법제로 실행될 수 있다. 사회적 동반자들 간에 모성휴가, 정규계약, 그리고 시간제 근무 등에 관한 유럽 수준의 합의가 이미 유럽법으로 마련되어 있다.

유럽연합은 그 수준에서 최소한의 필요기준을 정의하는 법을 채택한다. 그리하면, 유럽연합 회원국들은 유럽법을 그 국가법의 한 부분으로 만들고 실행하여 유럽연합 전체를 통하여 비슷한 권리보호 및 의무 수준이 유지될 수 있도록 한다. 법원을 포함한 국가 당국은 이러한 국가치환입법조치들의 강제에 책임이 있다. 유럽집행위원회는 유럽법의 치환과정을 통제하여 그것이 정확히 실행되도록 한다. 유럽법원은 분쟁을 해결하고 해당 법의 해석과 관련하여 국가 법원에 의해 제시된 질문에 대하여 법적인 조언을 제공하는데 중요한 역할을 수행한다. 유럽연합조약에 규정된 자유이동원칙의 한 부분으로서 유럽 시민들은 유럽연합의 다른 국가에서 직업을 구하고, 노동허가서 없이 일할 수 있으며, 구직과정에서 다른 국가에 거주하며, 그 국가에서 고용이 종결된 후에도 머물 수 있으며, 고용, 근로조건, 그리고 기타 모든 사회 및 납세 혜택에 대한 접근가능성에 관련하여 그 국민들과 동등한 대우를 받을 권리를 가진다.

유럽연합 시민들은 또한 그들이 직장을 구하기 위해 방문하게 되는 국가에 이관되는 어떤 형태의 의료 및 사회보장 혜택을 받을 수 있으며 해외에서도 그들이 직업 자격증을 인정받을 수 있다. 그러나 자영업자, 학생, 퇴직자 또는 경제적으로 활동하지 않는 사람들은 다소 다를 수 있다. 또한 공공안전, 공공정책, 그리고 공공보건에 관한 고려를 근거로 그리고 공공부문 취업에는 제한이 있을 수 있다. 노동자들의 자유로운 이동에 관한 유럽법은 스위스뿐만 아니라 아이슬란드, 리히텐슈타인, 노르웨이에도 적용된다.

유럽연합 내에 있어서 사회보장 제공의 조정에 관한 법은 1959년부터 존재해왔다. 이러한 규칙들은 유럽연합 시민들이 다른 유럽연합 회원국들로 이사할 지라도 사회보장 혜택 자격을 잃지 않으며 사회보장 혜택에 대하여 동등한 대우를 받을 권리를 인정하고 있다. 예를 들면, 유럽연합 시민들은 그들의 모국이 아닌 유럽연합의 다른 국가에서 살지라도 그들의 고령연금을 받을 수 있다. 유럽연합의 사회보장 규칙은 유럽연합 내에서 이동하는 사람들의 권리를 보호할 뿐만 아니라 아이슬란드, 리히텐슈타인, 노르웨이 그리고 스위스에서도 그 권리를 보호한다.

유럽연합은 공공 또는 사적인 것을 포함하여 활동의 모든 부문에 있어서 직업 관련 건강과 안전의 최소한의 기준을 준수하도록 보장하는 법을 채택하고 있다. 유럽연합의 제도들은 '유럽 직장건강 안전처' 그리고 '삶 및 근로조건향상 유럽재단'과 협력하여 건강하고 안전한 근로 환경에 대해 정보와 지침을 제공하고 그 증진을 위해 노력한다. 유럽연합 수준에서 노동법은 근로조건과 노동자들의 정보 및 상담 등 두 가지 주요 분야를 다룬다.

유럽연합의 구조기금Structural Fund 중 하나인 유럽사회기금European Social Fund은 유럽연합 회원국들과 지역에 있어서 발전 정도 및 삶의 수준 차이를 축소시키기 위하여 설치되었다. 유럽연합 총 예산의 약 10%를 차지하는 유럽사회기금은 유럽연합 전체에 걸친 수만 가지의 사업에 재정적으로 지원한다. 재정적 지원은 회원국과 지역, 특히 경제발전 수준이 낙후한 곳에 폭넓게 제공되는데 2007년부터 2013년까지 1,000만 명에 가까운 사람들이 매년 유럽사회기금으로부터 혜택을 입었으며, 이 기금에 의해 유럽연합 회원국들 및 지역에 약 760억 유로가 지불되어 약 369억 유로의 국가 공공재원을 보완하였다.

2014년 1월 1일부터 사람에 대한 유럽연합의 중심적 투자수단으로서 유럽사회기금의 역할은 더욱 강화되었다. 그것은 유럽연합 국가들이 적극적 노동시장정책, 사회적 포용 및 고용정책, 제도적 역량, 공공행정개혁 분야에 있어서 국가 정책개혁을 위한 유럽연합의 정책우선순위 및 권고에 부응하는 노력을 돕는 데 있어서 큰 힘이 되고 있다. 유럽사회기금 할당액의 20%가 사회적 포용사업에 지출되어야 하는데 이 기금은 유럽연합 수준에 있어서 지구결속정책 기금지원의 최소 23.1%를 반드시 차지해야 한다. 그리하여 이것이 유럽연합 회원국들 전체에 걸친 유럽사회기금 재원 지원의 총량을 결정하게 된다.

유럽세계화기금European Globalization Fund: EGF은 어떤 구체적인 유럽 규모의 대량해고에 대응해서 일시 해고된 노동자들에 대한 맞춤형 지원을 제공한다. 2014년 1월부터 이 기금의 범위는 갑작스런 위기로 인하여 해고된 노동자들과 정규 및 자영업자처럼 전에는 유럽세계화기금의 지원을 받지 못했던 범주의 노동자들도 포함될 수 있도록 확대되었다. 높은 청년실업이 있는 지역에 있어서 유럽세계화기금은 이제 취업, 교육, 또는 연수받지 못한 청년들을 위한 정책조치에 대하여 기금을 지원할 수 있다. 가장 빈곤한 사람들을 위한 새 교육지원기금은 2011년 경상가격으로 2014~2020년 기간 동안에 최대 35억 유로를 할당받도록 하였다. 이것은 실질적인 면에서 과거의 식량제공사업과 비교할 때 약간 증액된 것임을 의미한다. 게다가, 유럽연합 국가들은 15%의 국가 대응자금을 제공하게 될 것이다.

마지막으로, 2014~2020년 기간 동안 유럽연합 집행위원회에 의하여 직접 관리되었던 세 개의 기존 재정적 수단이 — 고용 및 사회결속사업 (진보), 유럽공공고용서비스EURES, 유럽진보미소금융기금European Progress Microfinance Facility — 통합되어 유럽고용 및 사회혁신사업EaSI이라고 불리는 단일한 새 사업의 틀로 확장되었다.[42]

(2) 환경정책

유럽연합은 국제기구들 중에서 가장 광범위한 환경법을 가지고 있는 것으로 평가되고 있다. 그 환경정책은 다른 국제 및 국가 환경정책들과 연결되어 있다. 유럽연합의 환경법제는 또한 그 회원국들의 환경정책에 대하여 상당한 영향을 미친다. 유럽연합의 환경법제는 산성비, 오존층 손상, 대기의

---

42 http://eur-lex.europa.eu/summary/chapter/employment_and_social_policy.html?root_default=SUM_1_CODED%3D17&locale=en(검색일: 2015.5.31).

질, 소음 공해, 쓰레기 및 수질 오염 등을 다룬다. 유럽환경정책연구소는 유럽연합의 환경관련 법들이 500여 개의 지침, 규정, 그리고 결정에 이르는 것으로 추산한다.

원래 1957년 로마조약에는 환경정책에 대한 직접적 언급이 없었고 환경 문제가 유럽연합의 정책과제로 등장한 것은 1970년대에 이르러서였다. 즉, 유럽인들은 전쟁으로부터의 복구노력과 경제발전이 이제 환경에 대한 위협으로 나타난다는 것을 알게 되면서 환경 문제에 주의를 기울이기 시작했다.[43] 그리하여, 1972년 10월, 유럽경제공동체의 파리 정상회담은 종종 유럽연합 환경정책의 효시를 이루는 것으로 여겨진다. 이 정상회담에서 채택된 '환경 및 소비자정책에 대한 선언'은 유럽집행위원회에 대하여 '환경보호를 위한 실천 강령'을 마련하도록 요청하였다. 이 최초의 환경행동강령은 1973년 7월에 채택되었으며 유럽연합의 첫 환경정책이 된다. 뿐만 아니라 유럽집행위원회 내 존재하였던 이 강령의 준비단은 후에 환경총국의 형성으로 귀결되었다. 이러한 '환경행동강령'은 후속적으로 계속 채택되었는데 그 가장 최근의 것은 7번째로 2020년까지 효력을 가진다.[44]

당시 공동 환경정책을 도입한 주요 이유는 다양한 환경 기준이 공동시장 내 무역장벽이나 경쟁 왜곡으로 나타날 수 있다는 우려 때문이었다. 또 하나의 동기는 1970년대 당시 유럽에서 환경 문제는 국경에서 정지하지 않으며 초국경적 조치에 의해 다루어져야 한다는 인식이 널리 확산되고 있었다는 것이다. 원래 유럽연합의 설립 조약들에는 환경에 대한 언급이 없었지만 이 조약의 조항들이 동적으로 해석되어 환경정책이 공동체의 필수적인 부분으로 간주될 수 있게 하였다. 결국 1986년의 유럽단일의정서가 서명될 때가 되어서야 경제와 환경 목적들이 공동체 내에서 동등한 위상에 놓여질 수 있게 되었다.

---

43 Mark Corner, *The European Union: An Introduction* (London: I. B. Tauris, 2014), p.197.

44 McCormick and Jonathan, *op. cit.*, pp.287-288.

유럽의 환경정책은 유럽연합 주요 기관들뿐만 아니라 로비단체를 포함하는 브뤼셀의 광범위한 정책형성공동체의 다양한 행위자들에 의하여 마련된다. 회원국들은 각료이사회 내에서 환경정책 형성과정에 그 입장들을 반영한다. 환경각료이사회는 시간이 흐를수록 더 많은 회합을 갖고 있다. 최근에는 유럽이사회European Council도 유럽연합의 기후변화정책 등과 관련하여 더 많이 그리고 중요한 역할을 하고 있다. 유럽집행위원회는 새 환경법안을 제안할 수 있는 배타적 권한이 있을 뿐만 아니라 환경정책의 실행에 대해서도 책임을 진다. 처음에 유럽집행위원회 내 환경총국의 권한은 비교적 약했었지만, 점차 기술 및 정치적 전문성이 향상됨에 따라 그 목소리가 더 커지게 되었다. 유럽의회는 최근에 조약 개정으로 각료이사회와 함께 공동입법자가 됨으로써 좀 더 많은 역할을 할 수 있게 되었다. 하지만 의회의 권력 강화에도 불구하고 의회가 녹색 법안들을 처리하는 데 소극적인 면을 보여줌으로써 그 평판에 부정적인 영향을 주고 있다. 1974년부터 회원국의 환경단체들은 브뤼셀에 유럽환경기구European Environment Bureau를 설치함으로써 그들의 대표기관으로 만들었다.[45] 이 환경단체들은 유럽집행위원회에 비교적 용이하게 접근할 수 있는데 유럽집행위원회는 이들 단체들이 협의회를 구성하여 정책수립과정에 적극적으로 참여하도록 기금까지 지원하며 고무한다.

1970년대와 1980년대에 유럽연합 환경정책의 주요 특징은 이전에 유럽연합 수준에서 다루어지지 않았던 법안들을 신속하게 수립하는 것이었다. 1980년대 이래, 다른 새로운 쟁점들이 등장하였는데 기존의 법안 수정에 있어서 환경 문제에 대한 토론이 증가하게 되었다. 그리하여 이제 유럽연합에서 환경 문제는 새로운 쟁점이 아니라 상시적으로 진행 중인 쟁점이 되었다. 유럽연합은 그 정책결정과정에서 모든 정책부문에 있어서 환경적 측면을 고려에 넣어 반영시키기 위한 노력을 기울이고 있다. 즉, 이제 농업, 에너지, 운송 등 경제적으로 강력한 행위자들도 그들 자체의 정책을 발전시킴에 있어서 환경 문제를 고려에 넣어야 하는 것이다. 그러나 기대한 만큼의

45 유럽환경기구에 대해서는 웹사이트(http://www.eeb.org/) 참조.

정책실행이 쉽지 않다는 것을 부인할 수 없다.

다른 한편, 유럽연합은 국제 환경협상의 중요한 당사자로서 유엔 등에서 당사국회의 등에 참석하며 적극적인 역할을 수행한다. 유럽연합은 한편으로 국제 환경협상에서 지도자로 인정되기도 하지만 다른 한편으로 기후변화 등에 관한 협상에서 그 역할이 미약한 것으로 평가받기도 한다. 그 이유는 환경보호에 대한 유럽연합의 야심에 비하여 그를 실행할 능력이 갖춰져 있지 못하기 때문이다. 지속가능한 개발과 관련한 유럽연합의 정책은 내부적 정책추진자들과 유엔의 관련 회의에 대한 반응의 결과로 등장하게 되었다. 예를 들면, 1972년 스톡홀름인간환경회의는 산업 국가들의 환경 문제만 다룬 것이 아니라 개발도상국의 개발 문제도 다루었다. 그리하여 1998년 유럽이사회를 종결하면서 지속가능한 개발이라는 용어가 언급되었다. 1997년 암스테르담조약은 결국 유럽연합조약들하에서 지속가능한 개발이라는 정책주제가 유럽연합의 기본적 목표 중의 하나로서 공식적으로 인정되었다.

1997년 유럽연합은 2002년까지 지속가능한 개발을 위한 국가전략을 입안하도록 하였고 2001년 유럽집행위원회는 지속가능한 개발을 위한 유럽연합전략에 관한 서신을 발간하였다. 2006년 개발가능한 전략이 유럽이사회에서 채택되었는데 좀 더 구체적인 실행, 감독, 후속조치를 위한 장치들이 포함되었다. 유럽연합의 지속가능한 개발에 관한 의지는 리스본조약에서 좀 더 완성되었다. 그리고 이후 '유럽연합의 운영에 관한 조약' 등에서도 빈번하게 언급되고 있다. 그 결과, 유럽연합의 모든 입법 과정의 사전 절차로서 환경영향평가를 고려하게 되었다. 그러나 2008년 이후의 유럽 위기는 지속가능한 개발과 같은 장기적 정책목표에 대한 관심을 약화시켰다. 그리고 새로운 '유럽 2020'이 리스본 전략을 교체하였는데 환경의 차원을 에너지와 자원 부문으로 축소시킨 것이다.

주요 환경정책의 사례로는 일찍이 1979년에 수립된 조류지침과 생태계지침은 생물 다양성 및 자연생태계의 보호를 위한 법제들이었다. 2015년까지 강, 호수, 지하 및 해양수의 질을 유지하기 위한 '수질프레임워크지침'이 존재한다. 이러한 지침들은 '나투라 2000 사업'을 통해 실행되고 있는데 유럽 전체를 통하여 30,000곳에서 진행되고 있다.

4) 경제통화정책

경제 및 통화연합Economic and Monetary Union: EMU은 유럽연합 모든 회원국들의 경제를 세 단계에서 수렴하는 데 목표를 둔 포괄적인 용어이다. 유럽공동체 회원국들 사이에 경제 및 통화연합을 수립하려는 첫 시도는 1969년 유럽집행위원회 위원들에 의한 발의에서 시작되었는데 좀 더 큰 경제정책 및 통화협력의 필요성으로 제기되었다. 이러한 발의는 1969년 헤이그 정상회담에서 1970년대 말까지 단계적으로 경제 및 통화 연합을 창설하기 위한 계획을 마련하도록 하는 결정으로 이어졌다. 이와 관련한 여러 가지 제안들에 기초하여 룩셈부르크 총리이자 재무장관이었던 피에르 베르너Pierre Werner가 위원장으로 활동한 전문가 집단이 1970년 10월 3단계의 경제 및 통화 연합을 창설하기 위한 공동합의의 첫 청사진을 제시하였는데 흔히 베르너보고서Werner Report[46]라고 불린다. 그러나 이 계획은 1971년 8월 브레턴우즈체제의 붕괴로 인하여 달러금태환제 포기와 1972년의 유가 상승으로 인하여 심각한 후퇴를 하지 않으면 안 되었다. 그 이유는 많은 노력에도 불구하고 유럽 국가들의 통화 가치 등락을 제한하려는 시도가 실패하였기 때문이다.

유럽경제통화연합에 대한 논의는 1988년 6월 하노버 정상회담에서 다시 본격적으로 시작되었다. 이때 12개 유럽연합 회원국들의 중앙은행 총재들로 구성된 임시위원회가 유럽집행위원회 위원장인 작크 들로어의 주재하에 경제, 통화 연합의 창설을 위한 분명하고, 실질적이며, 현실적인 단계를 갖는 새로운 시간표를 제안하도록 요청받았다. 1989년의 들로어보고서는 3단계로 유럽경제통화연합의 도입 계획을 제시하였는데 그것은 통화정책을 마련하고 실행하는 책임을 갖는 유럽중앙은행체제ESCB의 창설을 포함하였다.

유럽경제통화연합의 실행을 위한 3단계는 다음과 같았다. 제1단계는 1990

46 Ali M. El-Agraa, *The European Union: Economics and Policies* (Cambridge: Cambridge University Press, 2011), pp.163-164.

년 7월 1일부터 1993년 12월 31일까지이다. 1990년 7월 1일 환율통제가 폐지되고 유럽경제공동체 내에서 자본이동이 완전히 자유화되었다. 1992년의 마스트리히트조약은 유럽경제통화연합의 완료를 공식적인 목적으로 수립하면서 물가상승률, 공공재정, 이자율 및 환율 안정에 관한 몇 가지 경제수렴기준을 정하였다. 이 조약은 1993년 11월 1일 발효하였다.

제2단계는 1994년 1월 1일부터 1998년 12월 31일까지로 유럽통화연구소가 유럽중앙은행의 전신으로서 설립되어 회원국들 및 그 중앙은행들 간 통화협력을 강화하고 유럽통화단위European Currency Unit의 은행지폐를 감독하는 임무를 부여받게 되었다. 1995년 12월 16일 새 통화의 이름 및 전환기간의 길이 등과 같은 구체사항들이 결정되었다. 1997년 6월 16일부터 17일까지 유럽이사회는 암스테르담에서 안정 및 성장협정을 채택하기로 결정하였는데 이것은 유로의 창설 후에 예산 기강을 확립하고 유로와 아직 유로지역에 진입하지 않은 국가들의 통화에 안정을 제공하는 새로운 교환율체제를 정하기 위해서였다.

1988년 5월 3일의 브뤼셀 유럽이사회는 1999년 1월 1일부터 제3단계에 참여할 최초 11개 국가들을 선정하였다. 1998년 6월 1일, 유럽중앙은행이 설립되었고 1998년 12월 31일, 11개 참여 국가들과 유로 사이의 환전율이 확립되었다. 제3단계는 1999년 1월 1일에 시작되었는데 1999년 출발부터 유로는 이제 실제의 통화가 되었으며 유럽중앙은행의 권위하에 단일통화정책이 도입되었다. 실제 유로 지폐와 동전의 도입 이전에 3년간의 전환기가 시작되었는데 법적으로 국가 통화들은 이미 기능을 중지하였다. 이후 그리스, 슬로베니아, 키프로스, 슬로바키아, 에스토니아, 라트비아, 리투아니아가 유로를 채택하였다.[47]

19개 유로 지역 국가들과 9개 비유로 지역 국가들이 유럽경제통화연합의 구성국이다. 어떤 유럽연합 회원국은 유럽경제통화연합의 제3단계 과정을 준수하고 그 한 부분이 됨으로써 유로 통화를 채택할 수 있었다. 그만큼

---

47 http://ec.europa.eu/economy_finance/euro/index_en.htm(검색일: 2015.5.31).

유럽경제통화연합의 제3단계는 대체로 유로 지역의 동의어가 되었다. 덴마크와 영국을 제외한 유럽연합의 모든 회원국들은 조약에 의하여 유럽경제통화연합의 제3단계에 참여하기로 약속하였다. 이와 관련하여 코펜하겐 기준은 현재 유럽경제통화연합에 가입을 원하는 국가들이 준수해야 할 조건이다. 여기에는 어떤 국가가 유럽경제통화연합에 가입하기 위해 실행해야 할 조건들과 시간적 일정이 포함되어 있다. 이러한 조건들 중의 하나는 희망국가들이 최소 2년 동안 유럽환율체제European Exchange Rate II에 참여하여 어떤 후보통화가 유로에 대한 목표환율에서의 이탈을 정해진 범위 내로 유지함으로써 경제적 수렴을 증명하는 것이다. 최근 리투아니아를 포함하여 유럽연합의 19개 회원국들이 유럽경제통화연합의 제3단계에 진입하였으며 유로를 그들의 통화로 채택하였다. 덴마크는 유럽환율체제에 참여하였다. 덴마크와 영국은 유럽연합의 조약으로부터 특별 이탈을 인정받아 유럽경제통화연합의 제3단계에 진입해야 할 의무가 없이 유럽환율체제 II의 영구 회원국이 되는 것을 허용 받았다. 그 밖의 비(非)유로 지역 국가들인 스웨덴, 폴란드, 체코공화국, 헝가리, 루마니아, 불가리아, 그리고 크로아티아에 대해서는 조약에 의해서 모든 수렴기준의 준수 시점에 도달했을 때 제3단계에 진입할 수 있도록 하였다. 이들 중 제3단계에 진입하기를 원치 않는 국가들은 유로 지역 가입을 신청하지 않을 수 있다. 비유로 지역 유럽연합 국가들은 그들 자신의 통화들을 계속 사용하게 된다.[48]

5) 대외 외교안보정책

유럽연합의 공동외교안보정책은 단일유럽의정서에서 유럽의 정치협력이 제도적으로 마련됨에 따라 시작되었다. 이 단일유럽의정서는 유럽공동체 회원국들이 외교정책 분야에서 관점의 조화를 달성하기 위해 상호 정보공유절차와 정기적 접촉을 가지도록 규정하였다. 나아가, 유럽연합조약은 단일유럽의정서에 대하여 진일보한 조치를 규정하였다. 즉, 단일의정서하에서 회

48 http://ec.europa.eu/economy_finance/euro/emu/index_en.htm(검색일: 2015.5.31).

원국들이 공동으로 유럽외교정책을 입안하고 실행하기 위해 노력하기로 약속한 것에 더하여 유럽연합조약 제5장에서 회원국들은 공동외교안보정책 Common Foreign and Security Policy에 대해 구체적으로 정의하고 이를 실행하기로 약속한 것이다. 그러나 이전에 유럽연합의 제2기둥이라고 불렸던 이 정책은 보통의 입법절차에서 벗어나 정부간 과정intergovernmental process으로 남아 있어서 유럽사법재판소의 관할권으로부터 벗어나 있다.[49] 그리하여 회원국들은 조심스럽게 이 새로운 영역으로 진입하고 있는데 이는 장기적으로 국가주권의 상당한 부분이 이전됨을 의미할 수 있다.

국제사회에서 유럽연합의 제도적 진전은 그 자체의 창설, 발전, 그리고 확대 과정을 통해 이미 많은 영감의 원천이 되고 있는데 이러한 과정은 또한 더 넓은 세계에서 이를 진전시켜가고자 하는 원칙들에 의해 안내되고 있다. 이러한 원칙들은 바로 민주주의, 법의 지배, 인권 및 기본적 자유의 보편성과 불가분리성, 인간존엄성의 존중, 평등과 단합의 원칙 그리고 유엔헌장과 국제법 원칙의 존중 등이다. 유럽연합조약 21조에 따르면, 유럽연합은 좀 더 구체적으로 다음과 같은 목적을 위해 공동정책과 행동을 정의하고 추구하며 국제관계의 모든 분야에 있어서 높은 정도의 협력을 위해 노력하고 있다.

첫째, 그 가치들, 기본적 이익들, 안보, 독립, 그리고 고결성을 수호하며, 둘째, 민주주의, 법의 지배, 인권 및 국제법의 원칙을 공고히 하고 지원하며, 셋째, 유엔헌장의 목적과 원칙, 헬싱키최종의정서의 원칙들, 대외국경과 관련되는 것을 포함하는 파리헌장의 목표에 따라 평화를 보존하고 갈등을 방지하며 국제안보를 강화하고, 넷째, 빈곤추방의 기본적 목표를 가지고 개발도상국의 지속가능한 경제, 사회, 환경개발을 증진하며, 다섯째, 국제무역에 대한 제한의 점진적 철폐를 포함하여 모든 국가들이 세계경제에 통합되는

49 Panos Koutrakos, "The European Union's common foreign and security policy after Lisbon," in Diamond Ashiagbor, Nicola Countouris and Ioannis Lianos, eds., *The European Union After the Treaty of Lisbon* (Cambridge: Cambridge University Press, 2012), pp.190-191.

것을 고무하고, 여섯째, 지속가능한 발전을 보장하기 위하여 환경의 질과 지구자연자원의 지속가능한 관리와 보존을 향상시키기 위한 국제적 조치들을 개발하는 것을 도우며, 일곱째, 사람들, 국가들, 그리고 지역들이 자연 또는 인간에 야기한 재난에 대처할 수 있게 도우며, 여덟째, 보다 강한 다자적 협력과 선한 글로벌 거버넌스에 기초한 국제체제를 증진하는 것이다.[50]

공동외교안보정책 문제에 있어서 유럽연합의 자격능력은 공동방위에 이를 수 있는 공동방위정책의 점진적 형성을 포함하여 외교정책의 모든 분야와 유럽연합의 안보에 관계되는 모든 문제들을 다룬다. 특히 2009년 12월에 발효한 리스본조약은 유럽연합 외교안보정책 최고대표직Post of the High Representative of the Union for Foreign Affairs and Security Policy과 유럽대외관계청European External Action Service이라는 새로운 직책과 기구를 설치하였다. 이러한 제도적 혁신은 이 최고대표직을 통해 각료이사회와 유럽집행위원회 간의 교량역할을 통해 유럽연합의 대외정책에 있어서 일관성을 확보하고 단일한 접촉점을 마련하는 데 목적이 있었다. 이러한 제도적 변화를 바탕으로 이제 각료이사회와 집행위원회는 유럽연합 외교안보정책 최고대표의 조력을 받아 유럽연합의 대외적 행동에 관한 여러 영역 간에 그리고 이것들과 다른 정책들 간에 일관성을 확보하고자 하는 것이다.[51]

공동외교안보정책은 국가 및 유럽연합 자원을 활용하여 최고대표와 회원국들에 의하여 실행에 옮겨진다. 회원국들은 공동의 접근을 결정하기 위하여 유럽이사회와 각료이사회 내에서 일반적 이익의 어떤 외교안보정책 문제에 대해서도 서로 협의해야만 한다. 국제무대에서 유럽연합의 이익에 영향을 미칠 어떤 행동을 취하거나 약속에 참가하기 전에 각 회원국은 유럽이사

---

50 Consolidated version of Treaty on European Union, Article 21 참조(http://euwiki.org/TEU, 검색일: 2015.5.29); Karen E. Smith, *European Union Foreign Policy in a Changing World*(Cambridge: Polity, 2014), pp.5-6; Ramses A. Wessel, *The European Union's Foreign and Security Policy: A Legal Institutional Perspective*(The Hague: Kluwer Law International, 1999), pp.59-70.

51 Stephan Keukeleire and Tom Delreux, *The Foreign Policy of the European Union*(Basingstoke: Palgrave Macmillan, 2014), pp.77-79.

회 또는 각료이사회 내에서 다른 회원국들과 협의해야만 한다. 즉, 회원국들은 상호간 단합을 보여줘야 한다는 것이다. 유럽이사회 또는 각료이사회가 유럽연합의 공동접근을 정의하였을 때 최고대표와 회원국 외무장관들은 각료이사회 내에서 그들의 행동을 조정해야만 한다. 제3국 그리고 국제기구에 있어서 회원국들의 외교대표부와 유럽연합 대표부는 공동접근의 형성과 실행에 협력하고 기여해야만 한다.[52]

유럽연합 회원국들은 국제기구와 국제회의에서 그들의 행동을 조정하며 그러한 자리에서 유럽연합의 입장을 견지하도록 되어 있다. 이와 관련하여, 최고대표는 이러한 조정을 주도하게 된다. 유럽 회원국 모두가 참석하지 않는 국제기구나 국제회의에서 참석중인 회원국들은 유럽연합의 입장을 견지하고 다른 회원국들 및 최고대표에게 공동이익에 관계되는 어떤 문제에 대해서도 지속적으로 알려야 한다. 유엔 안전보장이사회의 회원국으로 있는 유럽연합 회원국들은 다른 회원국들 및 최고대표들과 협력하고 완전하게 정보를 공유해야 하며 유럽연합의 입장과 이익을 방어해야만 한다. 유럽연합이 유엔 안전보장이사회 의제에 올라 있는 사안에 대하여 어떤 입장을 정의하였을 때, 안전보장이사회에 참석하는 회원국들은 유럽연합의 입장을 제시할 수 있도록 최고대표의 초청을 부탁해야만 한다. 유럽연합은 이러한 대외공동외교안보정책에 따라 국제사회에서 아시아 지역 등 각 지역과 정기적인 회의를 개최하고 있으며 지중해 지역과는 좀 더 긴밀한 협력관계를 유지하고 있고 또 북한의 인권 문제를 적극적으로 제기하고 있다.[53]

---

52 Koutrakos, *op. cit.*, pp.194-201.

53 송병준·최재훈, “유럽연합 지중해정책의 제약과 한계 – 이중적 정책기조에 따른 협력과 배제,” 『지중해지역연구』, Vol.13, No.3(2011), pp.1-26; 안상욱, “EU의 동아시아 정책 및 무역정책 변화와 한-EU FTA,” 『유럽연구』, Vol.28, No.2(2010), pp.351-379; 고상두, “유럽연합의 대북한 외교전략,” 『신아세아』, Vol.13, No.3(2006), pp. 50-67.

6) 공동 내무 및 사법정책

역내 국경 통제의 폐지와 함께 단일시장의 수립은 사람들의 자유로운 이동에서 비롯되는 중요한 문제들도 배태하였다. 단일유럽지역이 되었다고 해서 한 회원국에서 다른 회원국으로 또는 비회원국으로의 불법적 거래를 고무해서는 안 되는 것이다. 회원국들의 국가 입법 및 규제 조항들은 종종 서로 달라 이민, 테러척결, 마약 및 무기거래, 예술작품의 거래, 그리고 조직범죄 분야에서 조정될 필요가 있었다. 사법 및 치안 문제에 있어서 이미 어느 정도의 정부간 협력이 존재하고 있었지만 아직 크게 부족한 것이었다. 마스트리히트조약에 관한 협상 과정에서 독일 총리 헬뮤트 콜Helmut Kohl은 사람들의 자유로운 이동을 좀 더 효과적으로 통제할 필요성을 강력히 주장하였는데, 특히 독일이 동유럽으로부터 많은 이민을 받아들여야 하는 상황에 있었기 때문이다.

유럽연합조약은 '사법과 내무justice and home affairs: JHA' 분야의 협력에 관한 제3의 기둥을 수립함으로써 이러한 우려를 다루었다. 이와 관련하여 공동의 관심 영역은 다음과 같다: 비호정책, 유럽연합의 외부 국경 통과를 규제하는 규칙, 이민정책과 제3국의 국민에 관한 정책, 국제적 수준에서 마약중독 및 사기 척결, 민사 및 형사 문제에 있어서 사법 협력 그리고 통관 및 치안 협력 등. 그러나 회원국들은 국내에 있어서 법 및 질서를 유지하고 내부 안전 수호에 관한 그들의 책임을 유지하는 것으로 되어 있다. 이러한 문제들은 주권에 관련되는 매우 민감한 사안들이었기 때문에 정부간 방법이 활용되었다. 따라서 유럽집행위원회는 '충분히 관련되어 있기는 해도' 그것이 일반적으로 공동체 제도 내에서 하는 것처럼 각료이사회에 법안을 제안할 수 있는 배타적 권리를 갖는 것은 아니다. 회원국들은 또한 정책적 제안을 할 수 있는데 통관 및 치안협력 그리고 형사 문제와 관련하여 사법적 협력이라는 민감한 영역에서 그렇게 할 수 있는 권위가 부여된 유일한 행위자들이다. 각료이사회는 만장일치로 공동입장을 채택하며 공동행동에 합의하는데 만장일치의 투표로 그렇게 결정되는 경우 실행조치들은 제한다수결로 채택될 수 있다. 그러나 유럽공동체체제의 규제 및 지침과 달리 공동행동은 회원국 정부들로 하여금 그 의회들에 제안을 할 수 있는 의무를 부과할 뿐이며 의회들은 그러한 제안을 채택하든 거부하든 자유이다. 실제에 있어서 이렇게 채택된 많은 공동행동들 중 매우 적은 수만 회원국들에 의하여 실행되었을 뿐이다.[54]

단일시장과 자유이동에 관한 사법 및 내무 기둥과 공동체 기둥 사이에 맞물려있는 권위를 감안하여 두 기둥 간의 연계수립이 계획되었다. 그러므로 이민의 유입이 느슨한 법의 국가에서 일어나고 이어서 이웃 회원국으로 이동이 실제 일어나지 않도록 하기 위해 공동 비자정책이 필수라는 것이다. 즉, 유럽공동체는 비자정책을 관리해야 하는 책임이 있으며 집행위원회가 회원국의 요청에 따라 결정을 준비한다. 이 결정은 궁극적으로 제한 다수결로 내려지는데 그 이유는 만장일치를 필수요건으로 하는 경우 공동정책을 불가능하게 할 수 있기 때문이다. 다른 한편, 각료이사회의 행동을 위한 정지작업에 대해 책임을 갖는 조정위원회는 공동체 권한 내에 속하는 것들을 위해 사법 및 내무에 해당하는 임무들을 수행한다.[55]

유럽연합조약은 사법 및 내무 기둥에 속하는 문제들을 공동체 기둥에 이전을 허용함으로써 좀 더 높은 효율성을 보장하기 위한 '공동체 가교'를 규정하고 있다. 그 결과 형사 문제, 통관 및 치안 협력에 있어서 사법적 협력을 막고 있다. 1997년 서명된 암스테르담조약이 이러한 '가교'를 결정하였다. 국제협약들에 마련되는 앞의 협력 방법은—유럽평의회에 의해 상당한 정도로 사용되고 있으며 로마조약에 제시된—사법 및 내무 기둥과 관련하여 마스트리히트조약에 언급되고 있으며 다수결에 의한 실행조치들의 채택과 유럽공동체의 사법재판소에 의한 개입가능성을 허용함으로써 이전의 협력방법을 강화하는 데 목표가 있다.

---

54 http://www.consilium.europa.eu/en/council-eu/configurations/jha/(검색일: 2015. 5.31).

55 European Commission, *The European Union Explained: Migration and Asylum* (Luxemburg: Publications Office of the European Union, 2014).

Ⅳ. 유럽연합과 한국

유럽연합과 한국 간 외교관계의 역사는 매우 오래되었다. 한국은 1963년 7월 현 유럽연합의 전신인 유럽경제공동체와 공식적 외교관계를 수립한 이래 1990년 1월 주 유럽공동체 대표부 설치 등을 통해 긴밀한 관계를 발전시켜왔다. 유럽연합도 1989년 11월 서울에 주한 유럽공동체 유럽집행위원회 대표부를 설치하여 1990년 1월에 본격적인 업무에 들어가 같은 해 2월에 초대 대사가 부임하여 오늘에 이르고 있다.[56]

유럽연합과 한국 간의 관계는 1990년대 초까지 통상협력 분야를 중심으로 발전하였다. 그러나 동서냉전이 종식되고 1993년 11월에 유럽연합이 출범한 이후에는 그 공동외교안보정책에 따라 정무대화 채널 수립 등 정치, 안보 분야의 협력도 증가하였다. 그 대표적인 사례 중 하나가 1996년 10월에 체결되어 2001년 4월에 발효한 '한-EU 기본협력협정'으로 양측 간의 경제, 통상, 문화, 과학기술 등 각 분야의 포괄적인 협력을 규정하고 있다. 또한 정치 분야의 협력 및 대화 채널의 제도화를 주요 내용으로 하는 '한-EU 공동정치선언'도 채택되었다. 2000년 이후 한-EU관계가 정치, 경제 등 각 분야에서 확대, 발전되어감에 따라 기존의 기본협력협정도 정무 분야의 협력을 크게 강화하는 방향으로 개정, 2010년 5월 이에 공식 서명됨으로써 21세기 한-EU 간 동반자 관계로의 도약을 위한 기틀이 마련되었다.[57]

무엇보다도, 2010년 10월 한국과 유럽연합 간에는 자유무역협정FTA이 체결됨으로써 경제관계가 좀 더 높은 수준으로 도약하여 상품무역뿐만 아니라 서비스·투자·무역규범에 이르는 전반적인 분야에서 양측 간 자유화 및 협력노력을 확대하는 중이다. 2014년 5월 한국과 유럽연합은 '위기관리활동기

---

56 최진우, "한-EU 전략적 동반자 관계 구축을 위한 법적·제도적 기반연구"(2009.12), p.113.

57 주 유럽연합 대한민국 대사관, http://missiontoeu.mofa.go.kr/korean/eu/missiontoeu/relation/overview/index.jsp(검색일: 2015.5.30).

본참여협정Framework Participation Agreement on Crisis Management Operations'에 서명함으로써 안보 분야에 있어서도 양측 간 협력기반이 마련되었다. 이로써 한국은 국제사회에서 최초로 유럽연합과 기본협정, 자유무역협정 및 위기관리활동기본참여협정을 동시에 체결한 국가가 되었다.[58]

1996년 10월 서명된 '한-EU 기본협력협정Korea-EU Framework Agreement'과 '한-EU 공동정치선언Korea-EU Joint Declaration on the Political Dialogue'은 종래 경제-통상 위주의 한-EU관계를 정치, 경제, 과학기술, 문화 등 다양한 분야로 확대, 발전시켜 나갈 수 있는 기본 틀을 제공하였다. 한-EU 공동정치선언은 한반도 분단 문제를 비롯한 주요 국제 문제에 있어서 한국과 유럽연합 간 공조관계를 더욱 공고히 할 수 있는 기반을 마련하였다. 한국과 유럽연합 양측은 그동안의 양자관계 발전 상황을 반영하고, 양자관계를 더욱 포괄적이며, 전략적인 동반자관계로 격상시키고, 주요 국제 문제에 대한 협력을 강화시켜 나가는 미래지향적 협력의 틀을 마련하기 위해 2008년 6월부터 기본협정 개정협상을 개시하여 2010년 5월 양자외교장관 회담에서 이에 정식 서명하였는데 2014년 6월 1일에 공식 발효하였다.[59]

개정된 한-EU 기본협정의 주요내용은 다음과 같다. 한국과 유럽연합 간 협력의 기초와 범위를 규정하여 민주주의, 인권 등 국제안보 문제에 관한 정책협의를 강화하고, 필요시 정상회담, 각료급 연례협의회, 고위급 회의 개최, 국회와 유럽의회 대표단 간의 교류를 강화하기로 하였다. 또한 국제연합UN, 국제노동기구ILO, 경제협력개발기구OECD, 세계무역기구WTO, 아시아-유럽정상회의ASEM, 아세안지역안보포럼ARF 등 지역 및 국제기구에서의 협력을 강화하기로 하였다. 무역 및 투자, 경제정책대화, 비즈니스 간 협력, 경쟁정책, 과학기술, 에너지, 운송, 소비자정책 등 경제 분야에서의 협력을 촉진하며 보건, 고용 및 사회 문제, 환경 및 자연자원, 기후변화, 농업, 해양 및 수산업 등 지속가능발전 분야에서의 협력도 추구하기로 하였다. 뿐만 아

58 *Ibid.*

59 *Ibid.*

니라 문화, 정보통신, 시청각 및 미디어 협력, 교육 분야의 협력 그리고 법의 지배, 개인정보보호, 이민, 위법약물 대처, 조직범죄, 자금세탁 및 테러리즘, 사이버 범죄 등 내무사법 분야의 협력과 관광, 시민사회 및 공공행정, 통계 분야에서의 협력을 증진하기로 하였다.[60]

한국과 유럽은 실질적인 양자협력을 추구해왔는데 바로 통상 분야를 들 수 있다. 한국과 유럽연합 간 체결된 자유무역협정Free Trade Agreement은 2007년 유럽연합이 광범위한 서비스 및 투자의 자유화 등 최대의 무역 자유화를 목표로 공표한 유럽 신 통상정책Global Europe[61] 출범 이후 최초로 체결된 양자 무역협정이다. 한-유럽연합 자유무역협정을 위한 협상은 2007년 5월 서울에서 개시되어 총 8차에 걸친 회의 후 2009년 10월 15일 가서명 되었으며 2010년 10월 6일 브뤼셀에서 열린 한-유럽연합 정상 회담에서 협정이 공식 서명되었다. 한-유럽연합 자유무역협정은 2011년 7월부터 잠정 발효, 적용되고 있다.

이러한 자유무역협정의 결과, 한국과 유럽연합은 주요 무역 관계에 있다. 한국은 유럽연합의 9대 무역 상대이며, 유럽연합은 한국의 2대 수출 시장으로 부상하였다. 유럽연합의 한국에 대한 수출은 2004~2008년 기간 동안 연평균 7.5%가량 성장하였다. 그러나 이와 같은 추세는 세계 금융위기로 둔화되어 2009년 유럽연합의 한국에 대한 수출은 215억 유로에 달했으며, 동년 한국은 유럽연합 시장에 321억 유로 상당의 상품을 수출하였다. 2010년에는 이러한 상황이 전환되어 무역량은 다시 증가하였는데 유럽연합의 대 한국 상품 수출은 2009년 대비 29.5% 늘어난 280억 유로를, 한국의 대 유럽연합 상품 수출은 동년 대비 20% 늘어난 385억 유로를 기록하였다. 2009년, 유럽연합의 대 한국 서비스 수출은 60억 유로에 달했으며, 한국의 대 유럽연합 서비스 수출은 39억 유로 상당이었다. 유럽 기업은 계속적으로 한국 내 최대

60 *Ibid.*

61 European Commission, "Global Europe: Competing in the World," http://trade.ec.europa.eu/doclib/docs/2006/october/tradoc_130376.pdf(검색일: 2015.5.30).

투자 주체이며 1962년 이래 투자액 누계는 300억 유로이다.[62]

한국과 유럽연합 간에는 1997년, 관세에 대한 협력 및 상호행정지원협정 Agreement on Co-operation and Mutual Administrative Assistance in Customs Matters 의 발효에 따라 경쟁정책 및 관세에 관한 협력이 이루어지고 있으며, EU 게이트웨이프로그램 The EU Gateway Programme 에 따라 2009년부터 매년 EU의 유력 산업인 건축/건설, 환경/에너지, 헬스 케어/의료 3개 분야에서 우수한 기술과 제품을 보유한 EU업체들을 한국에 소개하고 있다.[63] 뿐만 아니라 EU 경영간부 교육프로그램 Executive Training Programme 을 통해 유럽연합에서 유럽 내 경영간부를 대상으로 한국과 관련된 집중교육을 제공한다.[64]

한국과 유럽연합은 2010년 체결된 기본협력협정과 자유무역협정 FTA 양대 축을 토대로 한-EU관계를 '전략적동반자관계'로 격상하였다. 이것은 유럽연합이 한국을 보편적 가치를 공유하면서, 양자 협력 수준을 넘어 지역이슈와 글로벌 분야에서도 협력을 확대해 나가는 진정한 외교의 동반자로 인식하고 있다는 것을 의미한다. 현재 한국과 유럽연합은 소비자정책, 시민사회포럼과 같이 국민의 실생활에 영향을 미치는 분야를 포함하여 정치, 안보, 경제, 사회 등 거의 모든 부문에 걸쳐 30여 개 이상의 협의채널을 가동 중이다. 매년 한-EU 간 정상회의, 외교장관회의, 무역위원회(장관급), 고위정치대화(차관급) 등 고위급 회담을 정례적으로 개최하고 있으며 상호 협력 범위를 인권, 사이버 안보, 위기관리, 공공외교, 산업정책대화, 차세대 교류 분야로까지 확대하고 있다. 특히 2013년 한-EU 수교 50주년을 맞이하여, 한 해 동안 개막 리셉션, 브뤼셀 소재 한국문화원 개원을 포함한 다양한 기념행사와 문화공연을 통해 전략적동반자관계의 내실화와 상호이해의 증진을 도모하였다.[65]

---

62 주한유럽연합대표부, http://eeas.europa.eu/delegations/south_korea/eu_rok/trade_relation/index_ko.htm(검색일: 2015.5.30).

63 주한유럽연합대표부, http://www.eu-gateway.kr/euro/EuGateInfo.jsp(검색일: 2015.5.30).

64 주한유럽연합대표부, http://www.euetp.eu/korean(검색일: 2015.5.30).

한-EU 간에는 1989년 10월 외교부 제1차관보와 EU 집행위 정무총국장 간 최초의 고위급 정무협의회가 개최되었으며, 1990년 이래 한-EU 외무장관회담(Troika 형식)을 UN총회, 아세안확대외무장관회의ASEAN-PMC 등 양측이 모두 참석하는 국제회의를 이용하여 매년 개최해왔다. 1996년 10월 한-EU 기본협력협정과 공동정치선언 채택을 계기로 이전까지 필요시 합의에 따라 개최되던 정무협의체를 한-EU Troika 외무장관회담으로 격상하고, 이를 제도화하였다. 또한 비교적 최근인 2012년 3월 서울에서 제6차 한-EU 정상회담, 그리고 2013년 11월 브뤼셀에서 제7차 한-EU 정상회담이 개최되어 양자관계, 지역정세 및 글로벌 이슈, 한반도 정세 등에 대하여 심도 있는 협의를 진행하였다.[66]

나아가 오늘날 범지구적인 문제 중 하나인 기후변화와 관련하여 한국과 유럽연합은 협력을 도모해왔다. 유럽연합은 이명박 정부하에서 '저탄소, 녹색성장' 비전과 감축비의무국Non-annex 1 최초로 중기 온실가스 감축 목표의 제안을 환영하며 국제적인 협상 및 주요 경제 포럼에서 환경보호와 관련한 한국의 자발적이고 건설적인 공헌을 높이 평가해왔다. 더욱이 유럽연합은 한국의 탄소배출권거래제 도입과 개발도상국의 기후변화 대처 지원을 위한 공적개발원조ODA 및 동아시아 기후 파트너십East Asia Climate Partnership 증대 노력을 지지한다. 또한 한국이 G20 국가들 사이에서의 국제적 역할과 더불어 2012년 이후 추진되고 있는 '포스트 교토의정서체제' 출범을 위한 미래국제협약 형성을 위해 보다 활발한 역할을 담당하고 유엔기후변화협약UNFCCC의 순 지원국이 되어 줄 것을 기대한다.

2006년 한국과 유럽연합은 과학기술협력협정Science and Technology Cooperation Agreement을 체결하였으며, 2007년에는 과학기술공동협력위원회JSTCC의 제1회 반기 회담을 서울에서 개최하였다. 이 회의에서 양 당사자는 과학

---

65 주 유럽연합 대한민국 대사관, http://missiontoeu.mofa.go.kr/korean/eu/missiontoeu/relation/overview/index.jsp(검색일: 2015.5.30).

66 대한민국 외교부, http://www.mofa.go.kr/trade/areaissue/europe/eu/index.jsp?menu=m_30_30_50&tabmenu=t_2(검색일: 2015.5.30).

기술 분야 협력확대에 대한 상호 이익과 필요성을 확인하였으며 2011년 7월 4~8일 제3차 위원회회의를 서울에서 개최하였다. 그리하여 2011년 7월 1일자로 발효한 신 기본협력협정new Framework Agreement 및 자유무역협정Free Trade Agreement: FTA 체제하에서 과학기술 분야 개발협력의 강화를 추구하고 있다.

한국과 유럽연합은 학계 간 연계를 통해 상호간 협력을 증진하기도 한다. 양자는 고등교육시스템 강화의 사회적, 경제적 가치를 인식하고 있다. 따라서 고등교육 부문에 대한 한국과 유럽연합 간의 양자간 협력은 주로 ICI-ECPIndustrialized Countries Instrument-Educational Cooperation Programme 사업이라는 맥락 내에서 이루어지고 있다. 유럽연합과 한국의 총 58개 대학 내 9개 프로젝트가 진행되고 있으며, 이를 통해 810명의 학생 교류가 지원되고 218명의 유럽 및 한국 교수진의 파트너 교육기관에서의 단기 강의가 가능해졌다. 현재 한국의 대학들도 에라스무스 문두스Erasmus Mundus에 참여하고 있으며 향후 보다 많은 한국 연구기관과 학생이 에라스무스 문두스와 마리퀴리프로그램 등에 활발히 참여하여 그 혜택을 누릴게 될 것이다. 뿐만 아니라 유럽연합은 고등교육 협력 증대 및 지원을 위해 서울대, 연세대, 고려대 등 한국 내 EU센터 6곳을 개설하였다.

V. 결론

유럽연합은 오늘날 세계적으로 나타나고 있는 많은 지역주의,[67] 즉 지역협력 노력 중에서 가장 괄목할 만한 진전을 이룬 사례이다. 유럽 지역은 그 오랜 역사를 통하여 기독교 세계라는 공통의 문화적 배경 속에서 민족국가 간 협력과 갈등을 지속해오면서 20세기에는 비극적 제1차 세계대전과 제2차 세계대전의 중심 무대가 되었었다. 이러한 유럽의 갈등과 비극이 당시의 주요 정치 지도자들의 비전과 시각에서 비롯되었던 것이라고 한다면 그 후 새롭게 시도된 협력들 또한 새로운 일군의 정치지도자들이 새로운 협력 비전을 바탕으로 노력을 기울인 결과라고 할 수 있다.

이러한 유럽의 지역협력은 결국 세계사회를 독립적 주권국가 간의 관계로 재편한 17세기 중반의 베스트팔렌조약체제에 대해 중대한 변화를 일으키는 결과를 낳고 있다. 오랫동안 그리고 오늘날에 있어서도 오직 국가 내에서 그리고 국가행위자들에 의해서만 운영이 가능한 것으로 상정되었던 국가 간 공동의 의회, 행정체제, 사법재판소 등이 유럽 지역에는 유럽연합이라는 이름하에 운영되고 있으며, 유럽 지역차원의 공동외교안보정책도 추구되고 있는 것이 분명한 현실이다.

그럼에도 불구하고 유럽연합의 성격이 정확히 어떤 것인가에 대해서는 아직도 합의가 형성되어 있지 못하다. 즉, 유럽연합은 유엔과 같은 국제기구도 아니고 그렇다고 미국처럼 연방국가도 아니라는 것이다. 이러한 맥락에서 사이몬 힉스Simon Hix와 변 호이랜드Bjørn Høyland는 유럽연합을 가브리엘 알몬드Gabriel Almond와 데이비드 이스튼David Easton이 말하는 하나의 정치체제political system라고 특징지운다. 여기서 정치체제는 집단적 결정을 위한 안

67 Louise Fawcett and Andrew Hurrell, eds., *Regionalism in World Politics: Regional Organization and International Order* (Oxford: Oxford University Press, 1997) 참조.

정되고 분명히 정의된 제도체제를 가지며, 시민들은 이러한 정치체제를 따라 그들의 정치적 욕구를 실현하고자 하고, 이 정치체제의 집단적 결정은 경제적 자원과 가치의 배분에 중요한 영향을 미치며, 정치적 산출, 새로운 요구, 새로운 결정 등이 지속적으로 상호작용한다는 것을 의미한다.[68]

유럽연합을 통해 나타난 유럽의 지역통합 노력은 좀 더 높은 수준으로의 정책결정 위임을 통해 그 거래비용을 줄이기 위한 시도로 볼 수 있다. 다른 한편으로, 유럽연합의 초국가적 행위자들은 비록 위임된 재량권 범위 내에서이긴 하지만 그들의 뚜렷한 선호를 통합의 동력기관으로 발전시켜가려는 성향도 보여준다.[69]

이러한 기본적 이해하에서 이 장에서는 유럽연합의 주요 기관들로서 유럽이사회, 유럽의회, 각료이사회, 유럽집행위원회, 유럽사법재판소, 유럽회계감사원, 유럽중앙은행 등의 주요 역할들을 살펴보았다. 이어서 유럽연합의 주요 정책 분야들로서 공동농업정책, 공동시장정책, 사회·고용 및 환경정책, 경제통화정책, 대외외교안보정책, 공동 내무 및 사법정책 등에 대하여 소개, 논의하였다. 그리고 나서 유럽연합과 한국 사이의 외교관계 발전과정을 일별하였다. 이와 같이 그 조직이나 주요 정책 분야를 살펴볼 때 유럽연합은 매우 진전된 지역협력체제를 유지하고 있음이 분명하다.

유럽의 지역협력은 기본적으로 유럽에서 오랜 역사를 통해 발전되어 온 자유민주주의 이념 그리고 거기에 기초한 사회적 협력의 결과라고 해도 과언이 아니다. 정치공동체의 운영에 있어서 먼저 국가 내에서 자유민주적인 운영을 통해 견제와 균형 관계를 유지하고 그것을 국가 밖, 즉 유럽의 지역차원으로 확장함으로써 유럽의 지역협력은 유럽연합의 회원국들을 중심으

68 Simon Hix and Bjørn Høyland, *The Political System of the European Union* (Basingstoke: Palgrave Macmillan, 2011), pp.12-13; John McCormick, *Understanding the European Union: A Concise Introduction* (Basingstoke, Palgrave Macmillan, 2014), p.13.

69 Mark A. Pollack, *The Engines of European Integration: Delegation, Agency, and Agenda Setting in the EU* (Oxford: Oxford University Press, 2003), p.19.

로 심화되어 가고 있는 것이다.[70] 그 결과, 유럽연합은 오늘날 국제사회에서 인권의 존중 및 민주적 거버넌스에 기초한 규범력normative power을 발휘하고 있는 점도 인정하지 않을 수 없다.[71] 이러한 이해의 맥락에서 유럽연합과 한국 간의 관계에 있어서 협력이 발전, 심화되어가는 것도 적절히 설명될 수 있다. 즉, 유럽연합 그리고 그 회원국들이 기본적으로 자유민주주의에 기초한 공동체 운영을 추구해온 것처럼[72] 한국도 자유민주주의적인 공동체 운영에 있어서 괄목할만한 성과를 이루었다고 평가할 수 있다. 따라서 유럽연합과 한국의 관계가 정치, 경제, 사회, 문화 등 다양한 부문에서 진전을 이루어가는 것은 당연한 일이다. 유럽연합과 한국은 오늘날 국제사회의 책임 있는 선한 행위자로서 지속적으로 동반자 관계를 발전시켜갈 수 있을 것이다.

유럽연합의 지역협력에 있어서 눈부신 진전에도 불구하고 여전히 그 회원국들이 국가 행위자로서 현실주의적 이기심에 기초한 행동을 보여준다는 사실을 또한 간과할 수 없다. 이러한 맥락에서 흔히 유럽연합은 그 지역공동체의 운영에 있어서 유럽연합, 회원국, 지방 등 다양한 층위를 갖는 권력과 활동 영역들이 존재하는 다층적 정치체제로 보기도 한다.[73] 또한 앤드류 조던Andrew Jordan과 아드리안 슈트Adriaan Schout는 유럽연합의 정책조정을 다양한 정책부문 간 또는 모두를 아우르는 연계적 거버넌스networked governance의 능력의 관점에서 접근한다.[74] 그만큼 유럽연합이 항상 순조롭게 운영되

---

70 John AcCormick, *Why Europe Matters: The Case for the European Union* (Basingstoke: Palgrave Macmillan, 2013), pp.67-70.

71 유럽연합의 규범력에 대해서는 Sabine Saurugger, *Theoretical Approaches to European Integration* (Basingstoke: Palgrave Macmillan, 2014), pp.219-224 참조.

72 Michael Newman, "Democracy and Accountability in the EU," in Jeremy Richardson, ed., *European Union: Power and Policy-making* (London: Routledge, 2001), pp.364-366.

73 Alasdair Blair, *The European Union: Beginners Guides* (Oxford: One World, 2012), p.16.

74 Andrew Jordan and Adriaan Schout, *The Coordination of the European Union: Exploring the Capacities of Networked Governance* (Oxford: Oxford University

어온 것도 아니다.

최근 유럽연합 내에서 유로를 사용하고 있는 19개 회원국들 중에서 그리스 등이 경제위기로 인하여 유로의 장기적 전망에 대하여 우려를 낳고 있는가 하면 전통적으로 유럽통합에 대하여 냉소적 입장이 강했던 영국[75]의 총선에서 승리한 보수당이 유럽연합으로부터 탈퇴를 묻는 국민투표 실시 가능성을 내비치고 있다는 사실을 주목하지 않을 수 없다.[76] 그럼에도 불구하고 유럽연합은 인류역사에서 지역협력의 모범사례로서 남을 것으로 조심스럽게 낙관적인 전망을 할 수 있다.

Press, 2006), pp.256-259.

75 Herman Lelieveldt and Sebastiaan Princen, *The Politics of the European Union* (Cambridge: Cambridge University Press, 2011), p.23.

76 영국 정부가 유럽연합 내에서 오랫동안 취해온 모호하고 불확실한 입장에 대해서는, David Allen, "The United Kingdom: Towards Isolationism and a Parting of the Ways?" in Simon Bulmer and Christian Lequesne, eds., *The Member States of the European Union* (Oxford: Oxford University Press, 2013), pp.108-133 참조.

더 읽을거리

✣ 박상준 · 안병억 · 이연호 · 박채복 · 장선화 · 고주현. 『유럽연합의 이해와 전망』. 서울: 높이 깊이, 2014.

이 책은 한국의 주요 유럽연합 전공자들이 최근에 펴낸 것으로서 유럽연합의 역사, 기관 및 정책결정과정, 주요 정책들, EU의 현안, 그리고 개발협력정책을 다룬 5부로 구성되어 있다. 특히, EU의 현안에는 아직도 진행 중인 유로존 금융위기를 비롯해 우리나라와 EU와의 관계, 러시아의 크림반도 합병 이후 전개 중인 러시아와 EU관계 등 핵심 이슈를 상세하게 분석하고 있다. 가장 최근의 사안이라도 역사적 발전과정을 서술하고 역사적 흐름의 맥락에서 주요 쟁점들을 파악한 점이 이 책의 특징이다.

✣ Dinan, Desmond. *Ever Closer Union: An Introduction to European Integration*, 4th Edition. Basingstoke: Palgrave Macmillan, 2010.

이 책은 유럽연합의 역사, 제도들 그리고 정책이라는 측면에서 매우 포괄적으로 다루면서 유럽의 통합에 대한 훌륭한 소개를 하고 있다. 이 책은 제2차 세계대전 직후 6개 국가들의 연합으로 시작하여 21세기 오늘날 28개의 회원국들이 가입한 유럽연합의 놀라운 성장을 자세히 서술하고 있다. 물론 이 책은 유럽연합에 대한 이론적인 논의가 약한 측면이 있으나 최근 리스본조약에 이르기까지 유럽연합의 역사, 정치, 경제 등에 대하여 관심있는 사람들에게 중요한 교과서로서 인정받고 있다.

✣ McCormick, John. *Why Europe Matters: The Case for the European Union*. Basingstoke: Palgrave Macmillan, 2013.

이 책은 유럽연합을 비민주적이며 인기가 없다고 말하는 비판가들에 대하여 그것은 신화와 오해에 근거하고 있다고 응답한다. 이 책의 저자는 오늘날 유럽연합의 미래에 대하여 불확실성이 언급되고 있는 상황에서 쟁점들에 대한 좀 더 확고한 이해가 필요하다고 지적하면서 유럽연합을 둘러싼 잘못된 생각들에 대해 조목조목 파헤친다. 저자는 유럽통합의 이점을 옹호하는 강력하고 포괄적인 논의를 전개하면서 그것이 다양한 방식으로 유럽인들의 삶을 향상시켰으며 국제사회의 강력한 행위자로 등장하게 되었다고 강조한다.

✣ Saurugger, Sabine. *Theoretical Approaches to European Integration*. Basingstoke: Palgrave Macmillan, 2014.

이 책은 유럽통합에 대한 분석과 관련하여 매우 폭넓은 이론적 접근들에 대한 소개 그리고 이러한 접근들에 대한 평가를 담고 있다. 그리하여 오늘날 유럽연합 존재를 둘러싸고 전개되는 정치 및 경제적 논쟁의 뒤에 자리하고 있는 논리들을 이해하기 위한 중요한 도구를 제공한다.

제 3 장

동아시아 지역협력과 아세안(ASEAN)

김도희

One Vision, One Identity, One Community

ASEAN Motto

Ⅰ. 서론

제2차 세계대전의 참상을 딛고 일어선 국제사회는 전쟁의 재발을 막고 영구적인 평화를 유지하기 위한 협력의 장으로 유엔United Nations을 설립하였다. 국제기구의 정체성과 역할에 대해서는 이론에 따라 정도의 차이가 있기는 하지만, 국제기구가 국가 간 협력을 촉진할 뿐만 아니라 일개 국가의 힘만으로는 풀리지 않는 문제들을 해결하는데 일정 역할을 한다는 데에는 이견이 없다. 특히 요즘과 같이 전지구적 협력을 요하는 문제들이 산적한 상황에서 국제기구의 역할은 더욱더 중요하다. 그리고 지역 내의 평화와 역내 국가들 간의 협력을 촉진하는 지역기구의 역할 역시 이런 맥락에서 이해 가능하다.

이러한 지역협력의 전통은 유럽을 근원으로 한다. 사실 유럽의 전통적 강대국들은 제2차 세계대전 이후의 경기침체로 그 영향력이 상당히 감퇴하였으나, 전후 패권국으로 떠오른 미국의 원조와 함께 다자간 협력을 통해 유럽연합European Union: EU이라는 거대한 공동체를 출범시키는 데 성공하여 다시금 큰 영향력을 발휘하고 있다. EU는 현존하는 가장 진일보한 형태의 지역협력기구로서 사실상 지역기구라기보다는 지역정부regional government의 역할을 하고 있다. 즉, EU는 유럽헌법,[1] 유럽이사회, 유럽각료이사회, 유럽의회, 유럽사법재판소, 유럽중앙은행 등의 기구와 법적 강제력을 통해 고도로 제도화되어 있다.

하지만 유럽과는 달리 아시아에서는 그동안 눈에 띌 만한 지역협력의 움직임이 없었고, 역사적으로도 타 지역에 비해 아시아의 지역협력은 상대적으로 매우 미미한 실정이었다. 하지만 근래에 들어 미국과 EU에 필적할 만한 움직임이 아시아에서도 나타나고 있다. 우선, 가까운 미래에 미국과 쌍벽을 이룰 것이라 기대되는 (혹은 이미 G2로 대접받고 있는) 중국의 성장을 주목할 수 있다. 전통적 아시아의 전통적 강국인 중국은 중국식 시장경제의 도입 후 연평균 10%를 넘는 급속한 경제성장을 이루었으며, 이를 바탕으로 전 세계 곳곳에서 미국의 지도력에 위협이 되고 있다. 특히 아시아 곳곳에 스며들어 있는 중화 문화의 전통으로 인해 실질적 영향력은 더욱더 큰 실정이다. 특히 최근 아시아인프라투자은행Asian Infrastructure Investment Bank: AIIB의 설립에서 볼 수 있는 바와 같이 동아시아의 지역협력을 견인하는 중국의 리더십은 더욱더 강력해지고 있는 추세이다.

한편 중국의 부상 외에도 대표적인 동아시아의 다자간 지역협력체로 아세안the Association of Southeast Asian Nations: ASEAN이 있다. 제2차 세계대전 후 주변국들과의 평화공존의 노력과 경제 회생을 위한 협력이 EU의 탄생을 낳았듯, 동남아시아 지역의 불안한 안보상황과 경제적 후진성이 그 출범을 추동

---

1 유럽헌법제정조약은 유럽공동체(EC)하에서 맺어진 조약 등 유럽통합과정에서 맺어진 조약들을 하나의 헌법 형태로 집약해 유럽연합의 의사결정을 통일화하고자 하였으나, 프랑스와 네덜란드에서 조약이 부결되면서 다른 나라에서도 유사한 상황이 발생하여 비준되지 못하였다. 이에 따라 2007년 12월 리스본 조약을 체결함으로써 기존의 유럽헌법을 대체하도록 한 바 있다.

한 이래 동남아시아 국가연합 즉, 아세안은 현재까지 아시아에서 가장 오래된 대표적 지역협력기구로 자리매김하고 있다. 하지만 역내 지역협력에 있어서 아세안의 역할 혹은 정체성에 대해서는 여전히 상당한 논쟁의 소지가 있다.

사실 그동안 아세안은 EU와는 달리 아시아 지역의 약소 개발도상국들 간의 협력체였기에 큰 관심을 받지 못했었을 뿐만 아니라 소위 '아세안 방식ASEAN Way'으로 불리는 느슨한 형태의 제도화로 인해 실질적으로 지역협력을 견인하는 강력한 지도력을 발휘하지는 못하고 있다는 평가가 대부분이었다. 뿐만 아니라 역내 강국인 중국과 일본, 그리고 태평양 세력이자 세계 초강대국인 미국의 틈바구니에서 제 목소리를 내지 못하고 유명무실한 지역기구로 간신히 명맥을 이어오고 있다는 주장도 있었다. 하지만 아세안은 2015년까지 완전한 '아세안공동체ASEAN Community'로 출범할 것을 선언하는 등 더욱더 제도화된 지역협력기구로 발전을 꾀하고 있다. 뿐만 아니라 아세안이 아시아지역안보포럼Asian Regional Forum: ARF이나 동아시아정상회의East Asia Summit: EAS와 같은 지역 내 다른 협력기구들에서도 핵심적 역할을 함으로써 이른바 '아세안 중심성ASEAN Centrality'을 발휘하고 있다. 이는 아세안이 중국과 일본 등 강대국들을 아세안이 주도한 지역협력의 무대로 끌어들여 이들 간의 경쟁을 완화하여 자신들이 의도한 협력과정에 참여할 수 있도록 함으로써 역내 취약국가들에 대한 이들 강대국들의 지배력을 약화시키는 동시에 동아시아의 지역협력을 견인하는 적극적인 역할을 하고 있다는 주장도 존재한다.

따라서 본 장에서는 우선 아시아의 지역협력에 대해 개괄적으로 살펴봄으로써 왜 아시아에서 지역협력이 상대적으로 미약한지 그 원인에 대해서 논의해보고, 역내의 대표적인 지역협력체인 아세안에 대해 본격적으로 살펴보고자 한다. 구체적으로 아세안의 구조와 활동 및 성과와 한계 그리고 앞으로의 도전에 대해서 논의해보고 이를 바탕으로 아세안 중심성을 둘러싼 논쟁의 결론을 내려 볼 것이다. 마지막으로 한국과 아세안의 관계를 개괄적으로 살펴보고 이러한 논의들이 한-아세안관계의 미래와 한국의 외교전략에 주는 시사점에 대해서도 논의하고자 한다.

Ⅱ. 동아시아의 지역협력

1. 아시아의 지역적 정의 및 지리적 범위

흔히 지역이라는 개념은 전체가 아닌 일부, 즉 물리적 근접성을 갖는 지리적인 개념으로 사용되어왔다. 하지만 지역이라는 개념은 획일적이고 절대적인 것이 아니라 다분히 인위적으로 구성될 수 있는 것이다.[2] 우리에게 익숙한 아시아Asia라는 명칭도 고대 그리스어에서 동쪽을 의미하는 것으로 실제 이 지역에 사는 사람들과는 무관하게 서구를 기준으로 동쪽에 존재하는 대륙이라는 의미로 이름 붙여진 것이다. 그러므로 서양을 기준으로 하면 아시아는 동쪽에 있는 하나의 대륙에 불과하지만, 실제로는 중앙아시아, 북아시아, 동북아시아, 동남아시아, 남아시아, 그리고 서남아시아 등 여러 지역으로 분류될 수 있다(〈그림 1〉).[3]

하지만 실제 우리가 '아시아'라고 생각하는 아시아, 즉 흔히 서양에서 주목하고 있는 아시아는 동아시아를 지칭하는 경우가 많은데, 특히 중국, 일본, 그리고 한국이 포함되어 있는 동북아시아와 아세안 국가들로 구성되어

2 예를 들면, 사회적으로 지역은 하나의 언어, 문화, 역사 등을 공유하는 곳으로서 지리적 근접성 외에도 다양하게 규정될 수 있다. 유현석, 『국제정세의 이해』(경기: 한울, 2013), pp.105-106.

3 아시아 각 지역과 그에 속하는 나라들은 다음과 같다.
- 중앙아시아: 우즈베키스탄, 카자흐스탄, 키르기스스탄, 투르크메니스탄
- 북아시아: 극동러시아
- 동북아시아: 마카오(중), 몽골, 북한, 일본, 중국, 타이완, 한국, 홍콩(중)
- 동남아시아: 동티모르, 라오스, 말레이시아, 미얀마, 베트남, 브루나이, 싱가포르, 인도네시아, 캄보디아, 태국, 필리핀
- 남아시아: 네팔, 몰디브, 방글라데시, 부탄, 스리랑카, 아프가니스탄, 이란, 인도, 파키스탄
- 서남아시아: 가자, 그루지야, 레바논, 바레인, 사우디아라비아, 사이프러스, 시리아, 아랍 에미리트, 아르메니아, 아제르바이잔, 예멘, 오만, 요르단, 이라크, 이스라엘, 카타르, 쿠웨이트, 터키

〈그림 1〉 아시아 지도

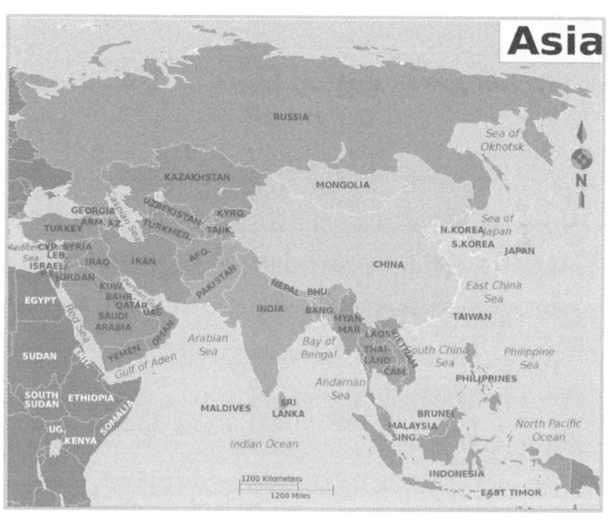

자료: 세계지도검색엔진(World map finder), http://www.freemapviewer.com/ko/map/지도-아시아_353.html

있는 동남아시아 지역이 본 장에서 다루고자 하는 아시아의 범주이다. 왜냐하면 동아시아에는 중국과 일본이라는 전통적 강대국들이 위치하고 있고, 또 아시아에서 가장 오래된 지역협력기구인 아세안이 자리하고 있기 때문이다. 또한 지리적으로 아시아에 속하지만, 동아시아와 그 외의 아시아 지역은 물리적인 거리, 언어, 역사, 문화, 정치, 경제 등 많은 부분에서 차이가 있으며 이는 공통의 정체성 형성에도 영향을 미치고 있다.[4] 따라서 본 장은 동아

4 동남아시아의 아세안 이외에도 중앙아시아의 지역기구로서 상하이협력기구(Shanghai Cooperation Organization: SCO)나 남아시아지역협력연합(South Asian Association for Regional Cooperation: SAARC) 등 여타 아시아 지역에도 지역기구는 존재하나, 이들의 활동은 지극히 미미한 수준이다. 김계동 외 역/마가렛 칸스 & 카렌 밍스트 저, 『국제기구의 이해: 글로벌 거버넌스의 정치와 과정』(서울: 명인문화사, 2013), pp.222-223.

시아로 지역적 범위를 한정하여 논의를 진행하고자 한다.[5]

2. 동아시아 지역협력의 특징

동아시아는 역사적으로 중국, 러시아, 일본 등 전통적인 강대국들의 치열한 군사적 경쟁과 급속한 경제적 성장을 경험한 매우 역동적인 지역이다. 이러한 동아시아의 특징들은 때로는 지역협력에 긍정적인 영향을 주었지만 대부분 부정적인 경우가 많았기에 이 지역의 지역협력은 상당히 더디게 발전해왔다.[6] 또한 유럽이나 타 지역에 비해 동아시아의 지역기구들은 제도화의 수준이 낮고 비공식적인 수단에 의존하는 하는 경우가 많았다. 이에 국제사회는 이를 일컬어 '저수준의 제도화under-institutionalized',[7] '묽은 죽thin gruel'[8] 혹은 '연성 지역주의soft regionalism'[9]라 표현해왔다.

1) 협력의 저해 요인

지역협력의 발전에는 긍정적 혹은 부정적 영향을 미칠 수 있는 여러 요인들이 존재하는데, 특히 아시아 지역에는 협력을 저해하는 많은 요소들이 상

---

5 이와 관련하여 새롭게 등장한 지리적 개념이 바로 아시아-태평양(Asia-Pacific) 지역, 즉 아태 지역이라는 개념이다. 아태 지역에는 태평양 서안의 호주, 뉴질랜드와 동안의 칠레, 멕시코, 미국, 캐나다가 동아시아 지역과 함께 포함된다. 즉, 아태 지역은 동아시아 지역에 태평양 연안국을 포함하는 지리적으로 조금 더 넓은 개념이다 배긍찬, "ASEAN+3 협력과 동아시아 정체성," 『동남아시아연구』 제13집 1호(2003), p.285.

6 이와 관련해서는 김규륜, "아시아 지역협력의 발전추세와 한국의 정책방향," 『KINU 정책연구 시리즈 2006-04』(서울: 통일연구원, 2006)을 참조.

7 Peter Katzenstein and Takashi Shiraishi (eds.), *Network Power: Japan and Asia* (New York: Cornell University Press, 1997), p. 159.

8 Aron Friedberg, "Ripe for Rivalry: Prospects for Peace in a Multipolar Asia," *International Security* 18-3(1993), p.22.

9 Jeffrey Frankel and Miles Kahler (eds.), *Regionalism and Rivalry: Japan and the United States in Pacific Asia* (Chicago: the University of Chicago Press, 1993), p.4.

존하고 있었다.

우선, 가장 먼저 아시아 지역은 매우 다양한 역사, 문화, 종교, 언어 그리고 정치체제를 가지고 있다. 즉, 아시아인들은 인종과 언어가 다양하며 유교, 불교, 이슬람교 등 종교 또한 매우 다르다. 뿐만 아니라 '아시아' 혹은 '아시아인'이라는 정체성도 매우 약한 편이다. 뿐만 아니라 국가마다 정치 및 경제제도도 상이한 경우가 많다. 따라서 유럽과는 달리 하나의 공동체로서의 유대가 매우 부족하여 지역협력이 발전하기에 적합한 환경은 아니다.[10]

둘째, 아시아 지역의 대부분의 국가들은 제2차 세계대전 이전에 일본 제국주의의 지배를 받은 경험이 있다. 때문에 동아시아의 국가들은 지역협력이라는 미명하에 또 다른 형태로 강대국에 의한 지배가 이루어질 가능성에 대해 늘 경계하고 있다.[11] 과거 제국주의적 식민지배에 대한 사과를 둘러싸고 빚어진 일본과의 갈등과 소극적인 일본의 태도는 지역협력에 부정적인 영향을 미치기도 하였다. 예를 들면, 아세안은 중국과 미국을 견제하는 역내 세력으로서 일본과의 긴밀한 협력을 추구하였으나 안보나 경제적 측면에서의 일본의 소극적 태도에 크게 실망하여 협력이 제한적일 수밖에 없었던 측면도 있었다.[12] 이는 특히 최근 중국의 부상으로 더욱더 중요한 문제가 되었다. 중국은 연평균 10% 대의 급속한 경세성장을 이루어 정치·경제·군사 등 모든 면에서 역내에서 가장 우월한 국가가 되었고, 아세안과는 도서 영유권을 둘러싸고 남중국해에서 갈등을 겪고 있는 한편, 역내 지역협력에 있어서도 적극적 공세를 펴고 있기 때문에 아세안의 입장에서는 매우 우려스럽지 않을 수 없다.[13]

---

10 유현석(2013), p.217.

11 김계동 외(2013), p.224.

12 Sandra R. Leavitt, "The Lack of Security Cooperation between Southeast Asia and Japan: Yen Yes, Pax Nippon No," *Asian Survey* 45-2(2005), pp.234-235.

13 Robert Taylor, *Greater China and Japan: Prospects for Economic Partnership in East Asia* (London: Routledge, 1996), p.12; 변창구, "탈냉전과 아세안의 지역안보전

셋째, 아시아 지역에는 역내에 불안요소들이 상존하고 있다. 아직도 냉전의 유산이 그대로 존재하는 남·북한과 같은 분단국가가 존재하고 있고, 특히 북한은 독재와 핵개발로 인해 전 세계적으로 위험을 야기하고 있는 상황이다. 또한 중국과 대만 간의 문제 혹은 중국 내 소수민족 문제 등에도 언제 발발할지 모르는 갈등요소가 잠재되어 있다. 뿐만 아니라, 현재 진행 중인 역내의 영토분쟁 문제도 심각한 수준이다. 한국과 일본은 독도의 영유권 점유를 둘러싸고 갈등을 빚고 있고, 중국은 일본, 필리핀, 베트남 등 다수의 주변국들과 남중국해에서 영유권 분쟁을 빚고 있다. 이러한 지역 내의 갈등적 요소들은 국가 간의 협력을 크게 저해하는 요인이 되고 있을 뿐만 아니라 나아가 힘들게 이루어놓은 기존의 협력을 파괴할 수도 있는 요인이기도 하다.

넷째, 아시아는 강대국들의 영향력이 강한 지역이라는 점을 들 수 있다. 아시아에는 과거 구미 강대국들의 식민지였던 국가들이 다수 존재하며, 현재까지도 암묵적으로 전 세계의 패권국인 미국의 영향력 아래에 있는 국가가 다수이다. 미국은 자국이 배제되는 형태의 아시아만의 지역협력체에 반대하기 때문에 가급적 아시아만이 아닌 아태 지역 전체를 포괄하는 지역협력체의 형성을 지지하고 있다. 따라서 미국의 의사에 반해 아시아 지역만을 위한 배타적인 지역기구를 형성하는 것은 상당히 어려울 것으로 예상된다. 사실, 이러한 미국 주도의 역내 분위기는 제2차 세계대전 이후부터 시작되었다. 미국은 자국의 전략적 이해 아래 동아시아 내의 지역협력보다는 한국, 일본, 필리핀, 대만 등 자국의 동맹국들과 소위 바퀴살 모양hub-and-spoke system의 양자적 관계 형성을 더 우선시하였으며, 이러한 양자관계는 미국-일본-한국 그리고 동남아시아 등의 삼각무역구조와 병행되었다. 따라서 미국주도의 양자 혹은 삼자적 구도가 동아시아에 정착됨에 따라 다자적인 지역협력 구도가 진전되기 힘들었던 것이다.[14] 특히, 오바마 정부 들어서면서

략," 『동남아시아연구』 제10호(2000), p.165.

14 배긍찬(2003), pp.289-290.

부터 다시 '아시아로의 회귀Pivot to Asia'를 기조로 내세우면서 중국을 견제하기 위한 움직임이 본격화되어 미국을 배제한 동아시아 협력체의 구상은 더욱더 어려워지는 형편이다.

마지막으로 위의 네 번째 요인의 연장선상으로 볼 수 있는 것으로 역내의 두 강국인 중국과 일본의 지역협력을 둘러싼 상이한 이해관계와 주도권 다툼이 역내 통합을 저해하는 주요한 요인이 되고 있다. 중국과 일본은 아시아 지역의 전통적 강국으로 상호 경쟁해왔으나, 미국의 동맹국으로서 일본이 역내에서 미국의 이익을 대변하고, 미국이 중국을 견제하기 시작하면서 이 둘의 갈등은 더욱 심각한 새로운 국면에 접어들기 시작하였다. 이는 동아시아정상회의East Asia Summit: EAS 창설 합의 이후에 회원국 구성을 둘러싸고 발생한 중국과 일본의 갈등 사례에서 확인할 수 있다. 2004년 11월 제8차 ASEAN+3[15] 정상회담에서 EAS의 창설이 합의된 이후, 일본은 중국 주도의 지역주의 형성을 우려하여 미국과 친밀한 필리핀의 지지하에 동아시아의 문제는 아시아·태평양 범주에서 이해되어야 한다고 주장하면서 인도, 호주, 뉴질랜드를 포함할 것을 역설하였다. 뿐만 아니라 동아시아 지역협력의 실효성을 제고하기 위해서는 미국, 러시아, EU와 UN 사무총장도 포함해야 한다고 주장하였다.[16] 그러나 중국은 동아시아 지역 외의 국가들을 포함하는 것은 지역적 특색을 흐릴 우려가 있고, 또 일단 역내 국가들의 지역협력이 공고해진 후에 역외 국가들의 참여를 허용하는 편이 더 낫다고 주장하며 일본의 주장에 반대하였다. 결국 EAS 구성국을 둘러싼 논쟁은 아세안이 중재에 나서 EAS 참가를 위한 조건을 제시하고, 인도, 호주, 뉴질랜드가 이 조건을 충족시켜 EAS에 공식가입하면서 일단락되었다. 결과적으로 일본과

---

15 ASEAN+3(ASEAN Plus Three: APT)는 1997년 12월에 개최된 아세안 창설 30주년 정상회의에 한국, 중국, 일본 등 동북아시아 3개국 정상을 초청하였던 것을 시작으로 정례화된 동아시아 지역협력의 중심체이다. 이는 한국, 일본, 중국 외에 아세안 10개국으로 구성되어 사실상 동아시아 지역협력을 논의하는 중요한 장으로 기능하고 있다.

16 Malcolm Cook, "The United States and the East Asia Summit: Finding the Proper Home," *Comtemporary Southeast Asia* 30-2(2008), pp.301-305.

미국은 중국 주도의 동아시아 지역협력을 성공적으로 저지한 셈이 되었으며 일각에서는 실질적으로 일본이 아세안을 뒤에서 조종한 것이라는 음모설도 제기되었다. 이에 중국은 2005년 12월 처음으로 개최된 EAS 정상회의에 국가 정상인 후진타오(胡錦濤) 주석이 아닌 원자바오(溫家寶) 총리를 파견하여 노골적으로 불만을 표시하였다.[17] 이들 두 강대국의 동아시아 지역협력을 둘러싼 충돌은 이후 동아시아 경제협력체 구상[18]을 놓고도 계속되었기에 중국과 일본의 협력과 이를 바탕으로 한 동아시아 지역협력체의 발전에 대해 다수의 회의적인 의견들이 존재하고 있다.

2) 협력의 촉진 요인

위에서도 언급한 바와 같이 아시아의 지역협력은 타 지역에 비해 진전이 매우 더딘 것이 사실이다. 하지만 그럼에도 불구하고 협력 논의가 멈춘 적은 없었다. 그중에서도 가장 대표적인 것이 2015년까지 완전한 통합을 선언한 아세안이다. 그렇다면 무엇이 아시아의 지역협력에 긍정적인 영향을 미친 것일까. 첫째, 유럽 국가들과 마찬가지로 아시아 국가들의 안보불안이 가장 큰 지역협력의 추동요인이다. 아시아 국가들은 유럽 국가들처럼 제2차 세계대전의 참상을 직접적으로 겪지는 않았으나, 다수 국가가 유럽의 식민지로서 그 피해를 유사하게 받았다. 뿐만 아니라 지역을 휩쓴 공산주의 열

---

17 강택구, "탈냉전기 중국의 다자안보협력 정책: 참여방식과 지지정도," 『한국과 국제정치』 제23집 3호(2007), p.77; 최영미·김도희, "중국의 지역주의 전망과 아세안의 역할: 동아시아 지역주의 발전의 평가와 전망," 『2015년 한국국제정치학회 하계학술대회 발표논문』(2015), p.5.

18 동아시아 지역경제협력은 중국 주도의 동아시아 중심성을 강조하는 동아시아자유무역지대(East Asia Free Trade Agreement: EA FTA)와 일본 주도의 아시아·태평양 중심의 동아시아포괄적경제동반자협정(Comprehensive Economic Partnership in East Asia: CEPEA)이 대립하였다. 여기에 아세안이 기존의 EA FTA와 CEPEA를 별도로 진행하는 것은 의미가 없다는 주장을 하면서 한·중·일 삼국과 인도, 호주, 뉴질랜드를 포함한 '역내포괄적경제동반자협정(Regional Comprehensive Economic Partnership: RCEP)'을 제안한데다, 미국이 제안한 환태평양경제동반자협정(Trans-Pacific Partnership: TPP)을 일본이 지지하면서 더욱더 복잡한 양상을 띠고 있다.

풍으로 인해 냉전기는 물론 냉전이 종식된 후에도 큰 안보불안을 경험하였다. 특히, 이 지역의 대표적인 지역협력기구인 아세안이 출범한 1967년 당시 인도차이나에서는 베트남전쟁이 확전되고, 미·소 간의 냉전적 대립이 매우 극심한 상황이었다. 또한 동남아시아 지역 내 국가들 간의 영토분쟁도 빈번하였다. 따라서 이들 국가들은 지역안보 문제의 해결을 위해 공동으로 노력할 것을 선언하고, 마침내 말레이시아, 인도네시아, 싱가포르, 필리핀, 태국 5개국으로 구성된 아세안을 출범시키게 되었던 것이다.

둘째, 아시아 지역협력의 또 다른 촉진요인은 바로 경제 분야에서의 협력의 진전이다. 사실 초기에는 동아시아 지역은 일본을 제외하고는 경제적으로 발전한 국가가 없었다. 또한 역내 국가들의 산업구조 역시 유사하게 후진적이었고, 선진국에 대한 의존율이 매우 높아 경제협력은 상대적으로 더욱더 부진했었다.[19] 하지만 이후 동아시아는 세계에서 가장 역동적인 경제적 성장을 보여주는 지역으로서 이들 국가들의 최대 관심은 바로 경제적 협력을 통한 경제성장이 되었다. 왜냐하면 이들 국가들의 경제성장이 시작되면서 역내 국가들 간의 상호의존이 매우 심화되었기 때문이다. 또한 아세안을 구성하는 동남아시아 국가들 대부분은 가난한 개발도상국들로서 이들 국가는 선진국으로부터의 투자가 절실한 상황이었다. 따라서 역내의 경제선진국인 일본, 한국, 중국과의 협력을 통해 투자를 유치하고 경제를 발전시키는 것은 아세안 국가들에게는 매우 시의적절한 정책이 되었던 것이다. 이러한 결과로 비록 동아시아 지역협력이 더디기는 하나 중-아세안 FTA, 한-아세안 FTA 형태의 경제적 협력이 진행되었을 뿐만 아니라, 아세안 내에서도 1992년 아세안자유무역지대ASEAN Free Trade Area 창설과 2015년 아세안경제공동체ASEAN Economic Community 건설 등 활발한 협력이 진행되고 있다. 한편, 이러한 경제협력의 진전은 EU와 북미자유무역협정North American Free Trade Agreement: NAFTA 등 타 지역에서의 경제협력에 대한 대응책으로도 볼 수 있다.

---

19 유현석(2013), pp.115-116.

마지막으로 지역협력의 촉진요인으로서 아시아의 정체성 문제를 논의해 볼 필요가 있다. 위에서도 언급하였던 바와 같이 아시아 지역은 매우 다양한 인종, 언어, 문화로 구성되어 있어 유럽에 비하여 공통 정체성의 발전이 미약하다. 하지만 이는 일부 서구중심주의자들 사이에서 촉발되었던 아시아적 가치논쟁에서 볼 수 있는 바와 같이 아시아 공통의 가치가 아예 없거나 혹은 인위적으로 만들어진 허상이기 때문은 아니다.[20] 전통적으로 동아시아 국가들은 역사적으로 중국으로부터 많은 영향을 받아 중화문화를 공유하고 있다. 이러한 문화적 유사성은 지역적 정체성 형성의 토대가 되었다. 하지만 이러한 문화적 유사성이 바로 지역협력을 촉진했다고 보기는 어렵다. 다만, 1997년 아시아 금융위기 발발 당시와 같이 아시아 지역의 위기에 소극적으로 대처하는 서구 중심의 경제기구들을 보면서 동아시아 역내 국가들의 각성이 이루어졌고, 이 때 기존에 공유하고 있던 아시아로서의 정체성이 뚜렷하게 발현되었다고 볼 수 있다. 즉, 동아시아의 금융위기를 겪으면서 아시아 지역 내의 경제협력을 통해서 이러한 위기를 다시 겪지 않아야겠다는 각성이 금융위기 이후 동아시아 지역협력을 촉진하는 계기가 되었고, 이러한 각성의 기저에 바로 아시아로서의 정체성이 있다는 것이다.

3) 협력의 특징

동아시아에는 협력을 촉진하거나 혹은 지연시키는 여러 지역적 특징들이 혼재하고 있으나, 그럼에도 불구하고 꾸준하게 지역협력은 진행되고 있다. 이러한 동아시아 지역협력의 가장 특징적인 요소는 강대국들이 존재하는 동북아시아가 아니라 약소 개발도상국들이 있는 동남아시아에서 대표적인 지역협력체인 아세안이 출범·발전하였고, 이들 약소국들이 동아시아 전체의 지역협력에 있어서 주도적인 역할을 해왔다는 점이다.[21] 물론 전통적으로 일본이 역내 강국이었고, 최근에는 중국이 더욱더 적극적으로 리더십을 발

20 배긍찬(2003), pp.299-301.

21 김계동 외(2013), p.224.

휘하고자 하고 있으나, 이들 모두 지역협력체를 형성한 것은 아니었다.[22] 하지만 아세안은 1967년 설립 이래 지금까지 아시아 지역에서 가장 오래된 지역기구로 존재하고 있으며, 2015년 완전한 통합을 앞두고 있을 만큼 역내 가장 성공적인 지역협력 사례로 인정받고 있다.[23]

또한 이들 아세안 국가들은 역내 지역협력의 이니셔티브를 갖고 아세안 중심의 지역협력이 진행될 수 있도록 노력해왔는데 이를 단적으로 표현한 것이 바로 소위 '아세안 중심성ASEAN Centrality'이다. 〈그림 2〉에서 보는 바와 같이 아시아 지역의 대표적인 지역협력체들은 모두 아세안을 포함하고 있는

〈그림 2〉 아세안 중심성(ASEAN Centrality)

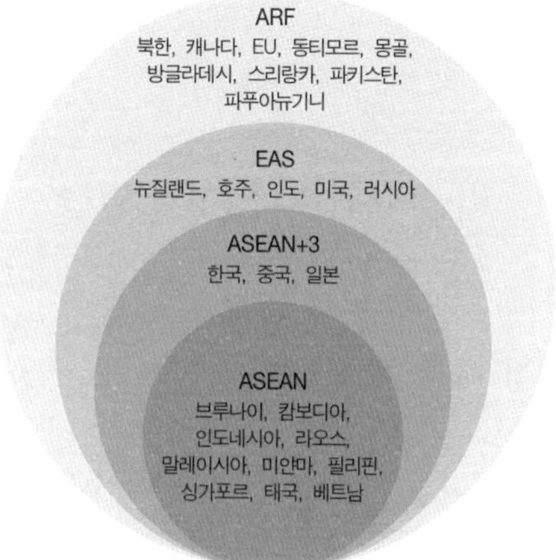

자료: 아세안 개황(외교부 2014), p.9

22 중국의 경우 최근 AIIB 형성에서 주도적 리더십을 발휘하였고, 일본도 지역협력에 참여하지 않았던 것은 아니었으나 아세안에 비하면 소극적이었거나, 중-일 간의 경쟁관계로 인해 실질적인 성과가 그다지 크지 못하였다.

23 Simon S. C. Tay, "Institutions and Processes: Dilemmas and Possibilities," Simon S. C. Tay, Jesus P. Estanislao and Hadi Soesastro (eds.), *Reinventing ASEAN* (Singapore: Institute of Southeast Asian Studies, 2001), p.243.

동심원 형태임을 확인할 수 있다. 즉, 아세안 중심성은 동아시아의 지역협력에서 아세안이 주도적 역할을 수행하고 있음을 의미하며, 현재까지 동아시아 지역협력의 발전에 크게 기여하고 있음을 뜻한다. 실제 아세안은 〈그림 2〉상의 ASEAN+3, EAS, 아세안지역안보포럼ASEAN Regional Forum: ARF 등 대표적인 동아시아 지역협력체들의 교집합으로 작용하고 있다.[24] 아세안이 이렇게 중심적 역할을 할 수 있는 이유는 위에서도 언급한 바와 같이 중국과 일본이 오랜 경쟁관계로 인해 주도적 리더십을 발휘하지 못하였기 때문이기도 하고, 아세안이 전략적으로 아세안 중심성을 지키기 위해 그들의 중추적 역할pivotal role을 잘 활용해왔기 때문이기도 하다. 따라서 이하에서는 동아시아의 지역협력 연구의 출발점으로서 아세안에 대해 상세히 살펴보고자 한다.

III. 아세안의 형성과 발전

1. 아세안의 형성 배경

역사적으로 동남아시아의 지역협력은 식민지 시대의 독립운동과 민족주의 운동을 근원으로 한다. 예를 들면 1945년 베트남이 주도한 범아시아공동체Pan-Asiatic_Community나 1947년 미얀마(당시 버마)에 의해 주도된 아시아연방Asian Commonwealth 등이 그것인데, 이들은 실질적인 연합형성으로 귀결되지 못한 채 실패하고 말았다. 그 후 1954년 동남아조약기구Southeast Asian Treaty Organization: SEATO가 창설되었다. SEATO는 제2차 세계대전 후 탈식민화한 민족국가들이 냉전이 심화된 상황 속에서 공산주의의 확산을 저지하기

24 서정인, "한국의 대ASEAN 외교," 『동남아시아연구』 제22집 1호(2012), p.287.

위해 제인된 것이었다. 하지만 이는 순수하게 동남아시아 국가들로만 구성된 것이 아닌 미국, 영국, 프랑스, 호주, 뉴질랜드, 파키스탄 등이 참여하는 안보동맹으로서 공산주의에 대항한 미국의 대아시아정책의 일환이었기에 동남아시아 국가들의 자발적 참여가 이루어지지는 못했다. 따라서 동남아시아 국가들이 참여하지 않는 동남아조약기구는 당연히 실패할 수밖에 없었다.[25] 이후 아세안이 출현하기 이전에 경제·사회·문화적 교류에 초점을 맞춘 동남아연합Association of Southeast Asia: ASA(1961년)이 창설되고, 1963년에는 마필린도Maphilindo[26]공동체 구상도 제안되었으나 동남아시아 전체를 포괄하는 공동체로는 발전하지 못한 채 실패로 귀결되고 말았다.

이러한 상황에서 1966년 태국은 태국, 필리핀, 인도네시아, 말레이시아, 싱가포르의 5개국이 참여하는 새로운 지역협력체의 결성을 제안하였고, 마침내 인도네시아에서 공산주의 세력을 진압한 수하르토Suharto가 집권하면서 1967년 이들 5개국이 조인한 방콕선언Bangkok Declaration[27]을 통해 아세안이 출범하게 되었다. 출범 당시 아세안은 정치적 중립과 경제협력이라는 두 가지 중요한 목적을 밝혔으나 실질적으로 베트남전쟁과 냉전의 심화로 인한 인도차이나반도의 공산화로 인해 안보적 위협에 대처하고자 하는 성격이 더욱더 강하였다.[28] 즉, 약소 개발도상국으로서 공산주의의 확산을 저지하고 냉전의 틈바구니에서 생존하기 위한 전략으로 비동맹, 즉 정치적 중립을 내세울 수밖에 없었던 것이다.[29]

---

25 이동윤, “아세안(ASEAN)의 형성과 진화: 동아시아 공동체로의 함의,” 『21세기정치학회보』 제17집 1호(2007), p.263.

26 Malaysia + Philippines + Indonesia의 첫음절을 딴 조어.

27 이 선언의 정식 명칭은 The ASEAN Declaration이나 방콕에서 선언이 발표되어 흔히 방콕선언으로 더 많이 사용되고 있다.

28 Mark Beeson, “ASEAN: The Challenges of Organizational Reinvention,” Mark Beeson (ed.), *Reconfiguring East Asia: Regional Institutions and Organizations After Crisis* (London and New York: RoutledgeCruzon, 2002), p.186.

29 강대국들 사이에 있는 약소국의 생존전략으로는 흔히 동맹(alliance)과 중립(neutralization)이 있는데, 냉전과 같이 두 개의 강대국들이 경쟁하는 경우 한쪽과 동맹을 맺거나 (대부분 편승(bandwagoning) 동맹) 혹은 아예 양쪽 모두에 거리를 두는 비동맹

즉, 동남아시아의 지역협력은 탈식민주의 운동으로부터 시작되어 냉전시대 공산주의의 확산에 대응하기 위한 안보영역을 중심으로 형성되었고, 1967년 아세안의 창설부터 본격적인 동남아시아 국가들의 참여를 이끌어 낼 수 있었다.

2. 아세안의 형성과 발전

창설 이후 아세안의 발전과정은 매우 지난하였다. 아세안은 약소 개도국들의 협력체로서 국제적으로 크게 주목받지도 못했었을 뿐만 아니라, 지역 내의 공산주의와의 대립상황으로 인한 안보불안과 더불어 아세안이 표방한 중립성과 국내 문제 불간섭 원칙 등을 둘러싼 회원국들 간의 이견과 각국의 국내적 상황들로 인해 사실상 협력에 큰 진전을 이루지 못하였다. 하지만 냉전 종식 이후 1995년 베트남의 가입과 라오스, 미얀마, 캄보디아 등의 가입[30]으로 마침내 동남아시아 10개국으로 구성된 명실상부한 동남아시아 국가연합이 완성됨으로써 분위기가 반전되기 시작했다.[31] 이후 아세안은 ASEAN+3, ARF, EAS 등 역내의 지역협력 움직임을 주도하면서 중국, 일본, 한국 등을 다자적 협력의 장으로 견인하는 데 핵심적 역할을 하였다. 나아가 아세안은 2003년 인도네시아 발리에서 개최된 아세안 정상회의에서 채택된 '아세안 협력선언 II ASEAN Concord II or Bali Concord'를 발표하고 2020년까지 명실상부

즉 정치적 중립을 선언하는 경우이다. 하지만 이 두 경우 모두 약소국의 의도대로 진행된다기보다는 강대국이 이러한 상황을 인정하고 지지하여야만 가능한 것이다.

30 아세안 가입국과 가입연도는 다음과 같다.
- 1967년: 인도네시아, 태국, 필리핀, 말레이시아, 싱가포르
- 1984년: 브루나이
- 1995년: 베트남
- 1997년: 미얀마, 라오스
- 1999년: 캄보디아

31 김규륜(2006), p.6.

아세안 회원국 및 회원국의 규모

아세안은 브루나이, 캄보디아, 인도네시아, 라오스, 말레이시아, 미얀마, 필리핀, 싱가포르, 태국, 베트남 총 10개국으로 구성된다. 이들 중 태국, 필리핀, 말레이시아, 인도네시아, 싱가포르 5개국에 의해 아세안이 창설(1967년)되었고, 이후 브루나이(1984년), 베트남(1995년), 라오스·미얀마(1997년), 그리고 캄보디아(1999년)가 추가로 가입하여 아세안 10개국이 완성되었다. 이들 국가는 모두 아세안에 속해있지만, 이들 간에 정치·경제·문화 등 다방면에서 격차가 존재하여 아세안의 통합 및 발전에 장애가 되고 있다. 아래 〈표〉는 아세안 10개국의 면적, 인구, 그리고 경제현황을 비교하고 있다.

아세안 면적, 인구, 경제현황 비교

(기준: 2013년)

국가	면적(km²)	인구	GDP	1인당 GDP	수출	수입	교역
브루나이	5,769 (경기도 0.5배)	41 만 명	161 억 불	39,679불	115 억 불	36 억 불	151 억 불
캄보디아	181,035 (한반도 0.8배)	1,496 만 명	157 억 불	1,047불	91 억 불	92 억 불	183 억 불
인도네시아	1,860,360 (한반도 9배)	2억 4,882 만 명	8,626 억 불	3,467불	1,825 억 불	1,867 억 불	3,692 억 불
라오스	236,800 (한반도 1.1배)	664 만 명	100 억 불	1,505불	26 억 불	33 억 불	59 억 불
말레이시아	330,290 (한반도 1.5배)	2,995 만 명	3,121 억 불	10,420불	2,283 억 불	2,060 억 불	4,343 억 불
미얀마	676,577 (한반도 3배)	6,157 만 명	564 억 불	916불	114 억 불	120 억 불	234 억 불
필리핀	300,000 (한반도 1.3배)	9,938 만 명	2,690 억 불	2,707불	540 억 불	651 억 불	1,191 억 불

싱가포르	715 (서울시 1.2배)	540 만 명	2,979 억 불	55,183불	4,103 억 불	3,730 억 불	7,833 억 불
태국	513,120 (한반도 2.3배)	6,825 만 명	3,875 억 불	5,678불	2,287 억 불	2,495 억 불	4,782 억 불
베트남	330,951 (한반도 1.5배)	8,971 만 명	1,712 억 불	1,909불	1,327 억 불	1,321 억 불	2,648 억 불
합계 (A)	4,435,617 km²	6억 3,651 만 명	2조 3,985 억 불	3,837불 (평균)	1조 2,711 억 불	1조 2,405 억 불	2조 5,116억 불
세계총계 (B)	510,072,000 km²	71억 7,461 만 명	74조 6,993 억 불	1,041불	1조 9,305 억 불	18조 6,012 억 불	36조 5,317 억 불
비중 (A/B)	0.87%	8.87%	3.2%	369%	7%	6.7%	6.9%

자료: ASEAN 사무국(ASEAN 회원국 부분), IMF(세계 GDP 총계 부분), WTO(세계 무역 부분/단, 2012년 통계); 외교부(2014), pp.16-17

한 아세안공동체ASEAN Community를 건설할 것을 천명하였다. 이상과 같은 아세안의 발전과정을 네 단계로 나누어 살펴보면 다음과 같다.[32]

1) 창설 초기(창설~1970년대)

이 시기는 인도차이나반도의 공산주의 세력의 급격한 확대로 동남아시아의 안보불안이 매우 컸던 시기였기에 이에 대비하기 위해 동남아시아 5개국은 아세안의 창설에 합의하는 한편(1967년), 1971년에는 동남아시아평화자유및중립지대선언Zone of Peace, Freedom, and Neutrality: ZOPFAN을 통해 지역의 안보를 보장하고자 하였다. ZOPFAN에서 아세안은 외부세력의 개입이 없

32 『아세안 개황』(서울: 외교부, 2014), pp.21-28; 이동윤(2007), pp.262-271.

는 역내 문제의 평화적 해결을 주장하였고, 공산주의세력의 확산을 저지하기 위해 중립화방안을 제시하였다.[33] 특히 이 시기에는 닉슨 독트린Nixon Doctrine[34]의 발표와 그에 따른 미군 철수, 그리고 공산주의 세력(소련, 중국, 베트남, 라오스, 캄보디아 등)의 확산으로 인해 동남아시아 지역의 안보불안이 극심하였다. 따라서 아세안은 1976년 아세안화합선언Declaration of ASEAN Concord과 동남아우호협력조약Treaty of Amity and Cooperation in Southeast Asia을 채택하여 역내 평화와 안전을 공고화할 것을 천명하며 본격적인 안보협력 강화를 추구하였다.

즉, 최초 아세안은 대외적으로 정치적 중립성을 강조하고 경제·사회·문화적 협력을 강조하였으나 실질적으로는 공산주의 세력의 확산에 의한 안보불안에 대처하고자 하는 의도가 더 컸으며, 이 시기에 성립된 다른 선언 및 조약들 역시 안보협력 차원에서 이해될 수 있다.

2) 경제협력 강화 및 안보이슈와의 연계(1980년대~1990년대 전반)

탈냉전 분위기가 무르익던 1980년대 후반부터는 소련이 개혁·개방정책을 추구하고, 중국과 베트남 역시 시장경제체제로의 전환을 모색하는 등의 구공산권 국가들의 시장경제 참여가 활발해지자 아세안이 느끼던 안보위협이 상당 부분 감소되는 한편, 역내 경제협력이 확대되기 시작하였다. 가장 대표적으로 1992년 싱가포르선언Singapore Declaration에서 아세안은 역내 회원국들 간의 정치·경제적 협력을 더욱더 강화할 것을 선언하였고, 역내 경제협력을 위한 실질적 장치로서 아세안자유무역지대ASEAN Free Trade Area:

---

33 냉전하에서 많은 약소국들이 비동맹 중립주의 노선을 선택하였는데, 인도, 이집트 같은 신생독립국가들이 그러한 예이다. 김예경, "중·미간의 세력경쟁과 아세안의 균형전략(balanced strategy): 약소국의 중추적 역할(pivotal role) 찾기," 『한국정치학회보』 제42집 1호(2008), p.320.

34 1969년 닉슨 미국 대통령은 베트남전쟁 수행으로 인한 과중한 부담으로 부터 벗어나기 위해 이른바 닉슨 독트린(괌 독트린)을 발표하였다. 닉슨 독트린은 아시아 각국이 스스로 협력하여 아시아의 안보를 자주적으로 책임지고, 미국은 이를 지원만 할 것이며, 특히 아시아 각국이 상호안전보장을 위한 군사기구를 만들 것을 권고하고 있다.

AFTA 창설에 합의하였다. 이러한 아세안자유무역지대는 역내의 인적 자원 및 기술의 자유로운 이동과 상호간의 무역장벽 철폐(관세 인하 및 비관세 장벽 철폐)를 통해 역내 경제협력을 더욱더 확대함을 목적으로 하고 있다. 이에 따라 AFTA는 1994년부터 점진적으로 향후 15년간 점진적으로 역내 관세 및 비관세 무역장벽을 철폐하여 완전한 자유무역지대를 형성할 것을 목표로 하고 있으며 이는 나아가 아세안경제공동체의 건설로 귀결될 예정이다.

한편, 아세안은 이러한 경제협력과 연계하여 안보협력 역시 더욱더 공고화하고자 하였는데, 이러한 노력의 대표적인 형태가 바로 ARF의 창설이다. 앞의 〈그림 2〉에서 보는 바와 같이 ARF는 아세안의 주도로 창설된 역내 최초의 공식적인 다자간 안보대화체로서 정치 및 안보 문제들이 전반적으로 논의되는 장이다. 즉, 아세안은 AFTA의 시행으로 한 단계 더 진전된 경제협력을 바탕으로 ARF를 창설함으로써 안보협력 역시 더욱더 공고화하고자 하였다. 이는 아세안이 경제와 안보를 아우르는 다각적인 발전방향을 모색함으로써 비단 동남아시아에 국한하지 않고 동아시아 전체 및 태평양까지도 포괄하는 지역협력을 견인하고자 하는 의지와 역량의 발현이라는 맥락에서 이해할 수 있다.

또한 아세안은 1971년 ZOPFAN선언 실현을 위한 방안으로 제안되었던 동남아비핵지대화조약Southeast Asia Nuclear Weapon Free Zone: SEANWFZ을 1995년에 체결하고, 마침내 1997년에 발효하였다. 이 조약은 핵무기의 개발, 생산, 획득, 보유, 통제권보유, 주둔, 수송, 실험 및 사용을 모두 금지(3조 1항)하고, 핵물질 및 핵폐기물 투기 및 처분도 금지(3조 3항)하고 있다. 특히 아세안은 이 조약에 대한 기존 핵보유국들의 서명을 통해 비핵지대 강화 및 국제적 보장을 이끌어내려고 하나 성공하지는 못하고 있다.[35]

35 외교부(2014), p.30. 미국은 국내절차의 미비를 이유로 아직 SEANWFZ에 유보적이나, 중남미, 남태평양, 아프리카, 중앙아시아 등과 같은 타 지역에서는 이미 비준 혹은 서명한 바 있다.

3) 아세안 확대기(1990년대 후반~2000년대 초반)

이 시기의 아세안은 AFTA와 ARF의 성공적인 창설로부터 얻은 자신감을 바탕으로 내·외적인 확대를 완성하였다. 먼저 냉전이 완전히 종식된 이후 아세안은 마침내 동남아시아를 구성하는 나머지 네 개의 인도차이나 국가들, 베트남(1995년), 미얀마(1997년), 라오스(1997년), 그리고 캄보디아(1999년)의 가입을 완료함으로써 동남아시아 10개국으로 이루어진 명실상부한 아세안의 형태를 완성하였다. 하지만 아세안의 형태가 채 완성되기도 전에 발생한 아시아 금융위기로 인해 아세안은 향후 발전 방향에 대한 심각한 고민을 하지 않을 수 없었다. 우선 아세안은 비록 동남아시아 10개국 모두가 가입한다고 해도 약소 개발도상국들의 연합체라는 태생적 약점을 갖고 있었고, 이들끼리 협력을 한다고 해도 경제적 발전을 이루는 데는 한계가 있었다. 특히 싱가포르나 브루나이 같이 상대적으로 부유한 국가들을 제외하고는 회원국들 대부분이 라오스나 미얀마처럼 경제발전을 위해 선진국들의 투자가 절실한 상황이었다. 또한 1997년에 발발한 아시아 금융위기 당시 서구 선진국들과 서구 중심의 경제기구들의 소극적 대처를 경험하면서 아세안은 아시아 국가들끼리의 협력이 필요하다는 각성에 이르게 되었다. 따라서 아세안은 동북아시아의 전통적 강국이자 선진국인 중국, 일본, 그리고 한국과의 협력을 모색하기에 이른다. 이에 아세안은 1997년 쿠알라룸푸르에서 개최된 아세안 정상회담에 이들 동북아 한·중·일 3개국 정상을 초청하여 정상회의를 최초로 개최하고, 1999년에 동아시아협력에관한공동선언 Joint Statement on East Asia Cooperation을 채택하여 APT[ASEAN+3]를 정례화하였다. 이로써 아세안은 동남아시아 10개국 모두의 가입으로 인해 내적인 완성을 이루는 한편, 동북아시아 3국과의 협력을 위한 장을 주도적으로 마련함으로써 동아시아공동체 형성에 대한 기대를 더 높이게 되었다. 뿐만 아니라 동아시아 지역협력을 주도적으로 견인하는 아세안의 역할을 만방에 각인시킬 수 있게 되었다.

4) 아세안헌장 제정과 아세안공동체 창설(2003년~현재)

동남아시아 10개국 가입의 완성과 AFTA를 통해 내적 완성을 이루고 ARF, APT, EAS 창설에도 주도적인 역할을 하면서 외연의 확대도 추진한 아세안은 마침내 2003년 제9차 아세안 정상회담에서 아세안화합선언 II Declaration of ASEAN Concord를 발표하고 아세안공동체 ASEAN Community 건설을 천명하였다. 이에 아세안은 정치·안보, 경제, 사회·문화라는 세 분야에서 아세안 안보공동체 ASEAN Security Community: ASC, 아세안 경제공동체 ASEAN Economic Com- munity: AEC, 그리고 아세안 사회문화공동체 ASEAN Socio-Cultural Community: ASCC 를 건설하기로 합의하고, 이를 2020년까지(이후 2015년으로 앞당김)[36] 완성하기 위한 협력선언을 채택하였다.[37] 현재 아세안 사회문화공동체의 진척률은 90% 이상이고, 정치안보와 경제부분도 80% 정도의 진척률을 보이고 있다. 하지만 2015년 말까지 통합이 완성될 수 있을지에 대해서는 회의적인 의견이 많다. 왜냐하면 아세안의 통합은 EU와는 여러 면에서 차이점이 있기 때문이다. 우선, 아세안 국가들 간의 정치, 경제, 그리고 사회· 문화 면에서 이질성이 높아 제도적인 차이가 큰데다 법적 강제력 없이 국가들 간의 합의로 통합이 추진되고 있기에 실제 통합이 완료되기까지는 상당한 진통이 있을 것이라는 예측이다. 하지만 이런 회의론에도 불구하고, 일단 아세안공동체가 출범하게 되면 인구 6억 4천만 명으로 이미 미국이나 EU보다 인구가 더 많고, 젊은 노동인구가 많아 곧 중국을 대체할 생산기지가 될 것이라고 예측된다. 또한 국내총생산GDP이 3조가 넘는 거대 단일시장으로서의 잠재력 또한 매우 높을 것으로 전망되고 있어, 아세안공동체의 출범을 앞두고, 미국, 중국, 일본 등의 관심은 더욱더 커지고 있다.[38]

---

36 2007년 제12차 아세안 정상회의에서 아세안공동체의 설립을 가속화할 것을 명시한 세부선언(Cebu Declaration)을 채택하고, 아세안공동체의 창설을 2015년까지로 조기 추진하기로 결정하였다.

37 아세안 홈페이지, http://www.asean.org/asean/about-asean(검색일: 2015.7.3).

38 『연합뉴스』, 2014년 11월 12일(http://www.yonhapnews.co.kr/bulletin/2014/11/12/0200000000AKR20141112164800076.HTML?input=1179m); 『연합뉴스』, 2015년 1월 13일(http://www.yonhapnews.co.kr/bulletin/2015/01/12/0200000000AKR20150

아세안헌장

아세안은 1967년 설립 당시 헌장(Charter)이 아닌 방콕선언(Bangkok Declaration)에 의해 창설되었기에 지역협력기구로서 그 법적·제도적 기반이 매우 취약하여 헌장 설립에 대한 논의가 꾸준히 이루어져왔다. 2005년 말레이시아 쿠알라룸푸르에서 열린 제11차 아세안 정상회의에서 헌장을 제정할 것을 선언한 이래, 아세안 각국의 고위 관료로 구성된 태스크포스 팀이 구성되어 헌장의 초안을 작성하였고, 마침내 2008년 12월 15일 전문과 13장 55개 조항으로 이루어진 아세안헌장이 발효되었다. 아세안헌장(ASEAN Charter)은 아세안에 법적 토대를 제공하였을 뿐만 아니라 아세안공동체 형성을 위한 새로운 기구의 창설도 포함하고 있으며, 기존에 비공식적이고 느슨했던 운영과는 달리 훨씬 더 강화된 회원국들의 의무를 규정하고 있다. 뿐만 아니라 아세안 사무국의 역할도 더 강화하였다. 새로 제정된 아세안헌장의 주요 내용은 다음과 같다.

- 상위수준에서의 새로운 정치적 의무(New political commitment at the top level)
- 새롭고 강화된 의무(New and enhanced commitments)
- 새로운 법적 구조, 법인격(New legal framework, legal personality)
- 새로운 아세안기구들(New ASEAN bodies)
- 두 명의 공채 사무차장(Two new openly-recruited DSGs)
- 아세안 회합 증가(More ASEAN meetings)
- 아세안 외무장관들의 역할 확대(More roles of ASEAN Foreign Ministers)
- 아세안 사무총장의 역할(New and enhanced role of the Secretary-General of ASEAN) 강화
- 또 다른 새로운 이니셔티브와 변화들(Other new initiatives and changes)

자료: 아세안헌장, http://www.asean.org/asean/asean-member-states(검색일: 2015. 7.15)

112138400084.HTML) (검색일: 2015.7.11).

한편, 2008년 아세안은 아세안에 법적 지위와 제도적 틀을 제공해주는 아세안헌장ASEAN Charter을 제정하였는데, 이는 아세안공동체 건설을 위한 확고한 토대가 되었다.[39] 아세안헌장은 아세안의 규범, 규칙, 그리고 가치와 각 회원국의 헌장에 대한 책임과 순응을 명시하고 있다. 아세안헌장은 10개 회원국 모두를 법적으로 구속하는 실질적 효력을 가질 뿐만 아니라, 유엔헌장 102조의 1항[40]이 규정하고 있는 바에 따라 유엔 사무국에 등록되고 공표됨으로써 아세안은 명실상부한 지역기구로서의 법적·제도적 위상을 갖게 되었다.[41] 이로써 아세안은 EU와 유사한 법적 구속력을 갖게 되어, 회원국 간 갈등해결이나 아세안공동체 건설에 있어 더욱더 적극적으로 개입할 수 있게 되었다.[42]

---

39 아세안헌장은 2007년 11월 싱가포르에서 개최된 연례 아세안 정상회의에서 서명되고, 2008년 12월 15일에 공식적으로 발효되었다.

40 유엔헌장 제102조 1항은 "이 헌장이 발표된 후 국제연합회원국이 체결하는 모든 조약과 모든 국제협정은 가능한 한 신속히 사무국에 등록되고 사무국에 의하여 공표된다"라고 규정하고 있다.

41 Charter of the Association of Southeast Asian Nations 참조, http://www.asean.org/asean/asean-charter/asean-charter

42 Termsak Chalermpalanupap 아세안 사무총장 특별보좌관은 아세안헌장의 채택에 즈음하여 투고한 기고문에서 "아세안헌장의 채택은 아세안 외교정책에 대한 패러다임의 전환이며 회원국들이 법적 구속력 있는 합의를 통해 공동체를 건설해 나가겠다는 공약을 재확인한 것"이라는 평가를 하였다. 외교부 웹사이트, "아세안헌장채택의 의의 및 평가" (2008), http://www.mofa.go.kr/countries/regional/asean/resources/index.jsp?menu=m_40_70_40&tabmenu=t_3&tboard=x_1&sp=/webmodule/htsboard/template/read/korboardread.jsp%3FtypeID=6%26boardid=13007%26tableName=TYPE_DATABOARD%26seqno=337683(검색일: 2015.7.22).

IV. 아세안의 구조와 운영체제

1. 아세안의 조직 구조

흔히 아세안은 그것이 가진 지역협력기구로서의 잠재력에 비해서 훨씬 저평가되고 있고, 그로 인해 다른 지역의 국가들뿐만 아니라 심지어 같은 아시아 국가들 사이에서도 아세안이 역내 경제 혹은 안보 문제를 해결할 수 있는 능력이 없을 것이라는 부정적 인식이 팽배한 상황이다. 이러한 부정적 평가의 근원은 바로 아세안의 독특한 구조와 운영체제의 특징 때문이다. 아세안은 애초에 1967년 헌장Charter이 아닌 방콕선언을 통해 설립되어 국가 간 회의체 즉, 유엔이나 EU 같은 초국가적 기구가 아닌 정부간기구 정도로만 인식되었다. 단적으로 아세안 사무국은 EU의 10분의 1 정도밖에는 되지 않고, AUAfrican Union도 갖고 있는 평화유지군Peacekeeping force조차 없다. 또한 OASOrganization of American State와는 다르게 인권보호를 강제하는 메커니즘도 갖고 있지 않다.[43] 하지만 아세안은 이렇게 허약한 구조와 특징을 가지고도 아시아에서 가장 오래된 지역협력기구로서의 명맥을 이어왔고, ARF와 EAS 같은 동아시아 전체를 아우르는 지역협력을 형성하는 데 주도적인 역할을 하였다. 그리고 마침내 2008년 아세안헌장을 제정하였고, 2015년 EU와 유사한 형태의 아세안공동체의 완성을 목전에 두고 있다. 따라서 이 절에서는 어떻게 보면 모순적이라고도 할 수 있는 결과를 낳은 아세안만의 독특한 구조와 운영체제의 특징에 대해 살펴보고자 한다.

1) 아세안 조직 구조의 변화와 특징[44]

1967년에 창설된 이후 아세안은 지속적인 변화를 겪어왔다. 출범 당시부

43 Joshua Kurlantzick, "ASEAN's Future and Asian Integration," *Council on Foreign Relations Working Paper* (2012), p.1.

터 아세안은 느슨한 형태의 정부간협력기구로서 인식되었다가 2008년 마침내 아세안헌장을 제정하면서 지역협력기구로서의 법적·제도적 틀을 갖추게 되었고, 2015년 말까지를 목표로 아세안공동체의 완성을 추진하고 있다. 따라서 2008년 이전까지는 정부간 협력을 담당하는 아세안 외무장관회의 ASEAN Foreign Ministers Meeting: AMM가 사실상의 최고의사결정기구였으나 헌장 제정이후부터 아세안 최고수반들의 모임인 아세안 정상회의 ASEAN Summit: AS가 최고의사결정기구가 되었다. 그러나 사실 2008년 이전에도 아세안 내의 중요 결정사항들은 연례 AS에서 합의되곤 하였다. 특히 아세안은 정상회의를 통해 아세안 조직 구조를 꾸준히 개선해왔는데 이는 갈수록 아세안의 활동내용과 범위가 확대됨과 함께 느슨하고 비효율적인 아세안의 조직 효율성을 높이기 위함이기도 하였다.[45]

첫 번째 아세안 정상회의였던 1976년 발리 정상회의에서는 앞에서도 언급했던 바와 같이 아세안화합선언 I Declaration of ASEAN Concord I을 발표하고 회원국들 간의 경제적 협력을 위한 경제 관련 전문위원회 설치에 합의하였다. 이에 따라 식품 및 농업, 해상운송, 민간항공, 통신, 금융, 통상, 그리고 교통 및 텔레커뮤니케이션위원회 등 주요 경제부문 관련 위원회들이 설치되었는데, 이들 경제 관련 위원회가 아세안 전문위원회의 약 2/3 정도를 차지하여 아세안의 경제협력에 대한 높은 관심을 반영하고 있다. 아세안의 경제협력에 대한 높은 관심을 반영한다고 하겠다. 특히 이들 경제 관련 전문위원회들은 처음에는 AMM의 관할하에 있었으나, 1977년 아세안 경제장관회의 ASEAN Economic Ministers Meeting: AEM가 설립되면서부터는 AEM의 감독을 받게 되었다.

---

44 강대창 외, "아세안의 의사결정 구조와 방식," 『전략지역심층연구 11-06』(세종: KIEP 대외경제정책연구원, 2011), pp.57-65 참조.

45 Suthiphand Chirathivat, Chumporn Pachusanond and Patcharawalai Wongboonsin, "ASEAN Prospect for Regional Integration and the Implications for the ASEAN Legislative and Institutional Framework," *ASEAN Economic Bulletin* 16-1(1999); 강대창 외(2011), p.58.

또한 1976년에는 아세안 사무국도 설립되었는데, 이는 아세안의 업무 영역과 기구의 구조가 확대됨에 따라 이를 행정적으로 뒷받침할 수 있는 효율적인 실무 집행기구가 필요하였기 때문이다. 하지만 아세안 사무국의 설립은 쉽지 않았는데, 이는 아세안의 정체성 인식 문제와 직결되었기 때문이다. 즉, 아세안은 처음부터 초국가적 성격의 기구라기보다는 정부간협력기구의 수준으로 설립되었기에 일부 회원국들은 아세안의 역할이 지나치게 확대되는 것을 경계하였다. 뿐만 아니라 아세안 운영의 책임은 각 회원국들에게 분산되어 있는 구조이기 때문에 각 회원국들의 자발적 책임의 원칙에 의해 운영되고 있었다. 하지만 이러한 분산적 구조는 회원국들의 책임을 고양시킬 수는 있었으나 기구의 운영에 있어 효율적이지는 못했다. 따라서 아세안 사무국의 설립은 아세안의 업무 확대에 따른 실무적 조정 등 새로운 행정적 필요가 발생[46]하였고 또 조직운영의 효율성을 담보하기 위한 방책[47]이었다고 볼 수 있다.

마지막으로 위에서도 간략하게 언급한 바와 같이 아세안은 2008년에 아세안헌장을 제정하여 아세안에 EU와 같은 초국가적 기구로서의 법적 제도적 지위를 부여하고, 2015년 말까지 완성할 아세안공동체의 완성에 기여할 수 있도록 하였다. 이에 따라 AS가 AEM을 대신하여 최고의사결정기구가 되었으며, 아세안 공동체이사회ASEAN Community councils: ACCs, 그리고 그 밑에 아세안 정치안보공동체이사회ASEAN Political Security Council: APSC, 아세안 경제공동체이사회ASEAN Economic Council: AEC, 아세안 사회문화공동체이사회ASEAN Socio-Culural Council: ASC를 새로이 추가하여 아세안공동체 건설 관련한 업무를 관리감독 및 조정하고 있다.

이상에서 살펴본 아세안 조직 구조는 우선 제도화의 수준이 매우 낮았고,

---

46 AEM의 설립으로 AMM과 AEM의 업무의 조정이 필요한 경우가 대표적인 사례로 아세안 사무국이 탄생함으로써 이들 두 연례회의의 수평적 조정을 담당할 수 있게 되었다.

47 아세안은 원래 순환 원칙을 따라 의장국, 기구의 소재지 등이 회원국들이 돌아가면서 맡게 되어 있으나, 효율성을 높이기 위해 사무국은 인도네시아 자카르타에 소재할 수 있도록 예외를 인정하였다.

기본적으로 운영의 책임이 기구 자체가 아니라 개별 회원국들에 있는 분산적 구조였기에 업무의 중복이나 조율의 어려움 등 효율성 면에서 많은 문제가 있었다. 그러나 아세안 구조의 변화는 단순 기구의 신설이나 폐지라는 물리적인 문제가 아니라 아세안의 정체성, 운영방식, 그리고 나아가 의사결정구조에까지 영향을 미치는 것이었기에 변화가 다른 조직에 비해 빈번하거나 용이하지는 않았다. 하지만 약 60여 년의 기간 동안 아세안은 끊임없는 변화를 시도하였고, 마침내 2008년 헌장제정과 공동체 건설에까지 이르게 되었다.

2) 아세안의 조직 구조

1967년 창설 이래 많은 변화를 겪어온 아세안은 2008년 헌장제정과 함께 조직 구조 개편이 이루어진 이후 현재까지 〈그림 3〉과 같은 조직 구조를 유지하고 있다. 아세안의 최고의사결정기구는 아세안 정상회의AS이며, 그 밑에 아세안의 주요 업무 협의와 조정을 맡은 아세안 조정이사회ASEAN Coordinating Council: ACC가 있다. 그리고 2015년 말로 예정된 아세안공동체 추진과 관련된 사항을 처리하는 아세안공동체이사회ASEAN Community councils: ACCs가 있고, 그 밑에 아세안 정치안보공동체이사회ASEAN Political Security Council: APSC, 아세안 경제공동체이사회ASEAN Economic Council: AEC, 아세안 사회문화공동체이사회ASEAN Socio-Culural Council: ASC와 아세안 부문별 장관급기구들ASEAN Sectoral Ministerial Bodies: ASMB이 있다. 실무기구인 아세안 사무국ASEAN Secretariat은 아세안의 사업과 활동을 실질적으로 주관하고 기구나 사업의 조정 및 자문 등을 담당한다. 이외에 아세안 상주대표부ASEAN Committee of Permanent Representatives: ACPR와 국별 사무국National Secretariat: NS이 있는데, 상주대표부는 각국의 아세안 관련 업무를 수행하고 ACC와 ASMB의 활동을 지원하고, 국별 사무국은 각국의 아세안 관련 정보 수집 및 접촉 창구 역할을 한다. 하지만 이 두 개의 기구의 업무에 상당한 중복이 존재하여 혼란이 발생할 여지가 존재하는데 이에 대해 아래에서 좀 더 상세히 살펴보도록 하겠다.[48]

■ 아세안 정상회의(ASEAN Summit: AS)

2008년 아세안헌장 제정 이후 아세안 정상회의는 아세안의 최고정책결정기구Supreme policy making body가 되었다. 1976년 최초의 정상회의가 열린 이후 필요할 때마다 개최되었던 회의는 1992년 싱가포르 정상회의에서부터 격년제로 열리는 것으로 합의되었다가, 회의가 없는 해에 비공식 정상회의가 열리기 시작하면서 2001년 브루나이 회의부터 매년 열리는 것으로 합의되었다. 애초에 아세안의 위상을 정부간협력기구로서 제한적으로 이해하면서 AMM에 정책결정권한을 부여했던 회원국들은 아세안공동체의 실현을 위해 좀 더 높은 수준의 정치적 결단이 필요하다는 점에 공감하고, 마침내 아세안 정상회의를 최고의 지위로 격상시키기에 이르렀다.

■ 아세안 조정이사회(ASEAN Coordinating Council: ACC)

아세안 조정위원회는 1년에 2차례 이상의 회동을 통해 AS를 보좌하고, AS의 결정사항 집행 및 ACCs와의 조정을 통해 아세안정책의 전체적 일관성을 조율하는 등 아세안의 핵심적 기능을 담당하고 있다. 따라서 이는 과거 AMM의 조정역할과 매우 유사 혹은 그보다 더 강화된 형태로 볼 수 있으며, 사실상 ACC가 각국 외무장관들로 구성된다는 점에서도 이를 확인할 수 있다. 또한 아세안이 타 국제기구나 국가들과 맺는 협정을 마무리짓는 절차 역시 아세안 조정이사회의 소관사항으로, 이는 AMM이 담당했던 대외관계를 담당하고 있음을 알 수 있다.

■ 아세안 공동체이사회(ASEAN Community Councils: ACCs)

아세안 공동체이사회는 정치안보, 경제, 사회문화 공동체이사회로 구성되며, 각 회원국으로부터 지명된 대표로 구성된다. 의장국은 아세안 의장국을 맡은 나라의 장관이 담당하고, 1년에 2회 이상의 회합을 갖게 되어 있다.

---

48 이하 아세안의 구체적인 조직 구조에 관한 설명은 강대창 외(2011), pp.51-57과 ASEAN 웹사이트, "ASEAN Structure," http://www.asean.org/asean/asean-structure 참조.

ACCs는 2015년 말로 예정되어 있는 아세안공동체의 추진과 관련한 정책들을 집행하고, 구성된 이사회간의 회의나 그 아래에 있는 부문별 장관급기구들 간의 회의와 정책들을 조율하고 AC에 보고서 및 제안서를 제출하는 역할을 한다.

■ 아세안 부문별 장관급기구(ASEAN Sectoral Ministerial Bodies: ASMB)

아세안 부문별 장관급기구는 세 부문의 관련 아세안 공동체이사회 산하에서 아세안 정상회의에서 결정된 내용을 집행하는 기구이다. 현재 APSC 산하에 AMM과 ARF를 비롯한 총 6개의 기구가, AEC 산하에 총12개, 그리고 ASCO 산하에 총 12개의 기구가 있는데, 이들은 각 각 APSC, AEC, 그리고 ASCO에 집행사항에 대한 보고서와 제안서를 제출하도록 되어 있다.[49]

■ 아세안 사무국(ASEAN Secretariat)

1976년 AMM을 통해 설립된 아세안 사무국은 아세안의 실무기구로 인도네시아 자카르타에 위치하며 예산은 각 회원국들이 동등하게 부담한다. 아세안 사무국은 신설 당시 논란이 있었던 것과 무관하지 않게 타 기구의 사무국에 비하여 규모도 작고 업무도 제한적이다. 하지만 아세안의 주요 사업 및 활동을 주관 및 조정하고, 자문을 제공하는 등 아세안헌장에 명시된 원칙과 목표를 실현하고, 아세안 회원국들 간의 협력과 조화를 증진하기 위한 활동을 주업무로 한다.

■ 아세안 상주대표위원회(Committee of Permanent Representatives: CPR)와 국별 사무국(National Secretariat)

2008년 아세안헌장이 신설되면서 각 회원국이 임명한 대사급의 대표가 자카르타에 상주하면서 자국의 아세안 관련 업무를 담당하고, ACCs와 ASMB의 업무를 지원하도록 하기 위해 아세안 상주대표부가 신설되었다. 문제는

---

49 ASMB의 리스트는 아세안헌장 〈부록 I〉 참조, http://www.asean.org/images/archive/21071.pdf

〈그림 3〉 아세안 조직도

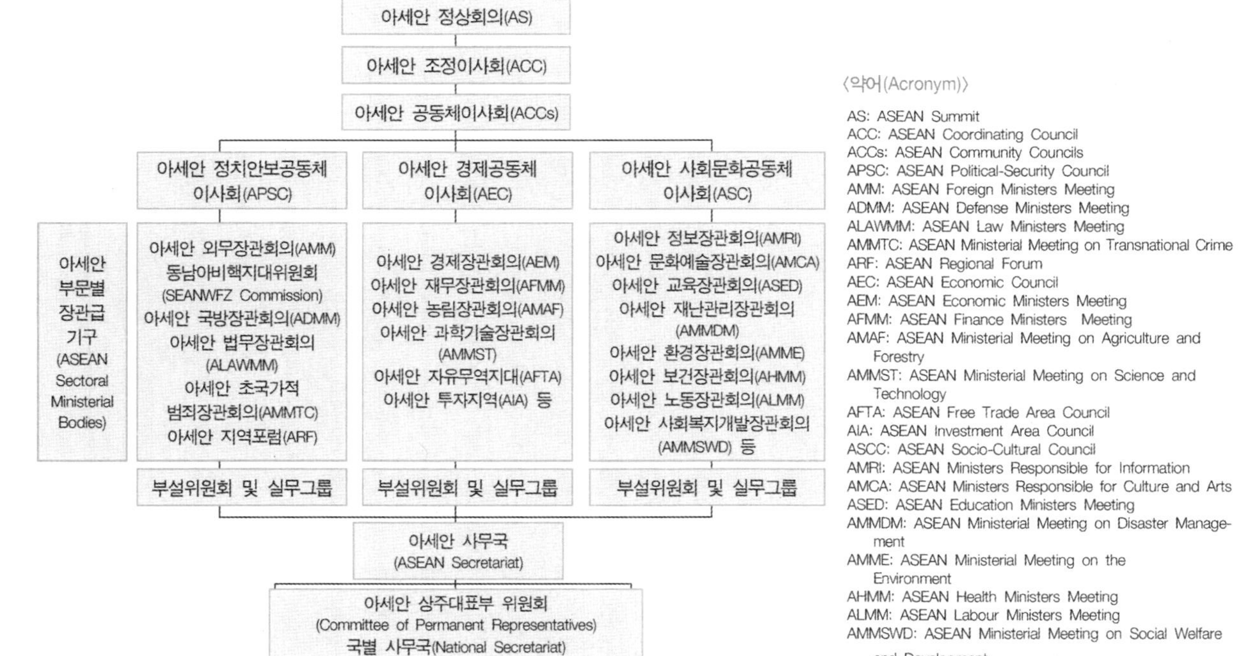

〈약어(Acronym)〉

AS: ASEAN Summit
ACC: ASEAN Coordinating Council
ACCs: ASEAN Community Councils
APSC: ASEAN Political-Security Council
AMM: ASEAN Foreign Ministers Meeting
ADMM: ASEAN Defense Ministers Meeting
ALAWMM: ASEAN Law Ministers Meeting
AMMTC: ASEAN Ministerial Meeting on Transnational Crime
ARF: ASEAN Regional Forum
AEC: ASEAN Economic Council
AEM: ASEAN Economic Ministers Meeting
AFMM: ASEAN Finance Ministers Meeting
AMAF: ASEAN Ministerial Meeting on Agriculture and Forestry
AMMST: ASEAN Ministerial Meeting on Science and Technology
AFTA: ASEAN Free Trade Area Council
AIA: ASEAN Investment Area Council
ASCC: ASEAN Socio-Cultural Council
AMRI: ASEAN Ministers Responsible for Information
AMCA: ASEAN Ministers Responsible for Culture and Arts
ASED: ASEAN Education Ministers Meeting
AMMDM: ASEAN Ministerial Meeting on Disaster Management
AMME: ASEAN Ministerial Meeting on the Environment
AHMM: ASEAN Health Ministers Meeting
ALMM: ASEAN Labour Ministers Meeting
AMMSWD: ASEAN Ministerial Meeting on Social Welfare and Development

자료: Weatherbee(2009), p.109; 강대창 외(2011), p.50; 아세안 홈페이지(http://www. asean.org/asean/asean-structure) 참조 재구성

이와 유사한 역할을 헌장제정 이전부터 아세안의 국별 사무국이 해왔다는 점이다. 국별 사무국의 아세안 국장Director-General은 상주대표부의 대사와 유사하게 자국의 아세안 관련 업무를 담당하고, 타국과의 조정 등을 담당해 왔었다. 따라서 이 둘의 업무 간에 중복과 혼란이 발생하여 누가 실질적인 역할을 할 것인지에 대한 논란이 있었고, 이와 관련하여 일부 전문가들은 상주대표부의 역할은 상징적이고 제한적일 수밖에 없을 것이라는 견해를 피력하기도 하였다.50 특히 아세안의 경우 의장국의 역할이 의제설정에서부터 매우 광범위하므로, 이 둘의 역할에 대한 정확한 규정 및 이해가 더욱 절실하다고 하겠다.

2. 아세안의 운영체제

아세안 10개국은 국가 간 정치·경제·사회적으로 매우 이질적이다. 하지만 아세안은 다른 기구와는 다르게 헌장과 같은 공식적 법적 기반도 없이 방콕선언으로 이루어진 국가 간 합의에 의해 출발하였음에도 불구하고 현재까지 회원국 간에 안정적인 관계를 유지하고 있고, 나아가 하나의 완전한 공동체로서의 통합을 목전에 두고 있다. 그렇다면 어떻게 이렇게 놀라운 발전이 가능하였는지에 대한 의문이 생기지 않을 수 없다. 많은 학자들은 이에 대한 해답으로 이른바 '아세안 방식ASEAN Way'으로 지칭하는 아세안의 독특한 운영체제를 이유로 꼽는다. 쉽게 말해 아세안 방식은 "국가주권에 대한 존중과 상호내정불간섭·비공식적 외교·회원국의 정책에 대한 공개적 비판의 금지·회원국 간의 조정 및 합의에 의한 정책결정 등을 총칭하는 것"이다.51 이러한 아세안 방식의 준수는 때로는 아세안의 발전을 더디게 하는

---

50 강대창 외(2011), pp.56-57.

51 Yu Ping Chan, "Standing by ASEAN in Crisis," *Harvard International Review* 23-1 (2001), p.12; Etel Solingen, "Internationalization, Domestic Coalition and Regional Features," Paper Presented CSGR 3rd Annual Conference, Scarman House,

요인으로 비난받기도 하였으나, 결과적으로 보면 아세안이 아세안공동체로서 성장할 수 있는 주요한 규범적 자산이라고 볼 수 있다. 다음에서는 이러한 아세안 방식을 특징, 기본원칙과 규범, 주요 운영규칙들, 그리고 정책결정절차(협의와 합의)로 나누어 간략하게 살펴보도록 하겠다.52

1) 아세안 방식의 특징

우선 아세안의 대표적인 특징으로 그 운영의 비공식성을 꼽는다. 즉, 아세안은 출범 당시부터 선언적 합의만으로 시작된 것과 같이 비공식적인 메커니즘을 합의도출의 중요한 방식으로 활용하고 있다. 즉, 갈등을 일으킬 요소가 많은 경우 바로 공식적 회의를 개최하여 갈등이 표면화되게 하기보다는 실무그룹working groups이나 하부위원회sub-committee에서 미리 논의하거나 비공식적인 회합에서 물밑으로 의견을 조율하는 등 비공식적 과정을 거친 후에 공식적으로 결정하는 방식을 택하는 것이다.

이와 연관되어 나타나는 두 번째 특징이 바로 조직적 최소주의organizational minimalism 혹은 최소한의 제도화minimal institutionalization이다.53 이는 아세안이 비공식적이고 개방적인 형태의 협의와 합의를 우선하기 때문에 공식적인 구조나 제도 즉, 규칙을 엄격하게 적용하기 보다는 최소한의 강제 속에서 의사결정을 진행해왔음을 의미한다. 이러한 조직적 최소주의가 논란이 되었던 대표적인 사례가 1976년에야 설립된 아세안 사무국과 2008년에 제정된 아세안헌장이며, 이 두 경우 모두 다 설립 혹은 제정에 관하여 이 문제와 관련한 논쟁이 있었다.

이상과 같이 비공식적이고 제한적으로 제도화된 아세안이기에 자연히 대

University of Warwick (September 16-18, 1999), p.18; 변창구, 『아세안과 동남아 국제정치』(서울: 대왕사, 1999), pp.85-114; 변창구(2002), p.13에서 재인용.

52 이 부분의 상세한 내용들은 변창구, "국제레짐으로서 ASEAN의 운영체제: 도전과 전망," 『국제정치논총』 제42집 3호(2002), pp.14-19; 강대창 외(2011), pp.78-93 참조.

53 David Capie and Paul Evans, "The ASEAN Way," Sharon Siddique and Sree Kumar (eds.), *The 2nd ASEAN Reader* (Singapore: Institute of Southeast Asian Studies, 2003), p.45; 강대창 외(2011), pp.79-80.

화와 타협에 의한 합의에 의한 결정이 주요 의사결정방식이 되었다. 이러한 합의제 의사결정 방식이 아세안 회원국들 간의 격차가 크고, 약소국 연합체이다보니 뚜렷하게 지도력을 발휘하는 국가가 없다는 점을 고려할 때 최선이라는 의견이 있는 반면, 정책결정이나 실행 면에서 효율성이 너무나도 낮다는 비판도 존재한다. 하지만 이러한 낮은 수준의 제도화와 비효율 속에서도 아세안은 여전히 발전 중이기에 이러한 특징이 아세안에 부정적 영향을 주는 것만은 아닌 듯하다.

2) 기본원칙과 규범: 자제·존중·책임의 원칙

아세안 운영의 기본원칙은 설립의 토대가 되었던 방콕선언을 비롯하여 그동안 합의된 선언과 조약 등을 통해 지속적으로 확립되어온 것으로, 자제 restraint, 존중respect, 그리고 책임responsibility을 그 내용으로 한다.

우선, 아세안 국가들은 그동안의 경험을 통해 갈등과 경쟁이 수반하는 값비싼 대가를 목격하였다. 따라서 여기에서의 자제의 원칙은 국가 간 경쟁을 배제하고 협력을 추진하여 국가의 역량을 효율적으로 국내적 문제해결에 투입할 수 있도록 하는 것을 의미하며, 나아가 상대방 국가에 대한 불간섭 역시 자제의 범주에 포함하고 있다. 즉, 비록 아세안 회원국으로서의 책임과 의무를 갖기는 하지만, 타국의 내정에 간섭하는 것을 극도로 자제하여, 불필요한 국력의 소모 없이 국내 문제에 더 집중할 수 있도록 하는 것으로 다음의 존중의 원칙과도 밀접한 관련이 있다.

다음으로 존중의 원칙은 각국의 주권 존중과 타국 내정에 대한 불간섭 원칙을 의미한다. 특히, 다양한 채널을 통해 합의를 통한 의사결정이 이루어지고 있으므로 이러한 합의과정에서 타국의 의견이 묵살되지 않도록 하는 것 역시 존중의 원칙의 하나이다. 타국의 의견에 대한 존중의 원칙은 아세안 국가 간에도 국력의 차이가 존재한다는 점을 고려할 때 미얀마나 라오스와 같은 후진국에 대한 배려라는 측면에서는 바람직하다. 하지만 이로 인해 국내사정이 더 나빠지거나 문제가 해결이 어려운 경우 예를 들면, 미얀마의 인권 문제나 인도네시아의 연무 문제의 경우에는 존중의 원칙의 제한이 필

요할 경우도 발생하고 있다.[54]

마지막으로 책임의 원칙은 회원국들이 자발적으로 본국의 국내정책이 타국의 내정에 미칠 영향을 고려한다는 것을 의미한다. 사실상 아세안의 경우 EU와는 달리 협력의 제도화 수준이 매우 미약하고 법적 강제력이 매우 낮다. 따라서 회원국들은 규범적 조약이나 선언 등을 통해서 자국의 행동을 강제하기보다는 자발적인 책임의 원칙하에서 행동하는 것이 일종의 아세안의 불문율로 정착되었다. 이는 특히 최근 문제의 발생과 해결이 국가의 경계를 초월하는 전지구적 혹은 전지역적 차원의 이슈들이 대거 등장하고 있어 더욱더 중요성이 커지고 있다.

즉, 아세안의 기본원칙인 자제, 존중, 책임의 원칙은 법적 제도화가 미흡한 상황에서 합의를 통한 협력을 유지하기 위해 국가들이 자발적으로 준수하는 규범인 셈이다. 이러한 기본원칙에 근거하여 아세안이 제시하고 있는 행위규범은 "상호 국내 문제 불간섭·무력사용의 포기·분쟁의 평화적 해결·회원국의 주권과 영토적 항구성의 존중"으로 오늘날 국제사회에서 일반적으로 수용되고 있는 것과 유사한 내용들로 구성되어 있다.[55]

3) 주요 운영규칙들: 순회·분담·효율성 규칙

아세안의 운영규칙은 순회규칙, 분담규칙, 효율성 규칙이 있다. 우선, 순회규칙은 말 그대로 돌아가면서 책임을 맡는다는 것으로, 아세안의 회의들은 회원국명의 알파벳순으로 돌아가면서 개최된다. 예를 들면, 아세안 정상회의 및 각료회의의 의장, 사무국의 사무총장 및 사무국장 등도 회원국들이 윤번제로 담당하는 순회규칙이 적용되고 있다.

또한 이들 회원국은 책임과 비용 등 아세안 운영에 필요한 모든 것을 균등하게 나누어 부담하고 있다. 이 때문에 아세안 사무국을 설립할 때 논란

---

54 특히 초국가적 글로벌 이슈들의 경우 내정간섭 혹은 합의도출 불가능 등 아세안의 기본규칙을 엄격히 적용하였을 경우 해결하기 어려운 경우가 많다. 윤진표, 『동남아의 초국가적 이슈와 지역 거버넌스: 현황 및 평가』(서울: 명인문화사, 2010), p.8.

55 변창구(2002), p.16.

이 되기도 했는데, 왜냐하면 아세안은 철저하게 회원국에게 분권적인 기구로서, 회원국들은 아세안의 모든 활동에서 균등한 역할과 책임을 나누어 담당하는 것이 원칙이기 때문이었다. 하지만, 때로는 국가별 사정에 따라 이러한 분담을 감당할 수 없는 경우도 발생하는데 이 경우에는 위의 순회규칙에 따른 책임을 포기하기도 한다.

한편, 위와 같이 순회규칙과 분담규칙을 따라 공평한 기구운영을 하는 것은 매우 바람직하나 이러한 원칙은 효율성과 거리가 상당히 멀다. 예를 들면, 순회규칙이나 분담규칙을 적용하였을 경우 아세안 사무국의 운영 효율성이 크게 떨어질 수밖에 없었고, 이에 기본 운영규칙에 위반됨에도 불구하고 효율성을 고려하여 사무국을 인도네시아 자카르타에 고정적으로 설치하게 되었다. 또한 이의 연장으로 사무국이 간사역할을 하는 예산 및 회계감사위원회의 경우에도 순회규칙을 적용하지 않고 인도네시아에 설치하기로 합의하였다. 즉, 효율성의 원칙 혹은 효율성과의 균형원칙은 위의 원칙들을 실천하는 과정에서 나온 문제점을 보완하기 위한 장치였다.

이상에서 살펴본 바와 같이 아세안은 조화로운 운영규칙들을 활용함으로써 비록 제도화의 수준이 낮고, 비공식적 메커니즘을 주로 활용하여 효율성도 높지 않음에도 불구하고 현재까지 지속·발전할 수 있었다.

4) 의사결정원칙

아세안의 일반적인 정책결정은 무샤와라musyawarah와 무파캇mufakat 즉 '협의Consultation와 합의Consensus'를 통해 이루어진다.[56] 이러한 협의와 합의는 위에서 언급한 아세안의 기본원칙들을 모두 반영한 정책결정절차로서, 협의 과정에서 타국의 견해를 존중하고, 경쟁이나 일방적인 영향력 행사를 자제하여, 서로 동의할 수 있는 합의에 도달할 수 있도록 쌍방의 의견을 유연하게 조정하는 것을 의미한다. 즉, 서로의 의견 중에서 차이점이 아닌 유

---

56 여기에서 협의(consultation)는 '의견일치를 위한 협의의 과정'을 의미하고, 합의(consensus)는 '협의의 결과 성립된 의견일치 그 자체 또는 그 내용'을 의미한다. 변창구(2002), p.18; 강대창 외(2011), p.87.

사점에 집중하여 합의를 이루어낼 수 있도록 한다. 그러므로 합의는 만장일치와는 다른 의미이며, 모든 회원국들이 동의할 것을 요구하는 것이 아니라 적어도 동의하지 않는 것은 아닌 정도의 합의를 이끌어냄을 목적으로 한다. 하지만 이러한 합의제의 속성은 시간이 매우 많이 소모되고, 모두가 적어도 반대하지는 않기 위해서 최저공통분모에 의한 결정이 이루어질 수밖에 없거나 아니면 반대가 없는 매우 쉬운 문제만 해결가능하다는 단점이 있다.[57]

아세안은 이러한 문제를 보완하고 합의제의 효율성을 높이기 위해 여러 가지 대안을 실험해왔는데, 그중 가장 대표적인 것이 바로 부분적 탈퇴, 즉 '10-X'의 방식의 도입이었다. 이 방식은 합의제에서 반대하는 국가가 그 이슈에 관해서만 참여하지 않을 수 있도록 허용하는 것으로 이는 각 국가의 이해를 존중한다는 상호존중의 원칙을 준수하는 동시에 합의제가 줄 수 있는 운영의 비효율성을 보완하는 것이다. 즉, 어느 한 국가가 매 이슈마다 모두 탈퇴하지 않는 한 적어도 반대하지 않는 국가들만의 합의를 통해서라도 지역의 문제를 해결할 수 있게 된다.[58]

V. 아세안의 활동: 성과와 도전

1. 아세안 활동의 성과

아세안은 1967년 창설된 이래 초기 10여 년 동안의 활동은 미미했으나

---

57 Bilson Kurus, "The ASEAN Triad: National Interest, Consensus-seeking and Economic Cooperation," *Comtemporary Southeast Asia* 16-4(1995), p.406; 강대창 외(2011), p.88.

58 원래 이 방식은 싱가포르의 리콴유 수상이 제안한 '5-X'를 회원국의 증대에 따라 융통성 있게 변경하여 적용한 것이다. 변창구(2002), p.19.

현재까지 그 명맥을 유지하면서 지속적으로 발전해왔다. 특히 1999년 캄보디아의 가입으로 동남아시아 10개국이 모두 참여하게 되어 내적인 완성을 이루었고, APT, ARF, 그리고 EAS의 결성에 주도적 역할을 함으로써 아세안의 외연을 확대하였을 뿐만 아니라 동아시아의 지역협력을 견인하였다. 나아가 2015년 말을 목표로 EU와 같은 완전한 아세안공동체의 건설을 위해 노력에 박차를 가하고 있다. 아래에서는 이러한 아세안의 성과를 크게 아세안 내에서의 성과와 동아시아 전체를 아우르는 성과로 나누어 살펴보기로 하겠다.

1) 아세안 내에서의 성과

우선 동남아시아의 지역협력의 측면에서 보면 아세안은 많은 성과를 이루었다. 〈표 1〉에서 볼 수 있는 바와 같이 아세안은 총 30회의 공식 혹은 비공식 정상회의를 통해 아세안 지역의 정치·경제적 협력과 통합을 위해 점진적인 발전을 이루었다. 비록 2008년 아세안헌장이 제정되기 전까지는 아세안 정상회의가 최종의사결정기구가 아니기는 하였으나, 그럼에도 불구하고 주요한 국가 간 합의는 대부분 아세안 정상회의에서 결정되었다.

본 장의 전반부의 아세안의 발전과정에서도 간략히 언급한 바와 같이 우선 아세안은 '하나의 동남아One Southeast Asia' 기조 아래 동남아시아 지역 내의 협력과 통합에 큰 진전을 이루었다. 1997년 창설 30주년 아세안 비공식 정상회의에서 아세안은 '아세안 비전 2020ASEAN Vision 2020'선언을 채택하고, 강력한 지역통합의지를 천명하였다. 이러한 맥락에서 1995년 인도차이나의 공산주의 국가 베트남,[59] 그리고 1997년 미얀마, 라오스, 1999년 캄보디아

---

59 특히 베트남은 동남아시아에서 군사적으로 최강국이므로 베트남의 가입을 통해 아세안은 중국을 군사적으로 견제할 수 있는 힘을 보강하게 되었으며, 특히 베트남은 과거 냉전 시대 인도차이나의 공산주의 국가들의 맹주였으므로, 베트남에 이어 라오스, 미얀마, 캄보디아의 아세안의 확대가 자연스럽게 이루어질 수 있게 되었다. 따라서, 이들 국가의 아세안 가입은 동남아시아 10개국 모두의 가입이라는 아세안의 외연을 완성한다는 측면도 있는 한편, 대중국 견제책으로서의 측면도 가지고 있다. 배긍찬, 『ASEAN 회원국 확대동향 및 발전전망』(서울: 외교안보연구원, 1997), p.11; 변창구(2000), p.167.

〈표 1〉 역대 아세안 정상회의 개최 현황 및 개요

차수	시기	장소	주요내용
1	1976.2	인도네시아	「ASEAN 협력선언」, 「동남아 우호협력조약」 체결, ASEAN 사무국 설립
2	1977.8	말레이시아	ASEAN 창립 10주년 기념
3	1987.12	필리핀	「마닐라선언」 및 경협 강화를 위한 4개협정 서명
4	1992.1	싱가포르	정상회의 정례회(매3년), 「공동유효 특혜관세협정」 체결
5	1995.12	태국	「동남아비핵지대조약」 체결, 동남아 10개국 정상회의 최초 개최
비공식1	1996.11	인도네시아	라오스·미얀마의 ASEAN 가입 허용
비공식2	1997.12	말레이시아	한·중·일 정상 초청, 「ASEAN Vision 2020」 채택
6	1998.12	베트남	「하노이선언」, 「하노이 행동계획」 채택, 캄보디아의 가입승인
비공식3	1999.11	필리핀	AFTA 가속화, 「ASEAN 트로이카체제」 도입 한·중·일과의 협력강화 희망 천명
비공식4	2000.11	싱가포르	「아세안 통합계획」 추진합의, 「e-ASEAN협정」 조인 공식·비공식회의 구분 없이 연례적으로 정상회의 개최 결정
7	2001.11	브루나이	「반테러선언」, 「HIV-AIDS에 관한 선언」 채택
8	2002.11	캄보디아	「반테러 공동선언」 채택, 「관광진흥 협력협정」 서명
9	2003.10	인도네시아	「아세안 협력선언 II」 채택
10	2004.11	라오스	「비엔티엔 행동계획」 채택
11	2005.12	말레이시아	「ASEAN헌장 제정에 관한 선언」 채택
12	2007.1	필리핀	「2015년 ASEAN공동체 설립 가속화 선언」 및 「ASEAN헌장 청사진에 관한 세부선언」 채택
13	2007.11	싱가포르	「ASEAN헌장」 서명 및 「경제공동체 구상에 관한 청사진」 채택
14	2009.2	태국	「ASEAN공동체 로드맵에 관한 후아힌선언」 및 「정치·안보공동체」 및 「사회·문화공동체」 청사진 채택
15	2009.10	태국	ASEAN 정부간인권위원회 설립
16	2010.4	베트남	「기후변화 및 지속적인 경제회복과 발전에 관한 ASEAN정상 공동성명」 채택

17	2010.10	베트남	「ASEAN 연계성에 대한 마스터플랜」 채택
18	2011.5	인도네시아	「범세계적공동체속의 ASEAN공동체에 관한 공동선언」 및 「ASEAN 평화화해기구(IPR)설립에 관한 공동선언」 채택
19	2011.11	인도네시아	「ASEAN 공동체 구축 관련 발리선언III」 채택
20	2012.4	캄보디아	「ASEAN: One Community, One Destiny」 제하의 의장성명 발표
21	2012.11	캄보디아	「ASEAN 인권선언(ASEAN Human Rights Declaration)」 채택
22	2013.4	브루나이	「ASEAN: Our People, Our Future Together」 제하의 의장성명 발표
23	2013.10	브루나이	「아세안공동체의 Post-2015 비전에 관한 선언」 채택
24	2014.5	미얀마	「Moving forward in Unity to a Peaceful and Prosperous Community」 제하의 의장성명 발표
25	2014.11	미얀마	「아세안공동체의 Post-2015 비전에 관한 네피도선언」 채택
26	2015.4	말레이시아	「Our People, Our Community, Our Vision」 제하의 의장성명 발표

자료: 외교부(2014), pp.36-37; ASEAN Summit, http://www.asean.org/asean/asean-structure/asean-summit

의 가입을 통해 마침내 동남아시아 지역기구로서의 외연을 완성하였다. 또한 하나의 아세안으로서 경제적 협력을 위해 AFTA ASEAN Free Trade Agreement 체결을 추진하였을 뿐만 아니라 안보협력을 위해 ARF를 설립하여 안보 문제 해결을 위한 다자무대를 마련하고, ZOPFAN 실현을 위한 SEANWFZ를 체결하여 비핵화를 통해 역내 평화를 더욱 공고히 하고자 하였다. 나아가 2008년에는 마침내 아세안헌장을 발효하여 아세안의 법적 기반과 제도적 틀을 마련하고, 지역협력기구로서의 한층 더 수준 높은 제도화를 이루었다. 그리고 이상과 같은 '하나의 아세안'을 위한 노력의 정점은 바로 2003년 아세안공동체 건설을 천명한 것이다.

2003년 발리에서 개최된 제9차 아세안 정상회의에서 채택된 '아세안 협력선언'에 의해 아세안은 2020년까지 안정되고 번영된 포괄적 아세안공동체를 창설해나갈 것을 천명하였다. 이를 위해 아세안은 아세안 정치·안보공동체, 아세안 경제공동체, 그리고 아세안 사회·문화공동체의 3개의 중심기둥을 제시하였다. 이후 2007년 세부선언Cebu Declaration에서 아세안 정상들은 이들 공동체의 완성을 2015년까지 앞당기기로 결정하였다. 비록, 아세안 국가들 간에 문화, 법률, 제도 등 이질적인 요소가 많고, 중국과의 남중국해 분쟁 등에서 각국의 이해관계가 다른 등 여러 면에서 갈등이 예상되고는 있으나, 만약 아세안공동체가 예상대로 탄생한다면 초대형 경제블록이 탄생할 것이라는 점에서 기대를 모으고 있다. 이를 통해 탄생할 아세안 경제공동체AEC는 인구 6억 4천만 명에 GDP가 2조 달러에 육박하는 초대형 경제규모를 가지게 될 것이며, 뿐만 아니라 중국을 대체할 새로운 제조업의 메카로 탄생할 수 있다.[60] 또한 아세안공동체가 성공적으로 설립된다면 국제정치의 비주류 지역이었던 아시아의 약소 개발도상국들의 지역협력체가 지구상에서 EU 다음으로 가장 성공한 지역통합체가 되는 매우 의미있는 사례가 될 것이 분명하다.

2) 아세안 주도의 동아시아 지역협력

아세안의 두 번째 성과는 동남아시아 지역협력의 모멘텀momentum을 동북아시아를 포함한 동아시아 전체로 확대한 것을 꼽을 수 있다. 즉, 동아시아 지역협력에서 아세안 중심주의ASEAN Centrality를 발휘한 것이다. 1990년 말레이시아의 마하티르 전 총리가 미국이나 호주를 제외한 아태 지역 국가들만의 경제협의체, 즉 동아시아경제회의East Asian Economic Caucus: EAEC를 주창한 이래, 앞의 〈그림 2〉에서 살펴본 바와 같이 아세안은 동아시아 지역협의체에 모두 참여하고 있을 뿐만 아니라 각 지역협의체의 창설과 운영에 있어 매우 주도적인 역할을 담당하였다.

우선, 냉전 시대 역내의 안보불안이 아세안 창설의 이유이었듯, 탈냉전 이후에도 아세안의 가장 큰 관심은 역내의 평화유지였다. 특히 소련의 붕괴

---

60 『연합뉴스』, 2014년 1월 13일.

와 미군의 철수 등으로 발생할 수 있는 역내의 권력 공백과 이에 따른 중국, 일본, 인도 등의 전통적 역내 강대국들의 부상 등으로 인한 안보불안을 방지하는 것이 아세안의 가장 큰 관심이었다. 이에 아세안은 아세안지역안보포럼ASEAN Regional Forum: ARF을 창설하는 데 주도적인 역할을 하였다. ARF는 아시아·태평양 지역의 정치, 안보 문제를 논의하기 위한 대화의 장으로서 역내 국가들 간의 대화를 증진하여 신뢰를 형성하는 데 그 목적을 두고 있다. 1994년 태국 방콕에서 제1차 아세안지역안보포럼이 개최되었고, 이에는 아세안 10개국과 아세안의 대화상대국인 10개국[61]이 참가 하였으며, 그 외에도 북한, 파키스탄, 방글라데시, 몽골, 파푸아뉴기니, 동티모르, 스리랑카 등 아시아와 태평양 지역을 아우르는 다수의 국가들이 참여한 바 있다. 따라서 아세안이 주도한 ARF는 동아시아 전체를 아우름과 동시에 미국, 호주, 뉴질랜드 등의 태평양 국가들도 포함하는 더 넓은 지역적 협력의 장을 마련하고 있다는 점에서 큰 의미가 있다. 특히 아세안의 다수 국가들이 중국과 남중국해 연안도서의 영유권을 둘러싸고 분쟁을 겪고 있는 상황에서 중국의 ARF 참여는 분쟁당사국들이 모두 다자적 안보대화에 참여하였다는 점에서 ARF가 실질적으로 역내 안보적 긴장을 완화할 수 있다는 긍정적 평가를 받는 데 일조하였다.[62] 또한 2000년 북한의 백남순 외상과 러시아 푸틴Vladimir V. Putin 대통령이 ARF에 참가했던 것과 중국과 러시아의 미국 미사일 구상 비판 등 ARF가 동아시아의 범위를 넘어 국제적인 문제들을 실질적으로 논의할 수 있는 장이 되었던 많은 사례들이 있다. 이러한 ARF의 운영은 ARF 창설을 주도했던 아세안의 국제적 역할과 위상을 한 단계 더 고양시키는 계기가 되었다.[63]

---

61 아세안의 대화상대국은 총 12개국으로, 완전대화상대국(Full Dialogue Partners)으로 한국, 미국, 일본, 중국, 러시아, 캐나다, 호주, 뉴질랜드, 인도, EU 등 10개국이 있고, 부분대화상대국(Sectoral Dialogue Partner)으로 파키스탄, 그리고 비국가대화파트너(Non-Country Dialogue Partner)로 UNDP가 있다.

62 변창구, "남중국해 분쟁과 아세안의 다자주의적 접근,"『국제정치논총』 제37집 3호(1998), p.158.

다음으로 1997년 동아시아 지역을 휩쓴 금융위기의 초국가적 해결을 위해 아세안은 창설 30주년 기념회의에 한·중·일 3개국 정상을 초청하였는데, 이것이 바로 ASEAN+3의 시발점이었다. 당시 미국과 EU등의 서구 국가들은 아시아의 경제위기 해결을 위한 실질적인 조치를 전혀 취하지 않았었기에, 이에 대한 실망과 우려로 인해 아세안은 동남아시아와 동북아시아의 구분 없이 동아시아라는 큰 틀에서 협력을 해야 한다는 공감대를 주도해나갔다. 이에 1997년 제1차 회의 이후 매년[64] ASEAN+3 정상회의가 개최되었으며, ASEAN+3체제는 정상회의뿐만 아니라, 외교장관회의, 경제장관회의, 재무장관회의, 농림장관회의, 노동장관회의 등 여러 분야를 아우르는 협력의 장이 되었다. 특히, 2005년 제9차 ASEAN+3 정상회의에서 각국 정상들은 '동아시아공동체' 실현을 위한 과정에서 ASEAN이 주도적인 역할을 할 것과 ASEAN+3 역시 견인차 역할을 지속할 것을 약속하였다. 이와 같이 ASEAN+3는 아세안이 동북아 주요 3국을 협력의 장으로 견인하여 동아시아 전체로 지역협력을 확대하고자 시도한 대표적이며, 매우 성공적인 사례의 하나로 볼 수 있다.

마지막으로 ASEAN+3의 2001년 보고서에서 최초로 제안되었던 동아시아 정상회의East Asia Summit: EAS이다. EAS 구상의 연원은 위에서 언급한 EAEC였다. 동남아와 동북아를 포괄하는 동아시아 전체의 평화와 안전 그리고 경제적 번영을 위한 협력을 위해 동아시아 정상회의의 창설이 제안되었고, 마침내 2005년 말레이시아 쿠알라룸푸르에서 제1회 EAS가 개최되었다. 이 정상회의에는 아세안 10개국과 한국, 중국, 일본, 인도, 호주, 뉴질랜드 등 16개국 정상이 참가하였다. 동아시아 정상회의는 매년 ASEAN+3 정상회의와 연계하여 개최되고 있으며, 정상회의 외에 외무장관회의, 경제장관회의, 환경장관회의 등도 같이 개최되고 있다. EAS는 동아시아공동체 구상에 한발 더 다가

---

63 김석수, "아세안의 발전과 국제관계 변화," 강태훈 외, 『동아시아 지역질서와 국제관계』 (서울: 도서출판 오름, 2002), p.45.

64 태국의 정세불안으로 2008년에는 개최되지 못하였음.

간 진전된 형태의 지역협력이라고 볼 수 있다. 비록, 아직 제도화 수준이 낮고, 개별 사무국 없이 ASEAN 사무국의 EAS Unit에 의해 지원이 이루어지고 있기는 하지만 EAS의 논의의 범위가 기후변화 및 에너지 분야까지 아우르는 등 명실상부한 동아시아 협력체로 자리 잡고 있는 중이다.[65]

2. 도전과 쟁점

지금까지 아세안은 아세안 방식이라는 독특한 운영체제를 유지하면서 더디지만 지속적으로 발전해왔다. 하지만 최근의 경제위기나 밀림화재로 인한 연무의 확산 등 새로운 문제들이 발생하면서 기존의 아세안 운영방식에 대한 도전에 직면하고 있다.[66]

우선, 아세안이 직면하고 있는 가장 큰 도전은 냉전 종식 후 인도차이나 반도로부터 받아들인 공산주의 국가들로 인해 발생하고 있다. 우선, 베트남, 미얀마, 라오스, 캄보디아의 네 나라들은 기존 아세안 국가들에 비해 경제적으로 훨씬 더 취약하고, 여전히 권위주의적 정치를 하고 있는 곳이 대부분이다. 이렇게 권위주의 정권이 존재할 경우 아세안의 주권존중과 내정불간섭의 원칙은 이들 권위주의 체제를 고착화하는 데 도움을 주는 부작용을 낳는다. 또한 회원국의 확대로 인해 그렇지 않아도 비효율을 감수하고 있는 협의와 합의를 통한 의사결정이 더욱더 힘들어질 가능성이 커진데다가 이들 신규회원국들이 이러한 합의제 방식의 전통에 익숙하지 않으므로 실제 합의 도출까지 더 많은 시간을 소요하거나 난관에 부딪치기 쉬울 것이라는 예상

65 한편 조한승(2005)은 EAS 출범이 아세안에게 도약의 기회가 될 수도 있으나, 한편으로는 오히려 중국과 일본 같은 동북아 강국들에 의해 그동안 아세안 중심성으로 대변되어온 주도권을 빼앗길 수도 있는 위기일 수도 있다고 주장하고 있다. 조한승, "동아시아 정상회의(EAS) 개최와 아세안(ASEAN): 도약의 발판인가 트로이의 목마인가?" 『국제지역연구』 제9집 3호(2005).

66 아래의 주요 도전과 관련하여서는 변창구(2002), pp.20-24를 참조.

이 가능하다.

다음으로 글로벌 거버넌스 차원에서 해결해야 할 많은 문제들이 지역차원에서도 발생하고 있다. 이미 1997년 금융위기 발생 시에 한차례 경험하였듯이 한 국가의 국내정책이 타국에도 영향을 미치는 경우가 왕왕 존재하고 이 경우 아세안의 전통적 기본규칙인 내정불간섭의 원칙을 적용하기 힘들게 된다. 쉬운 예로, 인도네시아의 수마트라에서 계속된 밀림 화재로 연무피해가 발생하여 인도네시아 외에 인접국들인 브루나이, 말레이시아, 싱가포르, 필리핀, 그리고 태국까지도 그 피해를 감수해야 했다. 이 경우 내정불간섭이라는 원칙에도 불구하고, 각 피해국들은 인도네시아정부에 대책을 세우라고 요구할 수밖에 없었던 것이다. 이렇듯, 아세안 방식ASEAN Way의 적용은 현재까지 점진적인 아세안의 발전에 크게 문제가 되지는 않았으나, 회원국의 확대와 초국가적 문제의 등장 등 새로운 환경의 변화에 의해 아세안의 운영방식에 도전이 제기되고 있다.

한편, 아세안이 직면하고 있는 또 다른 문제는 동아시아 지역 내의 전통적 강대국들 즉, 중국과 일본의 경쟁 그리고 미일동맹에 의한 중국 견제 문제이다. 위에서 언급한 바와 같이, 사실상 동아시아 지역의 협력은 소위 아세안 중심성, 즉 아세안이 주도적 역할을 하고 있었다. 하지만 1980년대부터 중국이 경제개방을 시작하고, 1990년 냉전이 종식된 이후 급속히 성장하였고, 2015년 현재 명실상부한 강대국의 위치를 회복하였으며, 소련 붕괴 후 세계 유일의 패권국으로 군림하였던 미국과 대적할 수 있는 유일한 국가 즉, G2 국가가 되었다. 중국은 급속한 경제성장으로 축적한 경제력을 바탕으로 아시아는 물론이고 아프리카에 이르기까지 전방위적인 영향력을 행사하고 있다. 특히 최근 중국이 주도하고 있는 아시아인프라투자은행Asia Infrastructure Investment Bank: AIIB은 중국의 달라진 위상을 가장 분명하게 보여주는 사례라고 하겠다. AIIB는 아시아 국가들의 사회간접자SOC 확충을 위해 시진핑 중국 주석에 의해 제안되었다. 초기에 중국이 주도한 국제기구라는 점뿐만 아니라, AIIB에 필요한 자금 1,000억 달러의 50%를 부담하면서 중국이 가장 큰 지분을 차지함으로써 자국의 영향력을 확대할 것이라는 점

때문에 많은 국가들이 우려를 표했다. 하지만 다수의 국가들이 미국 등 선진국 주도의 기존 다자개발은행(World Bank, IMF etc.)체제에 대해 불만이 누적된 상태였기에 참여국들이 점차 증가하였고, 2015년 4월 현재 아세안 10개국을 비롯하여 한국, 인도, 뉴질랜드, 독일, 프랑스, 이탈리아, 영국 등 총 46개 국가[67]가 참여를 선언했고, 일본과 미국은 불참하였다.

이러한 AIIB 사례에서 볼 수 있는 바와 같이 중국이 전 세계적인 강대국으로 성장함 따라 아세안 주도의 기존 동아시아 지역협력체제에 대한 전망이 어두워지고 있다. 즉, 아세안이 한·중·일을 지역협력체제로 견인하였던 과거와는 달리 중국의 세력이 너무나 강대해짐에 따라서 아세안의 주도력은 상대적으로 약해질 수밖에 없게 될 것이고, 나아가 중국 주도에 반발하는 일본과 미국의 견제로 인해 동아시아 전체의 지역협력의 미래가 불투명해질 수도 있을 것이기 때문이다. 이러한 강대국들의 틈바구니에서 현재까지 아세안은 아세안 방식을 침해받지 않는다는 것을 원칙으로 강대국 사이에서 실용적인 자세를 견지하고 있는 것으로 보인다. 즉, 현재까지는 아세안의 전통을 고수하면서 미국과 중국 사이에서 전통적인 균형정책과 편승정책을 동시에 추진하고 있다.[68] 하지만 앞으로 강대국들 사이에서 아세안 방식과 아세안 중심성을 지켜나가는 것은 아세안에게는 큰 도전이 될 것이 분명하다.

---

67 2015년 4월 현재 창립회원국은 네덜란드, 네팔, 뉴질랜드, 덴마크, 독일, 라오스, 룩셈부르크, 말레이시아, 몰디브, 몰타, 몽골, 미얀마, 방글라데시, 베트남, 브루나이, 브라질, 스위스, 사우디아라비아, 스리랑카, 스페인, 싱가포르, 아랍에미리트, 영국, 오만, 오스트리아, 요르단, 우즈베키스탄, 이란, 이탈리아, 인도, 인도네시아, 조지아, 중국, 카자흐스탄, 카타르, 캄보디아, 쿠웨이트, 키르기스스탄, 타지키스탄, 태국, 터키, 파키스탄, 프랑스, 필리핀, 핀란드, 한국 등 총 46개국이며 2015년 6월 협정문 서명에 이르기까지 창립 회원국은 더 늘어날 수 있을 것이다.

68 이동윤(2012); 변창구, "동남아시아에 있어서 미·중 패권경쟁과 아세안의 선택," 『정치·정보연구』 제14집 1호(2011).

Ⅵ. 한국과 아세안

한국과 아세안은 〈표 2〉에서 볼 수 있는 바와 같이, 1989년 최초로 대화관계를 수립한 이후 1997년 한-아세안 정상회의 정례화, 2009년 한-아세안센터 출범과 특별정상회의 개최, 한-아세안자유무역협정FTA 완결, 2010년 한-아세안 전략적동반자관계 격상, 2012년 주 아세안대표부 개설, 그리고 2014년 대화관계 수립 25주년 기념 한-아세안 특별정상회의 개최 등 지난 25년간 실로 괄목할 만한 성장을 이루었다. 이러한 정치적 교류 이외에도 경제협력과 민간 분야에서도 활발하게 교류하고 있다.

1. 아세안의 중요성 및 한-아세안의 관계발전

우선, 아세안은 지정학적으로 미국과 유럽을 연결하는 요충지에 있고 중동산 원유의 주요 수송로인 말라카 해협이라는 중요한 해로를 끼고 있다. 이러한 지정학적 조건들로 인해 미국이나 중국이 이 지역을 중요한 전략적 요충지로 생각하고 있고, 우리에게도 원유의 안정적 공급이라는 측면에서 주목해야만 하는 지역이다. 또한 아세안은 강대국들이 충돌하는 동아시아 지역에서 적절한 균형정책을 추구하여 일방적인 패권의 등장을 저지하는 한편 오히려 이들 간의 경쟁과 패권의 공백을 이용하여 아세안 중심성을 백분 발휘하고 있다. 이로 인해 동아시아 지역에는 아세안 중심성에 대한 지지라는 암묵적 관행이 형성되어 아세안이 동아시아 협력의 견인차 역할을 할 수 있었다. 또한 아세안은 중국을 대체할 만한 생산기지의 메카로, 그리고 2억 인구의 단일시장으로서 한국에게는 매우 중요한 경제협력 파트너이다. 마지막으로 아세안은 한국의 K-pop이나 드라마 등 한류의 인기가 높은 지역으로 이를 활용한 공공외교나 소프트파워를 고양 시킬 수 있는 잠재력이 높은 지역이다.[69]

〈표 2〉 한-아세안관계의 발전 연혁

1989	11월 한-아세안 부문별 대화관계 수립
1991	7월 한-아세안 완전대화상대국 관계로 승격
1997	12월 제1차 한-아세안 정상회의 및 아세안+3 정상회의 개최
2004	11월 한-아세안 포괄적협력동반자관계에 대한 공동선언 채택
2005	12월 한-아세안 포괄적협력동반자관계에 관한 공동선언 이행을 위한 행동 계획 채택
	한-아세안 포괄적경제협력 기본협정 체결
2007	11월 한-아세안센터 설립 양해각서 서명
	6월 한-아세안 FTA 상품협정 및 기본협정 발효
2008	12월 한-아세안센터 설립 양해각서 발효
2009	9월 한-아세안 FTA 투자협정 발효
	6월 한-아세안 특별정상회의 개최(제주)
	5월 한-아세안 FTA 서비스협정 발효
	3월 한-아세안센터 출범(서울)
2010	10월 평화와 번영을 위한 한-아세안 전략적동반자관계 격상에 관한 공동선언 채택 및 공동선언 이행을 위한 행동계획 채택
2011	10월 한-메콩 외교장관회의 출범
2012	10월 주 아세안 대한민국 대표부 개설(인도네시아 자카르타)
2014	12월 대화관계 25주년 기념 한-아세안 특별정상회의 개최(부산)

자료: 한아세안센터 웹사이트, http://www.aseankorea.org/kor/page30/page33-2.asp(검색일: 2015.7.16)

하지만 초기의 한국과 아세안은 그렇게 가까운 관계는 아니었다. 한국은 1970년대 말부터 아세안과의 협력을 시도하였으나 아세안은 남북한 문제에 연루될 위험이 높다는 점과 당시 한국이 경제적으로 발전하지 못하여 교류

69 서정인(2012), pp.284-287.

가 큰 도움이 되지 않는다는 점에서 한국과의 교류에 부정적이었다.[70] 따라서 한-아세안관계는 그로부터 10여 년이 훨씬 더 지난 1989년이 되어서야 시작되었다. 특히 한국이 아세안의 완전대화대상국이 된 것은 1991년으로 1990년대 이후인데, 이는 1980년대 후반 한국의 민주화와 급속한 경제발전, 그리고 냉전의 종식이 한꺼번에 이루어지면서 아세안이 비로소 한국과의 교류를 긍정적으로 받아들이고 있음을 알 수 있다. 일단 완전대화상대국 관계로 발전한 이후에는 1997년 한-아세안 정상회의가 정례화되고, ASEAN+3에 참여하는 등 한-아세안 간의 협력이 급속도로 확대되었으며, 마침내 2010년 이후 한-아세안 전략적동반자관계 격상, 한-메콩 외교장관회의 출범, 그리고 2012년 주 아세안대표부 개설 등 한국과 아세안의 관계는 더욱더 심화·확대되고 있다. 또한 2009년 한-아세안 FTA가 전면발효된 이후 아세안은 한국의 3대 주요 투자대상 지역이면서 해외건설 수주 지역이 되었고, 연간 교역량 1,353억 달러(2013년 기준)로 중국에 이어 한국의 2대 교역파트너로 부상하였다. 뿐만 아니라 경제협력과 한류 등의 영향으로 인적교류도 증가하여 한-아세안 간 방문객이 총 650만 명이 넘는 등 교류도 날로 확대되고 있다.[71] 한-아세안관계의 심화·확대 추세는 계속될 것으로 보이며, 특히 2015년 말 아세안공동체가 예정대로 창설된다면 양자 간 관계는 물론이고 동아시아 협력의 동반자로서도 더 밀접한 관계를 유지할 것으로 보인다.

2. 한국의 대(對)아세안 전략

이상과 같이 한-아세안 양측은 점진적으로 협력을 확대해왔지만, 앞으로 인구 6억이 넘는 초대형 공동체가 될 아세안공동체를 생각한다면, 한국은

70 서정인(2012), p.288.

71 한-아세안센터 웹사이트, http://www.aseankorea.org/kor/page30/page33-1.asp(검색일: 2015.7.17).

아세안과의 관계를 더욱더 돈독하게 할 필요가 있다. 특히, 아세안 6개국(인도네시아, 베트남, 필리핀, 태국, 말레이시아, 싱가포르)에게 아세안의 중요한 동반자를 묻는 질문에서 한국은 중국(30~33%), 일본(28~23%), 미국(23~13%) 다음으로 호주, 인도, 유럽등과 비슷하게 2~5%를 얻는 데 그쳤다는 점을 고려할 때 이러한 약점을 제고할 만한 전략이 필요하다.[72] 그 가운데 가장 대표적인 것이 바로 협력의 제도화이다. 제도는 일단 정착이 되면 쉽사리 사라지지 않고 지속되는 특징을 가지고 있어 고도의 안정성과 예측가능성을 보장한다. 따라서 안정적인 한-아세안관계를 위해서는 양측 간의 대화와 협력의 메커니즘을 더욱더 확대하고, 공식화·제도화하여야 할 것이다. 이러한 측면에서 한-아세안센터의 설립과 주 아세안 상주대표부의 설립 등은 매우 적절했다고 볼 수 있다.

또한 비록 한국이 ASEAN+3의 일원이기는 하나, 중국과 일본에 비해 자본과 기술력이 빈약하기 때문에 강대국들과 경쟁할 수는 없을 것이다. 따라서 중진국으로서 지역협력체제에 기여할 수 있는 방법을 찾을 수 있어야 한다. 즉, 아세안이 약소국들의 연합이었기 때문에 큰 저항 없이 지역협력체제를 주도할 수 있었듯이 한국 역시 그러한 전략이 필요하다. 강대국 주도체제에 대한 반감이 존재하는 동아시아 지역의 특성상 중진국인 한국이 실용적으로 지역협력에 접근한다면 충분한 승산이 있다. 또한 비록 자본과 기술력은 빈약하지만 교육을 비롯한 인적 자원형성 등의 소프트파워 관련 노하우는 오히려 더 우수하므로, 각국과의 협력과정에서 이러한 소프트파워 인프라의 구축에 집중하는 것이 더욱더 바람직할 것이다. 특히 아세안 국가 대사들과의 인터뷰에서도 소프트파워의 필요성인 확인된 바 있다.[73]

한편, 사실 한-아세안관계는 ASEAN+1, 즉 아세안이 동남아시아 역외 국가들에 대응하는 독특한 형태로 규정되고 있다. 이러한 아세안 중심적인 관계는 지역협력의 차원에서 본다면 한국의 주도성이 상당히 제한되고 있기

---

72 서정인(2012), p.287.

73 『매일경제』, 2015년 3월 20일.

때문에 아쉽지만, 이는 동북아의 미미한 지역협력 성과를 본다면 어쩔 수 없는 결과라고 생각된다. 즉, 동아시아에서의 권력 공백을 적절히 활용하는 아세안의 이러한 정책은 강대국들의 인정하에 상당 기간 지속될 것으로 보인다. 특히 아세안 주도의 ASEAN+3(한국, 중국, 일본)이 현재까지 동북아시아를 포함하는 가장 발전된 지역협력의 제도라는 점을 감안한다면 지역협력에 있어 아세안의 중심적 역할을 인정하고 그에 보조를 맞추어 나가는 것이 바람직할 것으로 보인다. 특히, 최악의 경우 미국, 중국, 일본이 동아시아에서 패권 경쟁을 벌이게 된다면 한국은 아세안과의 강화된 교류와 협력을 지렛대로 활용하여 강대국에 대응해 나가야 한다는 이른바 아세안 지렛대론ASEAN leverage이 유용해 보인다. 즉, 강대국들 사이에서 한국 역시 아세안과 유사한 중견세력의 위상을 갖고 있기에 아세안과 함께 강대국 간의 경쟁으로 인한 패권의 공백을 활용하는 중추적 역할pivotal role을 하는 것이 바람직할 것이다. 이런 측면에서 본다면 아세안과의 연합뿐만 아니라 개별 국가로서 한국의 경우에도 아세안의 강대국 전략은 큰 시사점을 준다고 하겠다. 다시 말해 역내 대표적인 중견세력으로서 한국과 아세안의 협력을 통해 강대국들 간의 힘의 균형을 유지하면서 동아시아 지역협력의 견인차 역할을 충분히 해낼 수 있다는 것이다.[74]

VII. 결론

이상에서 살펴본 바와 같이 유럽이나 타 지역에 비해 동아시아의 지역협력은 아직은 상당히 미약한 수준이다. 이는 일본 제국주의 지배를 받은 과

---

74 Sa-Myung Park, "Beyond Northeast Asia Toward East Asia: A Korean Perspective on Regionalism," *The Southeast Asian Review* 16-2(2006), pp.1-28.

거의 경험으로 인해 강대국 주도의 지역협력이 환영받지 못하기 때문이기도 하고, 역내에 남북한과 같이 분단국가가 존재하고, 역내 국가들끼리도 영토 분쟁을 겪고 있는 등 불안정성이 상존하고 있기 때문이기도 하다. 또한 미국의 양자적 동아시아 전략 때문에 지역협력의 분위기가 조성되지 못한 것도 하나의 이유이며, 역내 두 강대국인 중국과 일본의 주도권 장악을 위한 경쟁 때문이기도 하다. 하지만 그럼에도 불구하고, 1967년에 시작된 동남아시아 약소국들의 연합인 아세안은 여전히 발전중이며 심지어 2015년까지는 완전한 동남아시아공동체를 이룰 것을 천명하고 진행 중이다. 뿐만 아니라 아세안은 ARF, ASEAN+3, EAS 등 동북아시아와 아시아·태평양 지역을 아우르는 국가들을 지역협력에 견인하는 데 주도적인 역할을 하였다. 따라서 그 동안의 동아시아 지역협력의 특징으로 아세안 중심성을 꼽는 것이 큰 무리가 없었다.

하지만 아세안은 EU와는 달리 제도화의 수준이 상당히 낮은 기구로서, 아세안의 법적·제도적 틀을 규정한 아세안헌장이 지난 2008년에야 겨우 발효되었을 정도이다. 뿐만 아니라 자제, 존중, 그리고 책임이라는 아세안의 기본원칙과 협의와 합의를 통한 아세안의 의사결정체제는 아세안의 정책결정을 상당히 비효율적으로 만들 뿐만 아니라, 아세안의 대응 자체가 실질성이 떨어질 수밖에 없게 만드는 부작용을 낳았다. 특히 이러한 부작용들은 1995년 베트남을 시작으로 미얀마, 라오스, 캄보디아 등 아직도 권위주의적인 정권이 지배하고 있는 국가들을 회원으로 수용하여 아세안의 외연을 완성하면서 그 문제가 더욱더 증폭되었다. 여기에다가 G2로서 AIIB를 적극적으로 주도하고 있는 중국의 급부상으로 인해 역내 지역협력의 주도권, 즉 아세안 중심성이 위기에 직면하고 있는 상황이다.

따라서 본 장은 앞서 제기하였던 아세안 중심성에 대한 논란의 결론을 이렇게 정리하고자 한다. 우선, 아세안은 초기에는 유명무실한 약소국들의 연합이었다고도 볼 수 있다. 하지만 냉전 종식이후 아세안 10개국의 외연이 갖추어진 이후부터는 동아시아 전체의 지역협력의 이니셔티브를 주도하는 적극적인 역할을 하였고, ARF, ASEAN+3, 그리고 EAS와 같은 동아시아 전체(때로는 태평양국가 포함)를 아우르는 지역협력을 견인할 수 있었다. 하지만, 최근 중국의 부상으로 인해 동아시아 지역협력의 아세안 중심성은 조금 흔들리고 있다. 아직은 유명무실할 정도는 아니지만, 지역협력의 주도권은 확실히 중국에 빼앗긴 듯한 양상이다. 특히 중국 주도하에 창설되고 있는 AIIB는 아시아의 취약국가들에 대한 사회간접자본을 지원해 주는 것이기에 비록 아세안 10개국이 모두 창립회원으로 참여한다고 해도, 이는 아세안이 창설을 주도하는 것이 아니고 적극적으로 참여하는 수준밖에는 되지 않는다.

하지만 이러한 움직임이 아시아의 지역협력 전체를 놓고 보면 꼭 나쁘다고만 볼 수는 없다. 일단 실용적 관점에서 기존의 서구 강대국 주도의 경제기구들에 대한 불만이 팽배하였던 상황을 놓고 볼 때, 동아시아 역내 국가들이 주도권을 갖고 아시아 지원을 위한 개발은행을 창설하고, 이에 전 세계 각국이 참여한다는 것은 동아시아 지역협력의 발전에도 충분히 고무적이라고 생각된다. 다만, 중국의 주도성을 어떻게 해석할지, 즉, 다자적 틀을 존중하게 될지 아니면 좀 더 일방적인 모습으로 나타날지에 대해서는 좀 더 지켜봐야 할 듯하다. 결국, 동아시아 지역협력에 있어 아세안의 주도력은 조금씩 약화되고 있으나, 이것이 동아시아의 지역협력 자체가 후퇴한다는 것은 아니라는 결론이다. 또한 아세안 중심성이 약화된다고 해도, 중국과 미국, 그리고 일본 간의 경쟁으로 인해 아세안의 중추적 역할의 중요성은 더욱더 높아질 수 있다. 즉, 아세안은 협력을 이끌어내는 지도력은 발휘할 수 없을지라도 협력을 저지할 수 있는 역할은 할 수 있기에 동아시아 지역협의 발전에 있어서 아세안의 협력을 이끌어내는 것은 앞으로도 중요할 것이다.[75]

---

75 최영미·김도희(2015)는 동아시아 지역협력이 가능한 4개의 시나리오를 제시하고, 중국이 주도하고, 아세안이 협력하는 형태의 발전모델이 가장 실효성이 높다고 주장한 바 있다. 최영미·김도희, "중국의 지역주의 전망과 아세안의 역할: 동아시아 지역주의 발전의 평가와 전망," 2015년 한국국제정치학회 하계학술대회 발표논문(2015).

더 읽을거리

✣ 김예겸 외. 『동남아의 초국가적 이슈와 지역 거버넌스』. 서울: 명인문화사, 2010.

이 책은 아세안을 직접적으로 다룬 것은 아니나 최근 주목받고 있는 7개의 전지구적 이슈들 즉, 테러리즘, 빈곤, 연무, 인신매매, 전염병, 수자원개발, 이주노동 등을 주제로 동남아시아 지역의 새로운 거버넌스를 모색하고자 하였다. 따라서 이 책은 기존의 아세안 방식이나 운영체제에 대한 연구에서 나아가 새로운 환경변화에 따라 아세안이 어떻게 대응해야 할 것인지 혹은 동남아시아 국가들은 어떻게 협력해야 할지 등에 대한 새로운 문제를 제기해주고, 방안을 모색해본다는 점에서 조금 더 심화된 논의를 진행하는 데 도움이 될 것이다.

✣ Acharya, Amitav. *The Making of SOUTHEAST ASIA: International Relations of a Region*. Singapore: Institute of Southeast Asian Studies, 2012.

이 책은 무엇이 동남아시아 지역을 형성하는지에 대해 진지하게 탐구하면서 동남아시아 지역주의의 근원과 발전, 그리고 아세안에 대해 살펴보고 있다. 특히, 저자는 개정판을 내면서 '지역(regions)'의 개념을 더욱더 분명하게 논의하는 데 한 장을 할애함으로써 지역주의에 대한 이후의 논의를 더욱더 명쾌하게 하고 있다. 또한 마지막 장에서 이러한 1997년 경제 위기로 인해 동남아시아라는 지역적 개념이 직면하는 위기에 대한 흥미로운 논의를 전개하고 있다.

✣ BA, Alice D. *[Re]Negotiating East and Southeast Asia: Region, Regionalism, and the ASSOCIATION of SOUTHEAST ASIAN NATIONS*. Stanford, CA: Stanford University Press, 2009.

이 책은 '이론과 아세안의 근원(Theory and Origins of ASEAN)'과 '탈냉전 이후 아세안의 지역주의(ASEAN's Post-Cold War Regionalism)'의 두 부분으로 구성되어 아세안의 내외적 관계에 대해 고찰하고 있다. 즉, 아세안 내부적으로 다양한 국가들이 어떻게 아세안이라는 하나의 공동체를 형성하였는지에 대해 살펴보고, 또 외적으로는 아세안이 어떻게 아시아태평양 지역 혹은 동아시아 지역 전체의 지역주의를 견인할 수 있었는가라는 핵심적 질문에 대해 답하고 있다.

제 4 장

미주 지역협력과 미주기구(OAS)

조한승

Ⅰ. 서론
Ⅱ. 아메리카 대륙의 지역체계와 미주기구의 발전
Ⅲ. 미주기구의 구조와 활동
Ⅳ. 미주기구의 과제와 미래
Ⅴ. 결론

Ⅰ. 서론

글로벌리제이션 현상이 가속화되는 오늘날 지역단위에서의 통합과 조직화의 모습도 두드러지게 나타나고 있다. 가장 대표적인 것이 유럽연합EU과 유로존Eurozone의 등장이다. 1990년대 이후 이러한 지역주의 현상은 주로 금융과 무역의 글로벌리제이션에 대한 반작용으로 이루어졌으면서 동시에 시장의 글로벌리제이션을 촉진시키는 결과를 낳고 있다. 따라서 오늘날 지역주의, 지역통합, 지역기구에 대한 논의는 상당 부분 경제적인 부분에 집중하고 있다. 하지만 지역주의 현상과 지역기구의 발전은 그 이전부터 꾸준하게 전개되어 온 것이다. 특히 1950년대 이전의 지역주의는 오늘날과 달리 주권의 수호와 영토의 보전이라는 정치·안보 측면의 동기에서 비롯된 것이다. 남북 아메리카 대륙의 미주기구Organization of American States: OAS는 근대 이후 등장한 최초의 지역기구로서 신대륙의 신생국가들이 구대륙 열강의 정치적, 군사적 압력에 맞선다는 공동의 목적을 바탕으로 수립되었다.

미주기구는 미국, 캐나다, 브라질 등 국제무대에서 영향력 있는 주요 국가들이 가입되어 있으며, 지리적으로 광활한 남북 아메리카와 카리브 해를 포괄하고 있다는 점에서 세계무대를 지향하는 한국의 입장에서 관심의 대상이 된다. 정치적으로 냉전 시기 미주기구는 국제무대에서 한국을 꾸준히 지지하였으며, 1950년 북한의 남침 직후 유엔 안전보장이사회에서 한국을 수호하는 결의가 이루어지자마자 즉각 미주기구이사회를 소집하여 유엔의 결정을 지지하는 내용의 결의를 채택하였다. 한국은 1981년부터 미주기구의 상임 옵서버로서 참여하고 있으며 매년 워싱턴에 소재한 미주기구 본부에 인턴을 파견하고 있다. 경제적으로도 풍부한 자원과 거대한 규모의 시장을 가지고 있는 아메리카 대륙은 무역국가인 한국에게 대단히 중요한 지역이다.

그럼에도 불구하고 최근까지 미주기구에 대한 관심과 연구는 대단히 제한적이었으며, 특히 한국에서 미주기구에 대한 이해는 여전히 낮은 수준에 머무르고 있다. 한국에서 아메리카 대륙에 대한 논의는 미국 등 특정 국가 혹은 무역 등 특정 부문에만 치중되어 있어 아메리카 대륙 전반을 포괄하는 미주기구에 대한 논의는 대단히 피상적이다. 이러한 현상의 원인으로는 한국이 지리적으로 아메리카 대륙과 멀리 떨어져 있어 필연적으로 관심이 적을 수밖에 없다는 것뿐만 아니라 그동안 미주기구가 국제무대에서 미치는 영향력이 상대적으로 적었다는 사실도 지적된다. 미주기구는 그동안 미국을 제외한 다른 회원국의 국제적 영향력이 미미했기 때문에 유럽연합 등 주요 지역기구들에 비해 존재감이 크게 떨어질 수밖에 없었다. 실제로 냉전 기간 중에 미주기구는 사실상 미국의 대(對)중남미정책 수행의 도구 역할에 불과했다고 해도 과언이 아니다.

하지만 최근 미주기구는 미국으로부터의 일방적인 영향력에서 벗어나 회원국 상호간 주권평등의 원칙을 실천하는 정책을 발전시키고 있으며, 냉전시대의 정치적, 안보적 접근에서 탈피하여 민주주의, 인권, 통합발전, 교육, 과학, 마약퇴치, 지뢰제거 등 다양한 분야에서의 활동을 확대하고 있어 역내 번영과 발전, 그리고 회원국 간 호혜적 다자협력이라는 지역기구 본연의 역할과 기능에 보다 충실하고자 노력하고 있다. 특히 2005년 개혁적 성향의 칠레 출신의 호세 미구엘 인술사Jose Miguel Insulza가 미국이 지지하는 인물을 제치고 사무총장으로 당선되고 2010년 재선까지 성공함으로써 미주기구의 개혁정책이 지속적으로 추진되고 있다.

Ⅱ. 아메리카 대륙의 지역체계와 미주기구의 발전

1. 범미주의의 등장과 특징

19세기 초 라틴아메리카 국가들이 식민지배로부터 독립하면서 만들어진 아메리카 대륙 지역체계는 범미주의Pan-Americanism라 불리는 독특한 지역주의를 만들었다. 범미주의는 아메리카 대륙 국가들 사이에 정치, 경제, 사회, 문화, 외교 등의 측면에서 상호협력과 연계를 통해 서반구의 국가 및 사회의 성장과 발전을 도모하자는 주장을 의미한다. 하지만 현실에서 범미주의는 이중적인 특징을 가진다. 하나는 역외 강대국들의 개입과 침략에 맞서기 위해 역내 국가들 사이의 다자주의, 평등주의, 불간섭주의, 법률주의에 기초한 집단적 상호협력을 강조하는 내용인 반면, 다른 하나는 북아메리카의 강대국 미국과 라틴아메리카와 카리브 지역의 약소국들 사이에서 나타나는 힘의 불균형에 따른 미국의 일방주의와 이에 대한 저항이다.

아메리카 대륙의 지역체계의 성격을 이해하기 위해서는 이 지역의 역사를 먼저 살펴봐야 한다. 지리적 발견 이후, 아메리카는 유럽 강대국들의 식민지로서 세계 역사에 처음 등장하였다. 북아메리카에서는 영국과 프랑스가, 중남미에서는 스페인과 포르투갈이 광활한 영토를 지배하였다. 미국은 1776년 영국으로부터 독립하여 새로운 연방제공화국을 수립하여 빠른 속도로 국가성장을 이루었지만 남아메리카 여러 지역에서는 스페인의 식민지배가 19세기까지 지속되었다. 19세기 초 신대륙의 영주 출신이자 자유주의 혁명가였던 시몬 볼리바르Simon Bolivar가 오랜 독립전쟁을 벌인 끝에 1824년 스페인 통치를 종식시키고 식민지의 독립을 이루어내는 데 성공했다. 그는 스페인어를 사용하는 라틴아메리카 지역의 신생공화국들이 독립을 유지하기 위해서는 서로 협력하는 제도적 장치를 만들어야 한다고 생각하고 연방을 구성할 것을 제안했다. 이를 논의하기 위해 1826년 그는 남북 아메리카 대륙 신생국들의 대표를 파나마로 초청하였다.

시몬 볼리바르

볼리바르(Simón Bolívar, 1783~1830)는 스페인의 중남미 지배 시절 베네수엘라에서 태어나 유럽으로 건너가 계몽주의 사상을 받아들인 후 1807년 고향에 돌아와 베네수엘라 독립운동을 시작했다. 1811년 베네수엘라 공화국을 수립했으나 스페인 통치를 지지하는 왕당파의 공격으로 실패하고 콜롬비아로 피신했다. 콜롬비아 카르타헤나에서 베네수엘라와 콜롬비아의 독립을 선언하고(카르타헤나선언) 군대를 이끌어 1814년 베네수엘라 카라카스에 입성했다. 하지만 스페인의 반격으로 1819년까지 스페인군과 중남미 일대에서 독립전쟁을 이끌었다. 1819년 콜롬비아를 해방하고 미국 정부 형태를 모방한 그란 콜롬비아를 수립하였으며, 1821년 베네수엘라를 되찾았다. 그 밖에 에콰도르, 파나마 등에서 스페인 통치를 종식시키고 독립한 지역을 그란 콜롬비아에 통합하였다. 그의 사망 이후 그란 콜롬비아는 와해되어 콜롬비아, 에콰도르, 베네수엘라, 파나마 등으로 분리되었다.

파나마회의Congress of Panama에는 그란 콜롬비아Gran Colombia,[1] 페루, 중앙아메리카연방United Provinces of Central America,[2] 멕시코 대표가 참석하였고, 미국도 대표를 파견하였으나 참석하기 위해 오는 도중에 사망하여 결국 회의에 참석하지 못했다. 반면 남아메리카연방United Provinces of South America,[3] 브라질왕국, 파라과이 등은 초청받지 못했거나 참석을 거부했다. 한편 영국은 스페인을 견제하고 남아메리카 국가들과의 무역을 증진하기 위해 옵서버를 파견했다.

이 회의에서 참가국 대표들은 상호방위조약을 체결하여 서반구 신생국가들의 안전을 보장받는 데 합의하였다. 하지만 각국 대표들이 귀국하여 자국 정부와 의회로부터 비준을 받는 데 실패함으로써 볼리바르가 구상한 미주연

---

1 오늘날의 콜롬비아, 에콰도르, 파나마, 베네수엘라.

2 오늘날의 과테말라, 엘살바도르, 온두라스, 코스타리카, 니카라과.

3 오늘날의 아르헨티나.

방의 구상은 실패로 끝났다. 그럼에도 불구하고 아메리카 신대륙의 국가들이 서로 협력하여 집단적인 지역안보동맹을 맺는다는 아이디어는 이후에도 계속되었다. 그리고 파나마회의는 아메리카 대륙의 국가들이 중요한 문제를 해결하기 위해 한자리에 모여 논의한다는 최초의 사례를 만들었다.

19세기 초 구대륙에서 무력에 바탕을 둔 패권을 위해 강대국들이 경쟁하고 있을 때, 신대륙 아메리카에서는 국가의 평등성, 불간섭 원칙, 규칙과 법률에 의한 평화적 분쟁해결, 다자주의 등과 같은 현대적 개념의 국제관계 원칙들을 역내 국가들 사이의 관계에 적용하고자 하였다.[4] 이는 상대적으로 취약한 신생국가들이 식민지 지배에서 독립하여 스스로를 지키기 위한 시도였다. 유럽의 강대국들이 다시 신대륙에 간섭하고 지배하는 것을 막기 위해 신생 독립국들은 어렵게 쟁취한 주권을 서로 인정하고 협력하는 평등성, 불간섭, 다자협력의 원칙을 발전시켰다. 특히 남아메리카 신생국들 대부분은 스페인에 의한 식민지배를 겪었고 스페인어를 사용하는 등 공동의 역사적·문화적 경험을 가지고 있으며, 국가 형성의 과정이 비슷하여 그들 상호관계에 있어 이 지역의 독특한 외교적 문화를 발전시키기 용이했으며, 이러한 전통은 이후 남아메리카 국가들 사이의 관계를 특징짓는 공동의 규칙과 제도로 발전했다.[5]

1868년 아르헨티나 외교관이자 법률가인 카를로스 칼보Carlos Calvo는 국가가 다른 국가 혹은 개인의 채무 자산을 회수하고자 할 때 무력을 사용해서는 안 된다는 원칙을 제시했다.[6] '칼보 독트린'으로 알려진 이 원칙은 라틴아메리카 국가들 사이의 평등적 관계의 이론적 기반이 되었으며, 일부 국가에서는 헌법 원칙으로 채택되었다. 1902년 베네수엘라의 부채 환수를 위

---

4 Monica Herz, *The Organization of American States* (New York: Routledge, 2011), pp.6-7.

5 Andrew Hurrell, "Working with Diplomatic Culture: Some Latin American and Brazilian Questions," *Paper presented ISA Conference* (Montreal, March 2004).

6 Carlos Calvo, *Le droit international theorique et pratique: precede d'un expose historique des progres de la science du droit des gens* (Paris: A. Rousseau, 1866).

해 무력개입을 시도하려는 영국, 독일, 이탈리아에 대해 아르헨티나의 루이 마리아 드라고Louis Maria Drago 외무장관은 칼보 독트린에 의거하여 미국을 포함한 아메리카 국가들의 대응을 요구했다.[7] 이러한 19세기의 전통은 오늘날까지도 계속 전해져 남아메리카 국가들 사이의 오랜 분쟁 대부분이 전쟁 없이 외교적 협상으로 해결되었다. 예를 들어, 아르헨티나와 브라질 사이의 갈등과 아르헨티나와 칠레와의 갈등이 1980년대 일련의 외교적 협상을 통해 해소되었고, 페루와 에콰도르 사이의 오랜 국경분쟁도 1998년의 협상으로 해결되었다.

범미주의의 또 다른 특징인 미국의 일방주의는 1823년 '먼로 독트린Monroe Doctrine'에서 잘 나타난다. 미국 건국의 아버지인 토마스 제퍼슨Thomas Jefferson 등은 구대륙 유럽과 아메리카 신대륙이 구분된다고 선언하고 아메리카에 대한 유럽의 간섭을 배제하고자 하였다. 구대륙과 신대륙의 구분은 라틴아메리카의 다른 국가들도 공감하는 내용이었지만 미국은 한걸음 더 나아가 서반구의 독립성을 유지하기 위해서 미국이 다른 서반구 국가들의 보호자가 되어야 한다고 주장했다. 이러한 맥락에서 1823년 미국의 제임스 먼로James Monroe 대통령은 연두교서를 발표하면서 서반구의 신생 독립국들이 유럽으로부터의 개입에서 자유로워야 하며, 이를 위해 미국이 일종의 보호자 혹은 후견인 역할을 담당할 것임을 선언했다. 동시에 그는 어떠한 경우든지 유럽 국가가 서반구 신생국들을 식민지화하거나 통제하려는 시도는 "미국에 대한 비우호적 행동"으로 간주될 것이라고 경고했다.[8] 흔히 먼로 독트린은 미국의 외교적 고립주의 전통으로 해석되지만 서반구에 대해서만큼은 이는 노골적인 일방적 개입주의를 의미하는 것이었고, 이를 통해 미국은 범미주의의 주도자가 될 수 있었다.[9]

---

7 Herz(2011), p.8.

8 Alonso Aguilar, *Pan-Americanism from Monroe to the Present: A View from the Other Side*, rev. English ed. (New York: Monthly Review Press, 1986), p.25.

9 Arthur P. Whitaker, "Development of American Regionalism: The Organization of American States," *International Conciliation*, No.469(March 1951), pp.123-164.

먼로 독드린은 20세기 초에도 계속해서 미국 외교정책의 기조가 되었다. 1904년 미국의 시어도어 루즈벨트Theodore Roosevelt 대통령은 이른바 루즈벨트 구상Roosevelt Corollary을 발표하여 유럽 세력과 라틴아메리카 국가들 사이에 갈등이 발생할 경우 미국이 직접 군사적으로 개입할 것임을 천명했다. 이는 "문명사회의 연계"라는 명목으로 포장되었지만 사실상 먼로 독트린을 확대 강화한 것이었다. 실제로 미국은 1899년에서 1917년 사이에 라틴아메리카 및 카리브 국가들에 대해 20차례 이상 군사적·경제적으로 개입했다.[10] 제1차 세계대전 이후, 미국은 먼로 독트린에 따라 국제연맹 가입을 거부하고 고립주의를 유지했다. 하지만 서반구에서의 미국의 영향력 확대는 오히려 유럽 강대국들의 간섭 없이 꾸준히 진행되었다. 이러한 미국의 일방주의적 접근은 다른 중남미 국가들의 반발을 초래했다. 미국은 보호자를 자처했지만, 라틴아메리카의 약소국들의 입장에서 미국의 정책은 라틴아메리카의 양들을 미국이라는 늑대가 지켜주는 것과 다름없었다.[11]

1930년대 라틴아메리카 국가들의 반발이 거세지자 미국은 정책의 수정을 시도했다. 1933년 미국의 프랭클린 루즈벨트Franklin D. Roosevelt 대통령은 "좋은 이웃Good Neighbor"이라 불리는 새로운 정책을 제시하였다. 이는 미국이 더 이상 라틴아메리카에서의 영향력 행사를 위해 전투 병력과 전함을 파견하여 남아메리카의 정부들을 위협하지 않겠다는 내용을 담고 있었다. 그 대신 미국은 교육, 보건, 농업 등 인도주의프로그램과 시민과 학생들의 문화교류, 그리고 희망하는 정치세력에 대한 미국의 자문을 제공할 것이라고 밝혔다.

하지만 제2차 세계대전 이후 동서냉전이 격화되자 미국은 다시 먼로 독트린에 기초한 서반구 개입정책으로 돌아섰다. 공산주의의 서반구 침투를 막는다는 이유로 미국은 쿠바, 도미니카공화국, 칠레, 그라나다, 파나마 등에

---

10 Frank Joseph Heintz, *Regionalism in International Political Organization*, Ph.D dissertation of the Catholic University of America(Washington, DC, 1953), chap.V.

11 Whitaker(1951), p.126.

무력으로 개입하였고, 범미주의는 미국의 이러한 일방주의적 행동을 정당화하는 도구로 '변질되어' 사용되었다. 서반구에 대한 미국의 일방적 접근은 냉전이 종식되고 라틴아메리카에서 민주주의가 확산되면서 완화되었다.

후술하겠지만 이와 같이 상호충돌하는 내용을 함께 담고 있는 범미주의를 바탕으로 미주기구가 수립되었기 때문에 미주기구의 활동과 기능은 시기에 따라 큰 변화를 보인다. 표면적으로 미주기구는 불간섭 원칙과 평등성을 강조하는 다자주의를 표방하지만 미국의 영향력이 상대적으로 강해지는 시기에는 미국의 일방주의가 기구 내부의 분위기를 압도한다. 이러한 상충적인 현상은 미주기구 내의 정치적 상호관계와 정책결정에 반영되어 나타난다.

2. 미주기구의 수립 과정

공식적인 지역기구로서 미주기구는 1948년 5월 9일 콜롬비아 보고타에서 아메리카 대륙의 21개 국가 외무장관들이 미주기구헌장에 서명함으로써 공식 수립되었다.[12] 하지만 미주기구의 전신이 되는 미주회의International Conference of American States와 범미주연맹Pan-American Union의 역사는 전술한 바와 같은 아메리카 지역체계의 등장과 함께한다.

볼리바르의 미주연방 구상이 실패한 이후에도 아메리카 국가들을 하나로 묶어 지역협력을 통한 번영과 안보를 이루고자 하는 노력은 신생 라틴아메리카 국가들에게서 지속되었다. 일부 라틴아메리카 국가들은 비정기적으로 회합을 갖고 공동의 방위와 법률적 문제들에 대해 논의하였다. 1826년부터 1889년까지 이러한 회합은 11차례 개최된 것으로 알려져 있다. 미국은 이들 회의에 참석하지 않았지만, 19세기 말 남북전쟁을 마치고 산업혁명과 농업

12 21개 원회원국은 다음과 같다. 아르헨티나, 볼리비아, 브라질, 칠레, 콜롬비아, 코스타리카, 쿠바, 도미니카공화국, 에콰도르, 엘살바도르, 과테말라, 아이티, 온두라스, 멕시코, 니카라과, 파나마, 파라과이, 페루, 우루과이, 미국, 베네수엘라(알파벳순).

생산력 증대를 이루면서 더 큰 시장과 자본투자를 위해 라틴아메리카에 대한 관심을 가지게 되었다. 라틴아메리카의 천연자원과 시장을 추구한 미국은 1889년 제1차 미주회의를 워싱턴에서 개최할 것을 제안했다.

라틴아메리카 국가들은 미국의 제안이 볼리바르 이후 계속되어 온 상호협력과 공동방위의 구상을 구체화하는 계기가 될 것이라고 여겼다. 그 결과 1889년 10월부터 1890년 4월까지 미국 워싱턴에서 열린 이 회의에서 18개국 대표들은 국가 간 갈등을 평화적으로 해결하는 방법을 모색하는 한편, 상업과 통신을 발전시켜 통상 관계를 개선하며 시장을 확대하기 위한 규범과 규칙들을 제정했다.

1차 회의 이후 미주회의는 중요한 사안이 발생할 때마다 개최지를 달리해 가며 부정기적으로 개최되었다. 하지만 미국은 의제선정에서 막대한 영향력을 행사하였고, 가급적 논의의 주제를 경제적, 상업적 분야에 국한시키고자 하였다. 라틴아메리카 국가들은 공동의 안보시스템에 대해 가장 많은 관심을 보였지만 미국은 애써 이들의 요구를 무시하고 논의를 경제협력과 통상 및 기술 분야에만 제한하였다. 그 이유는 다자적인 집단안보 메커니즘은 미국의 행동범위를 제한할 수 있으며, 정치적 문제에 대한 논의는 미국의 입장을 난처하게 만들어 결과적으로 미국의 영향력을 위축시킬 수 있다고 판단했기 때문이다.[13] 안보와 정치 이슈가 의제에 포함된 것은 프랭클린 루즈벨트 대통령의 '좋은 이웃'정책이 추진된 이후 1933년 회의에서부터 가능하였다.

1901년 멕시코시티에서 개최된 제2차 미주회의에서 각국은 상시적인 연락 업무와 기록 보관이 가능하도록 워싱턴에 사무국International Bureau of American Republics을 두기로 합의하였으며, 1910년 부에노스아이레스에서 열린 제4차 미주회의에서 이를 범미연맹Pan-American Union으로 이름을 바꾸었다. 미국은 범미연맹의 의장 역할을 맡았으며, 1906년에는 미주 국제사법위원회International Commission of Justice를 설치하여 역내 국가관계에 대한 국제법 조항 초안을 작성하도록 하였다.

---

13 Heintz(1953).

제2차 세계대전 이전까지 미주회의는 수차례 개최되었다. 이들 회의에서 아메리카 국가들은 국제법, 무역, 해외사업, 문화, 사회 등에 관련된 조약들을 체결하였으며, 몇몇 지역 기능기구를 수립하였다. 오늘날의 미주보건기구Pan American Health Organization: PAHO의 전신인 범미위생국Pan American Sanitary Bureau이 1902년에 수립되었는데, 이는 세계 최초의 보건 관련 국제기구였다. 1923년에는 미주전기통신위원회Inter-American Electrical Communication Commission가 수립되었고, 1927년에는 미주아동기구Inter-American Children's Institute가 설립되었다. 이어 1928년에는 미주여성위원회Inter-American Commission for Women가 수립되었는데, 이는 남녀평등과 여성권리를 다루는 최초의 정부간기구로 기록된다. 같은 해 미주지리역사기구Inter-American Institute of Geography and History가 수립되었으며, 이 기구는 미주기구헌장 서명 이후, 1949년 미주기구 최초의 전문기구로 등록되었다. 1940년에는 미주원주민기구Inter-American Indian Institute가, 1942년에는 미주농업협력기구Inter-American Institute for Cooperation and Agriculture가 수립되었다.

전술한 바 있는 루즈벨트의 "좋은 이웃"정책하에서 아메리카 국가들은 정치적·안보적 주제에 대한 논의를 재개할 수 있었다. 1933년 몬테비데오에서 개최된 제7차 미주회의에서 아메리카 국가들은 국가의 의무와 권리에 대한 협약Convention on Duties and Rights of States을 체결하여 국가들이 법률적으로 평등하고 동등한 권리를 누릴 자격이 있으며, 타국의 내정 및 외정에 간섭할 수 없음을 분명히 하였다. 또한 국가 간에 발생할 수 있는 모든 이견에 대해서 평화적 수단으로 해결해야 함을 강조하였다. 이러한 원칙들은 이후 아메리카 국가들 사이의 여러 조약들에 반영되었다. 이는 국가 간 갈등을 집단적 문제로 간주하며, 평화적 문제 해결을 서반구의 제도로서 구체화함을 의미하는 것이었다.[14] 한편 유럽에서 전쟁의 분위기가 고조되자 아메리카 국가들은 서반구의 평화와 안보를 위한 논의가 필요하다고 인식하여 1938년 외무장관협의회Meeting of Consultation of Ministers of Foreign Affairs를 개최

14 Herz(2011), p.10.

하였고, 제2차 세계대전 중에 3회에 걸쳐 외무장관회의가 열렸다.

1945년 멕시코의 차풀테펙에서 미주회의가 개최되었다. 20개 국가의 대표들은 제2차 세계대전 이후 서반구의 안보에 대해 논의하였다. 이 회의에서 국가들은 아메리카 국가들에 대한 군사적 개입 위협에 대해 집단적으로 대처하기로 약속하고, 이를 조약으로 구체화하자고 제안했다. 아울러 전쟁 중에도 그랬던 것처럼 미국이 계속해서 라틴아메리카 국가들에 대해 경제적 지원을 제공하기로 하였으며, 이러한 내용을 포괄하여 서반구의 항구적인 지역기구를 수립하자는 데 원칙적으로 합의했다.

그러나 미주기구 수립이 바로 이루어지지 못했다. 가장 큰 이유는 아르헨티나 문제 때문이었다. 제2차 세계대전 중 아르헨티나는 나치 독일과 우호적인 관계를 맺었었고, 전쟁 이후에도 파시스트 군사독재가 계속되었다. 아르헨티나는 차풀테펙회의 내용을 수용한다고 하였지만 이를 올바르게 준수하지 않았다. 그러던 차에 1946년 1월 미국은 전후 독일서 입수한 문건에서 아르헨티나의 후안 페론Juan Domingo Peron 대통령이 추축국(樞軸國)과 협력한 사실이 있음을 확인하고 이를 공개했다. 미국은 아르헨티나에 대한 개입을 시사했지만 다른 라틴아메리카 국가들은 어떤 형태의 개입이든 인정할 수 없다고 맞섰다. 결국 미국은 군사적 개입은 포기하는 대신 아르헨티나 대통령선거 하루 전에 이 문건을 폭로하여 아르헨티나 국내 정치에 영향을 미치고자 했다.

전후 미국과 소련의 대결 구도가 심화되자 미국은 서반구에 대한 공산주의의 침투를 우려하였고, 더 이상 서반구에서 다자적 반공산주의 기구 수립을 미룰 수 없다고 판단했다. 1947년 브라질의 리우데자네이루에서 개최된 미주안보회의는 미주기구 수립을 위한 최종적인 결정이 이루어진 회의였다. 여기서 이른바 리우조약Rio Treaty이라 불리는 미주상호원조조약Inter-American Treaty of Reciprocal Assistance이 체결되었다. 21개 역내 국가들 가운데 니카라과와 에콰도르를 제외한 19개 국가가 리우조약에 서명했다. 이 조약은 아메리카 국가들 사이의 상호안보를 제공하며 한 국가에 대한 침공행위를 지역 전체에 대한 침공으로 규정하였다. 그리하여 집단안보와 집단방위의 개념이 아메리카 지역에서 구체화되었다. 합의는 비교적 쉽게 이루어졌다. 이는 지난 백여 년 동안 역내 국가들이 꾸준히 회의를 열어왔고 다양한 조약들에 서명해왔던 경험이 있었기 때문이었다. 리우조약의 체결에 따라 이를 구체화하기 위한 새로운 다자기구가 만들어지게 되었다.

이듬해인 1948년 3월 각국 대표들은 콜롬비아의 보고타에서 제9차 미주회의를 개최하였다. 이 회의는 보고타에서 발생한 공산주의자들의 봉기에 의해 잠시 중단되기도 하였다. 폭동이 진압되자 국가들은 공산주의의 침투 위협에 직면하였음을 실감하였고 국가들이 정치적으로 보다 밀접하게 협력할 필요가 있다는 합의를 이루었다. 50개의 결의가 이루어졌는데 이 중에서 두 가지 내용이 중요했다. 첫째는 보고타협약Pact of Bogota으로서 역내 국가들 사이의 국제적 분쟁을 평화적으로 해결한다는 기존의 합의를 재확인하고 그 내용을 확대하는 것이었다.[15] 두 번째는 미주기구헌장이 만장일치로 채택된 것이었다. 미주기구헌장의 채택으로 미주기구는 유엔헌장 제8장의 원칙을 구현하는 세계 최초의 지역기구가 되었다. 유엔헌장 제8장에는 지역기구는 갈등의 평화적 해결을 위해 활동하며 유엔안보리의 결정을 따라 평화를 강제할 수 있다고 명시되어 있다.

지역기구로서의 미주기구가 구성된 후 역내 갈등을 해결하기 위해 처음으로 소집된 것은 1948년 12월이었다. 당시 코스타리카와 니카라과는 국경분쟁을 벌이고 있었는데, 미주기구이사회는 양국이 적대관계를 종식할 것을 요청했고 양국은 우호조약에 합의했다. 미주기구가 다룬 또 다른 문제는 이른바 카리브 여단Caribbean Legion의 활동이었다. 카리브 여단은 카리브 국가들에서 친미 독재정부를 전복할 목적을 가진 군사집단이었다. 미주기구이사회는 진상조사위원회를 구성하였고 쿠바, 과테말라, 도미니카공화국 정부가 카리브 여단을 비공식적으로 후원했음을 밝혀냈다. 미주기구는 이들 3개국 정부에 대해 추가적인 적대행위가 있을 경우 즉각 제재조치를 취할 것임을 경고하였고, 1950년 7월 20일 미주기구는 이 지역에 평화가 수복되었음을

15 이 협약의 공식 명칭은 'American Treaty of Pacific Settlement'이다.

선언했다.[16]

3. 냉전 시기의 미주기구

전술한 바와 같이 미주기구는 냉전이 시작되는 무렵 미국의 주도하에 성립되었기 때문에 냉전 시기 미주기구의 활동 대부분은 서반구에 대한 공산주의의 침투를 차단하는 데에 집중되었다. 그 과정에서 미국의 영향권으로부터 벗어나려는 일부 라틴아메리카 국가들의 시도는 외부의 적대적 이념의 침투로 간주되었고, 미국은 이를 집단적 안보라는 명목으로 간섭하였다. 따라서 냉전 시기 미주기구의 정신적 지주인 범미주의는 평등주의와 불간섭 원칙이라는 원론적 측면보다는 먼로주의와 대소(對蘇)봉쇄의 결합이라는 모습으로 나타났다.[17] 공산주의와 반미주의는 서반구에 대한 외부로부터의 위협으로 간주되었고, 다원주의적 민주주의는 위축되었다. 즉, 아메리카 대륙에서 불간섭 원칙은 친미 독재정권의 지속을 허용하는 개념으로 변질되었다.[18]

1954년 카라카스에서 개최된 제10차 미주회의에서 미국의 덜레스 국무장관이 주도한 국제공산주의 개입에 대한 미주국가들의 정치적 통합을 위한 단결선언Declaration of Solidarity for the Preservation of Political Integrity of the American States against International Communist Intervention이 통과되었다. 미국은 이 선언을 과테말라의 개혁성향의 구즈만Arbenz Guzman 정권을 축출하기 위한 법적, 정치적 근거로 이용했다.

---

16 Heinz(1953).

17 Condoleezza Rice, "The Military as an Instrument of Influence and Control," in Jan Triska, ed., *Dominant Powers and Subordinate States: The United States in Latin America and the Soviet Union in Eastern Europe* (Dunham, NC: Duke University Press, 1986), pp.239-60.

18 Herz(2011), pp.12-13.

1959년 쿠바혁명으로 반미적인 카스트로 정권이 수립되자 미국은 아바나 정부가 새로운 외부의 위협을 상징한다고 선전했다. 1962년 제8차 미주외무장관 회담에서 마르크스-레닌주의의 수용은 범미주의 체계와 병립할 수 없다는 내용의 결의안을 통과시킴으로써 쿠바의 미주기구 회원자격을 정지시켰다. 쿠바 미사일 위기가 발생하였을 때 미국은 이 문제를 유엔 안전보장이사회에 상정하지 못했다. 왜냐하면 소련의 거부권 행사가 예상되었기 때문이었다. 그 대신 케네디 대통령은 OAS 회원국들이 쿠바 봉쇄에 참여할 것을 촉구하는 결의가 통과되도록 압력을 가했다. 이 결의에는 쿠바에 추가적인 미사일 이전이 발생할 경우 집단적인 군사적 조치를 취할 것을 권고하는 내용이 포함되었다.[19]

1963년 도미니카공화국선거에서 개혁 성향의 후안 보쉬Juan Bosch가 선출되었으나 쿠데타로 축출되었다. 하지만 도미니카공화국의 개혁파는 대다수 국민들과 일부 반쿠데타 성향의 군부의 지지에 힘입어 보쉬의 복귀를 요구하였다. 도미니카공화국이 “제2의 쿠바”가 될 수 있다는 콤플렉스에 빠진 미국은 1965년 보쉬의 복귀를 막기 위해 군대를 파견하는 한편 미주기구를 활용했다.[20] 미주기구는 미국의 개입을 비난하는 대신 오히려 미군을 미주평화군Inter-American Peace Force으로 대체한다는 결의를 통과시켰다. 그리하여 1965년 5월 브라질 1,130명, 온두라스 250명, 파라과이 184명, 니카라과 160명으로 구성된 병력과 코스타리카 21명(헌병), 엘살바도르 3명(실무장교) 등이 도미니카공화국에 주둔하였다.[21]

---

19 Monica Hakimi, “To Condone or Condemn? Regional Enforcement Actions in the Absence of Security Council,” *Vanderbilt Journal of Transnational Law*, Vol.40, No.3(2007), pp.643-685. 한편 1975년 미주기구는 회원국이 쿠바와 외교관계를 재개할 수 있다는 결의를 채택했으며, 2009년 미주기구 외무장관들은 1962년의 쿠바 자격정지 결정이 효력을 상실했다고 선언했다. 또한 쿠바 정부의 요청이 있을 경우 쿠바의 참여 여부가 결정될 수 있다고 결의하였다. 미국은 2014년 12월 쿠바와의 외교관계 재개를 선언했다. 하지만 2014년 12월까지 쿠바는 미주기구에로의 복귀를 선언하지 않고 있다.

20 Herbert K. Tillema, *Appeal to Force: American Military Intervention in the Era of Containment* (New York: Crowell, 1973), p.88.

미국은 공산주의의 서반구 침투를 저지하기 위해 사회경제적 측면에서의 안정이 우선되어야 한다고 판단했다. 그리하여 1959년부터 1965년까지 미국은 개발주의와 안보와 결부시켜 사회적·경제적 성장을 위한 프로그램들을 개발하고 라틴아메리카 국가들에 대한 지원을 확대했다. 1961년 케네디 행정부가 제시한 진보를 위한 동맹Alliance for Progress정책이 대표적이었다. 하지만 이 역시 미국에 우호적인 정권에 한정되는 아주 제한적인 것이었다.

1970년대에 미주기구는 서서히 인권보호에 관심을 돌리기 시작했다. 1948년에 인간의 권리와 의무에 관한 미주선언이 만들어졌지만 사실상 유명무실하였다. 이후 1969년 미주인권협약American Convention on Human Rights이 만들어졌고, 이는 1978년이 되어서야 국제법적 효력을 가질 수 있었다. 그 결과 인권에 관한 미주위원회Inter-American Commission on Human Rights의 권한이 확대되고 미주인권법원Inter-American Court of Human Rights이 설립되었다.

하지만 1980년대 레이건 행정부 시기 미국은 신냉전에 돌입했고, 이는 미주기구에도 영향을 미쳤다. 1982년 영국과 아르헨티나 사이의 포클랜드/말비나스전쟁에서 미국은 미주기구 회원국인 아르헨티나의 기대를 저버리고 중립을 선언했을 뿐만 아니라 아르헨티나에 대한 금수조치를 선포했다. 게다가 1983년과 1989년에는 미국이 그라나다와 파나마를 무력으로 침공했다. 이러한 상황에서 미주기구는 별다른 역할을 하지 못했다. 기껏해야 미국의 아르헨티나 금수조치 중단 권고를 통과시켰을 뿐이었다. 미주기구의 기능이 회복되기 시작한 것은 냉전이 종식되면서부터였다.

4. 1990년대 이후의 미주기구

소련과 공산주의의 몰락과 더불어 1990년대에 이르러, 서반구에 대한 외

---

21 David W. Dent and Larman C. Wilson, *Historical Dictionary of Inter-American Organizations*, 2nd ed. (Lanham, MD: Rowman & Littlefield, 2014), pp.122-124.

부로부터의 군사적 위협은 더 이상 존재하지 않게 되었다. 따라서 미주기구는 안보이슈에서 벗어나 민주주의와 자유무역에 대한 논의를 확대하였다. 이와 더불어 빈곤해소, 난민 문제, 마약 문제, 환경 문제, 그리고 인권에 대한 논의가 활발하게 이루어졌다. 특히 1990년 캐나다가 미주기구에 가입함으로써 미주기구 내에서 캐나다의 역할이 큰 비중을 차지하게 되었다. 1994년 마이애미에서 개최된 제1차 미주정상회담은 미주기구가 정상적인 지역기구로서 기능하게 되었음을 보여주는 상징적 행사였다. 또한 1994년 사무총장에 선출된 세사르 가비리아Cesar Gaviria는 탈냉전의 환경 속에서 미주기구의 개혁과 재건을 위해 노력했다. 미국도 이제 더 이상 냉전 시대와 같은 접근이 불가능하다는 점을 인식하여 기존의 일방주의 대신 다자주의적 접근을 상당 부분 수용하기 시작했다. 그러한 변화를 단적으로 보여준 것이 2005년의 인술사Jose Miguel Insulza 사무총장의 당선이었다. 그는 미국의 지지 없이 사무총장에 당선된 최초의 인물이었다.

1990년대 이후 미주기구는 경제적 분야에 큰 관심을 보였다. 단순히 지역성장이라는 프레임에서 벗어나 글로벌리제이션을 향한 발걸음으로서 지역통합이 추진되기 시작했다. 1994년 멕시코시티총회에서 통합개발integral development 개념이 만들어졌다. 통합개발은 단순히 경제적 발전뿐만 아니라 사회 및 환경 문제까지 포괄하며 궁극적으로는 시장경제와 자유민주주의원칙에 바탕을 두는 것으로 해석되었다.[22]

이후 10여 년 동안 개발, 빈곤퇴치 등에 대한 노력이 미주기구 내에서 본격적으로 이루어졌다. 인술사 사무총장의 주도하에 문화, 교육, 관광, 노동, 지속가능 개발, 환경, 무역 부문의 프로젝트가 추진되었다. 또한 미주기구는 비정부기구NGO와의 결속을 강화하여 다양한 형태의 시민사회기구를 미주기구에 등록시켰으며, 그들과 함께 각종 사회프로그램을 수행하였다. 이른바 "네트워크 다자주의networked multilateralism"를 통해 미주기구 본연의 기능, 즉, 회원국의 발전과 불간섭 규범의 수호를 이루어가고 있다고 평가

22 Herz(2011), pp.19-20.

우고 차베스

차베스(Hugo Chávez, 1954~2013)는 대학시절 시몬 볼리바르 사상에 관심을 가지고 좌파 민족주의를 받아들였다. 장교로 복무하면서 정부의 부정부패에 염증을 느끼고 군 내부에서 볼리바르주의에 입각한 개혁운동을 주장하여 많은 호응을 얻었다. 1992년 페레스(Carlos Andrés Pérez) 정부에 맞서 개혁 쿠데타를 시도하였으나 실패하여 투옥되었다. 페레스 대통령이 탄핵된 후 1994년 칼데라(Rafael Antonio Caldera) 대통령에 의해 사면되어 정계에 입문하였다. 볼리바르주의를 표방하는 제5공화국 운동을 전개하면서 빈곤 노동자 계급의 압도적 지지를 받아 1998년 대통령에 당선되었다. 국민연금제도, 석유산업 등을 국유화하여 부의 재분배정책을 추진하였고, 석유수출국기구(OPEC)와 담합하여 유가를 인상함으로써 국가 수입을 크게 높였다. 1999년 국민투표로 헌법을 개정하여 대통령직의 3회 연임이 가능하도록 하여 사실상 독재를 시작했다. 2002년 쿠데타로 잠시 대통령직에서 물러났지만 다시 복귀하였고, 2004년 야당의 국민소환 투표 캠페인에도 불구하고 권좌를 지켰다. 2009년 다시 개헌을 시도하여 대통령의 연임제한을 없앴다. 2012년 4번째 대통령에 당선되었으나 암수술을 위해 비밀리에 쿠바에 머물러 2013년 1월로 예정된 대통령 취임식에 참석하지 못했다. 2013년 3월 그의 사망이 공식 확인되었다.

된다.[23]

2001년 9·11 테러 공격으로 비롯된 미국의 글로벌 테러와의 전쟁은 미국으로 하여금 중동 지역에 관심을 집중하도록 만들었다. 때마침 일부 중남미 국가들은 냉전 종식 이후 미국이 주도하여 추진하여 온 신자유주의적 접근에 불만과 피로를 느끼고 있었다. 미국이 중동으로 관심을 옮기면서 만들어진 공백은 곧 베네수엘라의 우고 차베스Hugo Chavez 등 반미 성향의 지도자들이 주도하는 새로운 형태의 지역주의 운동을 낳았다. 후술하겠지만

23 Andrew Cooper and Jorge Heine, *Which Way Latin America? Hemispheric Politics Meets Globalization* (New York: United Nations University Press, 2009).

2004년의 볼리바르 동맹ALBA, 2008년의 남아메리카국가연맹UNASUR, 2011년의 라틴아메리카-카리브 국가공동체CELAC 등 지난 10여 년 동안에 만들어진 중남미 지역기구들은 각각 그 성격은 다르지만 미국을 배제한다는 특징을 공유하고 있다. 이는 미주기구가 냉전 종식 이후 꾸준히 본래의 기능을 수행하기 위해 노력해 왔음에도 불구하고 미국의 영향력하에서 완전히 벗어날 수 없다는 한계를 중남미 국가들이 인식한 결과이기도 하다.

그렇다고 해서 미주기구의 쇠퇴를 예상하는 것은 이르다. 미국을 배제한 여러 지역기구에 참여한 국가들 가운데 어느 한 나라도 미주기구로부터 탈퇴를 선언한 나라는 없다는 것이 이를 입증한다. 게다가 2014년 12월 미국과 쿠바가 관계개선에 합의함으로써 회원국임에도 불구하고 미주기구의 바깥에 머물러왔던 쿠바의 미주기구 복귀가 이루어질 전망이다. 쿠바가 복귀한다면 미주기구는 명실상부 남북 아메리카와 카리브 지역의 모든 독립국들이 참여하는 거대 지역기구로서 새로운 역사를 이루는 것이 될 것이다. 미국과 쿠바의 화해는 그동안 테러와의 전쟁을 치루면서 중동에 관심을 집중시켜왔던 미국이 다시 남아메리카로 관심을 돌려 자국의 뒷마당을 직접 관리하겠다는 의지를 보여주는 것으로 해석된다. 따라서 앞으로 범미주의를 어떻게 해석하고 구체화할 것인가의 문제와 관련하여 라틴아메리카 국가들과 미국 사이의 복잡한 협력과 긴장관계는 새로운 단계로 접어들게 될 것이다.

III. 미주기구의 구조와 활동

1. 미주기구의 구조

미주기구의 구조는 헌장의 개정에 따라 조금씩 변화해왔다. 현재 미주기구는 〈그림 1〉과 같이 총회General Assembly, 사무국General Secretariat, 상임이사회Permanent Council, 외교장관협의회Meeting of Consultation of Ministers of Foreign Affairs, 미주통합개발이사회Inter-American Council for Integral Development, 산하 전문기구Specialized Organizations 및 위원회Committees and Conferences 등으로 구성된다. 미주기구 내의 주요 기관들을 살펴보기 전에 미주기구를 구성하는 회원국과 미주기구 구성의 근거가 되는 헌장을 먼저 알아본다.

1) 회원국

1948년 미주기구헌장에 서명한 나라는 21개 국가였지만 현재는 35개 국가가 회원국 자격을 가지고 있다. 프랑스령 기아나Guiana와 미국령 버진아일랜드와 같은 식민지 혹은 특수지역을 제외한 서반구의 모든 독립국가가 미주기구의 회원국이다. 원회원국 이외의 대부분은 카리브 해 연안의 국가들로서 제2차 세계대전 이후 독립한 나라들이다. 1967년에 바베이도스와 트리니다드토바고가 독립 후 회원 가입한 최초의 사례들이며, 가장 최근의 가입 국가는 벨리즈와 기아나로서 1991년에 가입했다. 한편 캐나다는 미주기구 설립 초기부터 가입 논의가 있었으나 1990년에야 가입하였다. 미주기구의 공식언어는 4개 언어로서 프랑스어, 영어, 포르투갈어, 스페인어가 사용된다.

미주기구에서 각 회원국은 투표권 1표를 행사하며 대부분의 의사결정은 과반수로 이루어진다. 하지만 헌장개정이나 새로운 기구 수립과 같은 중요한 결정은 2/3 다수결을 필요로 한다. 2/3 이상의 회원국이 결의를 비준하면 국제법적 효력을 가진다는 점에서 유엔의 다른 기구와 비슷하지만, 유엔

〈그림 1〉 미주기구의 구조(2015년 2월 현재)

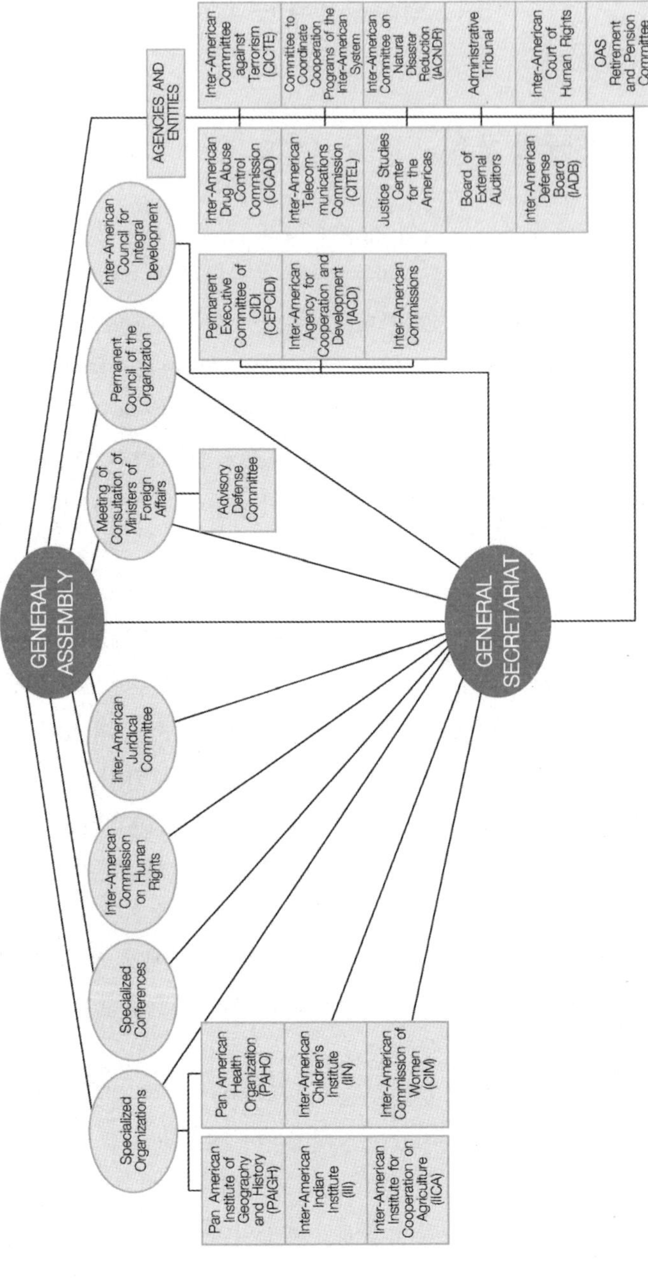

GENERAL ASSEMBLY
GENERAL SECRETARIAT
Specialized Organizations
Specialized Conferences
Inter-American Commission on Human Rights
Inter-American Juridical Committee
Meeting of Consultation of Ministers of Foreign Affairs
Permanent Council of the Organization
Inter-American Council for Integral Development
AGENCIES AND ENTITIES
Pan American Institute of Geography and History (PAIGH)
Pan American Health Organization (PAHO)
Inter-American Indian Institute (III)
Inter-American Children's Institute (IIN)
Inter-American Institute for Cooperation on Agriculture (IICA)
Inter-American Commission of Women (CIM)
Advisory Defense Committee
Permanent Executive Committee of CIDI (CEPCIDI)
Inter-American Agency for Cooperation and Development (IACD)
Inter-American Commissions
Inter-American Drug Abuse Control Commission (CICAD)
Inter-American Telecommunications Commission (CITEL)
Justice Studies Center for the Americas
Board of External Auditors
Inter-American Defense Board (IADB)
Inter-American Committee against Terrorism (CICTE)
Committee to Coordinate Cooperation Programs of the Inter-American System
Inter-American Committee on Natural Disaster Reduction (IACNDR)
Administrative Tribunal
Inter-American Court of Human Rights
OAS Retirement and Pension Committee

출처: OAS, "Organization Chart," 〈http://www.oas.org/legal/english/organigramaOEAeng.pdf〉(검색일: 2014.12.20)

과 달리 거부권은 인정되지 않는다.

회원자격에 특별한 제한은 없지만 1960년대에 쿠바의 회원자격 박탈이 논의되었다. 당시 미국은 공산혁명을 이룬 쿠바는 미주기구 회원자격이 없다고 주장하여 쿠바 축출을 투표에 부쳤다. 이에 14개 국가가 찬성하고 6개 국가가 기권하여 2/3 과반수를 충족하였고, 이후 쿠바는 회원자격이 정지되었다. 전술한 바와 같이 2009년 외무장관 협의회에서 1962년의 쿠바에 대한 자격정지 결의가 더 이상 효력을 발휘하지 않는다고 선언했지만, 아직까지 쿠바는 미주기구에 불참하고 있다.[24] 또한 2009년 온두라스에서 마누엘 제라야Manuel Zelaya 정부가 쿠데타로 전복되자 미주기구는 즉각 온두라스의 회원자격 정지를 만장일치로 결정했다. 2011년 다시 제라야 대통령이 복귀하면서 온두라스의 회원자격 복귀가 통과되었다. 2014년 12월 기준 미주기구에서 활동하는 회원국은 불참하고 있는 쿠바를 제외한 34개 국가이다.

라틴아메리카에 대한 국제적 관심이 높아지면서 1972년 미주회의는 비회원국에게 옵서버 자격을 부여하여 회의에 참석할 수 있도록 하였다. 2015년 2월 기준 미주기구의 상임 옵서버는 70개이며 이들은 미주기구회의와 활동에 참관한다.[25] 다른 국제기구에서처럼 옵서버의 발언권과 투표권은 인정되지 않지만 옵서버들은 미주기구와 협력하여 프로젝트를 진행하거나 각종 기금, 전문지원, 훈련, 자문, 장비 등을 지원한다. 예를 들어 EU, 스웨덴, 노르웨이, 이탈리아는 회원국인 미국과 캐나다와 더불어 미주기구의 지뢰제거프로그램Mine Action Program에 각종 장비와 자금을 지원하고 있다.[26]

---

24 OAS, "Member States," http://www.oas.org/en/member_states/default.asp(검색일: 2015.1.7).

25 OAS, "Permanent Observers," http://www.oas.org/en/ser/dia/perm_observers/information.asp(검색일: 2015.12.20).

26 Barbara Lee Bloom, *The Organization of American States* (New York: Chelsea House, 2008), pp.21-22.

2) 헌장

미주기구 출범 당시 헌장은 분쟁으로부터 서반구를 보호하는 것을 일차적인 목표라고 명시하였다. 즉, 미주기구는 본질적으로 서반구의 평화와 안보를 목적으로 만들어진 것이다. 하지만 이러한 목표와 목적이 구체적으로 어떻게 수행될 것인가에 대해서 미주기구헌장은 명확하게 언급하지 않았다. 냉전 기간 중에 미국이 미주기구 내 친미 군사정권을 옹호할 수 있었던 이유 가운데 하나는 서반구의 평화와 안전을 위해 구체적으로 어떻게 행동할 것인가에 대한 분명한 규정이 없었기 때문이었다.

미주기구헌장은 지금까지 4차례 개정되었다. 1967년의 부에노스아이레스 의정서, 1985년의 카르타헤나 인디아 의정서, 1993년의 마나과 의정서, 1992년의 워싱턴 의정서를 통해 개정이 합의되었고, 각각의 의정서는 1970년, 1988년, 1996년, 1997년에 발효되었다. 헌장이 개정되면서 헌장이 추구하는 목표에서도 조금씩 변화가 이루어졌다. 민주주의와 인권이 강조되고, 정치적·시민적 권리뿐만 아니라 경제적·사회적 권리에 대한 내용도 포함되었다. 빈곤으로부터 보호받을 권리와 같은 삶의 수준을 개선하고자 하는 목표가 헌장에 추가된 것이다. 이러한 내용은 다음과 같이 미주기구헌장 제2장에 잘 나타나 있다.

> 미주기구는 설립 원칙을 이행하고 유엔헌장에 의거하여 지역적 의무를 다하기 위해 다음과 같은 핵심 목적을 추구한다.
>
> - 아메리카 대륙의 평화와 안전을 강화한다.
> - 불간섭 원칙을 준수하면서 대의 민주주의를 촉진하고 공고화한다.
> - 회원국 상호간 발생할 수 있는 이질성의 원인을 예방하고 갈등을 평화적으로 해결한다.
> - 침공이 발생할 경우 회원국의 편에서 공동으로 행동한다.
> - 회원국 사이에 발생할 수 있는 정치적, 사법적, 경제적 문제의 해소를 추구한다.
> - 회원국의 경제적, 사회적, 문화적 발전을 협력적으로 증진한다.

- 시반구 주민의 완전한 민주적 발전을 가로막는 극심한 빈곤을 제거한다.
- 회원국의 경제적, 사회적 발전의 자원 상당 부분을 파괴할 수 있는 재래식 무기의 효과적 제한을 달성한다.[27]

3) 총회

미주기구의 총회General Assembly는 미주기구의 정책을 결정하고 기타 기관들의 기능과 구조를 규정하며 예산을 승인한다. 회원국의 대표들로 구성되며 1국 1표의 투표권을 가진다. 1년에 한차례 회합을 가지며 회원국 대표뿐만 아니라 전문기구 및 위원회의 대표와 상임 옵서버도 참석한다. 이와 함께 유엔사무총장과 기타 국제기구의 대표들도 회의에 참석할 수 있으며 발언하거나 정보를 제공할 수도 있다. 특별한 이슈에 대해서는 특별총회가 소집될 수 있다. 미주기구 사무국 본부는 미국의 워싱턴에 소재하지만 총회는 매년 개최지를 달리하며 열린다.

1990년대까지 총회의 역할은 그다지 크지 않았다. 일부 군사정권 국가들이 미국의 후원을 등에 업고 미주기구에 참여했기 때문에 총회에서 이들을 제재하는 결정을 내리기가 거의 불가능했다. 하지만 냉전이 종식되면서 라틴아메리카에 민주주의가 확산됨에 따라 민주주의 수호에 대한 총회의 기능이 보다 강화되었다. 1991년 총회는 회원국의 민주정부가 군사정변으로 전복되는 경우 비상총회를 소집할 수 있도록 하는 결의를 통과시켰다.[28]

1992년 총회는 헌장개정을 통해 불법적으로 정권을 잡은 정부에 대한 승인을 유예하는 조치를 취할 수 있도록 하였고, 민주주의 회복을 위한 방법 모색을 위해 사무총장으로 하여금 상임이사회를 소집할 수 있도록 하였다. 총회에서 이러한 결정이 내려진 것은 대부분의 미주기구 회원국들이 민주주의를 최선의 제도적 장치로 인정하고 수용했음을 의미하는 것이다. 동시에 이러한 결정은 민주주의의 가치가 보다 강조되는 반면 미주기구의 오랜 전

---

27 OAS, "Charter of the OAS," http://www.oas.org/juridico/english/charter.html(검색일: 2014.12.20).

28 OAS, AG/RES. 1080(XXI-O/91), *Representative Democracy* (June 5, 1991).

통인 불간섭 원칙이 변화함을 의미한다. 최근에 총회는 민주주의에 대한 관심뿐만 아니라 부패척결, 환경오염, 천연자원 개발 등에도 관심을 가지기 시작했다. 또한 불법마약과 테러와 같은 이슈에 대해서도 논의하기 시작했다.

4) 사무국과 사무총장

미주기구 사무국General Secretariat은 미국 워싱턴의 백악관 인근에 소재하고 있으며 사무총장Secretary General이 사무국의 수장이다. 사무국은 미주기구 활동과 프로그램 대부분을 조정하며 집행하는 기능을 가진다. 사무국은 다시 6개의 전문부서로 구분되며, 각각은 정무 사무처Secretariat for Political Affairs, 통합개발 집행사무처Executive Secretariat for Integral Development, 다차원적 안보 사무처Secretariat for Multidimensional Security, 행정 재정 사무처Secretariat for Administration and Finance, 법무 사무처Secretariat for Legal Affairs, 대외관계 사무처Secretariat for External Relations 등이다.

사무총장secretary general은 총회에서 선출되며 원래 임기 10년이었으나, 1967년의 부에노스아이레스 의정서 통과로 1970년 헌장개정이 이루어져 1975년부터 5년 임기로써 1회 연임이 가능한 것으로 변경되었다. 미주기구 출범 이후 대부분 미국이 추천한 인사가 사무총장에 당선되는 것이 관례였지만, 2005년에 이러한 관례가 깨졌다. 역대 미주기구 사무총장은 〈표 1〉과 같다.

초대 사무총장은 콜롬비아 출신의 언론인이자 정치가인 알베르토 레라스 카마르고Alberto Lleras Camargo로서 미주기구의 전신인 범미주연맹PAU의 사무총장을 지냈다. 그는 서반구의 문제들이 미주기구를 통해 해결되어야 하며, 따라서 미주기구가 더 많은 권한을 가져야 한다고 주장했다. 하지만 미주기구에 대한 미국의 영향력이 매우 강했기 때문에 멕시코 등 여러 나라들은 자국에 대한 미국의 내정 간섭을 우려하여 미주기구의 권한 강화에 반대했다. 카마르고 사무총장은 이에 실망하여 1954년 카라카스회의 중에 사임을 표명했다.[29]

〈표 1〉 역대 미주기구 사무총장과 임기

사무총장(국적)	임기
Alberto Lleras Camargo(Colombia)	1947~1954
Carlos Davila(Chile)	1954~1955
Mose Mora(Uruguay)	1956~1968
Galo Plaza Lasso(Ecuador)	1968~1975
Alejandro Orfila(Argentina)	1975~1984
Joao Clemente Baena Soares(Brazil)	1984~1994
Cesar Gaviria Trujillo(Colombia)	1994~2004
Miguel Angel Rodriguez(Costa Rica)	2004.9~2004.10
Luigi Einaudi(United States) 사무총장 대리	2004.10~2005.5
Jose Miguel Insulza(Chile)	2005~2015.5
Luis Almagro(Uruguay)	2015~현재

냉전 기간 중에 사무총장으로 활동한 외교관들은 냉전 환경 속에서 미주기구를 이끌어가는 것에 가장 큰 주안점을 두었다. 따라서 미국의 후원을 얼마나 많이 받느냐가 사무총장 당선에 결정적인 변수였으며, 이들은 미주기구와 미국 사이의 우호적 관계 유지를 위해 노력했다.

그러나 1980년대 중반부터 미주기구의 독립성을 강화시켜야 한다는 주장이 제기되었고 1984년부터 1994년까지 사무총장을 지낸 브라질의 수아레스Joao Clemente Baena Soares는 미주기구의 독립성 강화를 위한 노력을 벌이기 시작하였다. 콜롬비아 출신으로 1994년 사무총장에 선출되고 1999년에 연임에 성공한 세자르 가비리아Cesar Gaviria 역시 미주기구의 개혁을 위해 노력했다. 그는 특히 라틴아메리카의 여러 분쟁들에 대해 OAS가 진상조사를 실시하고 사무총장이 나서서 주선good office 역할을 수행하는 등 미주기구의 역할 강화를 위한 제도적 개혁을 처음으로 추진했다.[30]

29 Bloom(2008), p.34.

30 Herz(2011), pp.17-18.

2004년 10월 미주회의 연례총회가 끝난 후 사무총장 로드리게스Miguel Angel Rodriguez는 취임 한 달 만에 사임을 발표했다. 코스타리카 대통령 출신인 그가 대통령 재직 중에 발생한 수뢰사건에 연루된 것이 드러나 본국에서 수사를 위해 소환했기 때문이었다. 사무차장이었던 미국의 러기 에이노디Rugi R. Einaudi가 임시로 사무총장직을 이어받았지만 각국 대표들은 새로운 사무총장 선출을 위한 임시총회를 개최하기로 합의했다. 미국은 엘살바도르 대통령을 지낸 프란시스코 프로레스Francisco Flores를 추천했다. 멕시코의 빈센테 폭스Vincente Fox 대통령은 자국 외무장관인 루이 데르베스Luis Ernest Derbez를 추천했다. 칠레는 내무장관 호세 미구엘 인술사Jose Miguel Insulza를 후보로 내세웠다.

2005년 4월 11일 사무총장 선출을 위한 임시총회가 개최될 예정이었으나 회의 사흘 전 지지율이 가장 낮았던 프로레스가 후보직을 사퇴했다. 후보는 멕시코의 데르베스와 칠레의 인술사로 압축되었다. 투표 결과는 17대 17로 동수였다. 5차례나 재투표가 실시되었지만 결과에는 변함이 없었다. 결국 5월 2일 재투표를 실시하기로 합의하였다. 그동안 각국 외교관들은 협상을 벌였고 인술사를 사무총장으로 선출하자는 내용으로 의견이 모아졌다. 4월 말 데르베스가 후보직을 사퇴하고 투표에서 인술사가 신임 사무총장으로 선출되었다. 그는 미국이 선택하지 않은 최초의 미주기구 사무총장이 되었다.[31]

인술사 사무총장은 미주기구의 활동을 보다 다양한 측면으로 확대하였다. 그는 민주적 거버넌스, 환경, 마약밀매, 테러 이민 문제 등과 같은 새로운 이슈들에 대해 미주기구가 적극적으로 활동할 것을 강조했다. 그의 임기 중에 이러한 문제를 다루기 위한 새로운 조직이 만들어졌다. 이러한 문제들을 다룸에 있어 사무총장의 역할과 책임이 더욱 커졌다. 현재 사무총장은 2015년 3월에 당선된 우루과이 외무장관 출신의 루이스 알마그로Luis Almagro이며, 그는 33개국의 지지로 당선되었고 2015년 5월 26일부터 5년 임기의 사

---

31 Bloom(2008), pp.44-45.

무총장직을 맡았다.

5) 상임이사회

1967년의 부에노스아이레스 의정서가 채택되어 첫 번째의 미주기구 헌장 개정이 이루어지면서 기존의 미주기구이사회Council of the OAS의 기능을 강화하여 상임이사회Permanent Council로 전환하였다. 기존의 미주기구이사회는 사실상 명목상의 기관이었지만, 상임이사회로 전환하면서 정기적으로 회합을 갖고 미주기구의 정책결정에 실제적인 영향력을 행사할 수 있게 되었다.

상임이사회는 워싱턴에 소재하며 각국의 대사들로 구성되고 격주로 정기적인 회합을 가진다. 상임이사회는 사무총장과 함께 미주기구의 전반적인 업무를 관장하며 총회에 직접 보고할 권한을 가진다. 또한 회원국과 유엔을 포함한 다른 국제기구와의 관계를 유지하는 기능을 담당한다. 보다 강화된 상임이사회의 권한으로는 특별총회 혹은 외무장관협의회를 소집할 수 있다는 점이다. 회원국에서 민주주의가 심각하게 위협받는다고 판단되는 경우 이러한 회의를 소집하여 문제 해결을 위한 방법을 모색하며 임시위원회를 설립하고 사건조사를 수행하고 권고안을 제시할 수 있다.

6) 외무장관협의회

외무장관협의회Meeting of the Consultation of the Ministers of Foreign Affairs는 각국의 외교정책결정자로 구성되며 긴급한 사안이 발생할 경우 미주기구헌장과 리우조약(미주상호원조조약)에 대한 자문기관으로서 기능한다. 정기적으로 회합을 가지는 상임이사회가 외무장관협의회에 우선하여 그러한 역할을 수행할 수도 있지만 일반적으로 상임이사회는 다른 기관들의 활동을 감독하는 기능을 담당하기 때문에 중요한 결정은 외무장관협의회에서 이루어지는 경우가 많다. 따라서 외무장관협의회가 일단 구성되면 해당 긴급 사안에 대해서는 사실상 최고 정책결정기관으로 기능하게 된다.

1992년 페루에 대한 미주기구 외무장관협의회의의 조치는 이 조직의 위상을 잘 보여준다. 1992년 페루 의회가 군사정보부의 민간인 피살사건을 조사하려고 하자 알베르토 후지모리Alberto Fujimori 대통령이 의회를 해산하였다. 이를 논의하기 위해 미주기구 외무장관협의회가 개최되어 가비리아Cesar Gaviria 사무총장으로 하여금 미주기구의 외무장관들을 이끌고 페루에 가서 페루의 정부 및 시민 대표들과 함께 페루의 법치를 회복하는 조치를 취할 것을 요청했다. 이러한 압력으로 결국 후지모리는 새로운 의회선거 일정을 수용하였다.[32]

상임이사회는 회원국의 요청이 있는 경우 외무장관협의회를 소집할 것인지를 결정하는데, 특히 회원국의 영토에 대한 무력침공이 발생하는 경우 상임이사회 의장은 즉각 외무장관협의회 개최 여부를 결정하는 회의를 소집한다. 외무장관협의회는 각국 외무장관으로 구성되지만, 만약 미주기구가 리우조약에 근거하여 회의를 개최하는 경우에는 리우조약의 규정이 미주기구 헌장보다 우선되어야하고, 따라서 리우조약에 참여한 국가만이 해당 회의에 참석할 수 있다.

7) 기타 기관

미주통합개발이사회Inter-American Council of Integral Development: CIDI는 1993년 마나과 의정서가 채택됨으로써 새로 형성된 기관으로 라틴아메리카와 카리브 국가들의 고질적인 빈곤 문제를 해결하기 위한 목적으로 만들어졌다. 단순히 경제개발뿐만 아니라 사회, 문화적 측면에서의 발전을 동시에 고려하는 프로그램을 기획하고 수행하는 역할을 한다. 총회가 결정한 정책 및 우선순위, 그리고 기술지원을 위한 예산 배정 지침에 따라 미주통합개발이사회는 통합개발을 위한 전략을 수립하며, 총회에 직접 보고한다. 매년 1회 이상의 장관급회의를 개최하며, 긴급한 사안이 발생할 경우 특별회의를 개최한다. 미주통합개발이사회 업무를 지원하기 위해 사무국 내에 통합개발집행사무처Executive Secretariat for Integral Development가 설치되었다.[33]

---

32 Bloom(2008), p.48.

33 OAS, "Inter-American Council for Integral Development," http://www.oas.org/

미주사법위원회Inter-American Juridical Committee는 회원국 출신의 법관 11명으로 구성되며, 이들은 4년 임기로써 총회에서 임명된다. 미주사법위원회의 기본 업무는 미주기구가 다루는 여러 가지 활동에 대한 법률적 문제에 관한 자문을 제공하며, 미주기구 결정에 의해 만들어지는 국제법을 체계화하고, 서반구 개발도상국의 통합개발을 대한 법률적 문제를 연구한다. 사무국의 법무 사무처Secretariat for Legal Affairs가 미주사법위원회 업무를 지원한다.[34]

미주기구시스템에서 인권 문제를 다루는 기관은 2개이다. 하나는 미주인권위원회Inter-American Commission on Human Right: IACHR이며, 다른 하나는 미주인권법원Inter-American Court of Human Rights이다. 미주인권위원회는 미주기구 내의 자율적 기관으로서 1960년에 만들어졌다. 그 임무는 미주기구헌장과 미주인권협정American Convention on Human Rights에 의해 정해지며 7명의 인권 전문가로 구성된다. 특이한 점은 이들 위원들의 선정기준이 국가의 대표가 아닌 개인의 전문성이라는 점이다. 따라서 이들은 자신의 전문성과 양심에 따라 활동하며 매년 2~3차례 회합을 가진다. 미주인권위원회는 인권침해에 관한 개별적 진정을 접수, 분석, 조사하며, 회원국의 인권상황을 관찰하여 보고서를 작성한다. 필요한 경우 현장을 직접 방문하여 확인하고 코스타리카 산호세에 위치한 미주인권법원에 사건을 송부한다. 미주인권법원에는 총회가 임명한 7명의 판사가 6년 임기로 근무하며, 이들은 인권에 관한 송사와 자문 등 법률적 기능을 수행한다.[35]

이 밖에도 미주기구는 테러와 불법무기거래 등에 대한 프로그램을 수행하고 있으며, 이를 담당하기 위한 미주대테러위원회Inter-American Committee Against Terrorism: CICTE를 설치하였다. 이 기관은 회원국들이 서로 협력하여 국경 경비를 강화하고 테러 정보를 공유하도록 지원하고 있다. 특히 미주대

---

en/cidi/(검색일: 2014.12.20).

34 OAS, "Inter-American Juridical Committee," http://www.oas.org/en/sla/iajc/(검색일: 2014.12.20).

35 OAS, "Inter-American Commission on Human Rights," http://www.oas.org/en/iachr/(검색일: 2014.12.21).

테러위원회는 세계 최초로 대인지뢰 목록을 개발하였고, 이는 유엔에 의해 글로벌 기준으로 채택된 바 있다.[36]

불법마약거래를 차단하기 위해 미주기구는 마약금지법을 강화하고 시민들에 대한 마약 위험성 교육을 펼치는 사업을 전개하고 있다. 미주마약남용통제위원회Inter-American Drug Abuse Control Commission: CICAD는 각국 정부와 불법마약거래 정보를 교환하여 거래를 차단하고 자금세탁을 방지하는 노력을 벌이고 있다. 특히 가난한 농촌주민들에 대한 지원활동을 통해 마약 대신 다른 농작물을 재배하도록 계몽하는 활동을 강화하고 있다.[37]

미주통신위원회Inter-American Telecommunications Commission: CITEL는 라틴아메리카의 글로벌리제이션과 경제성장을 위한 기술지원을 제공하며, 주민들에 대한 컴퓨터 보급 및 사용법 교육 사업을 전개하고 있다.[38] 세계 최초의 지역방위기구인 미주방위위원회Inter-American Defense Board: IADB는 1942년에 독립적 기구로 수립되었지만 2006년에 미주기구 내의 기관으로 편입되었다. 워싱턴에 소재하며 각국에서 파견한 국방관리로 구성된 위원회로서 아메리카 공동의 국방 및 안보 이슈에 관한 협력을 모색한다. 각종 신뢰구축조치 마련, 재난/재해에 대한 예방 및 대응, 합동군사훈련을 위한 미주국방대학Inter-American Defense College 운영 등을 담당한다.[39] 이 밖에도 미주기구에는 미주자연재해감소위원회Inter-American Committee on Natural Disaster Reduction: CIRDN, 미주항만위원회Inter-American Committee on Ports 등의 위원회를 포함한다.

---

36 OAS, "Inter-American Committee Against Terrorism," http://www.oas.org/en/sms/cicte/(검색일: 2014.12.21).

37 OAS, "Inter-American Drug Abuse Control Commission," http://www.cicad.oas.org/Main/default_ENG.asp(검색일: 2014.12.21).

38 Inter-American Telecommunication Commission, https://www.citel.oas.org/en/Pages/default.aspx(검색일: 2014.12.20).

39 Inter-American Defense Board, http://iadb.jid.org/(검색일: 2014.12.23).

2. 미주기구의 주요 활동: 4개의 기둥

미주기구는 오랫동안 서반구에서의 민주주의, 인권, 통합개발, 지역안보 등 네 가지 중점 과제를 중시하여왔고, 이를 흔히 미주기구의 '네 가지 기둥 four pillars'으로 일컫는다.

1) 민주주의 발전

미주기구는 아메리카 대륙, 특히 라틴아메리카와 카리브 지역에서 대의민주주의의 정착과 발전을 위해 노력해왔다. 1948년 미주기구헌장이 처음 만들어질 때에도 민주주의는 미주기구의 중심 원칙의 하나였다. 하지만 1950년대 냉전이 고조되면서 민주주의는 반공이라는 안보개념에 의해 부차적인 것으로 다루어졌다. 많은 제3세계 국가들에서 경험한 바와 같이 반공이라는 이름으로 민주주의가 억압되었고, 미국은 권위주의 정권이라도 공산주의를 반대하는 국가에 대해서는 경제적·군사적 지원을 제공하였다. 하지만 1980년대 말 냉전이 종식되자 국제정치의 지형이 변화하면서 서반구에서도 반공의 명분이 사라지고 민주주의에 대한 관심이 다시 높아졌다.

이른바 민주화의 3번째 물결이 확산되자 1980년대부터 1990년대에 걸쳐 서반구 여러 나라들도 빠르게 민주화를 경험했다.[40] 미주기구에서도 민주주의가 다시 핵심 의제로 부상하여 1991년 산티아고에서 개최된 총회에서 민주주의의 집단적 수호에 관한 선언, 일명 산티아고선언이 미주기구총회에서 채택되었으며,[41] 회원국에서 민주주의 과정을 지체하는 사건에 대해 미주기구 상임이사회가 즉각 회의를 소집하여 외무장관협의회를 개최하고 필요한 경우 경제적, 외교적 제재를 가할 수 있다는 내용을 담은 "대의민주주의" 결의가 통과되었다.[42]

---

40 Samuel P. Huntington, *The Third Wave: Democratization in the Late Twentieth Century*(Norman: University of Oklahoma Press, 1991).

41 OAS, OEA/Ser.P AG/RES(XXI-O/91), *The Santiago Commitment to Democratic and the Renewal of the Inter-American System*(June 4, 1991).

1991년의 총회 결의는 민주주의 질서를 훼손하는 사건에 대해 미주기구가 집단적으로 대응하여 민주주의를 수호하겠다는 의지를 보여주었다는 점에서 기존의 소극적 태도에서 벗어나 보다 적극적으로 민주주의를 지키고 발전시킨다는 새로운 규범을 수립한 것이다. 따라서 미주기구의 역사에서 중요한 전환점이 되었다고 평가된다. 실제로 1991년 9월 아이티에서 쿠데타가 발생하자 미주기구 외무장관협의회가 소집되어 아이티에서의 사건을 민주주의 정부 전복으로 규정하고 외교적으로 비난하였다. 또한 페루의 후지모리 대통령이 의회를 해산하고 비상통치를 선언하자 전술한 바와 같이 1992년 미주기구는 외무장관협의회를 소집하여 후지모리 정부에 대해 압력을 행사하고 새로운 헌법 수립을 위한 제헌의회를 선출하도록 하였으며 선거감시단도 파견했다.

민주주의의 발전과 수호를 위한 노력은 2001년 9월 11일 미주 민주주의 헌장Inter-American Democratic Charter의 채택으로 이어졌다. 이 헌장은 다음과 같이 시작한다.

> 아메리카 대륙의 주민들은 민주주의에 대한 권리를 가지고 있으며, 그들의 정부는 민주주의를 증진하고 보호할 의무가 있다. 대의민주주의의 핵심 본질은 인권과 자유의 존중, 비밀투표와 보편투표에 입각한 정기적인 자유 공정선거를 포함한다. 정부활동의 투명성과 언론과 출판의 사회적 권리 및 자유의 존중은 민주주의 실천의 본질적 요소들이다.[43]

기존의 민주주의 관련 미주기구의 선언이나 결의에 비교해서 2001년의 민주주의헌장은 민주주의 패러다임을 제도화했다는 데 특징이 있다. 예를 들어, 민주주의 정부로 인정받기 위한 조건들을 구체적으로 명시하였고(헌장 3조, 4조), 민주주의 질서가 전복되거나 민주주의가 위협받는 상황에 대한 미주기구의 대응 절차를 제도화했다(헌장 19조). 또한 합법적 정부에 대

---

42 OAS, AG/RES. 1080(XXI-O/91), *Representative Democracy*(June 5, 1991).

43 OAS, *Inter-American Democratic Charter*(Lima, September 11, 2001).

한 비헌법적 변경이 발생할 경우 미주기구 회원국 2/3 과반수 이상의 결정에 의해 미주기구 회원자격을 정지시키는 장치를 마련하였다(헌장 20조, 21조). 예를 들어, 2009년 6월 28일 온두라스의 마누엘 셀라야Mauel Zelaya 정부가 쿠데타로 전복되자 7월 5일 미주기구는 민주주의헌장을 적용하여 만장일치로 온두라스의 회원자격을 정지시켰다. 이러한 내용은 그동안 미주기구 정책결정에 암묵적으로 유지되어 온 '합의에 의한 결정' 규범에서 크게 벗어난 것이라는 점에서 큰 의미를 가진다.

하지만 민주적으로 선출된 정부라고 하더라도 언론을 억압하고 야당활동을 규제하는 경우가 발생할 가능성이 있지만, 이를 어떻게 규정하고 대응해야 하는지에 대해서 OAS 회원국들의 의견이 엇갈렸다. 이는 서반구 내에서 국가들의 민주주의 수준이 서로 상이하기 때문에 합의된 견해를 갖기 어렵기 때문이었다. 실제로 헌장을 만드는 과정에서 어떤 국가들은 추가적인 규정을 삽입할 것을 원하지만 이에 반대하는 국가도 있었다. 결국 미주기구 모든 회원국들이 서명할 수 있는 수준에서 타협점을 찾아야만 했다. 이 때문에 미주기구가 민주주의 보호에 선별적으로 개입하게 되는 계기가 만들어졌다.[44] 1992년 페루 후지모리 대통령의 권위주의로의 후퇴에 대해 미주기구가 개입했음에도 불구하고 페루의 민주화가 정상화되는 데에는 8년이라는 시간이 걸렸다는 사실과, 베네수엘라 우고 차베스Hugo Chaves 정부가 표현의 자유를 억압하고 권력분립 원칙이 깨졌음에도 불구하고 미주기구가 아무런 대응을 하지 않았다는 사실이 이러한 문제점을 잘 보여준다.

이러한 문제점의 원인 가운데 하나는 전통적으로 라틴아메리카와 카리브 국가들이 민주주의 가치를 받아들이면서도 동시에 불간섭의 원칙을 고수하

---

44 Craig Arceneaux and David Pinion-Berlin, "Issues, Threats, and Institutions: Explaining OAS Responses to Democratic Dilemmas in Latin America," *Latin American Politics and Society*, Vol.49, No.2(2007), pp.1-31; Barry S. Levitt, "A Desultory Defense of Democracy: OAS Resolution 1080 and the Inter-American Democratic Charter," *Latin American Politics and Society*, Vol.48, No.3(2005), pp.93-123.

고자하는 의지를 강하게 표현하기 때문이다.[45] 미주기구를 통한 민주주의 거버넌스의 증진 노력을 '간섭'으로 간주하는 경향이 아직 남아 있는 것이다.

두 번째 원인으로 지적될 수 있는 것은, 라틴아메리카의 민주주의는 시민사회의 역량보다는 정치 엘리트의 지도력에 보다 많이 의존하는 경향이 있다는 사실이다. 중남미의 정치 엘리트들은 미국과 서구의 민주주의 정치제도를 수용하여 민주주의를 이룩하고자 하였고, 이는 민주주의의 내용적 측면보다는 절차적 측면을 강조하는 모습으로 나타났다.[46]

세 번째로, 민주주의헌장 자체의 한계도 원인으로 지적된다. 민주주의헌장은 민주주의의 후퇴가 발생하는 상황에 대한 미주기구의 대응을 언급하였지만 그것의 구체적인 정의가 명시되어 있지 않으며, 실제 헌장 적용에 정치적 논리가 개입될 수 있는 여지를 남겨두었다.[47] 이 때문에 각국 행정부를 대표하는 상임이사회 이사들은 종종 미주기구의 개입 이전에 해당 국가의 동의를 받아야 한다는 규정을 해당국 '행정부'의 요청에 따른 집단적 대응으로 국한하여 해석하였다. 따라서 대통령이 강제적으로 의회나 법원을 해산하고 입법부나 사법부 혹은 야당이 미주기구의 개입을 요청한다 할지라도 상임이사회는 행정부의 요청이 없다는 이유로 미주기구의 집단적 행동을 회피하는 모습을 보여 왔다.[48]

---

45 Andrew Hurrell, "An Emerging Security Community in South America?" in Emanuel Adler and Michael Marnett, eds., *Security Communities* (Cambridge: Cambridge University Press, 1998), p.135.

46 Herz(2011), pp.73-76.

47 Thomas Legler, "The Inter-American Democratic Charter: Rhetoric or Reality?" in Gordon Mace, Jean-Pilippe Therien and Paul Haslam, eds., *Governing the Americas: Assessing Multilateral Institutions* (Boulder, CO: Lynne Rienner, 2007), pp.113-130.

48 Peter J. Meyer, *Organization of American States: Background and Issues for Congress*, Congressional Research Service Report, R72639(August 29, 2014), pp.19-20.

2) 인권보호 노력

미주기구에서 인권시스템은 비교적 잘 발달되어 있다고 평가된다. 전술한 바와 같이 일찌감치 미주기구는 인간의 권리와 의무에 대한 미주선언을 채택하고 미주인권위원회[IACHR]와 미주인권재판소[IACourtHR]를 수립했다. 이러한 노력들에도 불구하고 민주주의에 대한 입장과 마찬가지로 미주기구가 인권 문제에 적극적으로 나서게 된 것은 냉전이 종식된 이후였다. 예를 들어, 1970년대 아르헨티나 군사정권에 의한 인권유린에 대해 1979년 미주인

마요광장의 어머니 모임

더러운 전쟁(Guerra Sucia, 1976~1983)으로 불리는 아르헨티나의 군부정권 통치기간 중에 민주주의를 외치던 많은 젊은이들이 비밀리에 체포되어 살해당했다. 그 가운데 임신한 여성들은 옥중에서 출산한 후 살해당했으며 신생아들은 군사정부 관리들의 가정에서 양육되었다. 이러한 사실은 외부의 가족들에게 전혀 통보되지 않아 실종자 가족들은 그들의 행방을 전혀 알 수 없었다. 부모들은 자녀의 행방을 묻는 탄원서를 제출했으나 답변을 듣지 못했다. 14명의 실종자 어머니들은 정부의 답변을 촉구하기 위해 1979년 4월 30일 머리에 흰색 스카프를 두르고 부에노스아이레스의 마요광장에서 시위를 벌였다. 이들은 매주 목요일 오후 실종된 자녀의 사진을 붙인 포스터를 들고 마요광장에 모였으며, 점점 더 많은 실종자 어머니들이 합세하면서 국제적인 주목을 받게 되었다. 미주기구는 미주인권위원회(IACHR) 관리를 파견하여 그들의 주장을 청취하였으나 아르헨티나의 반발로 더 이상의 조치를 취하지 못했다. 1983년 민주정부가 들어서자 군부정권이 11,000명에서 30,000명에 이르는 사람들을 납치, 살해하여 집단매장하였음이 밝혀졌다. 그러나 정부는 인권을 유린한 가해자들을 사면하였다. 어머니 모임(Asociación Madres de Plaza de Mayo)은 가해자 처벌을 요구하면서 매주 목요일 비폭력 시위를 계속 벌였고, 입양되었던 어린이들 50여 명이 유전자 검사를 통해 원래의 가족 품으로 돌아갔다. 2006년 1월 키르치네르(Néstor Carlos Kirchner) 대통령이 가해자 처벌을 약속함에 따라 1,500번째 집회를 마지막으로 마요광장에서의 시위가 끝났다.

권위원회가 아르헨티나의 열악한 인권현실을 비판하는 보고서를 작성하여 집단적 대응을 요청하였음에도 불구하고 아르헨티나 군사정권이 미주기구를 탈퇴할 수 있다고 협박하자 미주기구는 더 이상의 조치를 취하지 않았다.

하지만 서반구에서 민주화가 진행되고 시민들의 인권에 대한 관심이 높아진 2000년대 이후 미주기구의 인권시스템은 크게 발전하였다. 몇 차례의 제도적 개혁을 통해 인권위원회의 예방조치가 강화되고, 인권침해 사례에 대한 진정과 인권재판소에 대한 제소절차가 간소화되었으며, 인권상황을 조사하는 청문회 활동 등에서 개선이 이루어졌다. 일반 개인 혹은 민간단체라도 국가에 의한 인권침해에 대해 인권위원회에 진정서를 접수할 수 있으며, 인권위원회는 이를 검토하여 인권침해가 인정되는 경우 해당 국가에 예방조치를 권고할 수 있다. 그리고 인권을 침해하는 국가에 대해 인권위원회가 권고한 인권개선사항을 이행하지 않을 경우 인권위원회는 이 문제를 인권재판소에 제소할 수 있다.

그러나 인권 문제에 대한 이러한 개선이 이루어졌음에도 불구하고 국가들이 인권위원회 혹은 인권재판소의 권고나 결정을 무시하는 경우가 종종 발생하였다. 인권재판소의 판결을 자국의 법적 판결로 인정하는 나라는 20개 국가에 불과하며, 미국을 포함한 여러 나라들이 이를 수용하고 있지 않기 때문이다. 또한 인권재판소에 사건이 제소되고 심리가 열려 판결이 이루어지기까지 많은 시간이 소요되기 때문에 설령 국가가 판결을 받아들인다 하더라도 그 과정에서 이루어지는 폭력적 인권유린을 막을 수 있는 수단이 거의 없다.[49]

3) 통합개발

미국과 캐나다를 제외한 서반구 국가들 대부분은 빈곤 문제에 시달려왔다. 1980년대 이후 사정은 다소 나아졌지만 여전히 많은 주민들은 빈곤층에

---

49 Broom(2008), p.85.

머물러 있으며, 이는 여러 가지 사회적 문제를 야기하고 있다. 따라서 미주기구는 중남미 지역의 빈곤 문제를 해소하기 위해 다양한 제도적 장치를 마련하였다. 가장 대표적인 것이 1994년에 새로이 만들어진 미주통합개발이사회CIDI로서 사회의 각 수준에서 경제적 발전을 모색하는 업무를 수행한다. 1993년의 마나구아 의정서에 따라 기존의 미주경제사회이사회와 미주과학교육문화이사회가 합병되어 만들어진 이 기관은 시장경제와 자유민주주의를 지향하며, 경제개발뿐만 아니라 사회, 환경 등의 다양한 이슈들을 다룬다. 회원국들은 사회개발, 시민교육, 일자리 확대, 지원 서비스 구축, 경제 통합 등 개발 프로젝트를 수립하고 이에 대한 자금을 미주통합개발이사회에 신청할 수 있다.

특히 1997년부터 통합개발이사회의 특별다자기금FEMCID이 조성되어 취약 계층의 경제활동을 지원하는 긴급지원프로그램이 마련되었다. 이 기금은 극심한 어려움에 처한 각국의 소규모 영세 경제행위자들을 지원하기 위한 단기지원프로그램이지만, 중장기적으로 경제발전에 필요한 인적 자원을 육성하고 장기 개발을 위한 종자기금seed fund으로서의 효과를 거둘 수 있다.[50]

인술사 사무총장은 취임 후 경제성장과 사회발전이 불가분의 관계라는 점을 강조하는 한편, 정보기술IT을 통해 경제부문과 사회 부문을 통합하는 프로그램을 추진하였고 이를 관리하기 위한 통합개발집행사무처SEDI를 신설했다. 이것의 주요 목적은 회원국 정부뿐만 아니라 등록된 개인 사업자도 교육, 문화, 과학기술, 노동, 지속가능개발, 환경, 관광, 무역 등의 정보 네트워크에 접근하여 경험을 공유하고 관련 분야 사이의 협력으로 시너지 효과를 극대화하는 것이다. 예를 들어, 통합개발집행사무처는 중앙아메리카의 관광 산업 육성을 위해 이 지역의 소규모 호텔 소유주와 경영자를 통합 관리하면서 이들에게 컴퓨터 기술과 호텔 관리 기법을 교육하고 있다. 또한 OAS는 원거리에서도 원활하게 교육을 받고 정보를 공유할 수 있도록 화상

---

50 Meyer(2014), p.12.

교육 자료를 개발하고 온라인 교육 설비를 제공하고 있다.[51]

경제와 사회의 통합개발을 위해서는 정부의 개발정책이 올바르게 운영되어야 한다. 하지만 라틴아메리카와 카리브 지역에서 정부기관의 부패 문제는 장기적 개발의 발목을 잡는 심각한 걸림돌이 되고 있다. 오랫동안 부패한 관리들과 정치인들은 지위를 이용하여 부를 축적하거나 국가자원을 빼돌려 방탕한 삶을 영위하였다. 이러한 경우가 다반사가 되면서 정부에 대한 시민의 신뢰도가 크게 낮아지고 이는 결국 정부의 경제사회개발정책의 실패를 가져와 궁극적으로는 일반 시민의 삶이 더욱 어려워지는 악순환으로 이어졌다.

일반적으로 라틴아메리카는 중앙정부의 고위관료부터 지방정부의 일선 경찰에 이르기까지 부패가 만연해 있다고 알려져 있다. 식민지 시대부터 존재해온 관리와 기업인 및 범죄조직 사이에 뇌물과 후원에 의한 후견-피후견 patron-client 관계가 쉽게 해소되지 못하고 있기 때문이다. 예를 들어, 2000년 멕시코의 빈센테 폭스는 부패와의 전쟁을 내걸어 대통령에 당선되었지만 2005년 그는 군대를 동원하여 라팔마La Palma 교도소를 공격해야만 했다. 왜냐하면 이곳에 수감된 마약카르텔 조직원들이 교도관 대부분을 매수하여 교도소가 오히려 마약조직의 본부가 되어버렸기 때문이었다.[52] 심지어 2004년 미주기구 사무총장으로 선출된 코스타리카 출신 로드리게스Miguel Angel Rodriguez 조차 자국 대통령 재임 중에 여러 차례 뇌물을 받은 것이 밝혀져 본국으로부터 소환당해 조사를 받고 5년형을 선고받았다.

이처럼 만연된 부패 문제를 해소하기 위해 미주기구는 여러 가지 노력을 벌여왔다. 그리하여 1996년 미주반부패협약Inter-American Convention Against Corruption이 만들어졌다. 2004년 미주기구 회원국들은 부패한 관리들이 안전하게 도피할 망명처를 제공하지 않기로 합의하였고, 공금과 국가자산을

51 Bloom(2008), p.66.

52 James C. McKinley Jr., "Mexican Troops Seize Prison After Drug Lord Violence," *New York Times* (January 15, 2005).

개인적으로 착복하지 못하도록 하는 법률을 강화하기로 합의했다. 그럼에도 불구하고 아직까지도 부패는 사회 전반에 만연해 있다. 2013년 라틴바로미터Latinobarometro 여론조사에 의하면 중남미 주민들은 부패를 사회안전, 실업 다음으로 심각한 국가적 문제로 지목했다. 특히 앞으로 부패 문제가 해결될 것으로 여기는 응답자가 2011년의 54%에 비해 2013년에는 52%로 감소하여 각국 정부의 부패척결 노력에도 불구하고 이 문제가 쉽게 해결되지 못하고 있음을 잘 보여준다.[53]

4) 역내 안보협력

미주기구 설립 배경의 하나는 서반구 국가들에 대한 위협에 서반구 국가들이 공동으로 대응해야 한다는 인식이었다. 냉전 시기에 가장 위험한 외부의 위협은 공산주의의 침투로 간주되었고 넓은 의미에서 미주기구의 안보 메커니즘은 미국의 반공정책의 연장선상에서 이루어졌다. 하지만 동서 이념 대결과 상관없이 발생한 라틴아메리카 및 카리브 국가들 사이의 폭력적 분쟁에 대해서도 미주기구는 중요한 역할을 수행해왔다. 예를 들어, 축구전쟁으로 알려진 1969년 엘살바도르와 온두라스 사이의 분쟁에서 불과 닷새 만에 약 2천 명이 사망하고 15만 명의 난민이 발생하였다. 분쟁이 폭력화되자 미주기구가 즉각 개입하여 양국 사이에서 중재역할을 맡아 평화적 갈등 해소를 이루어냈다. 그럼에도 불구하고 1970년대와 1980년대에 안보 분야에서 미주기구의 역할은 그리 크지 않았다.[54]

냉전 종식 이후 서반구에 대한 외부로부터의 군사적 위협은 크게 감소하는 대신 이른바 평화롭고 안정된 인간의 삶을 위협하는 모든 요인들을 망라하는 인간안보 개념이 부각되기 시작했다. 새로운 안보환경에 대응하기 위해 미주기구 회원국들은 1991년 서반구 안보위원회hemispheric Security Commi-

---

53 Corporacion Ratinobarometro, *2013 Report* (Santiago, Chile: Banco de Datos en Linea, 2013), pp.60-68.

54 Herz(2011), pp.36-37.

ssion를 설립하여 무기통제, 다국적 범죄, 자연재해, 테러, 마약밀거래 등 새로운 개념의 안보 이슈와 비국가 행위자에 대한 논의를 시작했다.

2003년 멕시코에서 열린 특별안보회의에서 서반구 국가들은 아메리카 안보선언Declaration on Security in the Americas을 채택하였다. 이 선언은 안보의 개념을 정치, 사회, 보건, 환경 부문 등 다차원적 개념으로 확대하고 다양한 수준에서 유연한 안보의 틀을 구축하는 것을 목적으로 하였다.[55] 또한 2003년의 선언을 구체화하기 위해 2005년 미주기구 내에 다차원적 안보 사무처가 신설되었다. 이렇게 안보개념을 확대함으로써 국가들마다 안보 위협을 서로 다르게 평가하더라도 큰 틀에서의 안보 메커니즘을 유지할 수 있게 되었다. 예를 들어, 콜롬비아에서 가장 큰 안보 이슈는 불법무기거래와 마약밀매이지만 아르헨티나에서는 빈곤 문제와 같은 인간안보가 더 큰 관심사이고, 미국이 2001년 9·11 테러사건 이후 테러와의 전쟁을 벌이고 있는 것처럼 국가들마다 서로 다른 안보 이슈를 가지고 있음에도 불구하고 각국이 고민하는 안보 문제는 서반구 내의 인접한 다른 나라들과 밀접하게 연결되어 있다. 국가들은 확대된 안보 개념틀 안에서 다양하고 다차원적인 이슈들을 논의함으로써 더 나은 집단적 해결책을 모색할 수 있다. 안보 개념의 확대는 다양한 분야에서 서로 다른 행위자들 사이의 협력을 가능하게 하였고, 결과적으로 서반구에서의 안보를 기존의 군사적 측면의 '집단안보' 개념에서 벗어나 다차원적인 '협력안보' 개념으로 전환시켰다.[56]

미주기구가 주도한 안보협력으로써 대표적인 것이 지뢰제거프로그램이 있다. 중남미에는 수많은 지뢰가 매설되어 있고, 이것들은 내전과 게릴라전 과정에서 살포된 것이다. 예를 들어, 1990년대 니카라과는 내전을 겪으면서 북쪽 접경지역에 13만 5,000개의 지뢰가 매설되었으며, 콜롬비아에서는 게릴라들이 5만 개의 지뢰를 살포하였다. 또한 칠레, 페루, 볼리비아, 아르헨

55 OAS, OEA/Ser.K/XXXVIII CES/DEC.1/03 rev. 1, "Declaration of Security in the Americas," *Special Conference on Security* (Mexico City, October 28, 2003).
56 Herz(2011), p.41.

티나 사이의 국경분쟁 당시 10만 개의 지뢰가 매설되었다. 내전과 국경분쟁이 끝났음에도 불구하고 이들 수많은 지뢰들은 제거되지 않은 채로 남았고 이로 인해 무고한 민간인들이 사망하거나 다리가 절단되는 부상을 입는 일이 비일비재했다.

미주기구는 이 문제의 심각성을 인식하여 지뢰제거프로그램Mine Action Program을 만들었고, 많은 나라들이 이에 동참하였다. 이 사업은 서반구에서 모든 지뢰를 제거하는 것을 목표로 한다. 미주기구는 전문가들을 파견하여 현지의 경찰과 군인을 훈련시켜 현장에서 지뢰를 제거하도록 지원하고 있다. 그 결과 콜롬비아에서는 온두라스 지뢰 전문가들의 도움으로 약 30개 지역에서 지뢰제거 작업이 이루어졌고, 페루에서는 콘도르 산악지대에 설치된 415개 전신주 주변에서 2만 개의 지뢰가 발견되어 제거되었다.

특히 이 사업은 단순히 지뢰를 발견하고 제거하는 것만이 아니라 지뢰폭발 희생자를 지원하는 활동과 추가적 희생자를 예방하는 교육활동을 동시에 병행하고 있다. 현지의 주민들, 특히 어린이들을 대상으로 교육하고 홍보하는 노력을 벌이고 있다. 그리고 더 나아가 지뢰 자체를 더 이상 사용하지 않고 보유하지 않으며 제조하지 않겠다는 국가들의 선언을 이끌어내고 있다. 2002년 코스타리카가 처음으로 더 이상 지뢰가 매설되어 있지 않고 앞으로도 지뢰를 사용하지 않겠다고 선언했고, 엘살바도르, 과테말라, 온두라스 등 다른 나라들도 이에 동참하고 있다.

이 사업에는 미국과 캐나다 등 북아메리카 국가들뿐만 아니라 스웨덴, 노르웨이, 이탈리아 등 유럽 국가들도 자금과 기술을 제공함으로써 국제적인 사업으로 발전하였다. 미주기구가 주도한 지뢰제거프로그램은 유엔 차원의 지뢰제거프로그램의 표준으로 채택되었을 뿐만 아니라, 1997년 오타와협약Ottawa Treaty이라 불리는 대인지뢰금지조약Anti-Personnel Mine Ban Convention이 만들어지는 데 중요한 계기가 되었다. 대인지뢰의 제조, 판매, 이전, 사용을 전면 금지하는 이 협약에 세계 122개 국가가 참여하였지만, 서반구에서는 미국과 쿠바가 이 조약에 서명하지 않았다.

Ⅳ. 미주기구의 과제와 미래

1. 재정 및 관리 문제

미주기구가 다양한 활동을 벌이기 위해서는 많은 자원이 필요하다. 미주기구는 각 회원국으로부터 일정한 규모의 분담금을 거두어 기금을 마련한다. 기금은 크게 2가지로 나뉘는데 하나는 일반기금regular fund이고 다른 하나는 특별기금specific fund이다. 일반기금은 원칙적으로 회원국의 정규분담금assessed contribution에 의해 마련되며, 각국의 정규분담금은 해당 국가의 경제력을 토대로 산정되며 부채부담과 1인당 국민소득 등을 고려하여 다소 조정된다. 미주기구는 1997년부터 특별기금을 모금하였는데 이는 특정 프로그램이나 프로젝트를 지정하여 회원국 혹은 여타 국제 행위자가 자발적으로 내는 자금이다. 일반기금의 비중이 특별기금의 비중보다는 다소 많지만 그 격차가 점점 줄어들고 있다. 〈표 2〉는 미주기구 예산의 규모와 기금별 비중을 보여준다.

미주기구에 분담금을 가장 많이 지불하는 나라는 미국이다. 미국은 2013

〈표 2〉 OAS 예산(2010~2015)

(단위: 100만 미국달러)

	2010	2011	2012	2013	2014	2015
일반기금	90.1	83.0	83.5	83.9	83.0	84.3
특별기금	74.6	77.9	63.1	72.0	78.8	59.4
간접비보상(ICR)	6.4	7.7	5.2	5.3	5.3	5.3
합계	171.1	168.6	151.8	161.1	167.0	149.0

출처: OAS, Office of the Secretary General, *Program-Budgets of the Organization, 2013-2014* (2013) and *Program-Budgets of the Organization, 2015-2016* (2014)

회계연도에 6,570만 달러를 분담금으로 지불했다. 이는 2013년 미주기구 전체 예산의 41%에 해당하는 금액이다.[57] 미국에 이어 캐나다(2,260만 달러), 브라질(870만 달러), 멕시코(790만 달러), 콜롬비아(350만 달러), 아르헨티나(260만 달러) 순으로 분담금을 많이 냈다. 미주기구 회원이 아닌 옵서버 국가들과 유엔을 포함한 국제기구들도 미주기구에 특별기금을 제공하는데 2013년 회계연도에 네덜란드(880만 달러), 유럽연합(310만 달러), 스웨덴(110만 달러), 스위스(90만 달러), 독일(73만 달러)순으로 많이 냈다. 마이크로소프트와 시티뱅크를 비롯한 일부 후원자들은 신탁[trust] 형태로 기금을 제공했다.[58]

〈그림 2〉 개발 분야 프로젝트의 항목별 예산집행(2000~2008)

(단위: 미국달러)

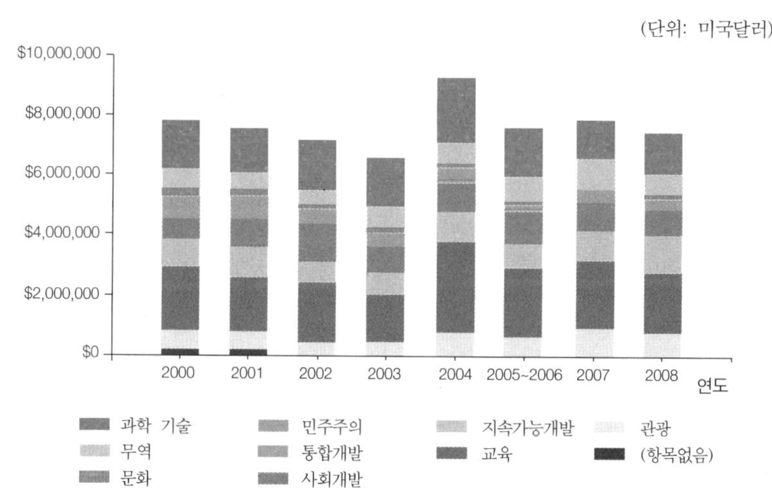

주: 2005년과 2006년은 하나의 프로그램 주기로 처리되었음
출처: OAS, "Executed Amount by Year and Sector," www.apps.oas.org/projects/statistics.aspx(검색일: 2014.12.12)

57 Meyer(2014), p.5.

58 OAS, *4th Quarterly Resource Management and Performance Report, January 1 to December 2014* (February 20, 2014).

2013년을 기준으로 예산지출의 규모가 가장 많은 분야는 빈곤퇴치와 사회개선을 포함하는 개발 분야였고 민주주의 거버넌스 분야, 다차원적 안보 분야가 그 뒤를 이었다. 특히 인술사 사무총장 취임 이후 만들어진 통합개발 집행사무처는 문화, 교육, 과학, 관광, 노동, 지속가능 개발, 환경, 무역 등 다양한 프로젝트에 자금을 제공하고 있다. 이 가운데 교육과 과학기술 분야에 대한 기금 제공이 점차 확대되고 있는 추세이다(〈그림 2〉 참조).

미주기구의 활동이 증가하고 있음에도 불구하고 회원국들이 내는 분담금은 거의 변화가 없기 때문에 미주기구는 심각한 예산부족을 겪고 있다. 물가상승을 반영하여 직원들에게 지급해야 할 인건비를 인상해야 하고 늘어나는 임무 수행을 위한 비용도 증액해야 한다. 2014년 보고서에 의하면 미주기구는 연간 750여 건의 임무를 수행한다.[59] 하지만 지난 20년 동안 국가별 분담금 할당에 대한 조정이 거의 이루어지지 않았다. 〈그림 3〉은 미주기구

〈그림 3〉 미주기구 분담금 할당 및 납부 추이

(단위: 100만 미국달러)

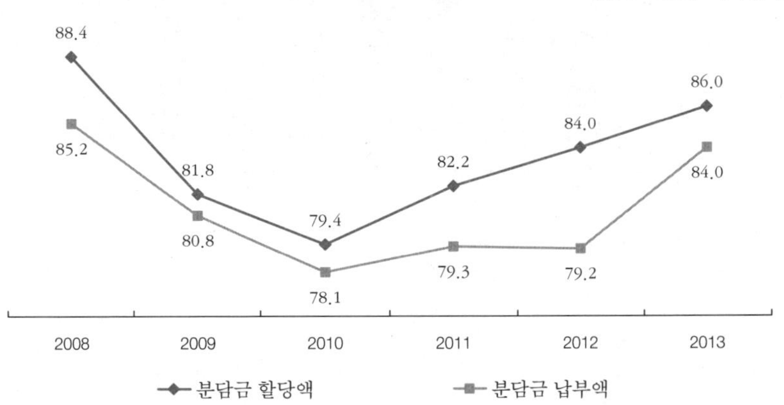

출처: OAS, *2013 Report to the Permanent Council: Annual Audit of Accounts and Financial Statements for the Years Ended December 31, 2013 and 2012* (April 30, 2014), p.19

---

59 OAS, *Results of the Mandate Classification Exercise* (July 14, 2014).

의 분담금 할당액과 회원국들의 납부액 사이의 격차를 보여준다.

이러한 예산부족 사태에 직면하여 인술사 사무총장은 미주기구 회원국들의 분담금 할당액이 증액되지 않으면 미주기구 운영에 심각한 차질을 빚게 될 것이라고 경고하였다. 그동안 소규모의 분담금 할당액 조정이 이루어졌지만 여전히 지출은 수입을 초과하며 부족분을 메우기 위해 미주기구는 준비금과 회원국 체납분담금 징수에 의존해왔다. 그러나 준비금마저 2010년에 소진된 상황이다. 결국 미주기구는 인프라개발과 정보기술 업그레이드를 연기하였고 직원을 해고하는 상황에 이르렀다. 2014년 보고서에 따르면 5년에 걸쳐 미주기구 직원의 1/4이 해고되었다.[60] 2013년 12월 31일 기준 미주기구는 66만 3,000달러의 적자를 기록했다.[61] 준비금마저 소진된 상황에서 회원국들이 약속된 날짜에 분담금을 지급하지 않고 며칠이라도 연체된다면 심각한 현금부족 상황을 맞이하게 될 것이다.[62]

예산 문제는 쉽게 해결될 기미가 보이지 않는다. 여러 나라들이 미주기구의 예산 증액에 대해 공감하고 있지만 정작 자국의 분담금 할당이 조정되어 추가로 부담을 지는 것은 원하고 있지 않기 때문이다. 게다가 미주기구 기금의 가장 많은 부분을 부담하는 미국마저도 미주기구의 2014년도 정규분담금 책정 결과 4,850만 달러로 책정되어 전체 정규기금의 59.4%을 부담하도록 한 것에 크게 반발하여 미국의 국내법으로 미주기구 활성화 및 개혁법 OAS Revitalization and Reform Act을 만들어 이에 저항하였다.[63] 2013년 10월에 서명된 이 법은 향후 5년 이내에 어떤 나라도 미주기구 분담금 책정액의 50%를 넘지 못하도록 미주기구의 예산편성 구조를 바꿀 것을 요구하고

---

60 OAS, *2013 Report to the Permanent Council: Annual Audit of Accounts and Financial Statements for the Years Ended December 31, 2013 and 2012* (April 30, 2014), p.3.

61 OAS, *2013 Report to the Permanent Council* (2014), p.3.

62 Meyer(2014), p.24.

63 2015회계연도에 미국의 오바마 대통령은 5,460억 달러(정규분담금 4,850억 달러 + 특별기부금 610억 달러)를 의회에 요청하였다.

있다.

이러한 상황에 대해 인술사 사무총장은 2011년 12월 "미주기구의 전략적 비전A Strategic Vision of the OAS"을 발표하여 앞으로 일반기금의 자원은 핵심적 기능에 주로 투입될 것이며, 인적 자원정책도 성과주의에 바탕을 두도록 하고, 향후 어떤 회원국도 미주기구 분담금 책정액의 49%를 넘지 않도록 하는 정책을 도입하겠다고 밝혔다.[64] 그 결과 2014년 총회는 사무국의 책임성, 효율성, 효과성, 성과 제고에 관한 결의를 채택하였다. 이에 따라 상임이사회가 미주기구 임무의 우선순위 결정 방법을 개선하게 되었다. 또한 사무국은 국제적으로 공인된 공공부문 평가지표IPSAS를 도입하여 기구의 자원과 구조를 임무에 맞게 재배치하고, 업무단순화, 효율성 증대, 비용절감, 중복사업방지 등의 내용을 포함하는 전략계획을 수립하게 되었다.

조만간 미주기구 개혁방안들이 구체화되어 제시되겠지만, 예산 문제를 해결하기 위해서는 회원국들의 부담을 더 늘리고, 미주기구 사업을 축소하며, 직원감축 등 구조개혁 등이 이루어져야 함은 분명하다. 하지만 이러한 과제는 결코 쉽지 않으며 많은 저항도 예상되기 때문에 개혁방안이 어떻게 실행되어 어떤 효과를 거둘 수 있을지는 아직 불확실하다.

2. 불평등 관계와 정체성 문제

전술한 바와 같이 미주기구 수립의 배경이 된 범미주의가 서로 충돌할 수 있는 개념들로 해석된다는 점에서 미주기구의 정체성에도 심각한 문제가 야기될 수 있다. 시몬 볼리바르가 추구했었던 라틴아메리카 국가들 사이의 평등하면서도 집단적인 공동체 수립이라는 이상과 서반구의 가장 강력한 국가인 미국이 주도하여 수립되고 미국의 영향력이 가장 크게 작용하는 현재

---

64 OAS, *Note of the Secretary General to the Chair of the Permanent Council* Presenting "A Strategic Vision of the OAS" (December 19, 2011).

의 미주기구의 모습 사이에는 큰 괴리가 존재한다.

미주기구헌장 제2장 3조에는 "국가 간 관계는 선의good faith에 의해 지배되어야 한다"고 명시되어 있다. 이러한 이상적 원칙에도 불구하고 미국은 미주기구 설립 초기부터 패권적 힘을 바탕으로 자신의 의지에 따라 기구를 재단하여왔다. 미주기구가 처음 설립될 당시 많은 라틴아메리카 국가들은 미국이 압도적인 경제력을 바탕으로 라틴아메리카 국가들의 산업과 경제를 발전시키고, 민주주의 원칙과 정신을 서반구 전체에 확산시켜줄 것으로 기대하였지만 실제로 미국이 보여준 태도는 자국 기업의 중남미 진출 지원과 라틴아메리카 국가들에 대한 정치적·경제적·문화적 통제였다.

냉전이 끝날 때까지 미국의 독주에 저항을 시도한 국가들은 예외 없이 공산주의의 서반구 침투 저지라는 명목으로 미국에 의해 정치적·경제적 압력을 받았고 심지어 무력에 의한 정권 교체 시도를 경험했다. 이러한 경우에 미주기구는 미국의 서반구 전략과 정책수행의 거수기 역할을 하는데 불과했다. 가장 대표적인 사례가 1965년의 도미니카공화국에 대한 미주기구의 개입이었다. 당시 미국은 미주기구와의 상의 없이 일방적으로 미국에 비우호적인 정부가 들어서는 것을 막기 위해 해병대를 도미니카에 상륙시켰다. 그리고 미주기구에 대해 도미니카공화국의 질서회복을 명분으로 미주평화군Inter-American Peace Force을 구성하여 미해병대를 대체할 것을 제안했다. 미주기구는 투표에서 14대5라는 압도적인 차이로 미국의 제안을 수용하고 군대를 파병했다.65 미주기구는 이러한 조치가 미국에 대한 굴복이라는 비난을 애써 외면했다.

실망한 여러 라틴아메리카 국가들은 비교적 늦게 독립한 카리브 국가들을 1970년대와 1980년대에 미주기구에 포함시킴으로써 미국의 주도력에 제동을 걸고 중남미 국가들의 목소리를 키울 수 있을 것이라고 기대했다. 하지만 기대와 달리 미주기구에 새로이 가입한 카리브 국가들은 대부분 빈곤한 소규모 나라들이였기 때문에 그 영향력은 기대에 미치지 못했고 오히려

65 Bloom(2008), p.35.

미국의 경제적 지원을 받는 데에 더 많은 관심을 보였다. 게다가 라틴아메리카의 히스패닉Hispanic 국가들과 달리 이들 카리브 국가들 상당수는 역사적으로 영국과 프랑스의 지배를 받았기 때문에 스페인어를 사용하지 않았고, 인종적으로도 식민지 시대 사탕수수농장에서 노예로 일하던 흑인들의 후손이 많았다. 또한 지리적으로도 대부분 소규모 섬나라라는 점에서 산업구조가 남아메리카 대륙의 다른 국가들과 크게 달랐다.

여러 중남미 지도자들은 헌장개정을 통해 중남미 국가들이 미국과 보다 평등한 관계를 맺고 중남미 국가들의 의사가 보다 많이 반영되는 정책결정이 이루어질 수 있으리라 여겼다. 실제로 헌장개정을 통해 중남미 여러 곳에서 발생한 국가 간 분쟁에 미주기구가 주도적으로 개입하여 분쟁의 확산을 막고 평화롭게 사태를 해결하는 사례가 잇달아 등장했다.[66] 그러나 냉전이 끝날 때까지 반공이라는 이념적 틀은 쉽게 깨지지 않았고 미국의 압도적 힘 앞에서 개정된 헌장마저도 무시되는 일이 빈번했다.[67] 결과적으로 헌장개정에도 불구하고 미국과의 동등한 관계는 만들어지지 못했다.

이러한 문제점은 결과적으로 미주기구의 정체성에 혼란을 일으켰다. 과연 미주기구가 중남미 국가들을 위한 조직인지에 대한 의구심을 불러일으켰다. 물론 쿠바를 제외하고 미주기구 회원국들 가운데 탈퇴를 고려하거나 참가를 거부하는 국가는 없지만 미주기구에 대한 기대가 낮아진 것은 사실이다. 이러한 현상은 중남미 지역에 다양한 지역 하위sub-regional 수준의 소(小)지역기구들이 등장하고 있으며, 미국과 캐나다를 제외한 모든 미주기구 회원국들이 이들 지역 하위 수준의 국제기구들에 참여하고 있다는 사실에서 증명된다. 이들 새로운 소지역기구들의 역할 확대 속에서 미주기구의 위상

---

66 예를 들어 미주기구는 1979년에 니카라과의 소모사(Somoza) 독재정권의 퇴진에 앞장섰고, 1980년대에는 페루와 에콰도르의 콘도르 산맥 분쟁에 개입하여 무력충돌을 막았다.

67 예를 들어 미국은 1973년 칠레의 피노체트(Augusto Pinochet) 장군이 쿠데타로 아옌데(Salvador Allende) 정권을 무너뜨리는 것을 지원했고, 1983년 그레나다에 친쿠바 쿠데타가 발생하자 해병대를 파병하여 그레나다를 침공하고 국제사회의 비난에도 불구하고 2년간 미군을 주둔시켰다.

을 어떻게 정립할 것이냐는 변화하는 글로벌 환경 속에서 미주기구가 헤치고 나가야 할 새로운 과제가 될 것이다.

3. 지역 하위 기구들의 도전과 미주기구의 개혁 요구

미주기구가 서반구 아메리카 대륙에서 가장 크고 오래된 지역기구이지만 일부 라틴아메리카 및 카리브 국가들은 지역 하위 수준에서의 소지역기구들을 만들었다. 이러한 변화는 미주기구가 미국에 의해 주도되면서 상대적으로 힘이 약한 중남미 국가들의 목소리가 반영되지 못한다는 불만에 의해 나타난 현상이기도 하지만, 다른 한편으로는 글로벌리제이션 현상이 가속화되면서 국제무대에서 경쟁력을 높이기 위해서는 역내 국가들 사이에 보다 실질적인 정치적·경제적 협력이 요구되기 때문이기도 하다.[68]

예를 들어, 다소 좌파적인 성향을 가지는 볼리바르 동맹ALBA, 남아메리카 국가연맹UNASUR, 라틴아메리카-카리브 국가공동체CELAC 등은 라틴아메리카 혹은 카리브 국가의 정치적 협력과 단결을 모색하는 것을 목적으로 만들어진 반면, 카리브공동체CARICOM, 남미공동시장MERCOSUR, 태평양동맹Pacific Alliance 등은 경쟁협력체로서 상호간의 무역증진을 도모하여 시장경쟁력을 높이려는 시도에서 만들어졌다. 주목할 점은 북미자유무역협정NAFTA을 제외한 모든 지역 하위 단위의 기구 및 협력체가 미국과 캐나다를 배제하고 있다는 사실이다. 〈그림 4〉에서와 같이 서반구에서 다자간 지역기구 및 협력체는 매우 다양하며 복잡하다.

이들 가운데 비교적 널리 알려진 남미공동시장MERCOSUR은 1985년 남아메리카 최대 시장을 가진 브라질과 아르헨티나가 무역협력을 위한 프로그램을 만들면서 그 아이디어가 발전하였고, 1991년 아순시온협정Treaty of Asuncion

68 조한승, "중남미 지역기구 정치의 역동성: OAS, ALBA, UNASUR, CELAC," 『국제지역연구』 19권 2호(2015), pp.37-60

〈그림 4〉 서반구의 지역기구 및 협력체(2015년 1월 기준)

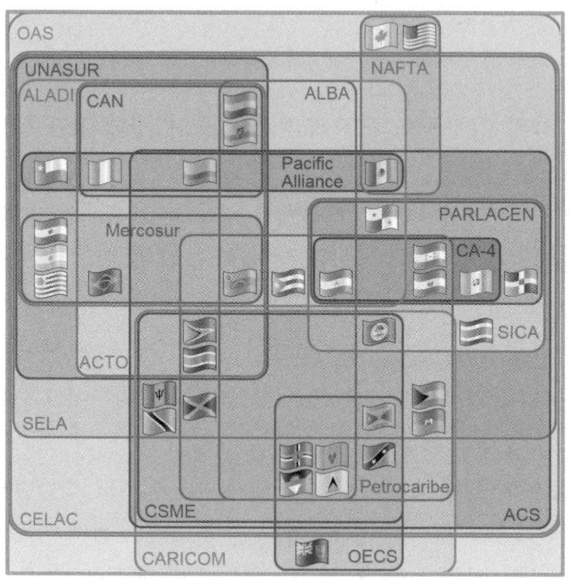

출처: http://en.wikipedia.org/wiki/File:Supranational_American_Bodies.svg

을 통해 공식적으로 지역무역블록으로 만들어졌다. 여기에 브라질과 아르헨티나뿐만 아니라 파라과이, 우루과이, 베네수엘라가 회원으로 가입하고, 칠레, 볼리비아, 콜롬비아, 에콰도르, 페루가 준회원국으로 가입함으로써 남미공동시장은 남아메리카 최대의 무역블록이 될 수 있었다.

안데스공동체CAN 역시 지역 무역통합과 정치협력을 목적으로 1969년 카르타헤나 합의Cartagena Agreement가 이루어짐으로써 만들어진 협력체로 볼리비아, 콜롬비아, 에콰도르, 베네수엘라, 페루가 참여하고 있다. 이곳에는 아르헨티나, 브라질, 파라과이, 우루과이, 칠레가 준회원국으로 속해 있어 궁극적으로 남미공동시장과 더불어 남아메리카자유무역지대를 만들기 위한 무역블록 합병이 추진되어 왔다. 그리고 그 결과 남아메리카국가연맹UNASUR이 만들어졌다.

남아메리카국가연맹은 2008년 남미공동시장과 안데스공동체의 합병으로 구체화되었지만, 1980년대에 만들어진 리우그룹Rio Group의 전통을 바탕으로 한다. 리우그룹은 멕시코-미국 국경선 이남에서 라틴아메리카 국가 엘리트들의 포럼으로서 1989년 베네수엘라, 멕시코, 파나마, 콜롬비아를 포함하는 콘타도라그룹Contadora Group이 주축이 되고 아르헨티나, 브라질, 페루, 우루과이가 동참하면서 만들어졌다. 이는 23개 중남미 국가 정상들이 모임을 가지는 조직으로 발전하였다. 2004년 리우그룹정상회의에서 남아메리카공동체South American Community라는 이름의 조직을 만들기로 논의되었으나 2008년 공식 출범하면서 현재의 남아메리카국가연맹UNASUR으로 바꾸었다. 이 기구는 유럽연합EU을 모델로 하여 장기적으로 남미 공동의 화폐를 만들기 위한 노력을 벌이고 있다.

카리브공동체CARICOM는 1973년 영어를 사용하는 이 지역 국가들이 중심이 되어 만들어졌으며 경제통합과 정치적 협력을 목적으로 한다. 그 후 네덜란드어를 사용하는 수리남과 프랑스어를 사용하는 아이티가 가입하였다. 경제적인 분야에서 협력을 통해 단일시장을 구축하는 것이 주요 활동이지만 최근에는 공동여권을 만들기로 합의하고 사회안전망 통합을 모색하는 등 정치적, 사회적 측면에서의 협력도 확대하고 있다.

라틴아메리카-카리브 국가공동체CELAC는 최근 서반구에서 가장 주목받는 지역기구로 부상하였다. 이 기구는 2010년 리우그룹과 카리브공동체의 합동정상회의에서 제안되고 2011년 카라카스선언Declaration of Caracas으로 공식 출범한 서반구 제2의 지역기구이다. 이 기구는 미국과 캐나다, 그리고 영국령, 프랑스령, 덴마크령, 네덜란드령 영토를 제외한 모든 서반구 국가들을 포함한다. 미국과 캐나다를 제외한 미주기구 모든 회원국이 가입하였다는 점에서 사실상 이 기구는 미주기구를 대체하는 것을 목적으로 한다. 미국과 캐나다를 제외한 모든 미주기구 회원국이 가입해있고, 그 목적과 기능도 미주기구와 크게 유사하다는 점에서 만약 라틴아메리카-카리브 국가공동체가 활성화되어 역내 정치, 경제, 사회, 문화 등 다방면에서 협력이 확대된다면 미주기구는 존재이유를 상실할 수도 있다는 전망도 제기된다.

하지만 라틴아메리카와 카리브 국가들이 아직까지 독자적인 지역기구를 활성화할 수 있을 정도로 자원을 동원하기 어렵고, 미국을 대체하여 강력한 리더십을 발휘할만한 국가가 없다는 점에서 이들 지역 하위 수준의 기구와 협력체가 가까운 장래에 미주기구를 대체하거나 미주기구가 분리될 가능성이 높지는 않다.[69] 게다가 2014년 12월 미국과 쿠바가 국교를 정상화하기로 합의하고 미국이 라틴아메리카와 카리브 국가들과의 관계를 재설정하려는 태도를 보임으로써 서반구에서 미국을 배제한 지역기구의 영향력 확대에 제동을 걸고 있다.[70] 쿠바도 경제개혁과 성장을 위해 가까운 장래에 미국 등 서방세계가 주도하는 국제금융기구와의 접촉을 재개할 가능성이 있으며 이러한 쿠바의 태도는 향후 라틴아메리카-카리브 국가공동체CELAC 등 중남미 지역기구의 급속한 성장에 부정적인 영향을 미칠 수 있다.[71]

서반구에서 지역 하위 수준의 협력체와 기구들의 등장, 영향력 확대는 기존의 미주기구의 존재 가치를 떨어뜨리는 것이 될 것이며, 이 경우 미국의 서반구에 대한 영향력은 크게 줄어들 것이다.[72] 하지만 현실적으로 중남미의 경제성장과 민주주의 발전에 관련하여 미국의 지도력, 특히 경제적 지원을 결코 무시할 수 없다. 따라서 미국이 포함되는 미주기구의 존재는 여전히 필요하며, 이를 위해서는 미주기구의 개혁이 이루어져야 한다는 데 대해 누구나 공감한다. 문제는 어떻게 개혁할 것인가에 관해 명쾌한 해법이 보이지 않는다는 사실이다. 미국의 영향력을 축소하는 개혁은 미주기구의 영향

---

69 Thomas Legler and Lesley Burns, *Latin American Multilateralism: New Directions* (Ottawa: FOCAL, 2010), p.6.

70 "Give U.S. and Cuba Space to Negotiate: OAS Chief," *New York Times* (January 13, 2015).

71 조한승, "국제금융기구 가입의 정치적 특수성: 쿠바, 코소보 사례와 북한에 대한 시사점," 『사회과학연구』 26권 1호(2015), pp.109-131.

72 Thomas Legler, "Beyond Reach?: The Organization of American States and Effective Multilateralism," in Jorge I. Deminguez and Ana Covarrubias, eds., *Routledge Handbook of Latin America in the World* (New York: Routledge, 2015), chap.21, pp.311-328.

력을 약화시켜 서반구 전체의 힘을 분산시킬 가능성이 높으며, 그렇다고 미국이 개혁을 주도할 경우 지금보다 더 큰 저항에 부딪칠 가능성이 높다.

4. 글로벌리제이션과 미주기구, 그리고 한국

먼로주의 이후 서반구는 미국의 주도하에서 외부로부터의 위협과 영향력을 가급적 최소화하려는 모습을 보여 왔다. 라틴아메리카 고유의 독특한 역사적·문화적·언어적 전통을 바탕으로 중남미 국가들은 이른바 그들만의 리그를 발전시켜왔다. 따라서 아시아 등 다른 지역과 비교하여 상대적으로 잘 발달된 지역기구와 지역협력체제를 가지고 있음에도 불구하고 다른 지역과의 교류는 상대적으로 작았다. 하지만 글로벌리제이션 현상은 중남미 지역의 정치경제환경에도 큰 영향을 미치고 있다. 특히 주목할 만한 현상은 태평양을 사이에 두고 중남미의 태평양 연안국들과 동아시아 및 오세아니아 국가들의 정치적·경제적·문화적 교류가 빠른 속도로 발전하고 있다는 점이다.

중남미와 서태평양 국가들 사이의 교류는 그동안 경제적인 측면에 집중되어 발전해왔다. 이는 한국 최초의 자유무역협정FTA 체결 대상국이 칠레였다는 점에서 나타나다시피 중남미 태평양 연안국들과 서태평양 국가들은 지리적 거리로 인해 경제교류로 인한 정치적, 문화적 부작용을 최소화할 수 있다는 장점이 있기 때문이었다. 하지만 최근에는 경제적 부문을 넘어서서 사회문화적, 정치적 측면까지 포함한 모든 분야에서의 상호의존성이 빠르게 확대되고 있다. 특히 미주기구에서 미국의 일방적 주도권에 대한 반발로 라틴아메리카-카리브 국가공동체CELAC가 등장하자 세계 여러 나라들이 CELAC과의 협력을 통한 중남미 진출을 모색하고 있다. CELAC은 2011년에 설립된 신생기구임에도 불구하고 인도, 러시아, 일본, 한국, 중국 등 여러 나라들이 CELAC 지도부에 접근하여 상호협력을 확대하고 있다. 그 가운데 특히 중국의 행보가 주목을 받고 있다. 중국은 막강한 경제력을 바탕으로 빠른 속도로 중남미 국가들에 대한 영향력을 확대하고 있다.

예를 들어, 중국은 2015년 1월 8일 중남미 국가들의 정상 및 외무장관을 베이징으로 초청하여 제1차 중국-CELAC 외무장관 회담을 개최하고 중남미에 향후 10년 동안 2,500억 달러 규모의 투자를 약속했다.[73] 이와 별도로 베네수엘라, 니카라과 등 중남미 국가들은 개별적으로 중국으로부터 막대한 자금투자가 이루어지고 있다.[74] 또한 태평양과 대서양을 연결하는 파나마 운하의 운영권을 미국이 통제하는 것에 반발하여 새로운 운하를 니카라과에 건설하는 계획이 만들어지자 중국이 발 빠르게 움직여 사업권을 따냈다. 기존 파나마 운하보다 훨씬 큰 규모로 만들어지게 될 니카라과 운하를 통해 중국은 중남미의 태평양 연안뿐만 아니라 대서양 연안 국가들에 대한 접근을 보다 용이하게 할 것으로 예상된다.[75]

최근 미국이 쿠바와의 관계 정상화를 포함하여 중남미에 대한 접근을 강화하는 것과 맞물려 중국의 이러한 중남미 접근은 향후 세계패권을 지키려는 미국과 이에 도전하는 중국의 경쟁이 중남미에서도 치열하게 전개될 것임을 보여준다. 이러한 상황에서 미국은 미주기구를 통한 서반구에 대한 영향력 유지를 더욱 강화시켜 나갈 것으로 예상되며, 미국의 독주에 반발하는 라틴아메리카 국가들의 불만을 완화시키기 위한 여러 가지 조치들을 취할 것으로 보인다. 미국의 뒷마당으로 여겨졌던 중남미에서 과연 중국이 미국의 영향력을 얼마나 상쇄할 수 있을 것인지 주목된다.

한편 한국은 1981년에 미주기구에 옵서버 자격으로 가입하였고 1990년

---

73 "First China-CELAC Forum Ministerial Meeting Concludes in Beijing," *Xinhua Net* (January 9, 2015).

74 중남미에서 중국 자본을 가장 많이 들여온 나라는 베네수엘라이다. 베네수엘라는 지난 5년 동안 중국으로부터 400억 달러의 투자를 들여왔고, 2015년 1월에 추가로 200억 달러 투자를 약속받았다. 에콰도르 역시 중국으로부터 75억 달러 투자를 약속받았다. "China courts CELAC with multi-billion investments," *Deutsche Welle(DW)* (January 8, 2015).

75 Frida Ghitis, "Would Huge Nicaragua Canal be Win for China?" *CNN* (November 25, 2014).

12월에 상주 옵서버를 파견하였다. 이후 미주기구의 연례총회에 옵서버로 꾸준히 참가하였고, 미주기구가 벌이는 여러 사업에 참여하였다. 특히 한국은 미주기구의 선거감시단 파견, 시민 등록 및 정체성 프로젝트, 문화사업 등을 지원하여 왔다. 2009년부터는 미주기구 사무국에 매년 4~5명의 한국인 대학생을 인턴으로 파견하고 있다. 이러한 사업을 지원하기 위해 한국은 2012년 기준 23만 달러를 미주기구에 제공하였고, 이는 미주기구에 대한 상임 옵서버 국가들의 지원금 총액 1,460만 달러 가운데 1.72% 규모이다.[76]

최근 한국과 아메리카 대륙(미국 포함)과의 무역량은 2014년 기준 수출 101,274백만 달러, 수입 63,183백만 달러 규모로서 아메리카 대륙은 한국의 전체 수출의 20%를 차지하는 중요한 수출시장이다. 특히 〈그림 5〉에서 보

〈그림 5〉 한국-중남미 교역량 추이(2001년~2014년)

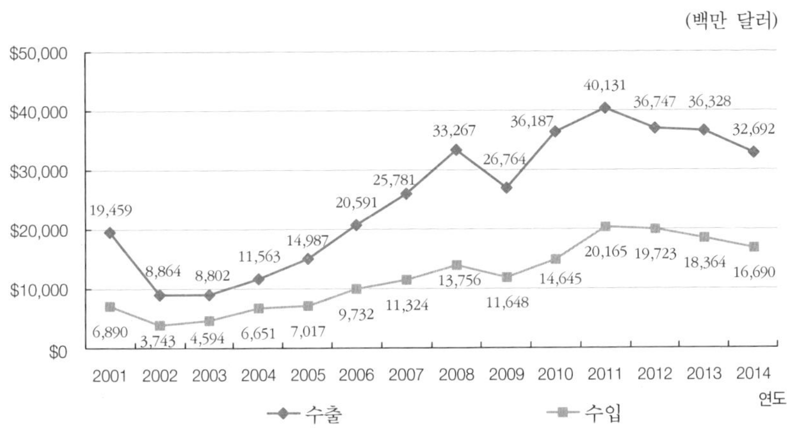

출처: 한국무역협회, "대륙경제권 수출입," http://stat.kita.net/stat/kts/rel/RelColligationList.screen (검색일: 2015.1.7)

76 2012년 기준 미주기구에 가장 많은 지원금을 제공한 상주 옵서버 국가는 네덜란드(32.86%)이며, 스페인(23.94%), EU(11.38%), 독일(10.77%), 중국(2.57%) 등이 그 뒤를 이었다. 한국은 지원규모 면에서 9번째 국가였다. OAS, Permanent Council, *Report of Fundraising: Permanent Observers* (May 14, 2013).

이다시피 한국과 중남미 지역과의 무역은 꾸준히 증가하고 있다.

한국과 중남미 사이의 무역과 투자 규모가 꾸준히 증가해 왔음에도 불구하고 대중적 차원에서 한국과 중남미 지역과의 상호인식은 그리 높지 않았던 것이 사실이다. 하지만 최근 한류가 중남미 지역으로 확산되면서 한국과 중남미 국가들과의 교육, 문화 교류도 빠르게 확대되고 있다. 멕시코, 칠레 등의 대학에서 한국학 전공이 개설되었고, 중남미 국가들과의 유학생 및 교환학생 교류가 크게 증가하였다. 최근에는 아직 단교 상태에 있는 쿠바와도 관계도 빠르게 회복되고 있다. 쿠바 아바나에 이미 2005년부터 코트라KOTRA 무역관이 설치되었고, 미국이 쿠바와 관계를 정상화할 것이라는 소식이 전해지자 한국도 쿠바와 외교관계 수립을 적극적으로 추진하겠다고 밝히는 한편,[77] 세계식량계획WFP과 더불어 300만 달러 규모의 쿠바 식량생산성 증대 사업을 시작하였다.[78]

이처럼 한국과 중남미 국가들 사이의 상호관계가 크게 확대될 것으로 전망되는 상황에서 중남미 국가들의 독자적인 지역기구 수립으로 향후 미주기구의 위상이 다소 변화할 가능성이 존재한다. 따라서 한국은 기존 미주기구를 통한 중남미 국가들과의 교류 협력뿐만 아니라 CELAC 등 중남미 국가들의 다자지역기구에 대한 접근도 병행하여 발전시킬 필요가 있다. 미국을 배제한 중남미 지역기구의 출현과 역할 증대에 대해 미국이 예의주시하고 있지만 정치외교적으로 미국의 이익을 침해하는 것이 아닌 한 한국과 이들 중남미기구와 국가들과의 경제적·사회적·문화적 교류에 대해서는 반대할 이유와 명분이 없다. 오히려 라틴아메리카 및 카리브 국가들의 글로벌화를 통해 서반구의 경제발전과 안보에 대한 미국의 부담이 줄어드는 효과를 기대할 수도 있을 것이다.

---

77 "윤병세 '쿠바와 연내 관계 정상화 추진'," 『중앙일보』(2015.2.11).

78 "정부, 관계정상화하기로 한 쿠바에 300만 달러 지원: 세계식량계획과 공동추진, 쿠바와 첫 개발협력사업 의미," 『뉴스1』(2015.2.11).

V. 결론

미주기구를 상징하는 심벌은 서반구의 35개 회원국들의 국기가 깃대에 게양되어 원형으로 포개져있는 모습이다. 이는 아메리카 대륙의 도전과 기회를 상징하며 모든 회원국들이 평등하게 한 자리에 모여 서반구의 정치, 경제, 사회, 문화의 발전을 논의하는 것을 보여준다. 이는 서반구 신대륙의 공화국들이 평등한 자격으로 서로 협력하여 공동의 발전을 이루고 외부의 위협에 집단으로 대응하자는 19세기 초 라틴아메리카 독립 영웅인 볼리바르의 범미주의 구상을 기반으로 한 것으로 매우 오랜 시간을 거쳐 발전하여 미주기구의 수립으로 구체화되었다.

하지만 오랫동안 미주기구는 별다른 주목을 받지 못했다. 가장 큰 이유는 범미주의가 취약한 서반구 세계를 외부의 위협으로부터 지키기 위해서는 강력한 국가, 즉, 미국이 주도하는 국제질서 안에서 라틴아메리카와 카리브 국가들이 보호받아야 한다는 먼로주의적 해석이 평등한 집단적 공동체로서의 해석을 압도했기 때문이었다. 냉전 기간 중에 미주기구는 미국이 주도하는 반공노선에 따라 사회주의 혹은 진보적 노선을 모색하려는 시도들을 저지하는 데 앞장섰다. 미주기구는 다른 지역에 비해 가장 먼저 민주주의와 인권시스템을 갖춘 다자간 지역기구였음에도 불구하고 이념의 그림자에 가려 오랫동안 그러한 시스템은 사실상 유명무실한 것이 되어버렸다.

하지만 냉전의 종식과 더불어 중남미의 정치 환경이 크게 변화하였고, 이러한 변화는 미주기구의 변화를 불러일으켰다. 그동안 외면 받아온 민주주의와 인권에 대한 관심이 높아지면서 미주기구가 서반구의 민주주의와 인권 증진에 앞장서야 한다는 주장이 제기되었다. 그리고 중남미 사회의 고질적인 빈곤, 부패 등 여러 가지 문제들을 해결하지 않고서는 진정한 발전과 성장을 이룰 수 없다는 인식하에 미주기구는 경제발전과 사회개혁을 병행하는 다양한 프로그램을 진행하고 있다. 특히 최초로 미국의 후원 없이 2005년 사무총장에 당선된 인술사 사무총장의 리더십하에서 미주기구의 개혁이 진행되어 왔다. 2015년 새로운 사무총장 선출을 앞둔 시점에서 미주기구의 개혁은 최대 관심사가 되고 있다.

여전히 미국은 미주기구의 최대 후원자로서 가장 강력한 영향력을 발휘하고 있고, 미국의 패권적 리더십을 거부하는 라틴아메리카와 카리브 국가들은 자신들의 목소리를 보다 잘 반영하는 지역 하위 수준에서의 소지역기구와 협력체를 만들고 있다. 게다가 미주기구의 심각한 재정 문제는 미주기구의 야심찬 사업들의 발목을 잡고 있다. 이러한 긴장 속에서 앞으로 미주기구가 어떠한 방향으로 나아갈 것인가를 지켜볼 필요가 있다. 최초의 지역기구로서 미주기구는 앞으로 지역협력공동체의 모범적 사례로 발전할 수 있을 것인가? 혹은 정체성의 위기를 맞아 여러 소지역기구들로 중요한 역할과 기능이 넘어가는 상황에 직면할 것인가? 아니면 과거와 같이 강력한 미국의 주도하에서 여러 중남미 국가들을 미국의 질서로 이끄는 역할로 남게 될 것인가?

이러한 질문들에 대한 답은 시간이 지나면서 구해지겠지만, 분명한 사실은 미주기구를 제외한 역내의 다른 어떠한 다자기구도 미주기구만큼 인권, 언론자유, 민주주의 등의 이슈를 다룰 수 있는 능력과 조직을 갖추지 못했다는 점이다. 그리고 새로이 재편되는 서반구 지역 환경 속에서 미국이 더 많은 외교적 자원을 동원하면서 지역협력을 위한 움직임에 보다 적극적으로 나서는 모습을 통해 미주기구를 둘러싼 이 지역 국가들 사이의 상호관계의 새로운 변화가 예상된다.

더 읽을거리

- Bloom, Barbara Lee. *The Organization of American States*. New York: Chelea House, 2008.

  미주기구의 역사와 활동을 매우 쉽게 설명한 책으로서 청소년이나 비전문가들이 읽기에도 어려움이 없다. 특히 다양한 사진 자료를 제시하여 현장감있게 미주기구의 활동과 역할을 이해할 수 있다.

- Dent, Davia W., and Larman C. Wilson. *Historical Dictionary of Inter-American Organizations*. 2nd ed. Lanham, MD: Rowman & Littlefield, 2014.

  미주기구에 관한 모든 것이 수록된 사전으로서 미주기구의 연보와 설립 배경 및 주요 역할 등이 서두에 간략하게 정리되어 있다. 본문은 각 항목이 알파벳순으로 설명되어 있으며 다른 항목과의 관련도 상세하게 정리되어 있다. 다양한 부록들과 더불어 미주기구에 관련된 서적들을 총 9개 부문으로 나누어 상세하게 설명한 참고문헌도 큰 도움이 된다.

- Dominguez, Jorge I., and Ana Covarrubias, eds. *Routledge Hand book of Latin America in the World*. New York: Routledge, 2015.

  라틴아메리카를 하나의 단위로 보아 역내 국가들의 상호관계, 역외 행위자들과의 관계, 역내 통합과 다자주의, 그리고 인권, 안보, 마약, 환경 등 최근의 이슈들을 집대성하고 있다. 라틴아메리카의 전문가들이 각각의 주제에 대해 분석, 논의한 논문 29편이 수록되어 있다.

- Herz, Monica. *The Organization of American Sates*(OAS). New York: Routledge, 2011.

  Routledge 출판사가 지속적으로 편찬하는 Routledge Global Institutions 시리즈 가운데 하나로서 미주기구의 역사를 간략하게 소개하고, 안보·민주주의·거버너스의 측면에서 미주기구의 역할과 의미를 이해하기 쉽게 설명하였다.

제 5 장

아프리카 지역협력과 아프리카연합(AU)

이한규

I. 서론

21세기에 들어 지역협력이 아프리카에서뿐만 아니라 세계 곳곳에서 국제 관계의 주요 행위로 등장하면서 지역기구에 대한 논의가 본격적으로 시작되었다.[1] 국제기구가 제2차 세계대전 이후, 주권국가 간의 상호호혜적인 관계를 지속하기 위해서 혹은 전략적으로 유지·강화하기 위해 출범하였다면, 아프리카 지역기구에 대한 논의는 아프리카 국가가 유럽의 식민지배로부터 본격적으로 독립하기 전인 1957년 무렵 시작되었고,[2] 1963년 이후 아프리카 지역협력이 아프리카인들의 주요 과제로 등장하면서 본격화되었다.[3] 제1차 세계대전 이후 윌슨의 민족자결주의에도 불구하고 아프리카에 대한 유럽의 식민지배가 확고해지면서 독립 투쟁을 위한 아프리카 협력이 역내·

1 François Constantin, "L'intégration régionale en Afrique noire: État des travaux," *Revue française de science politique* (22e année, n°5, 1972), pp.1074-1110. 저자는 1960년 이후 아프리카 지역통합에 대한 연구 성향과 문제점들을 구체적으로 분석하고 있어 아프리카 지역연구에 대한 중요한 정보를 제공하고 있다.

2 1960년에 아프리카 17개국(현재 54개국)이 동시에 유럽 식민지배로 독립하면서 1960년을 '아프리카의 해'로 명명하고 있다.

3 C. Emeka Udechuku, *African unity and international law* (Africa Press, 1974), p.10 and s.

외적으로 확산되기 시작하였다. 하지만 대부분 아프리카 국가가 유럽의 식민지배를 받고 있었기 때문에 독자적인 지역협력을 통한 아프리카 독립 및 발전의 모색은 불가능하였다. 그러나 아프리카는 하나의 공동체이고 아프리카인은 모두 동일한 문화적 정체성을 갖고 있다는 범아프리카주의Pan Africanism가 그 자리를 대신하고 있었고, 마침내 1963년 5월 25일 에티오피아 수도 아디스아바바Addis ababa에서 33개 아프리카 신생 독립 국가 정상들이 아프리카 지역협력의 모태가 되는 아프리카 단결기구Organization of African Unity: OAU를 정식으로 출범시킨다.[4] 따라서 아프리카 국가들이 자신들의 소지역기구subregional organization를 통해 국제 행위자로서 다양한 문제에 직접 참여하게 된 시기는 서구 혹은 다른 대륙의 협력기구에 비해 역사가 비교적 짧다고 볼 수 있다.

1963년에 출범한 OAU를 대신한 아프리카연합African Union: AU은 독립 이전부터 아프리카를 하나의 공동체로 그리고 아프리카인 모두가 동질성을 가지고 있다는 공동의식을 그대로 이어받아 발전해 왔다. OAU가 지역주의Regionalism를 중심으로 정치적 문제에 치중했다면, AU는 정치적 문제는 물론, 경제적 문제 해결과 함께 문화와 사회적 문제 해결을 위한 협력기구로 등장하는 통합체로 출발하고 있다. 하지만 이 두 기구 모두 식민주의 뿌리를 근절하고, 신식민주의로 부터의 완전한 탈출을 모색하고 있다는 점은 동일하다. 3년 동안의 긴 협상을 거쳐 2002년에 출범한 AU는 신자유주의 시장경제와 1990년 이후 아프리카 국가들에 강요되고 있던 '수입된 민주주의'로부터 아프리카 대륙을 보호하고 세계화 시대의 정당한 국제 행위자로서 자리 매김하기 위한 거대한 포부를 담고 있다.

따라서 AU는 OAU를 대체할 만한 지역기구로 전제하고 있다. 왜냐하면 OAU의 실패는 OAU의 제도화와 그 기능의 미흡에도 연유하겠지만,

---

4 아프리카 단결기구는 프랑스 용어로 OUA(Organisation de l'Unité africaine)로 표기하지만, 본 문헌에서는 영어식 표기(OAU)를 사용한다. 그러나 프랑스어권에 관련된 용어는 영어표기와 함께 표기하지만, 국명, 지명, 인명은 그 지역에서 사용하는 공용어(대부분 유럽 언어)의 발음으로 표기한다.

ECOWAS, SADC, EAC[5] 등과 같은 소지역기구가 해당 지역 회원국에 미치는 영향력이 더 컸기 때문이다. 1963년 초기에 엔크루마Kwame Nkrumah가 주장하는 '아프리카 합중국'과 우푸에 브와니Félix Houphouët-Boigny, 니에레레Julius Kambarage Nyerere가 주장하는 국가 간의 '협력기구' 사이의 논쟁은 후자의 승리로 끝났다. 그 결과 OAU가 아프리카를 대표하는 통합기구가 아닌 협력이 중시되는 단결기구로 자리매김하게 된다. 하지만 OAU는 나이지리아, 콩고민주공화국 등의 내전, 에티오피아, 소말리아, 케냐 등에서의 국경분쟁, 1차 상품 수출경제로 인한 내수시장과 역내 교환 시장의 허약으로 인한 경제적 불안 등을 해결함에 있어서는 제 역할을 하지 못했다.

물론 AU는 39년 만에 엔크루마가 주장하는 아프리카 합중국은 아니지만, 범아프리카주의를 기저로 하는 새로운 발전을 10여 년 전부터 모색했다. 따라서 AU는 유럽연합, 아랍연맹, ASEAN과 같은 지역기구와 유사하다는 점에서 어느 정도 국제행위자로서의 역할이 기대되고 있다. 그러나 비관론자들은 대부분 아프리카 국가가 여전히 민족국가nation-State를 형성하지 못했기 때문에 이로 인한 주권 문제가 큰 걸림돌이라고 주장한다. 따라서 AU는 현실화될 수 없는 유토피아며, 아프리카는 유럽과는 다르다는 점을 부각시키고 있다. 반면 OAU는 21세기 현대 국가가 더 이상은 민족국가를 부르짖거나 강조할 수 없는 기구라는 점에서 AU는 세계화 현상에 잘 적응 혹은 대처할 수 있도록 제도를 통한 아프리카 통합기구로 기능해야 함을 주장한다.[6] AU를 통합기구 혹은 혁신된 협력기구로 발전시켜야 한다는 논쟁은 현재까지도 계속되고 있다.

아프리카 역내에는 50여 개 이상의 크고 작은 소지역기구가 존재한다. 이처럼 아프리카의 복잡하고 다양한 역사, 유럽의 노예무역과 식민지배 그리고 유럽에 의해 강요된 민주제도로 인한 역사적 단절의 후유증, 종교

---

5 이 책의 pp.274-284 참조.

6 Pierre Buyoya, "Toward a Stronger African Union," *Brown Journal of World Affairs*, 12(n°2, 2005), pp.165-175.

적·민족적 분쟁의 상시적 위협, 정치적 불안정, 국제사회의 시장경제 압박 등은 AU가 21세기 국제사회에서 주체적인 행위자가 되기 위해 반드시 극복해야 하는 장애물이다. 그리고 외부에 의존하여 아프리카 문제를 해결해서는 안 되겠다는 아프리카인 자신의 문제와도 결부된다.[7] 이러한 점에서 본 연구는 새로운 국제행위자로 등장하고자 하는 AU를 중심으로 출범의 역사적 배경과 기원, 발전, 제도적 구조와 기능 그리고 소지역기구와의 관계 분석을 통해 AU의 발전과정을 고찰한다.

끝으로 한국과 아프리카의 경제적 실리관계는 21세기부터 시작되었지만, 본 글에서는 아프리카가 21세기 한국 국제개발협력의 주요 대상이라는 점에서 아프리카기구와 지역기구와의 관계에 대해 살펴본다. 아프리카에 대한 학계의 관심은 최근 들어 증가하였다. 하지만 국제원조ODA와 관련된 국제개발협력에 치중되어 있다는 점에서 아프리카 지역기구에 대한 연구와 관심은 다른 분야에 비해서 미미한 편이다. 비록 연구가 되었다 하더라도 그나마 소지역기구에 대한 연구에 편중되어 있어(예: SADC) AU와 관련한 지역기구의 역할, 특징, 제도적 분석을 통한 심층적인 국내 연구는 매우 드물다. 하지만 한국은 유엔의 새천년개발목표Millennium Development Goals: MDGs[8]정책을 적극 지지·협력하고 있고, 국제사회도 AU의 NEFAD와 연계한 아프리카 정책을 중시하고 있다는 점에서 한국 다자협력의 중요성을 재조명할 필요가 있다.

---

7 Jon Woronoff, *Organizing African Unity* (NBN Way: The Scarecrow Press, 1970); Michael Wolfers, *Politics in the Organization of Africa Unity* (Londres: Mathuen et Co. Ltd, 1976) 참조.

8 2000년 9월 국제연합총회에서는 빈곤 타파를 위해 MDGs를 채택하였고 그 목표 달성을 2015년으로 정하였다. 국제연합은 2015년까지 빈곤율을 50%로 감소시키기 위해 선정한 8가지 목표는 다음과 같다. ① 빈곤과 기아 퇴치, ② 초등교육 달성, ③ 성 평등 촉진과 여권 신장, ④ 유아 사망률 감소, ⑤ 임산부의 건강개선, ⑥ 질병퇴치, ⑦ 지속가능한 환경 보장, ⑧ 발전을 위한 국제협력이다.

II. 아프리카 지역 환경과 협력기구

아프리카는 세계에서 두 번째로 큰 대륙으로 현재 54개국이지만 서사하라 독립 문제가 해결된다면 55개국이 될 것이다. 아프리카는 대륙의 크기만큼 다양한 기후 환경의 변화, 인구 이동, 내전과 분쟁, 개발 위기, 외부의 영향 등으로 매년 새로운 변화가 끊임없이 일어나고 있다. 따라서 아프리카 지역기구의 출범, 과정과 그 발전에 대한 총체적인 이해를 위해서는 아프리카 자체가 지니고 있는 다양한 변화뿐만 아니라 외부에 의해서 작용한 역사적 요인과[9] 환경들에 대한 이해가 우선되어야 한다.

1. 문화적 다양성과 이질성

아프리카 대륙을 크게 흑아프리카Black Africa와 백아프리카White Africa로 나누어 말하는데 후자는 북아프리카 지역으로 모로코, 알제리, 튀니지, 리비아, 이집트 등 7세기 이후 이슬람제국에 의해 정복된 지역이다. 이 지역은 백인과 유사한 피부색을 가진 아랍 셈족의 후손들이 많이 거주하고 있는 이슬람 문화권이다. 반면 전자는 사하라 사막 이남 국가들과 수단을 포함한 지역을 일컫는다. 사하라이남 지역의 아프리카인은 전형적인 검은 피부로 다양한 종교문화를 지니고 있다. 그뿐만 아니라 동고서저(東高西低) 현상으로 서아프리카 지역의 대부분이 농업중심 사회라면, 동아프리카와 북부 아프리카 지역은 유목과 반농업이 중심을 이루고 있어 대조적인 경제구조의 특징으로 역내 교환경제의 어려움이 있다.[10]

---

9 Yacouba Zerbo, "La problémematique de l'Unité africaine(1958-1963)," *Guerres mondiales et conflits contemporains*, 4(n° 212, 2003), p.114.

10 이한규, 『제3세의 역사와 문화』(서울: 방송통신대, 2008), p.457.

아프리카는 문화적 다양성도 크다. 종교적인 면에서 북아프리카 지역은 90~100%가 이슬람 문화권으로 사하라 이남 국가와는 대조적이다. 특히 사하라사막 이남에 걸쳐있는 세네갈, 코트디부아르, 나이지리아, 카메룬, 중앙아프리카, 케냐, 수단 등의 북부 지역은 이슬람 문화권이고, 남부의 대부분은 기독교 혹은 토착 종교 문화권으로 이원화되어 있다. 따라서 아프리카의 종교 분쟁은 대부분 이 지역에서 일어나고 있으며, 대표적인 나라가 최근 국내 미디어에 자주 거론되고 있는 보코하람이 활동하고 있는 나이지리아이다.

언어문화는 이보다 더 복잡한 구조로 되어 있다. 언어학자 그린버그Joseph Harold Greenberg에 의하면 아프리카에는 1,200~2,000개의 언어가 존재한다고 한다. 하지만 실질적으로 아프리카인의 실생활에서 사용하는 언어화자 수는 이보다 더 많은 4,000~5,000개 이상 된다. 따라서 아프리카 전체에 통용되는 아프리카어는 현재까지 존재하지 않는다. 다만 일부 국가와 지역을 제외하고는 대부분이 유럽 식민 언어인 프랑스어, 영어, 포르투갈어를 공용어로 사용하고 있어서 도시와 발달한 지역에서는 언어적 소통의 문제는

〈표 1〉 아프리카 국가들의 공용어 사용 현황

공용어 유형	국가 수
토착어	1
토착어와 유럽어 혹은 아랍어	14
프랑스어	12
영어	12
프랑스어와 영어	1
포르투갈어(스페인어)	7
아랍어	7
합계 국가 수	54

거의 없다. 하지만 덜 발달한 농촌 지역에서는 공용어보다는 토착어를 사용하는 경우가 더 많아 언어로 인한 국민적 통합의 어려움을 겪고 있다. 최근 AU에서는 동부아프리카에서 7천만 명이 사용하는 스와힐리어를 아프리카 전체 공용어로 채택하려는 시도가 있었지만, 다른 소지역기구들의 반대로 시행되지 못하고 있다.

2. 정치발전의 다원성과 파편화

아프리카의 이질적인 다양성은 아프리카인이 가지고 있는 자신들의 문화가치에 대한 애착에서도 비롯되기도 하지만 유럽의 식민지배가 더 큰 영향을 미쳤다. 19세기 말 서구 국가들은 아프리카 분할을 위해 1884년 10월부터 1885년 2월까지 독일 수도에서 '베를린회의'를 개최하고 오늘날과 같은 아프리카 국경을 인위적으로 설정하여 아프리카 사회구조를 변형·파괴하였다. 13세기부터 존재했던 하우사Haoussa, 말리Mali, 보로노Borno 등의 왕국들은 유럽 식민지배와 함께 사라졌고, 아프리카 전통 공동체는 유럽식 행정체계로 변하거나 한 국경 내에서 통합의 과정 없이 방치되었다. 거대 집단사회를 이루었던 바콩고 민족들은 오늘날, 앙골라, 콩고, 콩고민주공화국으로 나뉘어져 파편화되었다. 프랑스, 영국, 벨기에, 포르투갈, 독일 등 유럽 국가들은 각기 다른 식민정책을 실시했다. 남아공에서 300년 동안 네덜란드 이주민인 보어인Boer, 아프리카너[afrikaner]라고도 함에 의한 인종차별 식민정책으로 아프리카인의 협력과 통합을 더 어렵게 만들었다. 프랑스는 직접식민정책(동화정책)을 통해 아프리카의 기존 사회·정치 체계를 전면적으로 개조하고 획일화시켰다. 그뿐만 아니라 프랑스는 아프리카를 식민지배하면서 각 국가 혹은 각 지역의 특수성을 전혀 고려하지 않은 상태에서 자신들의 식민지를 프랑스의 행정 단위처럼 통치하였다.[11]

---

11 Vincent B. Khapoya, *The African Experience: An Introduction* (New Jersey:

〈그림 1〉 유럽의 아프리카 식민지 상황

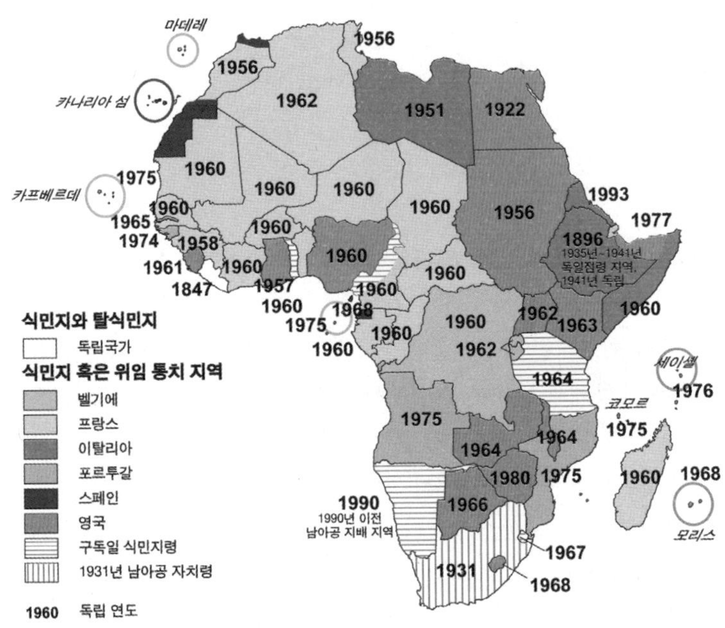

따라서 대부분 프랑스령 식민지는 서아프리카프랑스령Afrique occidentale française: AOF과 중앙아프리카프랑스령L'Afrique-Équatoriale française: AEF 국가군으로 형성되었다. 반면 영국은 간접식민정책을 통해 아프리카 전통정치·사회체제가 부분적으로 유지될 수 있게 해주었지만, 한 국가 내의 사회 구성원으로서의 소속감과 일체감을 느끼게 하는 데는 완전 실패하여 독립 이후에 정치·사회적 갈등과 내전의 주요인을 제공하기도 하였다. 포르투갈은 식민지를 크레올화시켜 자신들 영토의 일부처럼 간주하며 1970년 중반까지ㅡ일부 경우를 제외하고 1960년대에는 대부분의 아프리카 국가들이 독립함ㅡ식민지를 유지하였다. 이로 인해 포르투갈 식민지배를 받는 국가들은 1960

Prentoce-Hall, 1994), pp.112-127.

년 이후 나타난 지역기구의 참여가 늦어지면서 아프리카 문제에서 한동안 소외되었다.

3. 경제발전과 빈익빈 부익부

유럽 여러 국가에 의한 식민지배와 아프리카의 다양하고 이질적인 환경은 아프리카 국가들의 물리적·경제적 불균형을 초래하고 있다. 54개국 중 33개국이 빈곤한 국가로 분류되어 있는데 이에 대한 원인은 노예 및 식민역사, 기후, 불균등한 자원 보유, 정치적 불안정, 부패 등 다양하다. 아프리카에는 한반도의 약 11배에 해당하는 250만km²의 넓은 영토를 가진 수단(남수단과 분리 이전)이 있으며, 광주광역시보다 48.18km² 작은 453km²의 세이셸 같은 국가도 있다. 아프리카 총 인구는 11억 명 정도로 아시아 다음

〈표 2〉 주요 광물과 에너지 자원 부존 현황

종류	주요 매장국가
유연탄	남아공(세계 6위), 모잠비크, 짐바브웨, 보츠와나, 잠비아, 말라위, 탄자니아
우라늄	남아공(세계 4위), 니제르(9위), 나미비아(8위), 말라위, 잠비아
철광	남아공(세계 13위), 모리타니, 코트디브아르
동	잠비아(세계 10위), 콩고민주공화국, 남아공
아연	남아공(세계 10위)
니켈	남아공(세계 7위), 보츠와나, 짐바브웨
석유 자원	리비아, 나이지리아, 앙골라, 알제리, 수단, 이집트, 가봉, 콩고, 석도기니, 차드, 튀니지
천연가스	알제리, 이집트, 리비아, 나이지리아

출처: 심의섭·서상현, 『아프리카 경제』(세창출판사, 2012), p.14 and p.114. 도표는 필자가 편의상 임의로 정리하여 작성함

으로 인구가 많은 대륙이지만, 인구분포는 불균형적이다. 나이지리아는 인구 1억 8천만 명으로 제일 많고 이집트가 8천만 명으로 두 번째이지만, 세이셸의 전체 인구는 약 9만 명이다.

2014년 현재 아프리카 전체 GDP는 14,157억 달러이며 세계 GDP 50위권 안에 있는 나라는 나이지리아, 남아공, 이집트, 알제리 4개국뿐이다. 이 중에 나이지리아(5,736억 달러)와 남아공(3,412억 달러)의 GDP가 아프리카 전체 GDP의 64.6%를 차지하고 있어 아프리카 경제적 부가 일부 국가에 치중되어 있다. 반면 말라위의 GDP는 1,280만 달러로 나이지리아 GDP와의 격차는 44배에 달한다. 현재 아프리카 인구의 40%가 하루 2달러 미만으로 생활하고 있는데, 1990년 탈냉전 이후 지하자원 개발이 활발해 지면서 자원 보유국과 비보유국 간의 경제적 격차가 더 커지고 있어 아프리카 통합의 걸림이 되고 있다.

III. 아프리카연합과 지역발전

1. 아프리카 지역기구의 기원과 발전과정

1) 아프리카 지역기구의 근원

아프리카는 언어적·종교적·민족적 다양성과 이질성에도 불구하고 대부분의 아프리카인은 '아프리카는 하나'라는 인식으로 범아프리카주의를 추종해 왔다.[12] 많은 아프리카 엘리트도 독립 투쟁을 위해 그리고 독립 이후에는 국민통합과 신식민주의에 대한 투쟁을 목적으로 범아프리카주의를 정치적

12 François Borella, "Le régionalisme africaine et l'organisation de l'Unité africaine," *Annuaire français de droit international*, vol.9(1963), p.832.

신조와 사회운동의 이념으로 변화시켰다. 생고르Léopold Sédar Senghor의 네그리튀드Negritude, 니에레레의 우자마Ujamma, 엔크루마의 아프리카 사회주의African Socialism가 대표적이다. 아프리카의 공동 이념처럼 등장한 범아프리카주의 기원에 대해서는 다양한 주장이 있지만, 백인 지배에 대한 미국의 흑인과 앤틸리스 제도Antilles의[13] 흑인 투쟁에서 기인한다는 설이 가장 일반적이다. 그리고 이러한 투쟁은 백인의 인종차별과 억압에 시달리고 있는 전 세계 아프리카인의 연합과 그 뿌리를 같이하고자 아프리카-흑인의 단결을 요구하였다.[14] 학계에서는 범아프리카주의라는 단어의 기원을 1900년 7월 런던에서 있었던 웨스트민스터 홀Westminster Hall 컨퍼런스에서 윌리엄Henry Sylvester William이 최초로 언급한 것으로 보고 있다. 그러나 범아프리카주의를 아프리카 단결에 중요한 이념으로 자리 잡게 한 것은 듀보이스Dr W. E. Dubois다.[15]

1945년 맨체스터 범아프리카회의에서 듀보이스는 윌슨의 민족자결주의에 근거하여 아프리카 자치권과 해방의 세계적 운동을 주장하면서 범아프리카주의를 식민지배와 인종차별로 억압받는 모든 아프리카 흑인의 단결 이념으로 더 발전시킨다.[16] 이 회의에는 아프리카 단결기구 출범에 영향을 미치게 되는 가나의 엔크루마, 나이지리아의 아지키웨Namdi Azikiwe, 케냐의 케냐타Jomo Kenyatta, 시에라리온의 존슨Wallace Johnson, 말라위의 헤스팅Banda Hasting 같은 아프리카 독립 지도자들이 대거 참여했다. 1958년부터 범아프리카주의자들은 독립투쟁과 범아프리카주의에 입각한 아프리카 인민 해방의 다국적 연맹을 주장하며 일부는 아프리카 합중국을 강조하기도 하였다.[17] 비록 아프리카 국가들이 유럽의 식민지 상태에 있지만, 1955년 반둥

13 Antilles 제도는 중앙아메리카 카리브 해안에 위치한 섬들로 구성된 나라를 말함.

14 Philippe Decraene, *Le panafricanisme* (Paris: PUF, Que sais-je?, 1964), p.11; D. Thiam, "Le fédéralisme africain," *RCADI*, vol.1(1969), pp.303-396 참조.

15 Yacouba Zerbo(2003), p.115.

16 Samuel M. Makinda and Wafula Okoumo, *The African Union* (New York: Routledge, 2008), p.19.

범아프리카주의(Panafricanism)의 리더 엔크루마

라틴 아메리카에서 윌리엄 듀보이스가 범아프리카주의에 선두 주자였다면, 아프리카에서는 엔크루마가 대표한다. 1909년 9월 가나에서 태어난 엔크루마는 영국과 미국에서 수학하면서 범아프리카의 창시자인 듀보이스의 영향을 받아 범아프리카의회 조직에 깊이 참여한 바 있다. 귀국 후, 엔크루마는 인민당으로 이끌고 영국 식민정부에 대항하여 시민 불복종은 운동을 끌어내 서아프리카 국가에서는 최초로 독립을 쟁취하였다. 가나 '독립의 아버지'로 불리는 엔크루마는 아프리카에서는 1953년에 처음으로 범아프리카회의를 주관하기도 하였다. 엔크루마는 아프리카를 세계에서 가장 강한 대륙으로 만들기 위해서는 초국가 정체성을 바탕으로 하는 '아프리카 합중국'의 필요성을 강조하였고 이를 위해 식민지배를 받고 있는 모든 아프리카 국가들의 즉각적인 독립을 요구하였다. 그러나 그는 유럽의 기호품인 코코아 생산경제에서 벗어나지 못하면서 1996년 당시 아프리카 초대 대통령 중 가장 빨리 실각하는 불운의 대통령이 되었다. 그러나 아프리카의 문화적·사회적 공동의식을 통한 아프리카 합중국에 대한 그의 이념과 독립 주장은 1957년 당시 아직 독립하지 못한 다른 아프리카 국가들에 많은 영향을 주었다. 특히 프랑스가 불어권 아프리카 국가들을 독립 이후에도 자신들의 영향력하에 두려는 의도로 설립한 프랑스-아프리카공동체에서 불어권 아프리카 국가들의 독립 쟁취에 많은 영향을 미쳤다(1958년).

회의의 비동맹 운동은 아프리카 단결을 지향하는 범아프리카주의자들이 다시 연합하는 계기를 마련해 주었다.

1958년 4월 15~22일간 가나의 수도 아크라Accra에서 범아프리카회의가

17 Therèse Osenga Badibaka, *Pouvoir des organisations internationales et souveraineté des Etats* (Paris: L'Harmattan, 2010), p.14.

아프리카에서 처음으로 개최되고[18] 1958년 7월에는 베냉의 코토누Cotonou에서는 세네갈의 셍고르에 반대에도 불구하고 범아프리카주의자들을 중심으로 아프리카연합이 최초로 제안되었다. 이를 바탕으로 1959년 1월 말리연맹이 출범하고 이어서 아프리카 합중국의 출발을 알리는 아프리카 독립국가연합Union of Independent African States: UIAS이 탄생된다.[19] 특히 제2차 범아프리카회의는 아프리카 연맹을 운영할 경제심의회, 공동방위위원회, 회원국 시민위원회 등과 같은 조직을 형성한다. 이와 같은 빠른 행보에 대해 엔크루마, 세쿠투레, 튜브맨 등의 비연합주의자들은 1959년 7월 아프리카 독립공동체Commonwealth of Independent States Africa: CISA[20]를 창설한다. 하지만 가나와 기니 간의 정치적 문제로 기니가 UIAS로부터 멀어지면서 아프리카연합을 위한 괄목한 만한 진전이 없이 UIAS는 실상 연합 혹은 통합의 논의로부터 멀어지게 된다. 이와 같이 아프리카 단결과 연합을 둘러싼 논쟁은 기존의 논의를 발전시키기보다는 소지역기구의 출범을 부추기는 결과가 되었다.

1959년 협력을 중시하는 베냉(당시 다호메니), 부르키나파소(당시 오트볼타), 코트디부아르, 니제르는 서아프리카 경제협력기구인 사할-베냉연합Union Sahel-Benin: USB을 창설한다.[21] USB는 1963년에 개최될 아디스아바바 회담에서 거론될 아프리카 단결기구와 목적으로 같이 하지만 OAU 출범과 함께 마감한다.[22] 반면, 범아프리카주의와 사회주의를 지향하는 가나, 기니, 말리 3개국은 1961년 아프리카 국가연합Union of African States을 설립하고[23]

---

18 가나는 1957년 아프리카 국가 중 최초로 유럽 식민지배로부터 독립한다.

19 UIAS: Union of Independent African States.

20 CEIA: Communauté des États indépendants d'Afrique.

21 USB는 일명 랑탕트이사회(Conseil de l'Entente)라고 한다.

22 1963년까지 아프리카 역내에는 USB 이외에도 단결 혹은 연합기구 창설을 위한 10여 개의 지역회담과 여러 개의 연합이 우후죽순처럼 생겨나기도 하였다. François Borella(1963), p.841.

23 가나 초대 대통령 엔크루마가 주도하였으며 비에르트(Bierte)에서 케이프(Cap), 아크라(Acrra)에서 잔지바르까지 연결하는 아프리카연합이다. 말리, 모로코, 이집트가 뒤늦게 합류하였다. 이 연합운동을 학계에서는 몬로비아그룹과 경쟁하는 카사블랑카그

이집트, 시리아, 예맨 등은 아랍공화국단결 연맹을 창설한다. 같은 범아프리카주의를 표명하지만 이처럼 연맹 혹은 단결기구들의 비효율적인 경쟁은 국가 그룹 간 반목하는 계기가 되었다.

그러나 이러한 범아프리주의 아프리카연합에 반대하여 국가 협력을 통한 범아프리카주의에 대한 논의가 불어권 국가들에 의해서 독립 이후 구체화하기 시작한다. 독립한 대부분 아프리카 국가가 당면하고 있는 공통의 문제는 인위적 국경 안에서 분열되고 대립하였던 국민 통합과 식민 경제에서 벗어난 경제적 자립과 발전이다. 그러나 초기 아프리카 지도자 대부분은 주권 보호를 위한 독립국의 한계뿐만 아니라 경제발전과 역내 문제 그리고 아프리카와 관련된 국제 문제에 대한 대처 능력 부족을 공동으로 인지하고 있었다.[24] 1960년 10월(24~26일) 코트디부아르 수도 아비장Abidjan에서 개최된 불어권 아프리카 정상회담에서 불어권 아프리카 국가들의 재통합과 연합의 문제가 처음으로 제기되었다.[25] 일명 아비장 회담이라고 하는 이 회담에서는 아프리카 단결로 초점이 맞추어졌고, 이에 대한 논의는 2개월 뒤에 콩고공화국에서 개최된 브라자빌회담(12월 15일~19일)으로 이어졌다.

브라자빌회담에서는 북아프리카 국가들을 포함한 11개 불어권 아프리카 국가들이 재단결을 모색하고 구식민 종주국인 프랑스와 다른 서방국가들과 협력관계의 개선에 초점을 두었다. 특히 국가 간의 협력에 주안점을 둔 이 회담에서는 회원국 간의 공동정책과 경제적 협력을 위한 단결이 강조되었으며, 그 결과 1961년 3월 28일 아프리카·마다가스카르 경제협력연합African and Malagasy Union: AMU이 출범하게 된다. 이 기구는 범아프리카주의의 극대화를 추구하는 카사블랑카Casablanca그룹에 반대하여 범아프리카주의의 최소화에 목적을 둔 몬로비아Monrovia그룹의 주축이 되었다. 결국, 아프리카연합

룹으로 명명한다. 토고, 소말리아, 에티오피아, 라이베리아, 수단도 초대되었지만, 참여하지는 않았다.

24 Yacouba Zerbo(2003), p.120.

25 말리와 기니는 카사블랑카그룹에 가담하였기 때문에 불어권 국가라 해도 브라자빌 회담에는 참석하지 않았다.

혹은 단결을 두고 양대 그룹 간의 경쟁이 시작된다.

결과적으로 백인의 인종차별과 식민지배에 대항하기 위한 아프리카 공동 이념으로 등장한 범아프리카주의는 독립과 함께 범아프리카주의의 적용과 해석의 차이 그리고 정치이념과의 현실성 문제로 양분되었다.[26] 그러나 범아프리카주의는 아프리카 단결 혹은 연합에 있어서 누구도 부인할 수 없는 이념이었고[27] 그 결과는 아프리카그룹 간 소모적인 경쟁의 포기로 나타난다. 민족국가를 형성하지 못한 정치적 불안정은 급변하는 국제환경에서 아프리카 국가들의 미약함을 드러내는 데 충분했다.

2) 아프리카 단결기구의 발전과 역할

독립 이후의 아프리카 단결 혹은 연합을 위한 논의는 언급한 것처럼 두 국가 그룹들에 의해서 양분되었다. 하나는 1961년 2월 모로코 카사블랑카에서 새로운 아프리카기구 창설을 위해 엔크루마, 세쿠투레, 모하메드 5세, 나세르 등이 회의를 개최하였고 개최 장소 이름을 붙여 카사블랑카그룹이라 한다.[28] 이 카사블랑카그룹은 신식민주의에 항거하는 단결을 통해 혁명적인 제도적 혁신을 기초로 하였다. 이를 바탕으로 정치·경제·군사적 단결과 함께 아프리카 합중국이라는 신아프리카 국가 건설을 목적으로 하였다. 특히 프랑스로부터 독립 투쟁을 하고 있는 알제리에 대한 독립 문제 해결을 아프리카 장래와 연계하였다.

이와 같은 움직임에 대해 코트디부아르 초대 대통령 우부에-브와니는 12개 불어권 아프리카 국가들과 함께 몬로비아그룹을 창설한다.[29] 이 몬로비

26 François Borella(1963), p.840.

27 Albert Bourgi, "Voyage à l'intérieur de l'OUA," *Politique étrangère*, n°4(63e année, 1998), pp.779-794.

28 Lansiné Kaba, *N'Krumah et le rêve de l'unité africaine* (Paris: Chaka, 1991), p.152.

29 이후 라이베리아, 시에라리온, 나이지리아, 소말리아, 에티오피아 등 비불어권 국가들이 합세하면서 아프리카기구 창설에서 수적으로 우세해졌다.

아그룹은 카사블랑카그룹의 이상주의적 주장에 대하여 아프리카의 현실적인 문제에 초점을 맞추었다. 하지만 보수적인 경향으로 인해 신식민주의로부터 완전하게 탈피하지 못했다는 비난을 받는다. 구식민 종주국에 비교적 호의적인 몬로비아그룹은 회원국 간의 평등한 협력, 현재의 국경선 존중, 서구에 대한 맹목적인 투쟁을 목적으로 하는 범아프리카주의 포기와 서구에 대한 호의적인 자각을 목적으로 하였다.

그러나 OAU의 핵심 문제였던 알제리 독립이 에비앙Evian협약을 통해서 해결되면서 카사블랑카그룹의 핵심적인 투쟁 목적이 점차 사라지게 되었다.[30] 이로 인해 두 그룹 간의 이념적 논쟁은 더 이상 불필요해졌고 통합보다는 아프리카 협력을 바탕으로 하는 아프리카 단결 쪽으로 방향을 잡아갔다.[31] 주도권을 잡은 몬로비아그룹은 1962년 라고스 회담에서 회원국의 주권과 회원국들의 특수성을 존중하는 국가연합Confederation 형태의 아프리카 단결기구 출범에 대한 논의를 본격화한다. 이를 위한 작업은 두 단계를 거쳐 진행되었다. 하나는 1963년 5월 15일에서 21일까지 아디스아바바에서 개최된 외무장관회의이고,[32] 다른 하나는 1963년 5월 22일에서 26일에 같은 장소에서 개최된 정상회의에서였다. 이들 회의에는 그동안 아프리카가 아닌 아랍연맹으로 기울었던 알제리, 리비아, 모리타니, 소말리아, 수단, 튀니지, 모로코 등 이슬람 문화권 북아프리카 7개국이 참여하였다. 이로써 아프리카 단결기구는 이념과 지정학적 공간의 구분 없이 그리고 블랙 아프리카든 화이트 아프리카든 식민지배에서 벗어난 모든 아프리카인의 열망으로 대체되었다.[33] 따라서 카사블랑카그룹보다는 덜 진보적이지만, OAU는 유

30 Yacouba Zerbo(2003), p.124.

31 카사블랑카그룹의 회원국이었던 기니와 말리는 역내 차원의 협력을 선택하기 위해서 카사블랑카그룹에서 탈퇴하면서 가나만이 유일한 회원국으로 남게 된다.

32 외무장관회담에서는 미래 OAU의 제도적 구조 골격을 세우는 것이 목적이었지만, 초국가적 정부가 바탕이 되는 통합주의적(integrationist)·연방주의적 제도 구축과 주권을 바탕으로 협력에 기초하는 상호주의 제도 구축을 둘러싼 논쟁이 있었다.

33 Yacouba Zerbo(2003), p.125.

럽 식민지배 상태에 있는 아프리카 국가들의 독립운동을 지원하기 위해 탄자니아 다레살람Dar esSalam에 아프리카 해방위원회를 설립하였다.

이와 같은 목적 달성을 위해 OAU는 국가 정상과 정부회의(정상회의), 각료이사회, 기타 전문기술위원회를 두었지만, 정책결정과정은 매우 위계적이다. 왜냐하면 OAU에서 유일한 정책결정최고기관은 아프리카 정상과 정부회의뿐이기 때문이다. 즉 OAU는 아프리카 국민의 대표 기구라기보다는 아프리카 국가들을 대표하는 기구라는 점에서 국제기구라기보다는 국가 간 조직inter-state organization에 더 가깝다.[34] 특히 1963년 OAU가 출범할 당시 식민지배 상태에 있는 국가들은 회원국으로 받아들이지 않았는데 이는 OAU가 회원국의 주권국가 지위를 중요시하였기 때문이다.

그럼에도 불구하고 OAU는 모든 아프리카 국가들의 연대와 아프리카인이 살기 좋은 환경을 만들기 위한 협력을 결집시키기 위해 아프리카성africanite과 모든 종류의 식민지배에 대한 부정, 그리고 자주권을 기저로 한다. 이를 위해서 OAU는 모든 회원국들에 회원국 간의 절대적인 평등, 회원국 내정의 불간섭주의, 회원국의 영토와 주권 존중, 분쟁의 평화적 해결, 국가전복 행위에 대한 규탄 등 5가지 원칙을 제시하며 출발했다는 점에서 의미가 있다.[35] 그렇지만 내정불간섭이라는 국가 주권 지상주의는 회원국들이 복잡하게 얽혀 있는 분쟁은 그렇다 치더라도 회원국들의 내전, 기근, 인권유린 등의 문제 해결에는 크게 이바지하지 못했다.

AU가 출범하는 2002년까지 39년 동안 OAU는 제 기능을 수행하지 못했다는 평가에도 불구하고 네 가지의 측면에서 아프리카 연대의 기초를 제공했다.[36] 첫째, 엔크루마가 주장하는 아프리카 합중국과는 거리는 멀었지만,

---

34 François Borella, "Le système juridique de l'Organisation de l'Unité Africaine," *Annuaire français de droit international*, volume 17(1971), p.235.

35 Ph. Decraene, "Barthélémy Boganda ou du projet d'État unitaire centrafricain à celui d'États-Unis d'Afrique latine," *Relations internationales*, n° 34(juin 1983), p.221.

36 Albert Bourgi(1998), p.781.

'아프리카는 아프리카인의 손으로'라는 철학을 아프리카인에게 이식시켜주는 데 중요한 역할을 하였다. 대부분 아프리카 헌법 전문에는 범아프리카주의 사상이 직·간접적으로 수용되었다. 둘째, OAU는 그 목적과 기대에는 크게 부응하지 못했지만, 문화적 정체성의 수단으로서 그리고 외부의 모든 간섭을 막는 방패의 역할을 아프리카인에게 각인시켜주었다. 셋째, 아프리카 국가들의 다양한 이질성으로 소지역기구와 협력이 제한되었지만, OAU는 아프리카 지도자들에게 더 크고 넓은 지역기구와 협력을 위한 정치적 시야를 제공해 주었다. 넷째, 정치적인 회합인 아프리카 정상회의, 각료이사회, 기술이사회 등을 통해 아프리카 외교적 힘을 모으고 강화함으로써 국제사회에서 영향력 있는 국제행위자로 자리매김할 수 있는 기초를 제공해 주었다.

2. 아프리카연합(AU)의 기원과 발전

1) AU의 기원

1990년대 아프리카 국가들은 동서냉전의 붕괴와 함께 두 가지 중대한 문제에 봉착하게 된다. 하나는 서구 국가와 국제금융기구(특히 IMF)에 의해 강요되는 민주화의 시행이고, 다른 하나는 신자유주의 시장경제의 도입이다. 경제원조의 조건을 무기로 아프리카에 대한 서구국가들의 민주화 요구에 아프리카 국가들은 자국의 상황과 여건에 무관하게 민주화를 시행할 수밖에 없었다. 또한 국가 중심의 계획경제는 국제금융기구(특히 IMF)의 구조조정으로 이전처럼 불가능해졌으며, 일부 중요 기간산업들이 민영화되면서 아프리카 국가들은 세계 시장경제체제에 아무런 대책 없이 노출되는 위기를 맞게 된다. OAU 정상들은 아프리카 경제 위기와 문제를 공동으로 해결하기 위해 기존의 소지역기구들과 함께 1991년 나이지리아 아부자조약을 통해 아프리카경제공동체African Economic Community: AEC를 창설한다.

AEC는 6개 단계의 발전과정을 거쳐 34년 안에 아프리카 공동시장 건설을 목적으로 하는 경제 분야에서 최초의 범아프리카주의 재탄생이다.[37] 특히 아프리카 단일 화폐 출범, 아프리카중앙은행과 범아프리카의회 같은 제도적 창설까지 염두에 두고 있었다. 그러나 현존하는 소지역기구들은 지역적 특성을 그대로 살려서 운영하는 느슨한 형태의 연합이었다.[38]

이와 같은 AEC 창설에 대한 아프리카 국가들의 공동 이해관계는 자연스럽게 연합기구 창설에 대한 재논의로 방향을 잡는 데 영향을 미쳤다. 즉 아프리카 국가들은 급변하는 국제변화에서 아프리카를 어떻게 위치시키느냐에 대한 관심을 통해 연합의 논의로 초점을 맞출 수 있게 된 것이다.[39] 그뿐만 아니라 새로운 국제질서 즉 세계화에 대한 아프리카인의 주체적인 의식은 1999년 9월 리비아 시르테Syrte에서 개최된 특별 정상회의에서 발현되었다. 이 회의에서는 1991년 아부자조약을 더 현실화시키고 발전시키기 위해 AU를 2001년까지 창설할 것을 합의한다. 2000년 토고 수도 로메에서는 AU 법령을 채택하여 2년 후인 2002년 7월 남아공 더반에서 개최된 제38차 OAU 정상회의에서 AU를 정식으로 출범시킨다. 이로써 아프리카 사람들은 단순한 협력관계에서 강력한 공동체로의 변환을 모색하게 된다.

AU는 OAU의 기본 정신인 범아프리카주의를 원칙적으로 계승하고 있어 카사블랑카그룹이 주장한 아프리카 합중국에 어느 정도 접근하고 있다(AU

---

37 AEC가 34년 동안 시행할 단계별 목적은 다음과 같다. 첫 번째 단계에서는 5년 안에 기존의 지역협력을 강화하고 지역협력이 없는 곳에는 지역협력을 창설한다. 두 번째 단계는 9년 이내에 각 지역공동체의 관세 및 비관세 장벽 문제를 해결하고 각 지역공동체의 무역, 농업, 화폐, 금융, 산업, 에너지, 통신 및 운송 등을 통합하는 것이다. 세 번째 단계는 10년 안에 각 지역공동체 수준에서 자유무역지대와 관세동맹을 실현한다. 2년의 필요한 네 번째 단계에서는 역내 관세동맹을 위해 기존의 지역공동체 간의 관세 및 비관세 장벽을 조정하고 통괄한다. 다섯 번째 단계에서는 4년 안에 아프리카 공동시장(African common market: ACM)을 창설한다. 마지막 여섯 번째 단계 5년 동안은 ACM 기능을 구조적·제도적으로 강화하여 단일화된 역내 시장을 만들고, 이를 위해서 범아프리카 경제 및 통화 연합, 범아프리카의회를 창설한다.

38 Moise Tchando Kerekou(2011), p.37.

39 Blaise Tchikaya, *Le droit de l'Union africaine: principe, institutions et jurisprundence* (Paris: Berger Levrault, 2014), p.18.

헌장 1조, 20조, 24조).[40] 하지만 AU는 경제통합을 우선으로 강조하면서 이를 바탕으로 OAU와 같은 단순한 단결기구가 아닌 아프리카 공동체기구의 건설을 최종 목적으로 하고 있다. 그러나 AU가 어떤 과정을 통해 완전한 공동체기구로 발전하느냐에 대한 논의가 현재까지도 회원국 간 분분하다. AU는 초기에 기대했던 만큼 활발하게 기능하지 못하고 있다. 왜냐하면 목적은 경제적이지만, 모든 과정과 절차는 매우 정치적이기 때문이다.[41]

2007년 7월 가나 아크라에서 개최된 아프리카 정상과 정부회의에서는 이 문제에 대한 논의가 다시 활발하게 일어났다.[42] 물론 아프리카 국가들이 아프리카 합중국 형태로 AU를 빠른 시일 내에 발전시키는 것에 대해서는 망설였다. 세네갈, 말리, 라이베리아 등 서아프리카 국가들과 리비아는 '즉각적인' 연합을 주장하는 반면, 나이지리아 및 카프베르데와 동·남부 아프리카 국가들은 '점진적인' 연합을 선호하고 있다. 후자의 국가들에 의하면 AU의 아프리카 합중국으로의 발전은 현재의 지역경제공동체Regional Economic Community: REC의 현실화와 다양한 정치의 조화를 통해 점진적으로 달성하는 것이 필요하다고 주장한다. 그러나 2008년 7월 사름 엘 체크Charm el-Cheikh에서 개최된 정상회의에서 대부분의 회원국은 '즉각적인' AU 정부 구성에 사실상 반대하였다. 하지만 기존 제도들의 역할과 권한의 개편, 확대 및 강화를 통해 실질적인 집행기관으로 만들 필요성에는 동감하였다.[43] 그 결과 2008년 아루사Arusha에서 점진적인 아프리카 합중국을 위한 논의를 처음으로 제도권에서 실시한다. 그러나 더 중요한 것은 1999년부터 약 10여 년

40 Rita Kiki Edozie, *The African Union'd Africa: New Pan-African Initiative in Global Governance* (Michigan: Michigan State University Press, 2014), pp.30-31.

41 Moise Tchando Kerekou(2011), p.20.

42 Delphine Lecoutre, "Reflections on the 2007 Accra Grand Debate on a Union Government for Africa," in T. Murithi(dir.), *Towards a Union Government of Africa: Challenges and Opportunities* (Addis Abeba: Institute for Security Studies, 2008).

43 Delphine Lecoutre, "Vers un gouvernement de l'Union africaine? gradualisme et stati quo v. immediatisme," *Politique étrangère 3* (2008 Automne), p.631.

동안 AU의 방향에 대한 논쟁에서 회원국에 대한 내정 불간섭을 일정한 조건에서 정당화하고 있다는 것이다. 또한 회원국에 대한 내정 간섭은 아니지만, 회원국들의 민주화, 거버넌스, 인권 등의 개선에 대한 꾸준한 감시와 요구를 한다는 것이고, 이를 위해서 다양한 기관들이 설치되었다.

2) AU의 기본 목표와 원칙

AU는 OAU를 형식적으로 승계하기보다는 중장기적 차원에서 모든 아프리카인의 의지를 담고자 한다. OAU가 내정 불간섭의 원칙을 주장하였다면, AU는 내정 간섭이 AU의 기본 원칙임을 공식화하였다. AU는 아프리카의 현실 문제와 국제사회에서의 핵심적 행위자로서의 지역기구로 발전하기 위해 ① 국제화에 대한 대비, ② 아프리카의 모든 역량 강화, ③ 법치국가와 굿 거버넌스 강화, ④ 인권개선을 위한 내정 간섭, ⑤ 평화와 안보 강화 ⑥ 경제발전에 기여, ⑦ 통합 역량 강화, ⑧ 인권 및 민주주의 문화 확산, ⑨ 신재정기구 확립 등을 제시하고 있다.[44]

이를 바탕으로 AU가 장려하는 세 가지 목표가 있는데 첫째는 역내 안정과 평화 안보이고, 둘째는 민주제도와 시민의 정치참여 장려다. 그리고 마지막 셋째는 경제·사회·문화적 통합이다. AU는 이러한 목표를 달성하기 위해 현존하는 소지역기구들과 정치적으로 조화시키는 것이 필요하므로 모든 분야—특히 과학과 기술 분야—에서의 연구 장려를 통한 역내 발전을 강화하려 한다. 그뿐만 아니라 AU는 국제관계에서 핵심적 행위자로 자리 잡기 위해 국제적 환경 및 보건 문제 해결에 적극적으로 참여하여 국제적 파트너십을 강화하려 한다.

그러나 3개 기본 목표 달성을 위해 AU는 다음과 같은 원칙을 제시하고 있다. ① AU 활동에 대한 아프리카 시민 참여, ② 아프리카 공동방위정책, ③ 인권을 침해하는 모든 내전 및 전쟁 행위에 대한 AU의 간섭 권한,[45]

---

44 Therèse Osenga Badibaka(2010), p.14.

45 내정간섭의 범위와 목적에 대한 결정은 AU 국가수장 및 정부 회담에서 결정된다(AU

④ 역내 평화 안보를 위한 AU 간섭에 대한 회원국의 청원권, ⑤ 성 평등의 준수, ⑥ 인권, 법치국가, 굿 거버넌스 등과 같은 민주주의 원칙 준수, ⑦ 균등한 경제발전을 위한 사회정의 실현, ⑧ 헌법에 어긋나는 정부에 대한 모든 협상 거절 및 규탄.

3) AU의 구조와 기능

AU의 목표는 OAU보다 더 광범위하고 구체적이었기에 총 13개의 주요기관이 새로 설치 혹은 개선되었다. 13개 기관은 크게 5가지 유형으로 나뉘어진다. 첫째는 회원국 전체가 참여하는 정책결정기관, 둘째는 정책결정기관인 정상회의를 보조하고 감독하는 집행기관, 셋째는 회원국의 법률적 조치를 담당하는 사법통제기관, 넷째는 회원국의 정치 참여를 권장하고 정책결정기관과 집행기관을 감독하는 정치통제기관 그리고 마지막으로 기타 전문기관이 있다. 하지만 본 절에서는 몇 개의 핵심적인 기관들에 대해서만 살펴볼 것이다.

(1) 정치적 결정기관

가. 정상회의(Assembly of Heads of State and Government: AHSG)

AHSG는 AU의 최고 집행기관이자 통제기관으로 54개국 정상과 정부 대표 혹은 정부 대표로 임명된 고위급 관료로 구성된다. AHSG는 기능적인 측면에서 유럽연합이사회와 유사한 역할을 한다. AHSG는 두 가지 절대적인 원칙에 기초로 하고 있는데 첫째는 회원국의 주권평등이고, 둘째는 모든 회원국에 대한 1국 1표 행사의 원칙이다. AHSG는 ① AU 가입 신청 검토, ② 기구 창설, ③ AU의 결정과 정책실행통제 및 적용 감시, ④ 예산 채택, ⑤ 집행위원회에 분쟁 예방, 전쟁 현황 및 긴급 사항에 대한 지침 전달, ⑥ 사법재판소 재판관의 임명 및 기능 정지 결정, ⑦ 정상회의 의장과 부의장,

---

헌장 제4조).

사무국 위원의 선출 및 직무 기간 등을 결정한다.

AHSG의 결정 사항들은 권고recommendation, 선언statement, 결의resolution, 의견opinion을 통해 회원국에 전달된다. AHSG는 결정 사항을 회원국에 강제하는 권한은 없지만, 실행 촉구를 요구할 수 있다. 왜냐하면 AHSG는 최고 집행기관으로 회원국에 대한 내정 간섭을 정당화하기보다는 회원국들의 관점을 조정하고 유도하는 데 본래의 목적이 있기 때문이다. 반면 AHSG는 AU의 결정과 정책이 회원국들에 잘 적용될 수 있도록 독려한다. 그러나 분쟁 혹은 내전, 인권 침해, 제노사이드에 준하는 위급 사안이 발생할 경우에는 AHSG는 당사국에 대한 개입을 정당화하고 있다.[46]

〈표 3〉 OAU 및 AU 역대 의장

	역대 의장	임기	국적
1	Thabo Mbeki	2002.7~2003.7	남아공
2	Joaquim Chissano	2003.7~2007.7	모잠비크
3	Olusegun Obasanjo	2004.7~2006.1	나이지리아
4	Denis Sassou-Nguesso	2009.1~2007.2	콩고공화국
5	John Kufuor	2007.1~2008.2	가나
6	Jakaya Kikwete	2008.1~2009.2	탄자니아
7	Mouammar Kadhafi	2009.1~2010.2	리비아
8	Bingu wa Mutharika	2010.1~2011.2	말라위
9	Teodoro Nguema Mbasogo	2011.1~2012.2	적도기니
10	Boni Yayi	2012.1~2013.2	베냉
11	Haile Mariam Dessalegn	2013.1~2014.2	에티오피아
12	Mohamed Ould Abdel Aziz	2014.1~2015.2	모리타니
13	Robert Mugabe	2015.2~현재	짐바브웨

출처: http://fr.wikipedia.org/wiki/Union_africaine(검색일: 2014.12.01)

46 Blaise Tchikaya(2014), p.139.

AHSG는 AU와 관련된 집행이사회와 위원회의 모든 결정 사항에 대한 통제 권한을 가지고 있다. AHSG는 1년에 한 번 소집되며 회원국 3분의 2의 요구가 있으면 임시 정상회의를 개최할 수 있다. 2005년 이후, 1년에 두 차례 정상회의를 개최하고 있다. 의장은 회원국 간의 협의를 통해 선출되며 임기는 1년이다. 초대 의장으로 남아프리카공화국의 음베키S.E. Thabo Mbeki 전 대통령이 역임하였으며, 2015년 현재 의장은 짐바브웨의 무가베Robert Mugabe 대통령이다.

나. 집행이사회(Executive Council)

AHSG와 동일하게 OAU의 각료이사회를 계승한 집행이사회는 AU에서 두 번째로 중요한 집행기관으로 회원국의 외무부 각료 혹은 각 정부가 임명한 각료들로 구성되며 연 2회 이사회를 개최한다. 그러나 회원국 3분의 2의 요구가 있으면 임시 이사회를 소집해야 한다. 집행이사회는 AHSG의 개최 일시, 의장 선출, 회의 장소, AHSG에서 제시된 의제의 배열을 담당한다. 의제는 AU의 주요 사안인 12개 분야에 대하여 회원국의 공동이익에 맞게 검토한다.[47] 그뿐만 아니라 역내 기타 소지역기구, 아프리카 개발은행African Development Bank, 국제연합 아프리카경제위원회ECA The United Nations Economic Commission for Africa와 함께 주기적인 협력관계를 유지하는 역할을 수행한다. 이처럼 집행이사회는 주어진 업무를 통해서 AU의 발의 및 활동, 정책들을 조율하고 조화시키는 중요한 임무를 맡고 있다.[48] 하지만 이와 같은 모든 행위는 집행이사회의 독자적인 결정이 아닌 AHSG의 동의를 절대 필요로 한다는 점에서 집행이사회는 AHSG의 책임하에 있으며 또한 AU 운영에서

---

47 집행이사회가 검토해야하는 12개 주요 분야는 역외무역, 에너지 및 지하자원과 산업, 목축과 산림, 수자원과 관개, 환경보호, 인류재앙방지, 운송과 통신, 보험, 교육·문화·보건 및 인적 자원, 과학과 기술, 아프리카 거주 외국인의 국적과 이민 문제, 사회보장과 모자보건 등이다. K. D. Magliveras and J. N. Gino, "The African Union? A New Dawn for Africa," *International & Comparative Law Quarterly*, vol.51(2002), p.410 참조.

48 Samule M. Makinda and F. Wafula Okumu(2008), p.43.

중요한 역할을 한다. 그러나 필요한 규정의 제정 및 예산편성 권한은 전혀 없다. 단지 필요할 경우 여러 기술위원회에 일부 권한을 위임할 수 있다.

다. 상주대표위원회(Permanent Representatives' Committee: PRC)

PRC는 AU에서 새로 창설된 기구로 회원국의 현 대사들을 중심으로 구성된다. PRC는 집행위원회의 회의 일자와 의제를 준비하며, 집행위원회에 등록된 문제와 관련하여 회원국들의 공동이익 분야에 대한 의견을 제시한다. 이처럼 PRC는 회원국들과의 의견교환과 토론을 상시로 실시하기 때문에 AU의 모든 프로그램 준비과정에도 참여한다. 예를 들어, AHSG와 집행이사회 간의 이견 조율이 잘 안 될 경우, AHSG와 집행이사회가 최종 결정을 내리기 전에 PRC에서 결정된 결과를 기다리기도 한다. 물론 PRC의 결정은 임시적이지 확정적인 것은 아니지만, AU의 중요 사항을 결정하는 데 적지 않은 영향을 미치고 있다.[49] 특히 PRC는 집행위원회에 이관된 모든 문제를 검토하고 집행위원회가 관련된 모든 활동에 간여하기 때문에 PRC가 집행기관이 아니더라도 집행위원회를 통제하는 역할을 어느 정도 수행하고 있다.

(2) 집행기관

가. 집행위원회(Commission)

집행위원회는 2003년 9월 16일 공식적으로 AU의 집행기구가 되었다. 집행위원회는 국제연합의 사무총장 같은 역할을 하는 사무국으로 AU 통합의 상징이기도 하다.[50] 이 위원회는 정상회의에서 선출된 의장, 부의장 그리고 8명의 각료 혹은 이에 준하는 고위급 관료로 구성되어 있다. 의장과 부의장을 제외한 8명의 집행위원은 집행심의회에서 선출되는데 지역과 성별의 형평성을 고려하여 각 지역에서 여성 한 명을 포함한 2명을 추천받아 이 가운

49 Blaise Tchikaya(2014), p.76.

50 Therèse Osenga Badibaka(2010), p.105.

데 8명의 집행위원을 선출한다. 집행위원회는 AHSG와 집행심의회의 업무를 위임받아 추진 혹은 관리하며 임기는 4년이다. 집행위원회는 각 분야에서 약 400명이 종사하고 있는 AU에서 가장 큰 기관이다.[51]

집행위원회는 ① 통합 능력 강화, ② 통합 프로그램 활성화와 공감대 보장, ③ 아프리카 대륙 미래를 위한 정책고무, ④ 정보체계의 강화, ⑤ 평화, 인간안보 및 굿 거버넌스를 위한 리더 역할, ⑥ 경제·사회·문화적 발전 추진, ⑦ 제도의 안착 등을 목적으로 하고 있다. 집행위원회는 기능적인 측면에서는 행정적 기능과 정치·외교적 기능으로 나뉘어진다. 행정적 기능은 AU의 여러 다른 기관들의 회의와 협력을 주관하고 재정 상태를 관리하며, AU 활동이 원만하게 이루어지도록 하는 데 있다. 정치·외교적 기능은 AU를 대표하며 AU의 이익 증진을 위해 회원국 간의 의정서 교환, 협약, 조약의 법률적인 문제 등에 관여한다. 또한 역내 공통 문제인 전염병과 국제범죄 퇴치, 지역통합을 위해 회원국들의 다양한 정책과 프로그램들을 AU의 목표와 연계·통일·조화시키기 위해 외교활동을 한다. 이를 위해서 집행위원회는 AU 회원국, 지역경제공동체, 아프리카 국민 간의 긴밀한 협력을 끌어내는 방법으로 대사급의 해외 상주 대표기관을 운영한다. 예를 들어, 현재 브뤼셀의 유럽연합, 제네바와 뉴욕의 국제연합, 카이로의 아랍연맹 등에는 집행위원회에서 임명한 대사급 관료가 파견되어 있다.

이와 같은 역할과 기능 측면에서 집행위원회는 총회에서 AU의 모든 정치·경제·사회·문화 분야를 다루며, 아프리카 통합의 원동력이자 아프리카연합의 초국가기구처럼 간주되고 있다.[52] 그뿐만 아니라 법률적으로는 AU를 대표하고 AU 이익을 수호하며, 다른 기관의 결정을 관리·통괄한다고 규정한다. 그러나 집행위원회는 어떠한 정책결정권한도 없으며 회원국으로부터의 독립성도 지켜지지 않고 있다. 집행위원회는 AU 다른 기관의 결정

51 Popaul Fala M. Muleel, *L'Union Africaine: Bilan et Perspectives(2001-2008)* (Berlin: Edition universitaires européennes, 2011), p.42.

52 Guy Mvelle, *L'Union africaine* (Paris: L'Harmattan, 2007), p.224.

이행을 통괄하는 임무를 가지고 있어도 이러한 역할은 단독이 아닌 상주대표위원회와 협의하고 규칙적으로 보고하게 되어 있어 실질적인 독립기관이라고 볼 수는 없다.[53]

나. 전문기술위원회(Specialized Technical Committees: STC)

집행이사회의 책임 아래 있는 STC는 각료 혹은 각료에 준하는 고위급 관료로 구성되며 각 분야의 AU프로그램과 프로젝트를 준비한다. 또한 AHSG에서 결정된 사항을 집행하고 이에 따른 보고서를 AHSG에 제출하는 역할을 한다. 전문기술위원회는 전반적으로 AU헌장에 제시된 목표와 의무를 수행하는 중추적인 역할을 한다. STC에는 농촌경제와 농업위원회, 무역·관세·이민위원회, 산업·과학기술·에너지·천연자원과 환경 위원회, 운송·통신·관광위원회, 보건 및 노동위원회, 교육·문화·인적자원위원회 등 7개 소위원회가 활동하고 있다.

(3) 사법통제기관

가. 사법재판소(AU Court of Justice)

아프리카연합의 사법재판소는 2003년 7월 11일 모잠비크 수도 마푸토Maputo에서 개최된 AHSG에서 채택되어 15개국의 비준을 거쳐 2009년 발효되었다. AU 사법재판소는 미약한 법률적 기구로만 존재했던 OAU의 인권 및 인민 사법재판소와 달리 구체적인 목적을 담고 있다.[54] 사법재판소는 ① 모든 법적 행위의 적용과 해석, ② 아프리카연합의 조약의 법률적 해석, 적용 혹은 유효성의 판단, ③ 국제법과 관련된 모든 문제 해결, ④ 아프리카연합 기관의 모든 행위, 결정, 규정의 법률적 조치, ⑤ 회원국 간 혹은 아프리

53 Albert Bourgi, *L'Union Africaine entre les textes et la réalité, AFRI*, Vol.5(2005), p.340.

54 OAU의 사법재판소는 회원국들이 평화적인 방법으로 문제를 해결할 것을 규정하였을 뿐이다.

카연합과의 협정 문제, ⑥ 회원국 간 혹은 아프리카연합과 연관된 회원국 의무 파기에 관련된 모든 문제 등을 다룬다.

현재 사법재판소는 11명의 판사로 구성되어 있으며 임기는 유럽연합의 사법재판소와 같이 6년이고, 1회에 한하여 재임명도 가능하다. 그러나 자국을 대표하거나 이롭게 하는 법률행위는 금하고 있다. 재판장과 부재판장은 각국에서 임명된 판사들에 의해 선출되며 임기는 2년이고 AU 본부에 상주하는 것을 원칙으로 한다. 하지만 그 외의 판사들은 파견제로 근무할 수 있다. 판사는 지역을 고려하여 안배하는데 동부, 중부, 남부, 북부 출신 각 2명과 서부 출신 3명으로 구성된다. 한 국가에서 2명 이상이 사법재판소 판사로 임명되는 것을 원칙적으로 금지한다. 사법재판소의 구성 인원 변경은 정상회의에서만 가능하다.

현재 사법재판소는 회원국의 이익을 보호하고 회원국 국내 문제 해결에 유용한 사법기관으로 자리를 잡기 위해 다양한 노력을 하고 있다. 아프리카 역내에 이원화되어 있는 재판소의 일원화를 추진하고 있다. 2004년 7월 정상회의에서는 아프리카 인권 및 인민재판소African Court on Human and Peoples' Rights 와[55] 사법재판소Court of Justice를 병합한 아프리카 정의·인권 재판소African Court on Human and Peoples' Rights: ACHPR 설치를 채택하였다. 특히 ACHPR은 국제형사재판소와 유사하게 아프리카에서 발생하고 있는 인류에 대한 범죄, 대량학살, 아프리카 지도자들의 유죄판단, 불법복제, 테러, 용병활동, 부패, 돈세탁, 인신매매, 마약밀매 및 천연자원의 불법착취 등을 자체적으로 판단하는 것을 목적으로 한다. 2015년 2월 AU 정상회담 기간에 회원국 장관들 간 국제형사재판소 설치에 대한 논의가 본격화되었다.[56] 현재

---

55 아프리카 인권 및 인민재판소는 OAU에 의해 창설되었지만 1998년 이후 10여 년 동안 공식적인 활동이 거의 없었다. F. Ouguergouz, "La Cour africaine des droits de l'homme et des Peuples," *AFDI* (2006), pp.213-240.

56 아프리카 지도자들은 국제형사재판소가 임기 중에 있는 아프리카 지도자를 기소한 것에 대해 오래전부터 비난해왔다. 예를 들어 AU는 카다피에 대한 국제형사재판소의 체포 영장 적용을 거부하기도 하였다. 그러나 아프리카 인권단체들은 인권침해에 책임이 있는 일부 아프리카 지도자들이 면책특권으로 악용할 수 있음을 경고하고 있다.

국제형사재판소에 의해 기소된 케냐의 케냐타Uhuru Kenyatta 대통령은 아프리카 독립 법원 설치를 위해 백만 달러를 기부하겠다고 선언하였다. ACHPR에 대해 현재 11개 회원국이 비준하였으며 14개국이 비준을 준비하고 있다. 이러한 것은 국제사회에서 아프리카 인권에 관한 사법적 처리를 자주적 방법으로 해결하려 한다는 점에서 아프리카 국제사법재판권 문제가 새로운 쟁점으로 부각될 가능성이 있다.

(4) 정치통제기관

가. 범아프리카의회(Pan-African Parliament: PAP)

PAP는 1991년 아부자협약으로 설립되었으나 실질적인 업무는 2004년 시작되었으며 의사당은 남아프리카공화국 미드랜드Midland에 있다. PAP는 AU의 여러 기관 중에 유일하게 모든 아프리카 시민을 대표하는 기관임을 AU헌장에서 명시하고 있다. 특히 범아프리카의회를 지향하는 PAP는 AU 설립 회원국들의 자발적인 요구로 설립되었으며 의회를 통해 AU 시민의 여론을 경청하여 이를 정책에 반영하고, 더 나아가 아프리카 통합을 목적으로 한다.[57] PAP의 목적은 ① AU의 정책과 목적의 실행, ② 인권과 민주주의 원칙 추진, ③ 회원국의 굿 거버넌스와 정부 투명성의 조장, ④ 역내 통합정책에 대한 아프리카 국민의 참여, ⑤ 평화, 안보, 안정의 추진, ⑥ 아프리카 경제번영과 자립의 기여, ⑦ 역내 협력과 개발의 선호, ⑧ 역내 단결의 강화와 아프리카인들의 공동의식 창조, ⑨ 지역경제와 지역의회 간의 협력 촉진 등이다.

2007년 겨우 활동을 시작하였지만, 입법 권한이 없어서 PAP의 결정은 현재 회원국들이 참고하는 정도이다.[58] 따라서 PAP는 다른 기관에 대한 정

RFI, "아프리카 사법재판소," http://www.rfi.fr(검색일: 2014.12.20).

57 Blaise Tchikaya(2014), p.189.

58 John Akokpari, Angerla Ndinga-Muvumba and tim Murithi, *The African Union and its Institutions*(Cape Town: Fanele, 2008), pp.307-309.

치적 통제기구이지만, PAP는 집행위원회를 징계하거나 교체할 어떤 권한도 갖고 있지 않다. 이처럼은 PAP는 현재 자문기구의 역할밖에 수행하고 있지 못하지만, 아프리카 시민의 참여를 보장한다는 점에서 아프리카 합중국의 상징성을 가지고 있다.

PAP는 매년 11월과 3월에 정기의회가 열린다. 현재 총 의원은 265명으로[59] 각 회원국(54개국)의회에서 선출 혹은 임명된 5명 의원으로 구성되며 각 국가 정원에서는 한 명의 여성이 반드시 포함되어야 한다. PAP 의원은 회원국 현직 국회의원이 겸직하므로 임기는 각 국가의 의원임기와 연동된다.[60] 그러므로 PAP 의원은 결과적으로 회원국 집권 정부의 대리인일 뿐이다.

(5) 기타 전문기관

가. 금융기관(Financial Institutions)

AU의 금융기관은 법원과 함께 AU의 제도적 혁신의 일부로 설립되었다. 회원국을 위한 실질적인 금융 업무보다는 지역 수준에서의 금융 자문 역할을 위해 설립되었으며 브레턴우즈체제로부터 독립하는 목적을 가지고 있다. AU는 재정 확충과 자립을 위해 나이지리아 아부자에 소재할 아프리카중앙은행Central Bank African: CBA, 리비아 트리폴리에 소재할 아프리카투자은행African Investment Bank: AIB, 카메룬의 행정수도 야운데Yaoundé에 소재할 아프

59 PAP, "History of the Pan-African Parliament," http://pan-africanparliament.org/AboutPAP_History.aspx(검색일: 2014.11.20). PAP는 9가지의 목적을 달성하는 데 있다. ① AU의 목적과 정책의 효과적인 이행을 촉구한다. ② 인권과 민주주의 원칙을 촉진한다. ③ 회원국의 굿 거버넌스, 투명성, 책임감을 독려한다. ④ 아프리카 국민이 역내 통합의 목적과 정책에 참여하도록 한다. ⑤ 아프리카 평화, 안보, 안정을 촉진한다. ⑥ 자립과 경제회복을 통해 아프리카 사람들에게 더 풍요로운 미래가 보장되게 이바지한다. ⑦ 아프리카개발과 협력을 촉진한다. ⑧ 역내 단결을 강화하고 아프리카 사람들 사이에서 공통운명에 대한 인식을 제고시킨다. ⑨ 지역경제공동체와 지역의회 간의 협력을 촉진한다.

60 Guy Mvelle(2007), p.190.

리카통화기금African Monetary Fund: AMF 등 3개의 금융 기관 창설을 목표로 하고 있다.

2021년 창설 예정인 CBA의 주요 목표는 AU 단일 화폐와 이를 통한 자유로운 무역 거래 보장 및 환율로 인한 재정 지출을 최소화하는 것이다. 그러나 회원국들의 통화 권리의 양도 문제 해결과 역내 무역 시장이 약한 것이 문제되고 있다. 유럽의 역내 무역은 71%, 아시아는 52%를 차지하고 있지만, 아프리카는 12%밖에 되지 않는다. AIB와 관련하여 AU는 2009년 초기 자본 50억 달러를 투자하는 AIB 창설을 선언하였으나 현존하는 아프리카개발은행African Development Bank: AfDB과의 관계 정립이 필요하다.[61] 세 번째 금융기관인 AMF의 목적은 단기적으로 재정 압박을 받는 회원국에 임시 재정 지원을 보장하고 역외 출자자의 도움 없이 자체적인 재정 문제를 해결하는 것이다.

나. 경제·사회·문화이사회(Economic, Social and Cultural Council: ECOSOCC)

ECOSOCC는 자문기구로서 회원국들의 각계 전문가들로 구성되며 ECOSOCC의 권한, 역할, 구성 및 조직은 전적으로 총회에서 결정된다.[62] ECOSOCC 위원은 개발, 계획경제, 경제통합에 관련된 회원국 관료와 참관하는 지역기구들로 구성되지만, NGO단체의 참여는 현재까지 활성화되어 있지 못하다.[63]

AU 기관 중에서 ECOSOCC는 포럼 형식을 통해 유일하게 시민사회의 역할이 강조되고 있지만, 재정적인 문제로 활동과 역할은 미흡하다. ECOSOCC는 여성, 청소년, 노년, 장애인, 전문업 종사자(의사, 변호사, 언론인, 기업 등) 등을 대표하는 150개의 시민단체로 구성된 포럼을 목적으로 하고 있다. 하지만 이들 시민단체들이 각 회원국의 정부에 의해서 선택되고 파견된다는

---

61 Afrikblog, "아프리카 투자 은행 탄생," http://lepangolin.afrikblog.com/archives(검색일: 2015.1.3).

62 Popaul Fala M. Muleel(2011), p.43.

63 John Akokpari, Angerla Ndinga-Muvumba and Tim Murithi(2008), p.291.

점에서 일부는 아프리카 시민을 위한 시민단체로 간주하지 않고 있다.

다. 평화·안보이사회(Peace and Security Council: PSC)

OAU는 분쟁 예방·관리기구가 창설되기 전까지 역내 분쟁 문제에서 회원국에 대한 내정불간섭원칙을 유지하면서 무력 사용을 하지 않는 평화적인 방법을 고집해 왔다. 하지만 분쟁 예방·관리기구의 창설과 더불어 OAU는 1993년 부룬디, 1994년 카메룬, 라이베리아, 콩고, 콩고민주공화국(자이르) 분쟁 해결에 직·간접적으로 개입하였다. OAU는 1998년 5월부터 2000년 6월까지 있었던 에리트레아와 에티오피아 간의 분쟁에도 관여하여 두 국가 간의 평화조약을 이끌어 내었다. 물론 1990년 이전의 분쟁 예방과 해결에는 큰 역할을 하지 못했다. 이로 인해 효율적인 공동 대처 방안에 대한 공동 인식이 회원국 사이에서 확대되기 시작하였다.[64] 그 결과, AU는 2002년 7월 9일 남아공 더반에서 열린 정상회의에서 PSC 창설을 채택하였고 2003년 12월 26일 정식으로 출범시켰다.

PSC는 기존의 느슨한 대책에서 적극적인 군사적 대응을 원칙으로 하고 있다. 아프리카 분쟁에 전적으로 책임을 갖는 PSC는 ① 평화·안보·안정의 촉진, ② 분쟁 예측 및 예방, ③ 분쟁 이후의 평화 재건 및 유지, ④ 아프리카연합의 공동방위정책 구상, ⑤ 민주주의, 굿 거버넌스, 법치국가, 인권의 가치 장려 및 촉진을 목표로 한다. PSC의 활동에는 강제적인 무장해제는 물론, 굿 거버넌스와 투명하고 민주적인 선거 확립도 포함되어 있다는 점에서 기존의 평화와 안보 개념을 더 폭 넓게 적용하고 있다.

PSC는 역내 분쟁의 예방과 해결을 위한 결정 권한을 가지고 있으며, 분쟁 예방 및 해결은 물론 평화 정착과 유지를 위한 활동 및 유사시 아프리카 평화유지군의 파견을 책임진다. 실질적으로 아프리카에서 일어나는 분쟁들 대부분은 한 국가에 한정되어 있지 않고 여러 국가가 복잡하게 얽히거나

---

64 Yve Alexende Chuala, *Puissance, résolution des conflits et sécurité à l'ère de l'Union Africaine, Annuaire Français des Relations internationales* (2005), p.296.

직·간접적으로 관련되어 있다. 이러한 상황으로 인해 아프리카 분쟁이 쉽게 해결되지 못하는 결과가 되었고, 이로 말미암아 국제사회로부터 적지 않은 비난을 받아왔다.[65] 따라서 PSC는 주권 존중, 내정불간섭, 국경불변경을 기본 원칙으로 함에도 평화와 안보 문제가 위기에 처할 경우에는 기본원칙을 넘어 범국가적 차원에서 접근하고 있다.[66]

PSC의 활동은 일차적으로 AU위원회의 결정에 따르고 있고, 이차적으로는 분쟁의 빠른 예방과 확산 저지를 위한 정보 수집과 협력을 위해 소지역기구의 도움을 받는다. 하지만 PSC 활동이 다양한 분쟁으로부터 아프리카의 평화와 안보를 지켜내기에는 재정, 구조, 회원국 간의 협력 등의 해결해야 할 문제가 여전히 남아 있다. 특히 재정 문제로 PSC의 평화임무활동이 국제연합으로 이관되는 경우도 종종 발생했다. PSC는 2003년 2,000명으로 구성된 평화군을 부룬디에 파견하였지만African Mission in Burundi: AMIB, 재정 및 군수 물자 부족으로 인해 2004년 국제연합United Nations Operation in Burundi: ONUB이 그 임무를 대신해야 했다.[67] 특히 수단의 분쟁 해결을 위해 PSC는 AMISAfrican Union Mission in Sudan를[68] 구성하였고 유엔의 지원 아래 2006년 5월 정전협정 준수와 민간 보호 감시활동을 하였다. 그러나 당시 아프리카 53개국(현재 54개국)에서 7개 국가만이 수단에 자국군을 파견했을 뿐이다.[69]

---

65 Blaise Tchikaya(2014), p.93.

66 Popaul Fala M. Muleel(2011), p.108.

67 Guy Mvelle(2007), p.249.

68 2007년 12월 31일 UNAMID(UN hybrid mission and the African Union in Darfur)로 교체되었다.

69 Popaul Fala M. Muleel(2011), p.59.

〈그림 2〉 아프리카연합의 조직

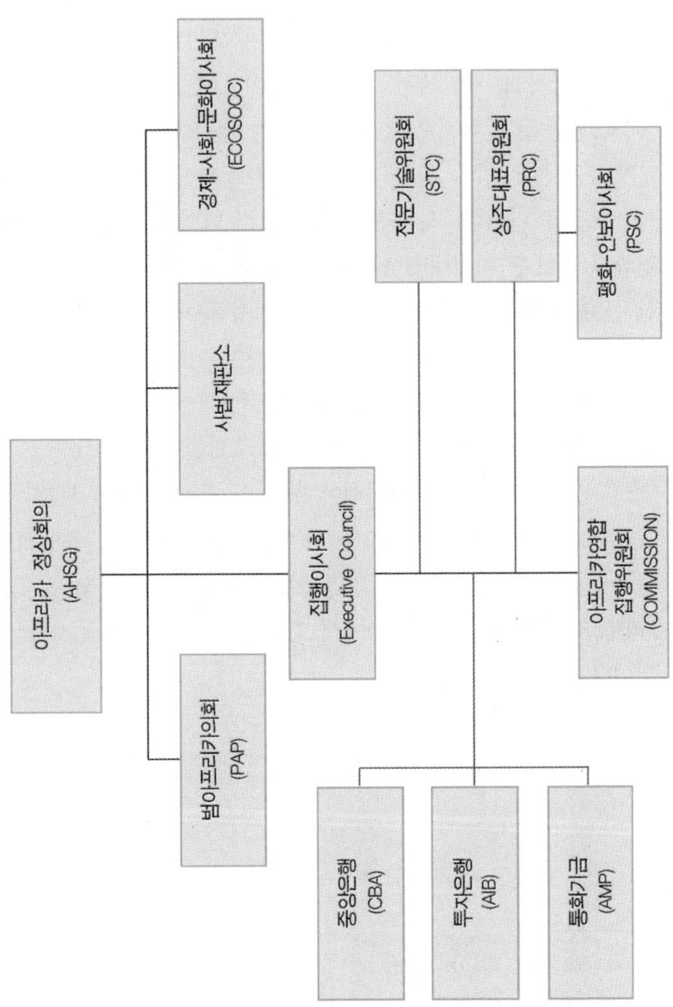

아프리카 정상회의
(AHSG)
범아프리카의회
(PAP)
사법재판소
경제-사회-문화이사회
(ECOSOCC)
집행이사회
(Executive Council)
전문기술위원회
(STC)
상주대표위원회
(PRC)
평화-안보이사회
(PSC)
아프리카연합
집행위원회
(COMMISSION)
중앙은행
(CBA)
투자은행
(AIB)
통화기금
(AMP)

Ⅳ. 아프리카연합의 중대 과세

1. AU 재정 자립의 확립

재정은 AU의 통합과정에서 뿐만 아니라 AU의 역할 및 존속 문제와도 직접 연결되어 있다. OAU가 제대로 작동하지 못한 근본적인 원인 중의 하나도 재정 문제였다.[70] 국제기구의 재정 문제는 기구 운영은 물론 회원국 문제 해결에도 중요하기도 하지만, 국제기구의 대외공신력 확보에도 영향을 미친다.[71] 특히 국제사회에서 지역기구의 재정자립은 국외 영향력을 최소화할 수 있다. 일반적으로 국제기구의 재정은 3가지 방법에 의해 확보된다. 첫째는 회원국의 의무적 혹은 자발적인 분담금, 둘째는 기구의 순수한 수입, 셋째는 세제수입이다. 현재 AU의 재정 확립은 54개 회원국의 분담금과 자발적인 기부에 의존하는 것을 원칙으로 하고 있으며, AU는 모든 회원국에 국가 예산의 1%에 해당하는 분담금 납부를 의무로 규정하고 있다.[72] 체납 회원국에 대해서는 AU의 모든 회의에서의 투표권과 발언권을 박탈하고, 해당 회원국 관료 및 일반 시민이 AU와 관련된 직무에 관여할 수 없게 하고 있다. 특히 AU 재정의 3분의 2를 회원국의 분담금으로 충원되는 것을 원칙으로 하고 있다. 따라서 분담금의 의미는 경제적인 부분 외에도 정치적인 의미가 더 크다. 즉 회원국의 단결을 상징하기도 한다. 이러한 규정에도 불구하고 AU 분담금 체납 회원국의 수는 줄어들지 않고 있다.

결과적으로 AU는 2015년 재정의 70% 이상을 미국, 유럽연합, 국제금융

---

70 OAU의 재정 문제가 어느 정도 숨통이 트이기 시작한 것은 2000년부터였지만, OAU의 자체적인 운영과 회원국의 문제 해결에는 턱없이 부족하였다. 1967~1968년 OAU 재정이 2백만 달러였다면, 2001~2002년 재정은 3천백만 달러로 30배 이상 증가하였다. 그런데도 회원국들의 다양하고 복잡한 문제들(예를 들어, 분쟁, 난민, 질병, 보건 복지 등)을 해결하는 데는 불가항력이었다.

71 Moise Tchando Kerekou(2011), p.100.

72 Rita Kiki Edozie(2014), p.209.

〈표 4〉 아프리카연합 연도별 예산 편성

(단위: 백만 달러)

연도	구분	총액		경상비	프로그램운영비
2013	회원국	278.2	122.8(44.2%)	117.4	5.4
	협력국		155.4(55.8%)	-	155.4
2014	회원국	308.0	137.9(44.8%)	131.6	6.3
	협력국		170.1(55.2%)	6.3	163.8
2015	회원국	522.1	131.5(25.2%)	122.8	8.7
	협력국		225.5(43.2%)	4.2	221.3
	기타		165.1(31.6%)	15.6	149.5

출처: 김예진, "아프리카연합, 아프리카연합재단 출범을 통한 재정 안정성 추구," http://www.emerics.org(검색일: 2015.2.20)

기구 등의 해외 원조에 의존해야 하는 실정이다.[73] 2014년 아프리카 회원국에 의해 충원된 AU 재정은 44.8%이다. 그나마 AU 회원국 분담금 총 28%에서 남아공, 리비아, 알제리, 이집트, 나이지리아 등 5개국이 낸 금액이 75%를 차지하고 있어 일부 회원국에 대한 의존이 크다.[74] 최근 들어 AU는 최악의 상황에 대비하기 위해 IMF 혹은 WB 금융기관으로부터의 원조까지 고려하고 있다. 2014년 1월 제22차 AU총회에서는 2014년 AU 예산을 3억8백만 달러로 측정하였다. 하지만 이 예산은 ECOWAS의 1년 예산 수준밖에 안 된다. 이와 같은 문제가 매년 거듭되는 것은 AU가 회원국들에게 일률적

73 Yves kokoayi, "Le budget 2014 de l'Union africaine financée à 97% par les partenaires étrangers," http://negronews.fr/2014/03/26/politique-quand-le-budget-2014-de-lunion-africaine-est-finance-a-97-par-des-partenaires-etrangers(검색일: 2015.2.28).

74 AU는 한 국가가 차지하는 분담금의 비중을 15% 이상 넘지 못하게 하고 있다. 이는 AU가 일부 아프리카 회원국 영향력을 최소화하기 위한 것이다. Moise Tchando Kerekou(2011), p.102.

으로 국가 예산의 1%를 분담금으로 내라는 규정이 회원국 국내 상황과 아프리카 역내 현실과 맞지 않는다는 졸속 행정이라는 비판이 항상 있었기 때문이다.[75] 아프리카 사람들의 40%는 현재 하루에 2달러로 생활하는데, 이 중 1달러는 외채 상환에 들어가고 있어 전반적으로 회원국들의 재정 상태 ─ 나이지리아, 남아공, 세이셸 등 일부 국가를 제외 ─ 는 매우 빈약하다.

이러한 문제 해결을 위해 현재 AU는 주요 물품에 대한 소비세, 항공세, 관광세, 관세, 회원국 국민총생산 1%에 해당하는 간접세 형식의 부가가치세 등을 통해 재정확보정책을 제시하고 있다. 또한 AU는 구조적인 재정 문제를 해결하기 위해 아프리카연합재단을 공식적으로 출범시켰다. 아프리카연합재단은 아프리카로 들어오거나 나가는 항공권에 2달러, 호텔 1박 숙박비에 10달러, 문자 메시지 건당 0.2달러의 세금 부과 원칙을 채택하였다. 그러나 시행은 각 회원국의 결정에 맡기기로 하였다. 만약 이러한 것이 실현된다면 AU는 매년 약 7억 3천만 달러의 재정을 확보할 수 있을 것이다. AU는 2016년부터 향후 5년 동안 지출되는 경비의 65%까지 확보하는 것을 목표로 하고 있다. 물론 이처럼 재정구조가 개선된다면 이집트, 남아공 등 5개국의 분담금에 전적으로 의존하고 있는 AU 재정 체질이 개선되고, 최근 에볼라 전염병 확산과 보코하람 테러 같은 위급한 상황이 발생할 경우 신속하게 대처를 할 수 있을 것이다. 그뿐만 아니라 여러 가지 조건 ─ 시장경제, 민주화, 인권, 개발협력 등 ─ 과 함께 유입되는 해외기부로 인해 발생할 수 있는 AU와 회원국들의 부담도 낮출 수 있다.

하지만 많은 회원국이 채무변제 불능상태에 있기 때문에 이와 같은 조치의 현실화는 여전히 의문시되고 있다.[76] 특히 석유 에너지와 지하자원이 풍부하지 않은 세네갈, 케냐, 이집트, 튀니지, 말리 등은 관광수입이 국가 GDP 비중에 많은 부분을 차지하고 있다. 따라서 재정 문제 해결을 위한 AU의

---

75 Delphine Lecoutre, "Le Budget de l'Union africaine entre ambition et réalisme," *Géopolitique africaine*, n°18(2005), p.35.

76 Tchikaya(2014), p.72.

결정으로 이들 국가의 역내·외 관광객이 줄어들거나 국제회의 개최가 어려울 수 있다. 이러한 점에서 이들 국가들은 난색을 표하고 있어 모든 회원국들이 채택하기는 쉽지 않아 보인다. 현재 AU가 필요로 하는 2015년 예산은 5억 2,200만 달러이지만 20%밖에 확보해 놓고 있지 못하다. 2015년 추정된 역내 평화유지 비용만 해도 7억 5천만 달러로 예상하고 있다. 그러나 나머지 재정을 해외기부에 계속 의존한다면 아프리카 역내 문제에 대한 자립적인 정책결정이 어려울 수가 있다.

2. 아프리카 개발을 위한 자주적 행동계획의 성공: NEPAD

NEPAD New Partnership for African Development는 AU가 PSC와 함께 중요시하는 핵심프로그램 중 하나로서, OAU가 AU로 대치되기 이전에 아프리카 지도자들이 협력을 통해 아프리카가 직면한 개발 및 가난 퇴치의 과제를 해결하기 위한 프로그램이다. 특히 NEPAD는 가난, 내전, 저발전, 보건 위생 등의 심각한 문제를 스스로 해결하고, '아프리카인에 의한 아프리카 건설'을 목표로 출범하였다. NEPAD는 21세기 아프리카 발전을 위한 두 개의 프로젝트가 통합되어 탄생한 '아프리카 신 이니시어티브 Nouvelle Initiative Africaine: NIA'에서 유래하였다.[77]

남아공 전 대통령 타보 음베키 Thabo Mvuyelwa Mbeki는 2001년 1월 다보스 세계경제포럼에서 역내 정치·경제적 거버넌스와 개발협력국 간의 관계 개선의 필요성을 강조하면서 '아프리카 경기회복 프로그램을 위한 천 년 파트너십 Millennium Partnership for African Recovery Program: MAP'을 제안하였다. 이 제안에는 나이지리아 전 대통령 오바산조, 알제리 대통령 부테플리카가 함께 했다. 반면, 세네갈 와드 전 대통령은 개발 원조, 인프라, 교육, 농업, 보건과 교육의 확대를 강조한 오메가 OMEGA 플랜을 제시한다. 오메가 플랜은 아프

77 Tchikaya(2014), p.107.

〈표 5〉 2015년까지 NEPAD 목표

목표	수치
경제성장률(연평균)	7%
빈곤층 감소	50%
초등교육 취학	100%
초·중학교 취학 남녀 격차 해소	-
유아, 아동 사망률	2/3 감소
산모 사망률	3/4 감소
의료서비스 확충	-

출처: 서상현, "신아프리카와 세계화," 『대외경제정책연구원』 전문가풀 토의자료 2004-27, pp.4-39. 필자는 p.27의 내용 일부를 본 글을 위해 임의로 재작성함

리카를 주변화에서 벗어나게 하는 것이 최종 목표이며, 상기한 사회기반시설 확충을 위해서 투자재원의 확보를 강조한다.78 경쟁적인 두 가지 제안은 2001년 7월 9~11일 잠비아의 루사카에서 개최된 제37차 OAU 정상회의에서 신아프리카 이니시어티브New African Initiative: NAI로 통합되어 NEPAD가 탄생한다.79 NEPAD프로그램을 통해 아프리카가 향후 15년간 매년 7% 이상의 경제성장을 달성하게 되면, 빈곤퇴치가 가능할 뿐만 아니라 연간 640억 달러의 외국자본을 유치할 수 있게 된다는 것이다.80

이처럼 아프리카 지도자들은 세계화 시대에 아프리카가 신속하게 대처하

78 Olivia Marsaud, "Les experts testent le plan Omega," http://www.afrik.com/article2871.html(검색일: 2014.12.15).

79 Heinrich Boll Foundation, New Partnership for Africa's Development, NEPAD: A New Plan? Mazingira Institute(2002), p.35 et s. 초기 NEPAD는 AU의 정책프로그램이기보다는 범아프리카 정부 협력기구처럼 출발하였으나 2003년 AU의 경제정책 프로그램으로 통합되었다. 하지만 NEPAD 내에는 별도의 기관들이 존재한다.

80 심의섭·서상현, 『아프리카 경제』(서울: 세창출판사, 2012), p.210.

는 것은 물론, 세계화에서 자립적이고 지속적인 발전을 모색하기 위해 역사적인 NEPAD프로그램을 설계하였다.[81] NEPAD는 자율성, 굿 거버넌스, 발전의 책임성과 리더십을 기저로 하고 있고, 이를 바탕으로 아프리카 발전 노력을 자체적으로 촉진하고, 선진국과의 국제관계를 재정립하겠다는 정책을 담고 있다.

NEPAD는 아프리카의 세계 경제 진입과 지속 가능한 발전을 위한 통합 발전 프로그램에서 ① 지속적 성장과 발전의 추진, ② 가난 척결, ③ 세계화에서의 아프리카 주변화 탈출과 적극적 참여, ④ 여성 권한의 촉진 등을 목표로 하고 있다. 이 프로그램에는 6개의 선결해야 할 과제로 ① 인프라 격차 해소, ② 인적 자원 양성, ③ 강력하고 지속 가능한 농업 부문 개발, ④ 환경 안보와 보호, ⑤ 아프리카 문화 장려와 확산, ⑥ 기술과학 개발을 제시하고 있다. NEPAD가 목표로 하는 것을 수치로 살펴보면 〈표 5〉와 같다.

2015년으로 창설 15년을 맞이하는 NEPAD의 성과를 거론하기에는 아프리카 국가들이 가지고 있는 복잡하고 다양한 문제들을 고려해 볼 때 그리 낙관적인 것만은 아니다.[82] 특히 NEPAD는 AU와 달리 서구국가와 국제금융기구의 지대한 관심과 환영을 받는 동시에 아프리카 현실을 고려치 않은 신자유주의적 발전 도구라는 비난을 함께 받고 있다. 왜냐하면 탈냉전 이후 대부분 아프리카 지도자는 자국의 발전을 위해서 시장경제와 세계경제의 참여를 통한 아프리카 경제 이익 추구가 최선의 선택이라고 여기기 때문이다.[83]

그럼에도 불구하고 몇 가지 점에서 긍정적인 성과를 찾아볼 수 있다. 첫째는 아프리카가 외부의 압력과 원조에 의존하지 않고 자립적으로 발전하려

81 H. Melber, The New Partnership for Africa's Development: African Perspectives, Nordiska Afrikainstitutet(2002), p.8 et Tchikaya(2014), p.1110에서 재인용.

82 Christian Sermier, "Le NEPAD et l'Afrique Analyse critique du Nouveau Partenariat pour le développement de l'Afrique," Rapport de stage, Université de Genève (Septembre 2004), p.49.

83 Ki-Zerbo Joseph, *A quand l'Afrique?*(Paris: Editions de l'Aube, 2013), p.136.

는 의지를 보여주려는 아프리카 지도자들의 결단과 단합이 지속되고 있다는 것이다. 둘째는 아프리카 국가들이 아프리카 발전을 위해서 가장 시급히 해결해야 할 문제인 농업과 인프라개발에 초점을 맞추고 있다는 것이다. 셋째는 29개 AU 회원국이 자발적으로 상호감시체제Peer Review Mechanism: PRM에 참여하고 있다는 것이다. PRM은 회원국들이 아프리카 굿 거버넌스의 수준을 자발적으로 향상·촉진시켜 NEPAD프로그램 달성을 서로 책임지는 것이다. PRM은 참여하는 회원국들에 어떤 조건도 제시하지 않고 있다는 점에서 회원국들의 공동책임에 바탕을 둔 파트너십에 기초한다.

3. 아프리카 역내 안보와 평화 달성 및 유지

OAU의 근본적인 실패는 한편으로는 회원국의 자주권 보호와 내정불간섭 원칙에 있고, 다른 한편으로는 아프리카 일부 국가의 강대국 중심주의로 인해 급증하는 역내 내전과 분쟁의 방관으로 아프리카 문제를 스스로 해결하지 못했기 때문이다. 실질적으로 OAU에는 아프리카 공동방위 법령 자체가 존재하지도 않았다. OAU가 출범한 지 30년이 지난 1993년 6월 30일 분쟁의 예방과 해결을 위한 기구를 처음으로 창설했다. 이후 1993년 부룬디, 1994년 카메룬, 라이베리아, 콩고공화국, 콩고민주공화국 내전에 개입하기는 했지만, 근본적인 문제 해결보다는 분쟁 조정과 관측 임무에만 충실했다. 코트디부아르, 부르키나파소, 라이베리아, 기니, 콩고민주공화국, 남아프리카공화국, 소말리아, 수단, 모잠비크 등 아프리카 대륙 대부분에서 끊임없이 일어나는 분쟁의 해결은 기껏해야 소지역기구에 의지하거나 유엔에 기대하며 기다리는 것이었다. 따라서 AU가 아프리카 공동체기구로 거듭나기 위해서는 역내 시장경제의 활성과 안정은 물론, 역내 평화 확립과 유지도 불가피하다.

회원국 간의 무력적 분쟁은 AU가 먼저 해결해야 하는 가장 중요한 정치적 문제이다. 독립 이후, 55여 년 동안 국가 간의 분쟁은 아프리카 대륙을 피폐하게 만들었으며 회원국 간의 회복하기 어려운 반목의 계기를 만들기도

아프리카 군비 경쟁과 안보 딜레마

탈냉전 이후 중·후진국에서의 군비 지출은 지속해서 증가하여 예상치 못한 안보 딜레마가 유발되고 있는데 분쟁의 불씨를 항상 가지고 있는 아프리카에서 10여 년 사이에 군비 지출이 부쩍 증가하였다. 아프리카는 6개 대륙 중에서 군비 지출의 상승이 8.3%로 가장 높은 대륙이 되었다. 2013년 아프리카 국가들이 군비로 지출한 액수는 약 450억 달러에 달한다. 물론 군비 증강은 서구 국가들이 사하라이남, 아프리카 뿔 지역, 지하드단체가 활동하는 아프리카 동부 지역 등에서 테러와의 전쟁 역량을 강화한다는 목적으로 이 지역에 대한 군사 역량을 강화한 것에도 원인이 있다. 사하라이남 국가들의 군비 지출은 260억 달러로 전년도 대비 55%가 증가하였고, 사하라이북 국가들의 군비지출은 190억 달러로 137%가 증가했다. 이와 같은 군비 증강은 이웃 국가의 안보불안을 초래하고 있으며 아프리카연합의 역내 평화 달성을 더 어렵고 혼란스럽게 하고 있다. 특히 아프리카 지도자들이 알 카에다, 보코하람 등과 같은 이슬람 테러집단에 대한 효율적인 전쟁 수행을 위해 군 장비 개선의 필요함을 공동으로 인식하고 있다는 점에서 무기 구매를 위한 군비 증가는 당분간 계속될 것이다.

하였다. 1963년에서 1998년 사이에 26차례 국가 간의 전쟁과 내전으로 아프리카 전체 인구의 44%에 해당하는 4억 4,700만 명이 각종 전쟁과 분쟁에 연루되었으며, 이 중 7백만 명이 사망하였다.[84] 차드, 수단, 에리트레아, 앙골라 등은 거의 30여 년 동안 내전을 치러야 했고, 아직도 완전하게 해결되지 못한 상태에 있다.

PSC 창설은 아프리카 환경에 적용할 수 있고, 서구 국가의 도움 없이 자주적인 방법으로 역내 분쟁을 해결하고 예방하는 목적으로 출발하였다. 물론 몇몇 경우에 PSC 역할이 분쟁 확산 억제 및 해결에 영향을 미쳤을지는

---

84 Popaul Fala M. Muleel(2011), p.60.

〈그림 3〉 아프리카연합의 유기적 관계

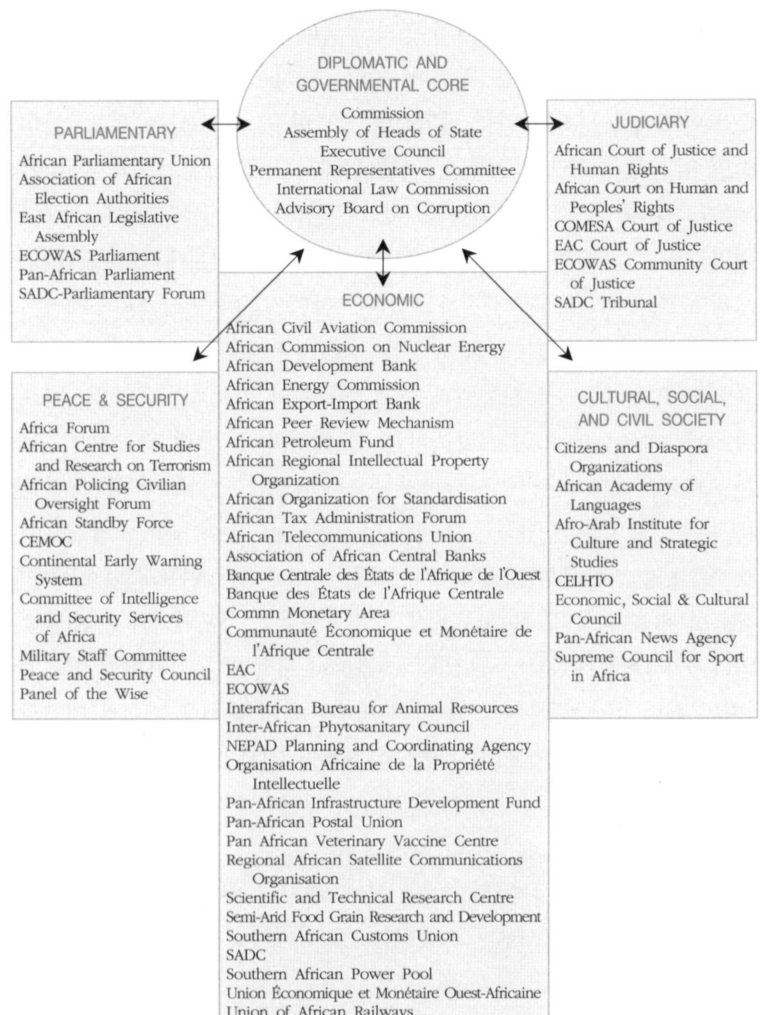
DIPLOMATIC AND GOVERNMENTAL CORE
Commission
Assembly of Heads of State
Executive Council
Permanent Representatives Committee
International Law Commission
Advisory Board on Corruption
PARLIAMENTARY
African Parliamentary Union
Association of African Election Authorities
East African Legislative Assembly
ECOWAS Parliament
Pan-African Parliament
SADC-Parliamentary Forum
JUDICIARY
African Court of Justice and Human Rights
African Court on Human and Peoples' Rights
COMESA Court of Justice
EAC Court of Justice
ECOWAS Community Court of Justice
SADC Tribunal
ECONOMIC
African Civil Aviation Commission
African Commission on Nuclear Energy
African Development Bank
African Energy Commission
African Export-Import Bank
African Peer Review Mechanism
African Petroleum Fund
African Regional Intellectual Property Organization
African Organization for Standardisation
African Tax Administration Forum
African Telecommunications Union
Association of African Central Banks
Banque Centrale des États de l'Afrique de l'Ouest
Banque des États de l'Afrique Centrale
Commn Monetary Area
Communauté Économique et Monétaire de l'Afrique Centrale
EAC
ECOWAS
Interafrican Bureau for Animal Resources
Inter-African Phytosanitary Council
NEPAD Planning and Coordinating Agency
Organisation Africaine de la Propriété Intellectuelle
Pan-African Infrastructure Development Fund
Pan-African Postal Union
Pan African Veterinary Vaccine Centre
Regional African Satellite Communications Organisation
Scientific and Technical Research Centre
Semi-Arid Food Grain Research and Development
Southern African Customs Union
SADC
Southern African Power Pool
Union Économique et Monétaire Ouest-Africaine
Union of African Railways
Union of Producers, Transporters and Distributors of Electric Power in Africa
West African Power Pool
PEACE & SECURITY
Africa Forum
African Centre for Studies and Research on Terrorism
African Policing Civilian Oversight Forum
African Standby Force
CEMOC
Continental Early Warning System
Committee of Intelligence and Security Services of Africa
Military Staff Committee
Peace and Security Council
Panel of the Wise
CULTURAL, SOCIAL, AND CIVIL SOCIETY
Citizens and Diaspora Organizations
African Academy of Languages
Afro-Arab Institute for Culture and Strategic Studies
CELHTO
Economic, Social & Cultural Council
Pan-African News Agency
Supreme Council for Sport in Africa

출처: Edozie(2014), p.46

몰라도 전반적으로는 PSC 역할에 대해서는 여전히 비관적이다.

첫째는 AU 내에 분쟁과 폭력을 통제할 수 있는 권위적인 기구가 없다. 아프리카 역내관계는 현실주의의 정의와 크게 다르지 않은 무정부체제이며 각종 분쟁으로 혼란스러운 상태에 있다. 따라서 아프리카연합의 틀에서 PSC가 아프리카 평화를 위한 권위적인 기관이 될 수 있도록 회원국들의 자발적인 협력과 의지가 필요하다. 이를 위해서는 일차적으로는 아프리카 부유 국가 — 예를 들어, 나이지리아, 이집트, 남아공 등 — 의 국내 안정과 적극적인 참여가 필요하다. 이집트는 아프리카의 제1 군사대국이며, 남아공은 아프리카 GDP의 40%를 차지하고 있다. 나이지리아는 아프리카에서 유일한 OPEC 회원국이다.

둘째는 회원국들이 군사동원과 문제 해결에서 적극적인 공동의지가 필요하다. 예를 들어, 2010년 소말리아 내전 종결과 정전 및 과도정부 수립을 위한 AU소말리아미션African Union Mission to Somalia: AMISOM에서는 8천 명의 군사가 필요했지만, 우간다는 2,700명, 부룬디는 2,250명만을 파견하여 제대로 된 초기 진압이 어려웠다.[85] 셋째는 유엔과 유럽연합과의 협력체계를 다각화할 필요가 있다. 특히 유럽은 지정학적으로 아프리카와 근접해 있고, 무역관계가 다른 대륙보다 밀접하다. 따라서 유럽은 유럽사회의 범죄 온상이 되는 불법 이민자 문제로 인해 아프리카 역내 분쟁에 비교적 민감하다. 예를 들어, 프랑스는 1998년 프랑스-아프리카 정상회담에서 평화유지를 위한 아프리카능력강화Strengthening African peace keeping capacity[86]프로그램을 작동시켜 아프리카군의 작전 능력 강화를 주도하는 한편, 말리와 중앙아프리카 내전의 경우처럼 아프리카 지역 분쟁 해결에 적극적으로 참여하고 있다.[87] 유엔안보리에 참여하는 유럽연합 회원국인 영국과 프랑스는 실질적으

---

85 Amisom, "Le Représentant Spécial de l'UA réaffirme l'appui continu de l'AMISOM à l'Armée Nationale Somalienne lors de son 55ème anniversaire," http://amisom-au.org/fr(검색일: 2014.11.5).

86 RACAM: Renforcement des capacites africaines de maintien de la paix.

87 Guy Mvelle(2007), p.242.

로 유엔의 평화활동에 직접 연관되어 있어 더욱 그렇다. EUFOR RD Congo는 2006년 유엔(1671호)의 요구로 콩고민주공화국 정부 구성에 필요한 선거 시행과 시민 보호를 위한 유럽연합의 공식적인 군사 작전이었다.

하지만 AU는 역내 내전과 분쟁을 효율적으로 대처하지 못하면서도 되도록 아프리카에 주둔하고 있는 해외 군대의 이용을 최소화하여 AU의 자체적인 개입을 원칙으로 하고 있다. 즉, 설령 외국군대가 아프리카 분쟁 및 내전에 개입한다 해도 AU가 전적으로 통제하는 것을 원칙으로 한다.

V. 아프리카 소지역협력기구들

아프리카 역내에는 다양한 소지역기구들이 존재한다. 이들 기구는 OAU가 출범하기 전후에 설립되었지만, 지역적으로 각기 다른 환경과 상황 여건에 맞는 협력과 발전을 모색하기 위해 AU와 유사한 혹은 지역적 특성을 살린 목적으로 출범하였다.[88] 특히 탈냉전 이후 유럽연합의 경우처럼, 지역 혹은 소지역통합은 지역 경제 발전과 세계 시장 변화에서 주변화되지 않기 위한[89] 중요한 수단처럼 간주되면서 종전에 존재했던 기구들이 새로 정비되어 다른 이름으로 출범하거나 또 다른 소지역기구로 새로 등장하였다.

하지만 이들 소지역기구들은 OAU나 AU와의 관계와 달리 국가 주권 일부의 제약을 수용하고 있다. 특히 지역 분쟁의 해결과 평화유지에는 소지역기구의 평화군 활동－ECOWAS가 대표적임－이 두드러지게 나타나고 있다. 현재 아프리카 역내에는 50여 개의 소지역기구가 있으며 대부분 아프리

88 C. Clapham, *Africa and internationale system: The politics of state survival* (Cambridge: Cambridge University Press, 1996), p.117.

89 Joseph Nye, *Pan-Africanism and East African Integration* (Cambridge: Harvard University Press), 1965.

카 국가가 이·삼중으로 가입되어 있다. 하지만 실질적으로 운영되고 있는 소지역기구는 10개 정도이다. 따라서 본 장에서는 각 지역의 대표성을 갖고 현재 활발하게 활동 중인 7개 소지역기구를 알아본다.

1. 서아프리카경제통합체(ECOWAS)[90]

510만km²의 ECOWAS Economic Community Of West African States 에는 아프리카 전체 인구의 40%에 해당하는 약 3억의 인구가 거주하고 있으며 영국, 프랑스, 포르투갈 등에 의한 식민지배와 그 영향으로 인한 다양한 언어와 문화를 가진 15개국들이 참가하고 있다.[91]

서아프리카 국가들이 견고한 ECOWAS 소지역기구를 출범시킬 수 있었던 배경에는 1945년부터 프랑스 식민 화폐 제도인 프랑세파 franc CFA 공동화폐를 사용하고 있는 것에도 기인한다. 이러한 연유로 독립 이후에는 영어권 라이베리아 대통령 윌리암 터브맨 William Tubman 의 제안으로 코트디부아르, 기니, 라이베리아, 시에라리온 국가들이 ECOWAS를 창설하였다. 1975년 5월 28일 라고스조약을 통해 평등, 상호의존, 단결, 협력, 조화, 경제통합, 불가침, 평화유지, 인권존중, 경제사회정의, 인간과 재산의 자유로운 이동, 민주주의 활성 및 강화 등을 원칙으로 하는 ECOWAS가 출범하게 된다. 초기에는 ECOWAS 회원국 간의 공동자립 collective self-reliance 과 경제 및 화폐동맹을 통한 단일시장 형성을 위한 통합만을 목적으로 하였다.[92] 이후

---

90 ECOWAS에는 불어권 국가가 다수를 차지하고 있고, 불어권 국가에서 시작되었다는 점에서 불어식 표기인 CEDEAO(Communauté Economique des Etats de l'Afrique de l'Ouest)도 알아둘 필요가 있다.

91 8개 불어권 국가(베냉, 부르키나파소, 코트디부아르, 기니, 말리, 니제르, 세네갈, 토고), 영어권 국가(감비아, 가나, 라이베리아, 시에라리온, 나이지리아), 포르투갈어권(카프베르데, 기니비소), 모리타니 2000년 12월 국경 개방으로 인한 국내 안전 문제로 ECOWAS로부터 탈퇴하였다.

92 Tshiyembe Mwayila(2012), p.65.

ECOWAS는 1994년 1월 10일 다카르에서 서아프리카 경제통화동맹African Economic and Monetary Union: UEMOA을 출범시키고 이를 통해 실질적인 관세동맹, 자유무역 그리고 수입품에 대한 공동관세 제도(2000년 이후)를 정착시켰다. 그 결과, 서아프리카 역내 무역은 2005년 8%에서 25%로 증가하였다.[93]

ECOWAS 회원국 대부분은 이슬람과 기독교, 다양한 유럽 식민지 경험, 회원국 간의 경제적 불균형, 자원개발로 인한 내홍 등을 겪었기 때문에 정치적 안정을 매우 중요하게 인식한다. 특히 1978년 라이베리아와 시에라리온에서 큰 내전을 겪은 후, ECOWAS는 1978년 불가침 의정서와 1981년 방위지원의정서를 채택하였다.[94] 이와 같은 정치적 협력을 바탕으로 ECOWAS는 1990년 정전협정을 상시로 감시할 수 있는 400여 명 규모의 다국적군으로 구성된 ECOMOGEconomic Community of West African States Cease-fire Monitoring Group를 창설하였다.[95]

특히 ECOWAS는 역내 통합과 협력을 보다 구체화하기 위하여 자금세탁 퇴치를 위한 정부간협력기구Inter-governmental Action Group against Money Laundering in West Africa: GIABA를 본격적으로 가동하고 있다. 특히 1999년에 설치되어 16개국이 참여하고 있는 GIABA는 서아프리카에서 극성 중이고 자금세탁의 주범이 되고 있는 이슬람 테러집단을 겨냥한 것으로 국경을 초월해서 활동하는 이들 테러집단에 대한 회원국 공동대처를 목적으로 하고 있다. 그러나 역내 다양한 분쟁, 이슬람 테러집단의 활동, 정치적 불안정은 여전히 ECOWAS의 완전한 통합을 방해하고 있다.

---

93 UEMOA 본부는 현재 부르키나파소 수도 와가두구(Ouagadougou)에 있음.

94 ECOMOG의 기본적인 임무 수행은 총 5가지로 ① 정전의 감시 및 관찰, ② 평화유지 및 인도주의적 개입, ③ 예방전개, ④ 평화구축, ⑤ 무장해제와 군사동원 해제 등이다.

95 Tshiyembe Mwayila, *Régionalisme et Problèmes d'intégration économique* (Paris: L'Harmattan, 2012), pp.24-25.

2. 중남부아프리카 공동시장(ECCAS)

ECCAS[Economic Community of CentralAfrican States] 지역은 다른 지역에 비해 매장되어 있는 고부가가치 자원이 풍부하여 경제성장의 가능성이 크다. 그럼에도 불구하고 다른 소지역기구와는 다르게 회원국들의 정치·경제·사회는 매우 불안정하며, 주변국들과의 문제가 다양하고 복잡하게 얽혀 있어 지역통합의 최대 걸림돌이 되고 있다. 이러한 문제를 조속히 해결하기 위한 목적으로 ECCAS는 1983년 10월 10일 콩고 수도 리브르빌에서 UDEAC와 CEPGL[Communaute Economique des pays des Grands Lacs] 회원국들에 의해 창설되었으며 1985년부터 실질적인 활동에 들어갔다. ECCAS에는 현재 10개국이 참여하고 있으며[96] 660만km²에 약 1억 5천만 명이 거주하고 있어 규모 면에서는 비교적 큰 소지역기구에 해당한다. ECCAS에는 CEMAC와 SADC 회원국 일부가 포함되어 있으며 2003년부터 두 지역기구의 병합에 논의가 있었지만, 현재까지도 괄목할 만한 진척은 없다.[97]

ECCAS의 주요 목적은 현재 진행되고 있는 경제·사회적 활동을 통해 자치적이고 균형적인 발전과 화합을 촉진하고 강화하는 데 있다. 그러나 1992년부터 1998년까지 약 6년 동안에 7개 회원국 간 12차례의 분쟁이 발생하면서 ECCAS는 거의 작동하지 못했다. 이러한 위기를 극복하기 위해 1999년 적도 기니의 수도 말라보[Malabo] 정상회의에서는 지역 경제·사회 발전을 위한 전제 조건으로 평화 및 안보 유지의 능력 고양을 우선순위로 결정하였다. ECCAS은 2007년 중남부 지역의 평화 안착, 균형적 발전, 사람 및 상품과 서비스의 자유로운 이동과 연대를 위한 '비전 2025'를 채택하고 있다.

---

96 회원국으로는 앙골라, 부룬디, 카메룬, 중앙아프리카, 콩고, 콩고민주공화국, 가봉, 적도기니, 사오토메 프린스, 차드가 있다.

97 1994년 3월 16일 협약되어 1999년 정식 출범하였다. CEMAC은 UMAC과 UEAC 회원국 일부가 모여 창설하였으며 카메룬, 콩고, 가봉, 적도 기니, 중앙아프리카와 차드가 회원국이다. CEMAC은 공동시장기구 내에서 회원국 간의 조화로운 발전을 촉진하는 것을 주요 목적으로 하고 있다. cemac, http://www.cemac.int/apropos(검색일: 2015.4.20).

일차적으로 2015년까지 ECCAS의 활동을 다음 세 가지로 집중한다. 첫째는 평화, 안보 및 안정을 위한 중앙아프리카 평화안전보장이사회의 활성화, 둘째는 운송, 에너지, 수자원, 정보 통신 기술에 관련된 인프라 구축, 그리고 마지막 세 번째는 콩고 분지 생태계 관리에 관련된 환경 문제를 해결한다는 것이다.

특히 연내 안정과 평화를 위해서 ECCAS는 2000년 2월 24일 COPAX Council for Peace and Security in Central Africa를 창설하였고,[98] 지역 안보의 효율성을 위해 국경과 인구 및 물자 이동 감시를 위한 전자시스템 MARAC Central African Early-Warning System를 갖추기도 하였다.[99] 그뿐만 아니라 회원국 군 수뇌부 간의 군사협력과 작전 수행을 위한 FOMAC Multinational Force of Central Africa,[100] 그리고 아프리카상비군 African Standby Force 제도로 역내 평화 안정에 노력하고 있다.[101]

이와 같은 다양한 노력에도 불구하고 ECCAS가 넘어야 할 난관은 여전히 많다. 정치적으로는 아프리카연합의 헌장에 따르는 회원국 간의 화해와 내전 예방과 평화유지가 우선되어야 한다. 경제적으로는 ECCAS 회원국 국민의 자유로운 이동의 보장, 통관 절차 간소화, 관세 및 비관세 장벽의 철폐 그리고 농업과 산업에 대한 공동정책에 대한 조속한 해결이 필요해 보인다.

3. 중앙아프리카 경제통화공동체(CEMAC)[102]

비교적 오래된 소지역기구 CEMAC Communauté Économique et Monétaire de

---

98 Conseil de paix et de sécurité de l'Afrique centrale.

99 Système d'alerte avancee pour l'Afrique centrale.

100 Force Multinationale de l'Afrique Centrale.

101 실질적으로 CEEAC는 차드에서의 'BARH-EL GAZEL 2005'와 앙골라에서의 'KWANZA 2010'을 통해 군사작전을 시행하기도 하였다.

102 Central African Economic and Monetary Community.

l'Afrique Centrale은 1964년 12월 8월에 창설된 UDEAC의[103] 후신으로 1994년 3월 16일 카메룬, 콩고, 가봉, 적도기니, 중앙아프리카, 차드 6개국이 조인하였다. 하지만 정식 출범은 1999년 6월이다. CEMAC 창설의 동기는 심각한 지역경제 불황과 세계화에 기인하다.[104] CEMAC은 다른 소지역기구에 비해 규모는 작지만, 차드를 제외한 5개 회원국이 석유자원을 보유하고 있어 향후 발전 전망이 밝은 편이다. 현재 이 지역에는 약 3,670만 명의 인구가 거주하고 있으며 평균 5%의 경제성장률을 기록하고 있다. 하지만 중앙아프리카와 콩고의 내전 및 정치적 불안으로 인해 CEMAC 활성화에 걸림돌로 작용하고 있다.

CEMAC은 경제와 화폐 통합에 필요한 4개의 원칙을 가지고 있다. 첫째는 회원국 간의 단결을 공고히 하기 위해 더 결속 있는 연합의 확립, 둘째는 개발프로그램의 협력과 산업 프로젝트의 조정을 통한 국내시장의 활성화, 셋째는 낙후된 국가와 지역을 위한 회원국 단결, 그리고 마지막으로 진정성 있는 아프리카 공동시장 창설이다. 이러한 원칙들에 기초하여 UDEAC는 ① 사람, 재산, 자본, 서비스 등의 자유로운 이동에 기초한 공동시장창출, ② 공동통화의 안정적인 관리, ③ 경제 활성화를 위한 환경 안정화, ④ 국가 산업정책에 대한 규정의 조정 등을 목적으로 하고 있다.

그러나 회원국 간의 교통 인프라 취약과 회원국 간의 정치적 리더십의 갈등으로 역내 교역은 2007년 기준으로 0.5%로 매우 빈약하다.[105] 왜냐하면 일부 CEMAC 회원국이 보호 무역을 실시하고 있기 때문이다. 예를 들어,

---

103 UDEAC는 1959년 7월에 창설된 UDE(Union Douaniere Equatoriale)의 후신으로 1964년 UDEAC의 창설 이후 폐지되었다.

104 Désiré Avom, "La Coordination des politique budgétaires dans une union monétaire," *Revue Tiers Monde*, 4(192, 2007), pp.871-893.

105 같은 시기에 ECOWAS 역내 교역은 22%였다. CEMAC 내에서의 리더십 문제는 가봉과 카메룬 간의 오래된 문제다. 그런데 최근 적도 기니에서 석유 자원 개발이 본격화되고 CEMAC 생산의 50%를 차지할 것으로 예상되면서 카메룬을 대신하여 새로운 부강으로 지목되고 있다. 더욱이 적도기니 정치인 일부는 지역통합으로 인한 자국의 이해관계를 저울질하고 있다.

가봉은 자국 상품을 보호하기 위해 2011년까지만 해도 설탕과 계란 수입을 전면 금지시키기도 했다. 그 외에도 복잡하고 장시간 걸리는 관세 행정 절차, 자진 도로 봉쇄, 세관의 상인 갈취, 비관세 보호 등이 CEMAC 역내 무역의 큰 걸림돌이 되고 있다. 이로 인해 CEMAC은 아프리카 역내에서 비즈니스 환경이 제일 나쁜 지역으로 평가되고 있다. 총 183개국 중 적도기니 155위, 가봉 156위, 카메룬 161위이고, 차드는 최하위 183위이다.

그런데도 CEMAC은 지역 경제 통합을 위해 '2010~2025 지역경제프로그램' 아젠다를 2단계로 나누어 시행하고 있다. 2015년에 끝나는 첫 단계(2010~2015)가 경제통합과 활성화를 위한 제도적 안착이라면, 2단계(2016~2025)는 안착된 제도를 통해 공동체의 경제적 다양성을 정착시키며 이를 통해서 2025년 중앙아프리카 경제 지대의 창설을 목적으로 하고 있다. 특히 CEMAC의 공동화폐정책은 유로화에 대한 고정 환율제에 대한 전면적인 개혁이라는 점에서 1945년 이후 사용되었던 프랑 CFA에 대한 변화를 예고하는 것이다.[106]

4. 동아프리카공동체(EAC)

EAC[East African Community]는 1967년 창설되었으나 1977년 해체되었다가 1999년 11월 30일 다시 출범하였다. 2000년 7월 7일 공식적인 활동에 들어간 신흥지역기구 EAC는 케냐, 우간다, 탄자니아, 르완다, 부룬디 등 빅토리아 호수를 둘러싸고 있는 5개 국가가 참여하고 있으며 다른 소지역기구와 달리 스와힐리어를 공용어로 사용하고 있다. 이점에서는 회원국 간의 교환과 통합의 유리한 환경을 가지고 있다. 탄자니아 아루사에 본부를 두고 있

106 현재 5개 회원국이 프랑 CFA를 단일 공동화폐처럼 사용하고 있으며 1유로가 655.957세파다. 이환율은 프랑 CFA 사용국에 의해서 조정되는 것이 아니라 유럽연합중앙은행에 의해서 조정된다.

는 EAC는 180만km² 지역을 관장하고 있으며, 역내에는 약 1억 3천만 명이 거주하고 있다.

EAC의 첫 번째 목적은 번영, 경쟁, 안보, 정치적 단결과 안정이며, 두 번째는 투자와 무역을 통해 생산 가치를 높여 국민의 질적 삶을 향상하는 것이다. 이를 통해 회원국의 경제·정치·사회·문화적 통합을 확대하는 것을 최종 목적으로 하고 있다. 특히 역내 무역 활성화를 위해 관세동맹, 운송단가 비용 감소, 비관세 장벽 제거, 역내 운송 유통 확보를 위해 노력하였다. 그 결과 2005년 관세동맹이 결성되었고(현재는 효율성은 낮음), 2009년 공동시장 출범을 가시화하였다. 그뿐만 아니라 역내 무역 증진을 위한 목적으로 2013년 단일화폐를 위한 화폐동맹을 체결하여 동아프리카 정치연합으로의 발전을 모색하고 있다.

EAC는 회원국의 수가 적음에도 불구하고 극복해야 하는 난관들이 적지 않다. 우선 정치적인 문제로 1994년 르완다 문제를 둘러싸고 회원국들이 두 그룹으로 분리되어 있다. 첫 번째 그룹은 탄자니아와 부룬디이고, 두 번째 그룹에는 르완다, 케냐, 우간다가 속해 있다. 또한 탄자니아를 제외하고 대부분의 회원국이 여전히 분쟁에 휘말려 있다.[107] 1963년 이후 역내 주민의 80%가 분쟁에 휘말렸고 이로 인해 EAC 주민 35%가 기근에 시달리고 있다. 마지막으로 오랜 내전과 정치적 불안정 및 경기 침체로 인프라가 부족하여 해외투자 유치가 쉽지 않다는 점도 EAC가 해결해야 할 큰 문제이다.

5. 동남부아프리카 공동시장(COMESA)

COMESA Common Market of East and Southern Africa는 1978년 루사카협약을 거쳐 1981년에 창설된 동남부 무역 특혜 지대 Preferential Trade Area for Eastern

107 Mathieu Mérino, "L'intégration régionale par le bas," *Force de l'east african community 3* (n°58, 2011), pp.133-147.

Africa and Southern Africa를 대신한 기구로서 1994년 정식 출범하여 현재 20개국이 참여하고 있다.[108] 특히 COMESA는 동남부 아프리카 국가 대부분이 참여하고 있는 만큼 역내에는 4억 7,500만 명이 거주하고 있다. SADC South African Development Community 회원국과 중첩되는 COMESA에는 남아공이 가입하지 않고 있다. SADC는 남아공이 중심이 되어 2004년 7월 15일 발표된 자유무역지대를 운영하고 있기 때문이다.

COMESA는 지역 범위를 넘어 전(全) 아프리카 경제 통합 및 공동시장 건설을 목적으로 하고 있었기 때문에 COMESA의 영역은 다른 소지역기구에 비해서 넓은 편이다. COMESA에는 정상회의, 각료회의, 사법재판소 등의 기관과 함께 경제 관련 기관이 비교적 많다. 케냐 나이로비에 소재한 무역 및 개발은행, 짐바브웨 하레레의 어음 교환소와 상업은행협회, 에티오피아의 가죽연구소 등이 대표적이다.

COMESA는 회원국들이 지역통합을 통해 지속가능한 발전을 할 수 있도록 제도적·구조적 약점들을 빨리 제거할 수 있게 도와주는 것을 최우선 목적으로 하고 있다. 이를 위해서 COMESA는 회원국들이 화석원료, 바이오 등 에너지 자원의 공동 이용과 개발에 협조할 것을 규정하고 있다. 그러나 COMESA 회원국 일부가 SADC에도 가입되어 있다는 점에서 중복 가입 문제는 차후 이들 기구의 발전에도 적지 않은 영향을 미칠 것이다.

6. 남부아프리카 개발공동체(SADC)

1980년 4월 1일 남부 아프리카 9개 국가는 잠비아 수도 루사카에서 남아프리카공화국의 아파르트헤이트와 패권에 공동 대항할 목적으로 남부아프

108 부룬디, 코로르, 콩고민주공화국, 지부티, 이집트, 에리트레아, 케냐, 리비아, 마다가스카르, 말라위, 모리스, 르완다, 세이셸, 수단, 남수단, 스와질란드, 우간다, 잠비아, 짐바브웨 등이다. 레소토(1997), 탄자니아(2000), 나미비아(2004), 모잠비크(1997), 앙골라(2007)는 COMESA로부터 탈퇴하였다.

리카개발조정회의Southern African Development Coordination Conference: SADCC를 창설하였다.[109] SADCC는 정치적으로 남아공의 아파르트헤이트에 대한 공동투쟁을 목적으로 하며, 경제적으로는 남아공 백인 정부로부터의 종속에서 벗어나기 위한 반 식민투쟁과 맥락을 같이 했다.[110] 하지만 남아공에서 아파르트헤이트가 폐지되고 남아공이 정식회원으로 가입하면서 SADCC는 1992년 8월 17일 SADCSouth African Development Community로 변경되었으며, 현재 15개국이 참여하고 있다.[111] 보츠와나 수도 가보로네Gaborne에 본부를 두고 있는 SADC가 통괄하는 면적은 55만 4천km²이며 2억 7,700만 명이 거주하고 있다.

SADC는 다른 소지역기구에 비해 응집력이 강한 제도들로 뒷받침되었을 뿐만 아니라 활동영역도 광범위하다. 특히 남아공의 가입은 SADC를 국제적인 신망을 갖는 소지역기구로 재탄생되는데 기여했다.[112] 1994년 남아공에서 아파르트헤이트가 폐지되고 다인종선거를 통해 넬슨 만델라가 남아공 최초로 흑인 대통령에 선출되면서 같은 해 남아공은 SADC에 가입하였고, SADC의 지도 국가로 급부상하였다. 남아공은 아프리카 전체 GDP의 40%를 차지하는 경제 대국이며 고부가가치의 다양한 자원 및 해외투자를 유인할 수 있는 나라다.

SADC는 4가지 중요한 목표를 설정하고 있다. 첫째는 경제 개발과 발전을 통해 생활수준을 향상시켜 빈곤을 감소시키는 것이다. 둘째는 정치적 목

---

109 SADCC가 창설되기 이전에는 1910년 프랑 존을 포함하는 SACU(Southern Africa Customs Union)가 있었다.

110 SADCC는 아파르트헤이트체제 동안 ANC를 지원하였으며 국제연합의 경제 제재에도 큰 역할을 하였다. Pascal Vennessoon et Luc Sindjon, "Unipolarite et integration: L'Afrique du Sud et la renaissance africaine," *Reveu française de science politique* (n°6, 2000), pp.915-940; Clement Mwinuka, *Regional Interration for Rapid Economic Development* (Saarbrücken: Lambert Academic Publishing, 2013), p.27.

111 남아프리카공화국, 앙골라, 보츠와나, 콩고, 레소토, 말라위, 모리셔스, 모잠비크, 나미비아, 세이셸, 스와질란드, 탄자니아, 잠비아, 짐바브웨.

112 Mwayila Tshiyembe(2012), p.60.

아파르트헤이트와 남아공

1948년 아프리카 최남단 위치한 남아공 총선에서 다니엘 말란(Daniel F. Malan)이 이끄는 인종차별주의 정당인 국민당이 승리했다. 아파르트헤이트(Apartheid)를 기반으로 하는 국민당은 남아공의 영국인과 네덜란드계 아프리카너(Afrikane, 일명 보어인) 소수 백인을 위해 '자유', '토지,' 그리고 '비백인 멸시'라는 3가지 원칙으로 통치했다. 국민당은 '집단거주법', '반투 교육법', '반투(Bantu) 자치 촉진법', '정치 개입 금지법', '반투 홈랜드(Homeland) 헌법,' 등에 통해 흑인들은 45년 동안 철저하게 차별하였다. 대부분 흑인은 수도, 전기, 의료 등의 공공혜택을 거의 누리지 못한 채 농업노동, 광산노동 그리고 제조노동으로 착취당했다. 또한 남아프리카 소수 백인 정권은 정치적으로 아프리카 민족회의(ANC) 등 흑인 정치단체들을 탄압했다. 1963년에는 넬슨 만델라(Nelson Mandela)를 비롯한 주요 인사들을 검거하여 37년간 투옥하였다. 하지만 국제사회의 경제제제와 흑인 파업으로 인한 경제위기를 벗어나기 위해 데클레르크(Frederik Willem de Klerk) 신정부는 1992년 넬슨 만델라를 비롯한 민족회의 지도자들을 석방했다. 1994년 다인종 총선거에서 넬슨 만델라가 남아프리카공화국 최초의 흑인 대통령으로 선출되면서 남아공의 아파르트헤이트는 공식적으로 폐기되고, 남아공은 300년 만에 아프리카 역사에 편입될 수 있었다.

적으로 공동의 정치 및 경제정책 능력을 향상시켜 역내 평화와 안보를 강화하는 것이다. 셋째는 사회적 접근으로 생산성 있는 일자리 장려와 지역 자원의 이용을 활성화하며, 역내 국민 간 역사·사회·문화적인 교류를 강화하고 유지하는 것이다. 넷째는 국제적 목적으로 역내 회원국 간의 상호의존관계를 강화하고, 국가와 지역프로그램 간 전략을 보완하는 것이다. 그러나 SADC의 가장 중요한 목적은 경제통합이고 이를 위해 SADC는 자유무역지대 창설에 심혈을 기울이고 있다.

경제협력 부분에서는 정치협력보다는 복잡하고 회원국 간의 이해관계가 매우 상충되고 있다. 특히 이런 현상은 남아공이 SADC에 가입한 이후 두드러지게 나타나고 있다. 남아공이 1994년에 회원국 간의 관세동맹을 목적으로 창설된 COMESA에 가입을 거부하고 있는 것도 이러한 현실 일부를 입증하는 것이다. 결국 SADC는 남아공의 주도로 2008년 8월 17일 자유무역지대를 창설하였으며 이어서 2010년 관세동맹을 이끌어내었다. 그리고 SADC는 이를 계기로 2015년까지는 공동시장을 창설하고 2018년까지는 통화동맹을 완성한다는 목표를 가지고 있다. 하지만 일부 회원국들은 이러한 자유무역지대로 인해 자국의 실업이 증가할 것에 우려를 표명하고 있다. 앙골라, 콩고민주공화국, 세이셸은 자국의 경제가 안정될 때까지 자유무역지대에 가입을 보류하고 있어 SADC 지역경제통합에 적신호가 들어온 상태다. 이는 SADC가 초국가주의적 지역협력이 아닌 남아공에 의해서 주도된다는 점에서 강대국의 권력 역학관계가 아프리카 소지역기구에서도 나타나는 것이 아닌지 지켜보아야 할 부분이다.[113]

7. 아랍마그레브연합(AMU)[114]

AMU Arab Maghreb Union는 모로코의 제의로 1989년 2월 17일 모로코 수도(현재 옛 수도) 마라케츠에서 모리타니, 알제리, 리비아, 모로코, 리비아 5개국 정상회담에서 창설되었다.[115] AMU는 회원국 간의 형제관계의 강화, 회원국의 권리로서 행복증진, 사람·서비스·상품의 자유로운 이동, 그리고 모든 영역에서의 공동정책 채택을 기본 목적으로 하고 있다. 이러한 목적은 마그레브 국가들이 공통으로 지니고 있는 역사, 언어, 종교에 입각하고 있

113 Pascal Vennesson et Luc Sindjoun, "Unipolarité et intégration régionale: l'Afrique du Sud et la renaissance africaine," *Revue française de science politique, 50e année* (n°6, 2000), pp.915-940.

114 AMU 회원국들은 리비아를 제외하고 불어권 지역이라는 점에서 불어식 표기도 알아둘 필요가 있음(Union du Maghreb arabe: UMA).

115 UMA 본부는 모로코 수도 라바트(Rabat)에 있음.

다. AMU는 같은 이슬람 문화와 종교를 가지고 있으며, 아랍 공용어를 사용하고 있어 동질성이 다른 소지역기구에 비해서 크다.

AMU에는 국가수반이사회,[116] 외무부 각료회의, 각료특별위원회 등 3개의 주요 기관이 있고 사무총장, 10명의 법관으로 구성된 법원, 회원국에서 파견된 30명으로 구성된 자문의회, 투자 및 대외무역은행 등 부속 기관이 있다. 그 외 경제와 관련한 여러 기관이 있는데 모든 관세 및 비관세 장벽의 철폐를 통한 자유무역 지역기구, 비회원국에 대한 공동관세를 위한 관세동맹, 생산요소의 이동 제한의 해제를 통한 마그레브 경제통합을 위한 공동시장 등이 있다.

하지만 AMU는 서사하라 문제로 인한 모로코와 알제리 간의 갈등으로[117] 25여 년 동안 실질적인 활동을 거의 하지 못했다. 모로코는 알제리 국민의 모로코 입국 비자를 거부하였고 이에 맞서 알제리는 모로코와의 국경을 폐쇄하였다. 이 두 국가는 AMU GDP의 55%, 회원국 전체 국민의 72%를 차지하고 있어 AMU 정상화에 매우 중요하다. 2004년 모로코는 알제리와의 관계 정상화와 마그레브 통합의 현실화를 제안하였다. 즉 알제리 국민에게 부과된 비자 면제 및 상품과 사람의 이동 제한의 철폐를 선언했다. 그러나 알제리는 모로코와의 국경 폐쇄를 그대로 유지하고 있다.

이와 같은 회원국 간의 갈등과 분열, 리비아, 튀니지, 모리타니 등에서의 정치적 불안정으로 AMU는 아프리카 소지역기구 중에서 2~3%라는 가장 낮은 역내 무역의 수치를 기록하고 있다. 반면 유럽과의 교역은 50~70%로 사하라 이남 국가들보다 높은 편이다. 이처럼 AMU 내에서의 협력이 아닌

---

116 1994년 이후 마그레브 국가수반이사회는 2013년 현재까지 거의 개최되지 못했다.

117 1975년 모로코는 식민국가 스페인이 서사하라로부터 철수하자 서사하라를 합병하였다. 하지만 서사하라 독립 단체인 폴리사리오 전선이 서사하라 독립을 선언한다. 이에 알제리는 폴리사리오를 적극 지지하면서 모로코와 알제리 간의 갈등이 시작되었다. 현재 서사하라는 유엔군이 이 지역의 평화유지를 위해 파견되어 있고, 서사하라 독립 문제는 여전히 해결되지 못하고 있다. 그런데 아프리카연합이 폴리사리오의 독립을 인정하자 모로코는 아프리카연합에서 탈퇴하여 상황이 더 나쁘게 진전되었다.

〈그림 4〉 아프리카 역내 소지역기구 현황

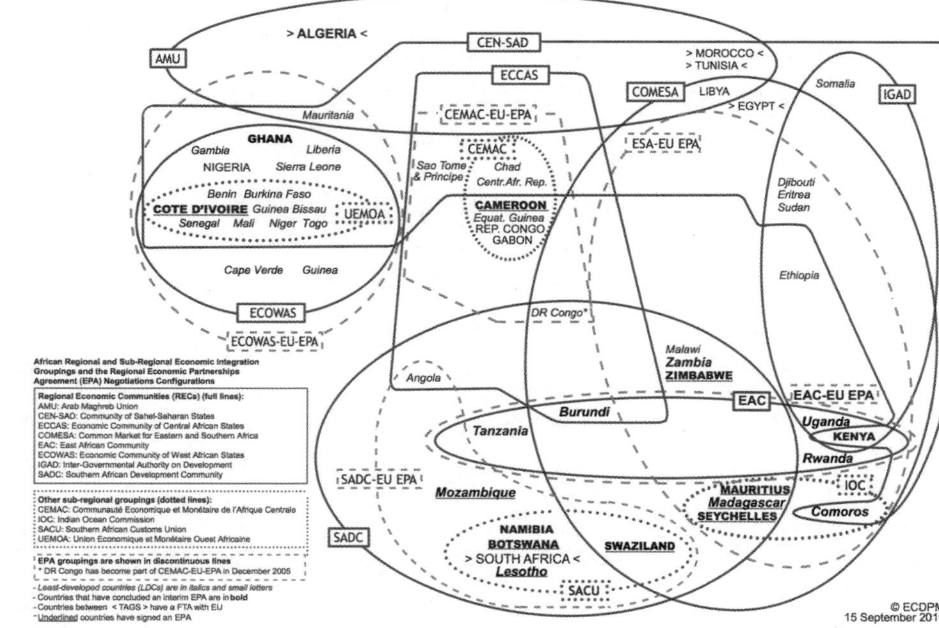

출처: http://ecdpm.org/wp-content/uploads/2013/11/Regional-Groupings-EPA-Negotiation-Configurations.png

쌍무적 협력이 강화되고 있어서 AMU의 재출발을 더 어렵게 하고 있다.[118]

AMU는 2013년 BMICE를 창설하였지만, AMU의 걸림돌이 되고 있는 알제리와 모로코 문제는 여전히 해결될 기미를 보이지 않고 있다. 더욱이 모리타니는 MBIFT[Maghreb Bank for Investment and Foreign Trade]가[119] 배당한 출자금 200억 달러의 납부를 거절하고 있어 BMICE의 장래도 또한 불투명하다. 최근에는 지중해연안에 있는 유럽 국가들을 포함한 UAM+5를 출범시키면서 UAM+5를 포괄적인 통합기구로 발전시키려 하고 있어 기존의 마그레브 소지역기구의 변화가 예고된다.[120]

Ⅵ. 한국과 아프리카 지역기구

한국과 아프리카 지역기구[OAU, AU]와의 관계는 거의 최근에 발생한 것이다. 탈냉전 이전까지 한국의 대아프리카관계는 양자적 관계가 중심이었으며 탈냉전 이후에는 AU에서 추진하는 개발프로그램이 한국의 ODA정책과 연관되면서 완전하지는 않지만, 다자적 관계에 관심을 두기 시작하였다. 이러한 과정에서 한국은 아프리카 지역기구에 대한 관심이 증가하였다. 따라서

---

118 최근 모로코 모하메드 6세는 튀니지를 방문하여 두 국가 간의 협력강화를 논의하였다. 이에 알제리는 튀니지와의 자유 무역지대 창설에 최종 합의하여 UAM 밖에서 마그레브 국가 간의 쌍무적 협력이 오히려 강화되고 있다. Reuters Stringer, "En Tunisie, Mohammed VI veut relancer l'Union du Maghreb arabe," http://www.rfi.fr/afrique(검색일: 2015.2.17).

119 MBIFT의 불어식 표기는 BMICE(Banque maghrébine d'investissement et de commerce extérieur)임. BMICE는 5개 회원국에 국민총생산의 수준과 상관없이 200억 달러씩 출자할 것을 규정해 놓고 있다.

120 Francis Mateo, "L'Union du Maghreb Arabe affiche ses dissensions à Barcelone," http://www.econostrum.info(검색일: 2015.3.24).

이 절에서는 한국과 아프리카 간의 국제관계의 흐름을 살피고, 이후 한국과 AU관계를 간단히 조명해 본다.

북한과 극단적인 대치 상황에 있는 한국 대외정책의 목적은 국가 생존과 체제안정이라는 단기 목표의 조속한 해결이었다. 특히 1955년 제3세계 국가들이 주도한 반둥회의는 반식민주의, 반제국주의 이념을 가지고 등장하였으며 북한은 이를 통해 한반도에서 반제통일전선(反帝統一戰線)을 발전시켜 나가고 있었다. 이러한 목적 달성을 위해 북한은 신식민제국주의로부터 독립한 신생 아프리카 국가들을 대상으로[121] 국제사회에서 남한을 고립시켜 유엔에서 한국 문제가 거론되지 못하도록 전방위외교를 시도하였다. 이러한 북한의 대외정책에 맞서 한국은 반공외교 강화를 통해 북한의 적화통일 야욕을 분쇄하고 국제사회에서 한국의 입장을 보다 강화하는 데 주력했다. 그 결과 한국의 아프리카 수교국이 27개국으로 북한의 아프리카 수교 23개국에 비해 수적으로 앞서는 효과를 가져왔다. 이처럼 한국은 적성국가(북한과 구소련을 비롯한 사회주의 국가들)와 수교하는 국가와는 수교를 하지 않는 할슈타인 원칙을 철저히 지켜나갔다. 따라서 당시 한국의 대아프리카정책의 목표는 북한을 겨냥하여 수교국의 수적인 우세를 확보하는 것이 우선이었다.[122]

이러한 점에서 당시 한국의 대아프리카관계는 OAU를 대상으로 하는 대외관계보다는 개별 국가 간 양자 관계를 통해서 이루어졌다. 특히 OAU는 내정불간섭을 원칙으로 하고 있었다는 점에서 한국이 북한에 대한 대외정책 수단으로 OAU를 활용하는 것은 거의 큰 의미가 없었다. 그러므로 OAU를 대상으로 하는 한국의 국제관계는 거의 전무했다.

그러나 1979년 박정희 전 대통령의 사망 이후에는 할슈타인 외교정책에 바탕한 한국의 대아프리카정책의 변화가 이루어지게 된다.[123] 그 대표적인

---

121 1960년에 아프리카에서는 17개국이 독립을 하여 그 해를 '아프리카의 해'라고 명명하기도 한다.

122 이한규, "한국의 대 아프리카 정책을 통해서 본 마그레브에 대한 외교 전략과 과제," 『국제지역연구』 제13권 3호(2009), pp.346-352.

사례가 한국 정부 건립 이후 정상으로서는 처음으로 전두환 대통령이 1982년 8월 17일에서 9월 1일까지 아프리카 국가 케냐, 가봉, 나이지리아(북한과 외교수립 국가), 세네갈 4개국을 순방하였으며 실리적 외교관계를 개진하였다. 특히 나이지리아는 아프리카에서 유일한 OPEC 회원국으로 한국의 경제적 이익이 중시된 실리외교의 성과였다. 이후 노태우 정부는 7·7선언을 통해서 민족자본과 통일을 지향하며 외교관계에서의 소모적인 남북대결의 청산을 선언하였다. 이로 인해 한국의 대아프리카관계에서 발목을 잡았던 할슈타인정책은 점차 불필요해졌다.[124] 이러한 일련의 변화와 함께 아프리카 국가와의 경제·통상외교에 대한 관심도 높아졌지만, 한국의 대아프리카 외교관계는 여전히 OAU를 통한 다자협력보다는 국가 간 양자 관계에 치중하였다.

2006년 노무현 전 대통령은 24년 만에 두 번째 정상외교로 이집트, 나이지리아, 알제리 3개국 순방에 나섰다. 이 순방은 한-아프리카포럼을 통해 아프리카 대외정책의 실리를 최대한 확대하는 데 일조하였다.[125] 노무현 전 대통령은 귀국 이후 처음으로 아프리카를 대상으로 다자외교를 실시한다. 한국 정부는 2006년 11월 제1차 한-아프리카포럼Korea-Africa Forum을 서울에서 개최하였다. 아프리카 4개국 정상과 23개국 장관 혹은 대사들이 대거 참여하였는데 한국에서는 처음으로 많은 아프리카 정상과 대사들이 한자리에 모이는 최초의 아프리카포럼이었다. 한국 정부는 아프리카 개발을 위한 '한국 이니시어티브' 아젠다를 통해 구체적으로 아프리카와의 관계 협력을 강화하기 시작하였다. 이후 한-아프리카포럼은 3년마다 개최되었는데 2009년 제2차, 2012년 제3차 한-아프리카포럼을 지속해서 시행하면서 한국은 아

123 박정의 정부는 1973년 '6·23'선언을 통해 사회주의 국가와도 외교관계의 가능성을 열어놓았지만 할슈타인정책은 여전히 유지되고 있었다.

124 1991년 9월 17일 남북한은 동시에 유엔 회원국이 되었다.

125 이명박 대통령은 노무현 전 대통령에 이어 2011년 7월 2일부터 11일까지 2018년 평창동계올림픽 유치 지원을 위해서 남아공, 콩고민주공화국, 에티오피아를 방문하였으며, 글로벌 정상외교를 완성하는 계기를 만들었다.

한-아프리카포럼(Korea-Africa Forum)

한-아프리카포럼은 2006년 노무현 전 대통령이 한국 정상으로는 두 번째(첫 번째는 1982년 전두환 전 대통령)로 아프리카를 순방한 이후 당해 11월 8일 개최되었다. 제1차 한-아프리카포럼에는 아프리카 5개국 정상과 27개국 장관 혹은 대사들이 참석하여 한국의 아프리카외교 최초로 한자리에서 다자협력의 틀을 마련하는 계기가 되었다. 2009년 제2차, 2012년 제3차 포럼이 개최되었고, 제4차 포럼은 2015년 하반기에 개최될 예정이다. 특히 제3차 한-아프리카포럼은 아프리카연합(AU) 공동으로 개최함으로써 한국 유관 기관의 협력채널을 다양하게 확대하는 데 이바지하였다. 이와 같은 한-아프리카포럼은 그동안 미진했던 아프리카와의 협력관계를 강화하면서 한국 기업의 아프리카 진출에 긍정적인 영향을 미치고 있다.

프리카와 경제협력을 주도하는 한·아프리카 경제협력 컨퍼런스KOAFEC를 통한 실리외교의 구체적 단계에 돌입하였다.[126]

2011년 7월 이명박 전 대통령은 남아프리카공화국, 에티오피아, 콩고민주공화국 3개국 방문을 통해 경제협력(교역·투자 증진 및 에너지 자원 분야 협력 확대)과 외교협력(평창올림픽 유치 및 한반도정책 표명 의지)을 강화하였다. 따라서 1982년 이전에 비해 한국의 대아프리카정책은 어느 정도 자리를 잡아갔다. 특히 2006년부터 2012년까지 3회에 걸친 한-아프리카포럼과 KOAFEC의 지속적인 시행은 한국의 대아프리카정책이 실리적으로 구체화되었다고 하겠다.

현재 한국의 대아프리카정책의 중요한 변수는 ODA이다. 한국은 2006년에는 OECD에, 2010년에는 OECD 개발원조위원회Development Assistance Com-

126 KOAFEC은 한·아프리카포럼에서 개최되는 아프리카 경제부처 장관회의로서 아프리카 개발은행(AfDB)과 함께 1차 회의에서는 8억 달러 상당의 16개 프로젝트가 제시되었다.

mittee: DAC에 가입함으로써 한국의 경제 역량에 상응하는 국제적 지위를 확보하였다. 이러한 지위로 한국에는 개발도상국에 대한 대외 원조ODA의 실행을 OECD 선진국 수준에 맞춰야 하는 의무가 뒤따랐다. 더욱이 AU의 NEPAD와 유엔의 MDGs는 한국의 아프리카외교 방향의 전환점이 되었다. 그럼에도 불구하고 한국의 대아프리카정책은 여전히 AU 회원국과의 양자적 수준에 머물러 있으며 AU를 대상으로 하는 다자적 관계는 미흡한 상태다.

이러한 첫 번째 원인은 AU가 EU처럼 회원국을 완전히 통합하는 수준에 다다르지 못하고 있기 때문이다. 일부 국가 간 분쟁이나 내전에 관여하고 있지만, AU 전체적인 기능은 미흡한 상태에 있다. 둘째는 한국의 대아프리카 ODA정책은 다자 원조보다는 양자 원조를 중시하고 있다는 점에서 한국 정부는 AU를 중요한 협상 대상으로 보지 않고 있기 때문이다. 따라서 한국은 AU와의 관계를 개발프로그램의 협조 차원에서 접근하고 있다. 예를 들어, 아프리카 개발 한국 이니시어티브 후속조치로 NEPAD에 대한 지원을 적극적으로 추진하고 있으며 NEPAD 산하 7개 소지역기구에 대한 공여나 자금 지원을 고려 중이다. 또한 한국 정부는 아프리카연합 각료회의 참석을 통해 AU 차원에서의 원조를 다각화하고 있다. 이러한 차원에서 한국은 옵서버 자격으로 AU 정상회의에 참석하고 있으며 2004년 역내 분쟁 해결 지원을 위해 20만 달러를 기탁하였다.

2006년과 2007년에는 코나레Konare AU 집행위원장이 방한하여 아프리카의 전반적 협력방안에 대해 의견을 교환하였다. 또한 한국 정부는 2008년 1월 31일~2월 2일 에티오피아 아디스아바바에서 개최된 제10차 아프리카연합AU 정상회의에 수석대표를 파견하였다. 이때 한국 정부는 신임 AU 집행부 및 개별 국가와의 접촉을 통해 대아프리카 에너지 자원 협력을 논의하였다. 특히 제3차 한-아프리카포럼은 한국과 AU가 공동주최함으로써 대내외적으로 AU에 대한 한국의 정책을 어느 정도 가시화하였다. 이를 통해 한국은 한편으로는 우리 정부의 대아프리카외교 노력을 보여주었으며, 다른 한편으로는 아프리카 주요 국가들과의 에너지 자원외교를 위한 실질적인 협력 증진을 모색하였다.[127] 그럼에도 불구하고 한국의 대AU에 대한 정책과 방향은 아직까지는 상황에 따라 결정되는 일시적인 정책에 의존하는 것이 대부분이다. 최근 아프리카 역내의 분쟁과 갈등이 점차 해결의 기미를 보이고 있고, 회원국들이 아프리카 문제에 대해서 한 목소리를 점차 내고 있다. 이처럼 AU는 국제사회에서 중요한 행위자로 발전하고 있다는 점에서 아프리카 개별국가와의 관계와는 별도로 AU와의 관계개선을 위한 중장기적인 접근과 정책수립이 필요해 보인다.

VII. 결론

유럽연합이 꾸준한 역내 통합과정과 문제 해결을 위한 주체적인 역할을 지속하여 시행한 결과의 산물이었다면, 아프리카연합은 기능과 역할을 제대로 하지 못한 OAU를 혁신하는 의미로 출범하였다. 따라서 아프리카연합 출범의 과정과 동인은 유럽연합을 비롯하여 다른 대륙의 지역기구에 비해 매우 복잡하다. 그리고 지역기구로서의 실질적인 역할의 역사도 매우 짧다. 실상 1960년대 독립한 대부분 아프리카 국가는 300년 동안의 노예무역으로 시달렸고, 이후 곧바로 유럽의 식민지배를 짧게는 반세기, 길게는 1세기 동안 받아오면서 독립을 위한 통합보다는 인종적·종교적·언어문화적·정치적으로 분열되고 파편화되었다. 이로 인해 대부분 OAU 회원국들은 범아프리카 통합기구보다는 자국의 국민통합과 신식민주의로부터 완전한 해방을 위한 경제발전이 더 시급했다.

따라서 OAU는 아프리카 국가 간의 문제 해결보다는 기존의 문제들—국경 변경, 분리 독립, 분리를 위한 국경 분쟁 등—이 더 확산되지 않기를

---

127 외교부, "외교부 보도 자료," 2008년 1월 29일 http://www.mofa.go.kr(검색일: 2015. 4.7).

바라는 차원에서 출범하였다. 그러나 그 기간은 너무 길어졌고 역내는 경제적·정치적 불안과 함께 내전과 분쟁으로 점철되었다. 결국 서구국가는 아프리카를 '피곤한' 대륙으로 간주한다.

그럼에도 39년 동안 표류했던 아프리카 지역기구OAU를 대신한 아프리카연합이 2002년 7월 남아공 더반에서 개최된 제38차 AU 정상회의에서 정식으로 출범한다. 이로써 아프리카 사람들은 단순한 협력관계에서 강력한 공동체로의 변환을 모색할 수 있게 되었다. 특히 AU의 출범은 아프리카는 하나의 공동체이고 아프리카인은 모두 같은 문화적 정체성(피상적인)을 가지고 있다는 범아프리카주의Pan Africanism가 그 자리를 다시 찾는 계기가 되었다. 이는 AU가 21세기 국제사회에서 새로운 국제행위자로 등장하고자 하는 아프리카 시민의 공동 의지의 결과이며, NEPAD프로그램을 통해 아프리카 시민들은 초국가 단계에 이미 한 발 들어선 것이나 다름없다. OAU가 39년 동안 회원국 간의 협력기구로만 존재했다면, AU는 13년 동안 나름대로 통합을 위한 자구적인 노력을 해왔다. 특히 AU는 완전하지는 않지만 역내 분쟁과 내전 해결을 위해서 내정 간섭을 정당화하였다. 이는 AU가 아프리카 역내 평화 문제를 현실적으로 받아들이고 있다는 것을 의미한다. 아프리카인에 있어서 AU 지역통합은 거스를 수 없는 새로운 질서가 되어 가고 있다.

하지만 AU가 세계화에 얼마만큼 잘 적응하고 대처할 수 있을 것인지에 대한 당장의 해법을 제시한다는 것은 역내의 여러 위기 상황에 비추어 보면 아직은 시기상조인 것 같고, 그 이유는 다음과 같다.

첫째는 대부분 아프리카 국가들은 내정 불간섭을 국가와 체제안정의 도구로 여전히 생각하고 있다. AU의회와 사법재판소는 아프리카 시민들을 보호하는 방패 역할을 제대로 하지 못하고 있을 뿐만 아니라 회원국 권위를 넘어서지 못하고 있다는 것이 이를 입증한다.

둘째는 이러한 결과로 AU의 재정 확립에도 영향을 미쳐 AU의 여러 기관의 기능과 역할에 제한을 주고 있다. 예를 들어, PAP는 AU 출범 이후 재정문제로 본연의 기능을 제대로 수행한 적이 별로 없다. 특히 PAP는 집행이사회를 견제해야 하고 아프리카인뿐만 아니라 국제사회로부터 AU의 정통성과 신빙성을 부여받을 수 있는 중요한 기관이다. 하지만 일부 회원국들은 AU보다는 여전히 자국의 안위를 먼저 생각하고 있다. 반정부군에 국토의 3분의 2를 장악당하고 있는 소말리아는 기능할 정부가 부재하다며 분담금을 체납하고 있다. 짐바브웨처럼 일부 회원국은 국내 경기 침체 이유로 분담금 납부를 미루고 있다.

셋째는 아프리카 시민들이 AU라는 거대한 기구보다는 소지역기구를 더 신뢰하고 있다. 실질적으로 ECOWAS는 말리의 경우처럼 서아프리카분쟁 문제를 ECOMOG기구를 통해서 스스로 해결하고 있다. AU가 2002년 출범했음에도 불구하고 AU는 현재까지도 이들 지역기구와의 협의체조차도 만들지 못하고 있다.[128]

넷째는 AU 회원국 간의 정체성에 대한 다툼이 여전히 있다. 54개 아프리카 국가들은 1884년 베를린회의를 통해서 인위적으로 나뉘어진 국경에서 식민지배를 거쳐 현재에 이르렀지만, 각 국가 내에는 적게는 50여 개, 많게는 200여 개가 넘은 다양한 민족들이 혼합되어 살고 있다. 대부분 아프리카 국가는 여전히 완전한 민족국가nation-State를 형성하지 못하고 있다. 또한 독립한 지 반세기가 넘었지만 역내에서는 영어권/불어권, 이슬람 문화권/기독교 문화권으로 양분되어 있다. 결국, AU를 통한 아프리카의 동질성 ― 범아프리카주의는 별개임 ― 을 찾는 것이 거의 불가능해 보인다. 따라서 AU는 조속한 아프리카 통합을 위해 기구의 제도화와 정착을 통해 다양한 정체성의 장애를 극복하는 것이 중요하다.

끝으로 한국과 AU관계는 거의 최근에 나타난 현상이다. 따라서 아직까지는 실패한 것도 없고, 성공한 것도 없다. OECD DAC 회원국, G20 의장국, 세계경제규모 13위 국가 등 화려한 국제적 지위에도 불구하고 한국의 대아프리카관계는 국내외적으로 비판의 대상이 되어 왔다. 이제 AU 회원국을 대상으로 하는 양자 관계에서 다자 관계를 위한 중장기적 준비가 필요하다.

---

128 John Akokpari(2008), pp.88-90.

현재 AU가 EU처럼 제대로 기능하지 못하고 있지만, 아프리카 역내 문제를 스스로 해결하려는 강한 의지를 나타내는 조짐들이 최근 들어 활발하게 나타나고 있다. 예를 들어, NEPAD프로그램의 활발한 시행, 최근 말리와 중앙아프리카 내전에 대한 개입, 에볼라 전염병의 재발 금지를 위한 에볼라 기금 출범 계획, 260여 명의 나이지리아 소년을 납치하고 주변 국경 안정을 해치는 보코하람에 대한 군사적 개입 의지 등이 대표적이다.

이러한 조치들이 그동안 미흡했던 AU의 제도적 안착과 시행을 보장해 주는 것은 아니지만, 아프리카 문제에 대한 아프리카인의 인식 변화로 볼 수 있고, 이것은 AU의 정착화에도 중요한 역할을 할 것이다. 따라서 한국은 AU와의 관계 발전을 위해서는 현재 AU 회원국을 대상으로 하는 양자적 ODA 지원의 일부를 AU기구 자체를 대상으로 하는 다자적 ODA정책으로의 변화가 필요해 보인다.

더 읽을거리

+ **신원용 외. 『아프리카의 지역통합과 세계화』. 신지서원, 2005.**

  이 책은 유럽연합과 아프리카 지역통합 간의 경제협력을 분석하고 있다는 점에서 1957년 야운데협정에서부터 현재까지의 협력관계를 EU-ACP를 통하여 소개하고 있다. 특히 신자유주의체제에서 아프리카 지역 시장의 통합 문제를 제시하고 있으므로 경제협력에서의 아프리카 지역기구들의 역할과 전망을 가늠해볼 수 있는 기본 지식을 제공한다.

+ **한양환. "아프리카합중국, 그 신화적 함의와 현실적 한계." 『국제지역연구』. 서울대학교 국제학연구소, 2010.**

  이 논문은 아프리카 통합의 역사적 고찰을 통해서 왜 아프리카 국가들이 통합 혹은 연합의 형태로 지역기구를 출범시켰는지를 정치적인 접근보다는 사회적, 문화적인 측면에서 접근하고 있다. 이러한 점에서 이 논문은 아프리카 통합 문제를 다원적인 측면에서 고찰할 수 있어서 아프리카 지역기구를 다양한 방면으로 이해하고 연구하는 데 중요한 키를 제공한다.

+ Akokpari, John, Angela Ndinga-Muvumba, Tim Murithi. *The African Union and Its Institutions*. Fanele, South Africa, 2013.

  이 책의 저자들은 아프리카연합의 기본 정신인 범아프리카주의가 어떤 형태로 신범아프리카주의로 변화되었는지를 분석하면서 아프리카 역내 평화와 안보에 역점을 두고 있다. 현재 아프리카연합의 기능성 측면에서 가장 큰 걸림돌은 역내 분쟁 문제라는 점에서 이 책은 아프리카연합의 제도적으로 안정화될 필요성을 강조하고 있으므로 21세기 아프리카연합의 방향에 대한 연구에 유용하다.

+ Muchie, Mammo, Phindile Lukhele-Olorunju, Oghenerobor. *The African Union Ten Years After*. African Institute of South Africa, South

Africa, 2013.

많은 저자가 집필한 이 책은 아프리카연합의 역사적 과정을 자세하게 분석하고 있다. 하지만 이 책에서 주의 깊게 살펴보아야 하는 것은 경제와 환경부분(기술, 농업, 교육, 환경)에서 아프리카연합이 어떤 역할을 해야 하는지에 주목하고 있다는 점이다. 따라서 이 책은 아프리카연합 연구의 접근을 다양하게 할 필요가 있는 연구자에게는 유용하게 이용될 수 있다.

참·고·문·헌

〈국문 자료〉

강대창 외. "아세안의 의사결정 구조와 방식." 『전략지역심층연구 11-06』 세종: KIEP 대외경제정책연구원, 2011.

강원택·조홍식. 『하나의 유럽: 유럽연합의 역사와 정책』. 서울: 푸른길, 2009.

강택구. "탈냉전기 중국의 다자안보협력 정책: 참여방식과 지지정도." 『한국과 국제정치』 제23집 3호. 2007.

고상두. "유럽연합의 대북한 외교전략." 『신아세아』, Vol.13, No.3(2006), pp.50-67.

김계동 외 역/마가렛 칸스 & 카렌 밍스트 저. 『국제기구의 이해: 글로벌 거버넌스의 정치와 과정』. 서울: 명인문화사, 2013.

김규륜. "아시아 지역협력의 발전추세와 한국의 정책방향." 『KINU 정책연구 시리즈 2006-04』. 서울: 통일연구원, 2006.

김석수. "아세안의 발전과 국제관계 변화." 강태훈 외. 『동아시아 지역질서와 국제관계』. 서울: 도서출판 오름, 2002.

김예경. "중·미간의 세력경쟁과 아세안의 균형전략(balanced strategy): 약소국의 중추적 역할(pivotal role) 찾기." 『한국정치학회보』 제42집 1호. 2008.

김용훈. “유럽연합의 통합동력으로서의 법치주의: 유럽회계감사원을 통한 법치주의의 구체화.” 『유럽헌법연구』, Vol.10(2011), pp.101-161.
배긍찬. 『ASEAN회원국 확대동향 및 발전전망』. 서울: 외교안보연구원, 1997.
_____. “ASEAN+3 협력과 동아시아 정체성.” 『동남아시아연구』 제13집 1호. 2003.
변창구. “남중국해 분쟁과 아세안의 다자주의적 접근.” 『국제정치논총』 제37집 3호. 1998.
_____. “탈냉전과 아세안의 지역안보전략.” 『동남아시아연구』 제10호. 2000.
_____. “국제레짐으로서 ASEAN의 운영체제: 도전과 전망.” 『국제정치논총』 제42집 3호. 2002.
_____. “동남아시아에 있어서 미·중 패권경쟁과 아세안의 선택.” 『정치·정보연구』 제14집 1호. 2011.
서상현. “신아프리카와 세계화.” 『대외경제정책연구원』. 전문가풀 토의자료 2004-27.
서정인. “한국의 대ASEAN 외교.” 『동남아시아연구』 제22집 1호. 2012.
송병준. 『유럽연합의 거버넌스와 공동정책』. 서울: 높이 깊이, 2013.
송병준·최재훈. “유럽연합 지중해정책의 제약과 한계 — 이중적 정책기조에 따른 협력과 배제.” 『지중해지역연구』, Vol.13, No.3(2011), pp.1-26.
심의섭·서상현. 『아프리카 경제』. 서울: 세창출판사, 2012.
안상욱. “EU의 동아시아정책 및 무역정책 변화와 한-EU FTA.” 『유럽연구』, Vol.28, No.2(2010), pp.351-379.
오영달. “라우터파흐트(H. Lauterpacht)의 피치자 중심 주권론과 유럽인권협약의 초국가적 제도화.” 『국제정치논총』, Vol.42, No.1(2002), pp.275-296.
외교부. 『아세안 개황』. 서울: 외교부, 2014.
유현석. 『국제정세의 이해』. 경기: 한울, 2013.
윤진표. 『동남아의 초국가적 이슈와 지역 거버넌스: 현황 및 평가』. 서울: 명인문화사, 2010.
이동윤. “아세안(ASEAN)의 형성과 진화: 동아시아 공동체로의 함의.” 『21세기정치학회보』 17(1) (2007), pp.257-281.
이한규. “아프리카의 민주 혁명: 세네갈과 나이지리아의 민주화 과정을 중심으로.” 『국제지역연구』 제4권. 2006.
_____. 『제3세의 역사와 문화』. 서울: 방송통신대, 2008.
_____. “한국의 대 아프리카 정책을 통해서 본 마그레브에 대한 외교 전략과 과제.” 『국제지역연구』 제13권 3호. 2009.

조한승. “동아시아 정상회의(EAS) 개최와 아세안(ASEAN): 도약의 발판인가 트로이의 목마인가?” 『국제지역연구』 제9집 3호. 2005.

______. “국제금융기구 가입의 정치적 특수성: 쿠바, 코소보 사례와 북한에 대한 시사점.” 『사회과학연구』 26권 1호. 2015.

______. “중남미 지역기구 정치의 역동성: OAS, ALBA, UNASUR, CELAC.” 『국제지역연구』 19권 2호. 2015.

최영미·김도희. “중국의 지역주의 전망과 아세안의 역할: 동아시아 지역주의 발전의 평가와 전망.” 『2015년 한국국제정치학회 하계학술대회 발표논문』. 2015.

최진우. “한-EU 전략적 동반자 관계 구축을 위한 법적·제도적 기반연구.” 2009.12.

〈외국어 자료〉

Acharya, Amitav. *The Making of SOUTHEAST ASIA: International Relations of a Region*. Singapore: Institute of Southeast Asian Studies, 2012.

Akindele, R. A. *The Organization and Promotion of World Peace: A Study of Universal-Regional Relationships*. Toronto: University of Toronto Press, 1976.

Akokpari, John, Angerla Ndinga-Muvumba, and Tim Murithi. *The African Union and its Institutions*. Cape Town: Fanele, 2008.

Allen, David. “The United Kingdom: Towards Isolationism and a Parting of the Ways?” In Simon Bulmer and Christian Lequesne, eds. *The Member States of the European Union*. Oxford: Oxford University Press, 2013.

Arceneaux, Craig, and David Pinion-Berlin. “Issues, Threats, and Institutions: Explaining OAS Responses to Democratic Dilemmas in Latin America.” *Latin American Politics and Society*, Vol.49, No.2. 2007.

Auilar, Alonso. *Pan-Americanism from Monroe to the Present: A View from the Other Side*, rev. English ed. New York: Monthly Review Press, 1986.

Avom, Désiré. “La coordination des politique budgétaire dans une union monétaire." *Revue Tiers Monde*. n°192, 2007.

BA, Alice D. *[Re]Negotiating East and Southeast Asia: Region, Regionalism, and the ASSOCIATION of SOUTHEAST ASIAN NATIONS*. Stanford, CA: Stanford University Press, 2009.

Bache, Ian, and Stephen George. *Politics in the European Union*. Oxford: Oxford University Press, 2006.

Badibaka, Therèse Osenga. *Pouvoir des organisations internationales et souveraineté des Etats*. Paris: L'Harmattan, 2010.

Beeson, Mark. "ASEAN: The Challenges of Organizational Reinvention." Mark Beeson (ed.). *Reconfiguring East Asia: Regional Institutions and Organizations After Crisis*. London and New York: RoutledgeCruzon, 2002.

Best, Edward, Thomas Christiansen, Pierpaolo Settembri, eds. *The Institutions of the Enlarged European Union: Continuity and Change*. Cheltenham: Edward Elgar Publishing, 2008.

Blair, Alasdair. *The European Union: Beginners Guides*. Oxford: One World, 2011.

Bloom, Barbara Lee. *The Organization of American States*. New York: Chelsea House, 2008.

Borella, François. "Le régionalisme africaine et l'organisation de l'Unité africaine." *Annuaire français de droit international*, vol.9. 1963.

_____. "Le système juridique de l'Organisation de l'Unité Africaine." *Annuaire français de droit international*, vol.17. 1971.

Borzel, Tanja A. "Comparative Regionalism: European Integration and Beyond." In Walter Carlsnaes, Thomas Risse and Beth A. Simmons, eds. *Handbook on International Relations*. London: Sage, 2012.

_____. "Do All Roads Lead to Regionalism?" In Tanja A. Borzel, Lukas Goltermann, Mathis Lohaus and Kai Striebinger, eds. *Roads to Regionalism: Genesis, Design, and Effects of Regional Organizations*. Farnham, UK: Ashgate, 2012.

Bosiakova, Martina. *Institutions of European Union and Their Reform: Lisbon Treaty and the Institutions of the European Union*. LAP LAMBert Academic Publishing, 2010.

Bourgi, Albert. "Voyage à l'intérieur de l'OUA." *Politique étrangère 63e année*.

n°4, 1998.

_____. "L'Union Africaine entre les textes et la réalité." *AFRI*, Vol.5. 2005.

Bulmer, Simon, and Christian Lequesne. *The Member States of the European Union*. Oxford: Oxford University Press, 2005.

Buonanno, Laurie, and Neill Nugent. *Policies and Policy Processes of the European Union*. Basingstoke: Palgrave Macmillan, 2013.

Buyoya, Pierre. "Toward a Stronger African Union." *Brown Journal of World Affairs* 12. n°2, 2005.

Calvo, Carlos. *Le droit internaitonal theorique et pratique: precede d'un expose historique des progres de la science du droit des gens*. Paris: A. Rousseau, 1866.

Capie, David, and Paul Evans. "The ASEAN Way." Sharon Siddique and Sree Kumar (eds.). *The 2nd ASEAN Reader*. Singapore: Institute of Southeast Asian Studies, 2003.

Chan, Yu Ping. "Standing by ASEAN in Crisis." *Harvard International Review* 23-1. 2001.

Charles, Zorgbibe. "De l'OUA à l'Union Africaine?" *Géopolitique Africaine*. Hiver, 2000~2001.

Chirathivat, Suthiphand, Chumporn Pachusanond, and Patcharawalai Wongboonsin. "ASEAN Prospect for Regional Integration and the Implications for the ASEAN Legislative and Institutional Framework." *ASEAN Economic Bulletin* 16-1. 1999.

Chuala, Yve Alexende. "Puissance, résolution des conflits et sécurité à l'ère de l'Union Africaine." *Annuaire Français des Ralations internationales*. 2005.

Cini, Michelle. *European Union Politics*. Oxford: Oxford University Press, 2007.

Clapham, Christopher. *Africa and internationale system: The politics of state survival*. Cambridge: Cambridge University Press, 1996.

Constantin, François. "L'intégration régionale en Afrique noire: État des travaux." *Revue française de science politique 22e année*. n°5, 1972.

Cook, Malcolm. "The United States and the East Asia Summit: Finding the Proper Home." *Comtemporary Southeast Asia* 30-2. 2008.

Cooper, andrew, and Jorge Heine. *Which Way Latin America? Hemispheric*

Politics Meets Globalization. New York: United Nations University Press, 2009.

Corner, Mark. *The European Union: An Introduction*. London: I. B. Tauris, 2014.

Decraene, Philippe. *Le panafricanisme*. Paris: PUF, Que sais-je?, 1964.

______. "Barthélémy Boganda ou du projet d'État unitaire centrafricain à celui d'États-Unis d'Afrique latine." *Relations internationales*. n°34, Juin, 1983.

Dent, David W., and Larman C. Wilson. *Historical Dictionary of Inter-American Organization*, 2nd ed. Lanham, MD: Rowman & Littlefield, 2014.

Deutsch, Karl W., Sidney A. Burrell, Robert A. Kann, Maurice Lee, Jr., Martin Lichterman, Raymond E. Lindgren, Francis L. Lowenheim, and Richard W. Van Wagene. *Political Community and the North Atlantic Area: International Organization in the Light of Historical Experience*. Princeton: Princeton University Press, 1957.

Dinan, Desmond. *Ever Closer Union: An Introduction to European Integration*. Basingstoke: Palgrave Macmillan, 2005.

______. *Origins and Evolution of the European Union*. Oxford: Oxford University Press, 2014.

Edozie, Rita Kiki. *The African Union'd Africa: New Pan-African Initiative in Global Governance*. Michigan: Michigan State University Press, 2014.

El-Agraa, Ali M. *The European Union: Economics and Policies*. Cambridge: Cambridge University Press, 2011.

European Commission. *The European Union Explained: Justice, Fundamental Rights and Equality*. Luxemburg: Publications Office of the European Union, 2014.

______. *The European Union Explained: Migration and Asylum*. Luxemburg: Publications Office of the European Union, 2014.

Fatsah, Ouguergouz. "La Cour africaine des droits de l'homme et des Peuples." *AFDI*. 2006.

Fawcett, Louise, and Andrew Hurrell, eds. *Regionalism in World Politics: Regional Organization and International Order*. Oxford: Oxford University Press, 1997.

Frankel, Jeffrey, and Miles Kahler (eds.). *Regionalism and Rivalry: Japan and the United States in Pacific Asia*. Chicago: the University of Chicago Press, 1993.

Friedberg, Aron. "Ripe for Rivalry: Prospects for Peace in a Multipolar Asia." *International Security* 18-3. 1993.

Garavini, Giuliano. "Foreign Policy beyond the Nation-State: Conceptualizing the External Dimension." In Wolfram Kaiser and Antonio Varsori, eds. *European Union History: Themes and Debates*. Basingstoke: Palgrave Macmillan, 2010, pp.190-208.

Ghitis, Frida. "Would Huge Nicaragua Canal be Win for China?" *CNN*. November 25, 2014.

Gillingham, John R. "The German Problem and European Integration." In Desmond Dinan, ed. *Origins and Evolution of the European Union*. Oxford: Oxford University Press, 2014, pp.60-88.

Ginsgerg, Roy H. *Demystifying the European Union: The Enduring Logic of Regional Integration*. Lanham: Rowan & Littlefield Publishers, 2010.

Goltermann, Lukas, Mathis Lohaus, Alexander Spielau, and Kai Striebinger. "Roads to Regionalism: Concepts, Issues, and Cases." In Tanja A. Borzel, Lukas Goltermann, Mathis Lohaus and Kai Striebinger, eds. *Roads to Regionalism: Genesis, Design, and Effects of Regional Organizations*. Farnham, UK: Ashgate, 2012.

Haas, Ernst B. *The Uniting of Europe: Political, Social, and Economic Forces, 1950-1957*. Stanford: Stanford University Press, 1957.

Hakimi, Monica. "To Condone or Condemn? Regional Enforcement Actions in the Absence of Security Council." *Vanderbilt Journal of Transnational Law*, Vol.40, No.3. 2007.

Hartley, T. *The Foundations of European Union Law*. Oxford: Oxford University Press, 2013.

Hayes-Renshaw, Fiona. "The Council of Ministers." In John Peterson and Michael Shackleton, eds. *The Institutions of the European Union*. Oxford: Oxford University Press, 2012, pp.68-95.

Heinrich Boll Foundation. "New Partnership for Africa's Development, NEPAD: A New Plan?" *Mazingira Institute*. 2002.

Heintz, Frank Joseph. *Regionalism in International Political Organization*. Ph.D dissertation of the Catholic University of America. Washington, DC, 1953.

Henning, Melber. *The New Partnership for Africa's Development: African Perspectives*. Uppsala: Nordic Africa Institute, 2002.

Henrikson, Alan K. "The Growth of Regional Organizations and the Role of the United Nations." In Louise Fawcett and Andrew Hurrell, eds. *Regionalism in World Politics: Regional Organization and International Order*. Oxford: Oxford University Press, 1995.

Herz, Monica. *The Organization of American States*. New York: Routledge, 2011.

Hix, Simon, and Bjørn Høyland. *The Political System of the European Union*. Basingstoke: Palgrave Macmillan, 2011.

Huntington, Samuel P. *The Third Wave: Democratization in the Late Twentieth Century*. Norman: University of Oklahoma Press, 1991.

Hurrell, Andrew. "Explaining the Resurgence of Regionalism in World Politics." *Review of International Studies*, Vol.21, No.4. 1995.

_____. "Regionalism in Theoretical Perspective." in Louis Fawcett and Andrew Hurrell, eds. *Regionalism in World Politics: Regional Organization and International Order*. Oxford: Oxford University Press, 1995.

_____. "An Emerging Security Community in South America?" In Emanuel Adler and Michael Marnett, eds. *Security Communities*. Cambridge: Cambridge University Press, 1998.

_____. "Working with Diplomatic Culture: Some Latin American and Brazilian Questions." *Paper presented ISA Conference*. Montreal, March 2004.

Jacobson, Harold K. *Networks of Interdependence: International Organizations and the Global Political System*, 2nd ed. New York: Alfred A. Knopf, 1984.

Jordan, Andrew, and Adriaan Schout. *The Coordination of the European Union: Exploring the Capacities of Networked Governance*. Oxford: Oxford University Press, 2006.

Kaba, Lansiné. *N'Krumah et le rêve de l'unité africaine*. Paris: Chaka, 1991.

Kaiser, Wolfram, and Antonio Varsori, eds. *European Union History: Themes and Debates*. Basingstoke: Palgrave Macmillan, 2010.

Katzenstein, Peter, and Takashi Shiraishi (eds.). *Network Power: Japan and Asia*. New York: Cornell University Press, 1997.

Kérékou, Moise Tchando. *Union africaine et processus d'intégration*. Paris: L'Harmattan. 2011.

Keukeleire, Stephan, and Tom Delreux. *The Foreign Policy of the European Union*. Basingstoke: Palgrave Macmillan, 2014.

Khapoya, Vincent B. *The African Experience: An Introduction*. New Jersey: Prentoce-Hall, 1994.

Ki-Zerbo, Joseph. *A quand l 'Afrique?* Paris: L'Aube, 2003.

Kleinsorge, Tanja E. J., ed. *Council of Europe*. The Hague: Wolters Kluwer, 2010.

Koutrakos, Panos. "The European Union's common foreign and security policy after Lisbon." In Diamond Ashiagbor, Nicola Countouris and Ioannis Lianos, eds. *The European Union After the Treaty of Lisbon*. Cambridge: Cambridge University Press, 2012.

Kurlantzick, Joshua. "ASEAN's Future and Asian Integration." *Council on Foreign Relations Working Paper*. 2012.

Kurus, Bilson. "The ASEAN Triad: National Interest, Consensus-seeking and Economic Cooperation." *Comtemporary Southeast Asia* 16-4. 1995.

Leavitt, Sandra R. "The Lack of Security Cooperation between Southeast Asia and Japan: Yen Yes, Pax Nippon No." *Asian Survey* 45-2. 2005.

Lecoutre, Delphine. "Le Budget de l'Union africain entre ambition et réalisme." *Géopolitique africaine*. n°18, 2005.

_____. "Reflections on the 2007 Accra Grand Debate on a Union Government for Africa." In Murithi, T.(dir.). *Towards a Union Government of Africa: Challenges and Opportunities*. Addis Abeba: Institute for Security Studies, 2008.

_____. "Vers un gouvernement de l'Union africaine? gradualisme et stati quo v. immediatisme." *Politique étrangère*. Automne, 2008.

Legler, Thomas. "The Inter-American Democratic Charter: Rhetoric or Reality?" In Gordeon Mace, Jean-Pilippe Therien and Paul Haslam, eds. *Governing the Americas: Assessing Multilateral Institutions*. Boulder, CO: Lynne Rienner, 2007.

_____. "Beyond Reach?: The Organization of American States and Effective Multilateralism." In Jorge I. Dominguez and Ana Covarrubias, eds. *Routledge Handbook of Latin America in the World*. New York: Routledge, 2015.

Legler, Thomas, and Lesley Burns. *Latin American Multilateralism: New Directions*. Ottawa: FOCAL, 2010.

Lelieveldt, Herman, and Sebastiaan Princen. *The Politics of the European Union*. Cambridge: Cambridge University Press, 2011.

Levitt, Barry S. "A Desultory Defense of Democracy: OAS Resolution 1080 and the Inter-American Democratic Charter." *Latin American Politics and Society*, Vol.48, No.3. 2005.

Magliveras, K. D., and J. N. Gino. "The African Union? A New Dawn for Africa." *International & Comparative Law Quarterly*, vol.51. 2002.

Makinda, Samuel M., and Okoumo Wafula. *The African Union*. New York: Routledge, 2008.

McCormick, John. *European Union Politics*. Basingstoke: Palgrave Macmillan, 2011.

_____. *Why Europe Matters: The Case for the European Union*. Basingstoke: Palgrave Macmillan, 2013.

_____. *Understanding the European Union: A Concise Introduction*. Basingstoke: Palgrave Macmillan, 2014.

McKinley, James C. Jr. "Mexican Troops Seize Prison After Drug Lord Violence." *New York Times*. January 15, 2005.

Mérino, Mathieu. "L'intégration régional par le bas." *Force de l'Est african Community*. n° 58, 2011.

Meyer, Peter J. *Organization of American States: Background and Issues for Congress*. Congressional Research Service Report. R72639. August 29, 2014.

Moravcsik, Andrew. *The Choice of Europe—Social Purpose & State Power from Messina to Maastricht*. Ithaca: Cornell University Press, 1989.

Muleel, Popaul Fala M. *L'Union Africaine: Bilan et Perspectives(2001-2008)*. Berlin: Edition universitaires européennes. 2011.

Mvelle, Guy. *L'Union africaine*. Paris: L'Harmattan, 2007.

Mwayila, Tshiyembe. *Régionalisme et Problèmes d'intégration économique*. Paris: L'Harmattan, 2012.

Mwinuka, Clement. *Regional Integration for Rapid Economic Development*. Saarbrucken: Lambert, 2013.

Nello, Susan Senior. *The European Union: Economics, Policies & History*. London: Mcgraw-Hill, 2012.

Newman, Michael. "Democracy and Accountability in the EU." In Jeremy Richardson, ed. *European Union: Power and Policy-making*. London: Routledge, 2001.

Nye, Joseph S. *Pan-Africanism and East African Integration*. Cambridge: Harvard University Press, 1965.

_____. *International Regionalism: Readings*. Boston: Little, Brown and Company, 1968.

OAS. AG/RES. 1080(XXI-O/91). *Representative Democracy*. June 5, 1991.

_____. OEA/Ser.P AG/RES(XXI-O/91). *The Santiago Commitment to Democratic and the Renewal of the Inter-American System*. June 4, 1991.

_____. OEA/Ser.K/XXXVIII CES/DEC.1/03 rev. 1. *Declaration of Security in the Americas*. Special Conference on Security. October 28, 2003.

_____. *Note of the Secretary General to the Chair of the Permanent Council* Presenting "A Strategic Vision of the OAS," December 19, 2011.

_____. Office of the Secretary General. *Program-Budgets of the Organization*. 2013-2014. 2013.

_____. Permanent Council. *Report of Fundraising: Permanent Observers*. May 14, 2013.

_____. *2013 Report to the Permanent Council: Annual Audit of Accounts and Financial Statements for the Years Ended December 31, 2013 and 2012*. April 30, 2014.

_____. *4th Quarterly Resource Management and Performance Report, January 1 to December 2014*. February 20, 2014.

_____. Office of the Secretary General. *Program-Budgets of the Organization*. 2015-2016. 2014.

_____. *Results of the Mandate Classification Exercise*. July 14, 2014.

Park, Sa-Myung. "Beyond Northeast Asia Toward East Asia: A Korean Perspective on Regionalism." *The Southeast Asian Review* 16-2. 2006.

Peterson, John, and Michael Shackleton. *The Institutions of the European Union*. Oxford: Oxford University Press, 2012.

Pollack, Mark A. *The Engines of European Integration: Delegation, Agency, and Agenda Setting in the EU*. Oxford: Oxford University Press, 2003.

Ratinobarometro, Corporacion. *2013 Report*. Santiago, Chile: Banco de Datos en Linea, 2013.

"Regional Cooperation in a New Middle East." Workshop Report of the Council on Foreign Relations (CFR). Cairo, November 10-11, 2012.

Rice, Condoleezza. "The Military as an Instrument of Influence and Control." in Jan Triska, ed. *Dominant Powers and Subordinate States: The United States in Latin America and the Soviet Union in Eastern Europe*. Dunham, NC: Duke University Press, 1986.

Richardson, Jeremy, ed. *European Union: Power and Policy-making*. London: Routledge, 1996.

Rotherham, Lee. *The EU in a Nutshell*. Petersfield: Harriman House, 2012.

Russett, Bruce. *International Regions and the International System: A Study in Political Ecology*. Chicago: Rand-MacNally, 1967.

Saurugger, Sabine. *Theoretical Approaches to European Integration*. Basingstoke: Palgrave Macmillan, 2014.

Sermier, Christian. "Le NEPAD et l'Afrique Analyse critique du Nouveau Partenariat pour le développement de l'Afrique." *Rapport de stage*. Septembre, 2004.

Smith, Karen E. *European Union Foreign Policy In A Changing World*. Cambridge: Polity, 2014.

Solingen, Etel. "Internationalization, Domestic Coalition and Regional Features." Paper Presented CSGR 3rd Annual Conference, Scarman House, University of Warwick, September 16-18. 1999.

Staab, Andreas. *The European Union Explained*. Bloomington: Indiana University Press, 2013.

Tay, Simon S. C. "Institutions and Processes: Dilemmas and Possibilities." Simon S.C. Tay, Jesus P. Estanislao, and Hadi Soesastro (eds.). *Reinventing ASEAN*. Singapore: Institute of Southeast Asian Studies, 2001.

Taylor, Robert. *Greater China and Japan: Prospects for Economic Partnership in East Asia*. London: Routledge, 1996.

Tchikaya, Blaise. *Le droit de l'Union africaine: principe, institutions et jurisprundence*. Paris: Berger Levrault, 2014.

Thiam, D. "Le fédéralisme africain." *RCADI*, vol.1. 1969.

Tillema, Herbert K. *Appeal to Force: American Military Intervention in the Era of Containment*. New York: Crowell, 1973.

Udechuku, Emeka C. *African unity and international law*. New York: Africa Press, 1974.

Van Langenhove, Luk. *Building Regions: The Regionalization of World Order*. Aldershot, UK: Ashgate, 2011.

Vennesson, Pascal, et Luc. Sindjoun. *Unipolarité et intégration régionale: l'Afrique du Sud et la ≪renaissance africaine≫, Revue française de science politique, 50e année*. n°6, 2000.

Warleigh, Alex. *European Union: The Basics*. London: Routledge, 2004.

Weatherbee, Donald E. *International Relations in Southeast Asia: The Struggle for Autonomy*. Lanham, Maryland: Rowman & Littlefield Publishers, 2009.

Wessel, Ramses A. *The European Union's Foreign and Security Policy: A Legal Institutional Perspective*. The Hague: Kluwer Law International, 1999.

Whitaker, Arthur P. "Development of American Regionalism: The Organization of American States." *International Conciliation*, No.469. March 1951.

Wilcox, Francis O. "Regionalism and the United Nations." In Norman J. Padelford and Leland M. Goodrich, eds. *The United Nations in the Balance: Accomplishments and Prospects*. New York: Praeger, 1965.

Woronoff, Jon. *Organizing African Unity*. NBN Way: The Scarecrow Press, 1970.

Zerbo, Yacouba. "La problémematique de l'Unité africaine(1958-1963)." *Guerres mondiales et conflits contemporains* 4. n°212, 2003.

〈인터넷 및 언론 자료〉

김예진. "아프리카연합, 아프리카연합재단 출범을 통한 재정 안정성 추구," http://www.emerics.org(검색일: 2015.2.20).

『매일경제』. 2015년 3월 20일.

세계지도검색엔진(World map finder) (http://www.freemapviewer.com/ko/map/지도-아시아_353.html).

아세안 홈페이지(http://www.asean.org/asean/about-asean).

『연합뉴스』. 2014년 11월 12일.

『연합뉴스』. 2015년 1월 13일.

외교부 웹사이트. "아세안 헌장채택의 의의 및 평가"(2008). http://www.mofa.go.kr/countries/regional/asean/resources/index.jsp?menu=m_40_70_40&tabmenu=t_3&tboard=x_1&sp=/webmodule/htsboard/template/read/korboardread.jsp%3FtypeID=6%26boardid=13007%26tableName=TYPE_DATABOARD%26seqno=337683

외교부. "외교부 보도 자료." 2008년 1월 29일. http://www.mofa.go.kr(검색일: 2015.4.7).

"윤병세 '쿠바와 연내 관계 정상화 추진'." 『중앙일보』. 2015.2.11.

"정부, 관계정상화하기로 한 쿠바에 300만달러 지원: 세계식량계획과 공동추진, 쿠바와 첫 개발협력사업 의미." 『뉴스1』. 2015.2.11.

한아세안센터 홈페이지(http://www.aseankorea.org/kor/page30/page33-1.asp).

Afrikblog. "아프리카 투자은행 탄생," http://lepangolin.afrikblog.com/archives(검색일: 2015.1.3).

Amisom. "Le Représentant Spécial de l'UA réaffirme l'appui continu de l'AMISOM à l'Armée Nationale Somalienne lors de son 55ème anniversaire," http://www.cemac.int/apropos(검색일: 2015.4.20).

"China courts CELAC with multi-billion investments." *Deutsche Welle (DW)*. January 8, 2015.

Consolidated version of Treaty on European Union(http://euwiki.org/TEU, 검색일: 2015.5.29).

European Union. "Overview of FTA and Other Trade Negotiations"(May 5,

2015). http://trade.ec.europa.eu/doclib/docs/2006/december/tradoc_118238.05.05.pdf(검색일: 2015.6.13).

"First China-CELAC Forum Ministerial Meeting Concludes in Beijing." *Xinhua Net*. January 9, 2015.

"Give U.S. and Cuba Space to Negotiate: OAS Chief." *New York Times*. January 13, 2015.

http://euwiki.org/TEU(검색일: 2015.5.29).

http://missiontoeu.mofa.go.kr/korean/eu/missiontoeu/relation/overview/index.jsp(검색일: 2015.5.30).

http://www.mofa.go.kr/trade/areaissue/europe/eu/index.jsp?menu=m_30_30_50&tabmenu=t_2(검색일: 2015.5.30).

http://ec.europa.eu/about/index_en.htm(검색일: 2015.5.31).

http://ec.europa.eu/agriculture/cap-post-2013/(검색일: 2015.5.31).

http://ec.europa.eu/economy_finance/euro/emu/index_en.htm(검색일: 2015.5.31).

http://ec.europa.eu/economy_finance/euro/index_en.htm(검색일: 2015.5.31).

http://eur-lex.europa.eu/legal-content/EN/TXT/?uri=URISERV:ai0023(검색일: 2015.5.31).

http://eur-lex.europa.eu/summary/chapter/employment_and_social_policy.html?root_default=SUM_1_CODED%3D17&locale=en(검색일: 2015.5.31).

http://europa.eu/about-eu/institutions-bodies/council-eu/index_en.htm(검색일: 2015.5.31).

http://europa.eu/about-eu/institutions-bodies/court-justice/index_en.htm(검색일: 2015.5.31).

http://europa.eu/pol/pdf/flipbook/en/employment_en.pdf(검색일: 2015.5.31).

http://europa.eu/pol/singl/index_en.htm(검색일: 2015.5.31).

http://www.consilium.europa.eu/en/council-eu/configurations/jha/(검색일: 2015.5.31).

http://www.consilium.europa.eu/en/european-council/(검색일: 2015.5.31).

http://www.eca.europa.eu/en/Pages/History.aspx(검색일: 2015.5.31).

http://www.eca.europa.eu/en/Pages/MissionObjectives.aspx(검색일: 2015.5.31).

http://www.ecb.europa.eu/ecb/orga/escb/html/mission_eurosys.en.html(검색일: 2015.5.31).

http://www.eeb.org/(검색일: 2015.5.31).
http://www.europarl.europa.eu/aboutparliament/en/20150201PVL00004/Legislative-powers(검색일: 2015.5.31).
http://www.europarl.europa.eu/aboutparliament/en/20150201PVL00010/Organisation-and-rules(검색일: 2015.5.31).
Inter-American Telecommunication Commission. http://www.citel.oas.org/en/Pages/default.aspx(검색일: 2014.12.20).
Inter-American Defense Board. http://iabd.jid.org(검색일: 2014.12.23).
Kokoayi, Yves. "Le budget 2014 de l'Union africaine financée à 97% par les partenaires étrangers," http://negronews.fr/2014/03/26/politique-quand-le-budget-2014-de-lunion-africaine-est-finance-a-97-par-des-partenaires-etrangers(검색일: 2015.2.28).
Marsaud, Olivia. "Les experts testent le plan Omega," http://www.afrik.com/article2871.html(검색일: 2014.12.15).
Mateo, Francis. "L'Union du Maghreb Arabe affiche ses dissensions à Barcelone," http://www.econostrum.info(검색일: 2015.3.24).
OAS. "Executed Amount by Year and Sector," www.apps.oas.org/projects/statistics.aspx(검색일: 2014.12.12).
______. "Charter of the OAS," http://www.oas.org/juridico/english/charter.html (검색일: 2014.12.20).
______. "Inter-American Council for Integral Development," http://www.oas.org/en/cidi/(검색일: 2014.12.20).
______. "Inter-American Juridical Committee," http://www.oas.org/en/sla/iajc/ (검색일: 2014.12.20).
______. "Organization Chart," http://www.oas.org/legal/english/organigramaOEAeng.pdf(검색일: 2014.12.20).
______. "Inter-American Commission on Human Rights," http://www.oas.org/en/iachr/(검색일: 2014.12.21).
______. "Inter-American Committee Against Terrorism," http://www.oas.org/en/sms/cicte/(검색일: 2014.12.21).
______. "Inter-American Drug Abuse Control Commission," http://www.cicad.oas.org/Main/default_ENG.asp(검색일: 2014.12.21).
______. "Permanent Observers," http://www.oas.org/en/ser/dia/perm_observers/

information.asp(검색일: 2015.1.20).

______. "Scale of Quota Assessment 2015-2017," http://www.scm.oas.org/pdfs/2014/CP32540E.pdf(검색일: 2015.1.30).

PAP. "History of the Pan-African Parliament," http://pan-africanparliament.org/AboutPAP_History.aspx(검색일: 2014.11.20).

Reuters, Stringer. "En Tunisie, Mohammed VI veut relancer l'Union du Maghreb arabe," http://www.rfi.fr/afrique(검색일: 2015.2.17).

RFI. "Cour africaine: les dirigeants de l'UA s'accordent une auto-immunité," http://www.rfi.fr(검색일: 2014.12.20).

부 · 록

1 유럽연합조약
2 아세안헌장
3 미주기구헌장
4 미주기구 회원국 명단 및 가입 연도
5 미주기구 상임 옵서버 명단 및 가입 연도
6 미주기구 정규분담금 할당 비율
7 아프리카연합헌장

【부록 1】 유럽연합조약

영 문

Preamble

HIS MAJESTY THE KING OF THE BELGIANS, HER MAJESTY THE QUEEN OF DENMARK, THE PRESIDENT OF THE FEDERAL REPUBLIC OF GERMANY, THE PRESIDENT OF IRELAND, THE PRESIDENT OF THE HELLENIC REPUBLIC, HIS MAJESTY THE KING OF SPAIN, THE PRESIDENT OF THE FRENCH REPUBLIC, THE PRESIDENT OF THE ITALIAN REPUBLIC, HIS ROYAL HIGHNESS THE GRAND DUKE OF LUXEMBOURG, HER MAJESTY THE QUEEN OF THE NETHERLANDS, THE PRESIDENT OF THE PORTUGUESE REPUBLIC, HER MAJESTY THE QUEEN OF THE UNITED KINGDOM OF GREAT BRITAIN AND NORTHERN IRELAND,[1]

RESOLVED to mark a new stage in the process of European integration undertaken with the establishment of the European Communities,

DRAWING INSPIRATION from the cultural, religious and humanist inheritance of Europe, from which have developed the universal values of the inviolable and inalienable rights of the human person, freedom, dem-

1 The Republic of Bulgaria, the Czech Republic, the Republic of Estonia, the Republic of Cyprus, the Republic of Latvia, the Republic of Lithuania, the Republic of Hungary, the Republic of Malta, the Republic of Austria, the Republic of Poland, Romania, the Republic of Slovenia, the Slovak Republic, the Republic of Finland and the Kingdom of Sweden have since become members of the European Union.

ocracy, equality and the rule of law,

RECALLING the historic importance of the ending of the division of the European continent and the need to create firm bases for the construction of the future Europe,

CONFIRMING their attachment to the principles of liberty, democracy and respect for human rights and fundamental freedoms and of the rule of law,

CONFIRMING their attachment to fundamental social rights as defined in the European Social Charter signed at Turin on 18 October 1961 and in the 1989 Community Charter of the Fundamental Social Rights of Workers,

DESIRING to deepen the solidarity between their peoples while respecting their history, their culture and their traditions,

DESIRING to enhance further the democratic and efficient functioning of the institutions so as to enable them better to carry out, within a single institutional framework, the tasks entrusted to them,

RESOLVED to achieve the strengthening and the convergence of their economies and to establish an economic and monetary union including, in accordance with the provisions of this Treaty and of the Treaty on the Functioning of the European Union, a single and stable currency,

DETERMINED to promote economic and social progress for their peoples, taking into account the principle of sustainable development and within the context of the accomplishment of the internal market and of reinforced cohesion and environmental protection, and to implement policies ensuring that advances in economic integration are accompanied by parallel progress in other fields,

RESOLVED to establish a citizenship common to nationals of their countries,

RESOLVED to implement a common foreign and security policy in-clude-ing the progressive framing of a common defence policy, which might lead to a common defence in accordance with the provisions of Article 42, thereby reinforcing the European identity and its independence in order to promote peace, security and progress in Europe and in the world,

RESOLVED to facilitate the free movement of persons, while ensuring the safety and security of their peoples, by establishing an area of freedom, security and justice, in accordance with the provisions of this Treaty and of the Treaty on the Functioning of the European Union,

RESOLVED to continue the process of creating an ever closer union among the peoples of Europe, in which decisions are taken as closely as possible to the citizen in accordance with the principle of subsidiarity,

IN VIEW of further steps to be taken in order to advance European integration,

HAVE DECIDED to establish a European Union and to this end have designated as their Plenipotentiaries:

(List of plenipotentiaries not reproduced)

WHO, having exchanged their full powers, found in good and due form, have agreed as follows:

TITLE I
COMMON PROVISIONS

Article 1(ex Article 1 TEU)[2]

By this Treaty, the HIGH CONTRACTING PARTIES establish among themselves a EUROPEAN UNION, hereinafter called "the Union" on which the Member States confer competences to attain objectives they have in common.

This Treaty marks a new stage in the process of creating an ever closer union among the peoples of Europe, in which decisions are taken as openly as possible and as closely as possible to the citizen.

The Union shall be founded on the present Treaty and on the Treaty on the Functioning of the European Union (hereinafter referred to as "the Treaties"). Those two Treaties shall have the same legal value. The Union shall replace and succeed the European Community.

---

2 These references are merely indicative. For more ample information, please refer to the tables of equivalences between the old and the new numbering of the Treaties.

Article 2

The Union is founded on the values of respect for human dignity, freedom, democracy, equality, the rule of law and respect for human rights, including the rights of persons belonging to minorities. These values are common to the Member States in a society in which pluralism, non-discrimination, tolerance, justice, solidarity and equality between women and men prevail.

Article 3(ex Article 2 TEU)

1. The Union's aim is to promote peace, its values and the well-being of its peoples.

2. The Union shall offer its citizens an area of freedom, security and justice without internal frontiers, in which the free movement of persons is ensured in conjunction with appropriate measures with respect to external border controls, asylum, immigration and the prevention and combating of crime.

3. The Union shall establish an internal market. It shall work for the sustainable development of Europe based on balanced economic growth and price stability, a highly competitive social market economy, aiming at full employment and social progress, and a high level of protection and improvement of the quality of the environment. It shall promote scientific and technological advance.

It shall combat social exclusion and discrimination, and shall promote social justice and protection, equality between women and men, solidarity between generations and protection of the rights of the child.

It shall promote economic, social and territorial cohesion, and solidarity among Member States.

It shall respect its rich cultural and linguistic diversity, and shall ensure that Europe's cultural heritage is safeguarded and enhanced.

4. The Union shall establish an economic and monetary union whose currency is the euro.

5. In its relations with the wider world, the Union shall uphold and promote its values and interests and contribute to the protection of its citizens. It shall contribute to peace, security, the sustainable development of the Earth, solidarity and mutual respect among peoples, free and fair trade,

eradication of poverty and the protection of human rights, in particular the rights of the child, as well as to the strict observance and the development of international law, including respect for the principles of the United Nations Charter.

6. The Union shall pursue its objectives by appropriate means commensurate with the competences which are conferred upon it in the Treaties.

Article 4

1. In accordance with Article 5, competences not conferred upon the Union in the Treaties remain with the Member States.

2. The Union shall respect the equality of Member States before the Treaties as well as their national identities, inherent in their fundamental structures, political and constitutional, inclusive of regional and local self-government. It shall respect their essential State functions, including ensuring the territorial integrity of the State, maintaining law and order and safeguarding national security. In particular, national security remains the sole responsibility of each Member State.

3. Pursuant to the principle of sincere cooperation, the Union and the Member States shall, in full mutual respect, assist each other in carrying out tasks which flow from the Treaties.

The Member States shall take any appropriate measure, general or particular, to ensure fulfilment of the obligations arising out of the Treaties or resulting from the acts of the institutions of the Union.

The Member States shall facilitate the achievement of the Union's tasks and refrain from any measure which could jeopardise the attainment of the Union's objectives.

Article 5(ex Article 5 TEC)

1. The limits of Union competences are governed by the principle of conferral. The use of Union competences is governed by the principles of subsidiarity and proportionality.

2. Under the principle of conferral, the Union shall act only within the limits of the competences conferred upon it by the Member States in the Treaties to attain the objectives set out therein. Competences not conferred

upon the Union in the Treaties remain with the Member States.

3. Under the principle of subsidiarity, in areas which do not fall within its exclusive competence, the Union shall act only if and in so far as the objectives of the proposed action cannot be sufficiently achieved by the Member States, either at central level or at regional and local level, but can rather, by reason of the scale or effects of the proposed action, be better achieved at Union level.

The institutions of the Union shall apply the principle of subsidiarity as laid down in the Protocol on the application of the principles of subsidiarity and proportionality. National Parliaments ensure compliance with the principle of subsidiarity in accordance with the procedure set out in that Protocol.

4. Under the principle of proportionality, the content and form of Union action shall not exceed what is necessary to achieve the objectives of the Treaties.

The institutions of the Union shall apply the principle of proportionality as laid down in the Protocol on the application of the principles of subsidiarity and proportionality.

Article 6(ex Article 6 TEU)

1. The Union recognises the rights, freedoms and principles set out in the Charter of Fundamental Rights of the European Union of 7 December 2000, as adapted at Strasbourg, on 12 December 2007, which shall have the same legal value as the Treaties.

The provisions of the Charter shall not extend in any way the competences of the Union as defined in the Treaties.

The rights, freedoms and principles in the Charter shall be interpreted in accordance with the general provisions in Title VII of the Charter governing its interpretation and application and with due regard to the explanations referred to in the Charter, that set out the sources of those provisions.

2. The Union shall accede to the European Convention for the Protection of Human Rights and Fundamental Freedoms. Such accession shall not affect the Union's competences as defined in the Treaties.

3. Fundamental rights, as guaranteed by the European Convention for

the Protection of Human Rights and Fundamental Freedoms and as they result from the constitutional traditions common to the Member States, shall constitute general principles of the Union's law.

Article 7(ex Article 7 TEU)

1. On a reasoned proposal by one third of the Member States, by the European Parliament or by the European Commission, the Council, acting by a majority of four fifths of its members after obtaining the consent of the European Parliament, may determine that there is a clear risk of a serious breach by a Member State of the values referred to in Article 2. Before making such a determination, the Council shall hear the Member State in question and may address recommendations to it, acting in accordance with the same procedure.

The Council shall regularly verify that the grounds on which such a determination was made continue to apply.

2. The European Council, acting by unanimity on a proposal by one third of the Member States or by the Commission and after obtaining the consent of the European Parliament, may determine the existence of a serious and persistent breach by a Member State of the values referred to in Article 2, after inviting the Member State in question to submit its observations.

3. Where a determination under paragraph 2 has been made, the Council, acting by a qualified majority, may decide to suspend certain of the rights deriving from the application of the Treaties to the Member State in question, including the voting rights of the representative of the government of that Member State in the Council. In doing so, the Council shall take into account the possible consequences of such a suspension on the rights and obligations of natural and legal persons.

The obligations of the Member State in question under this Treaty shall in any case continue to be binding on that State.

4. The Council, acting by a qualified majority, may decide subsequently to vary or revoke measures taken under paragraph 3 in response to changes in the situation which led to their being imposed.

5. The voting arrangements applying to the European Parliament, the European Council and the Council for the purposes of this Article are laid down in Article 354 of the Treaty on the Functioning of the European Union.

Article 8

1. The Union shall develop a special relationship with neighbouring countries, aiming to establish an area of prosperity and good neighbourliness, founded on the values of the Union and characterised by close and peaceful relations based on cooperation.

2. For the purposes of paragraph 1, the Union may conclude specific agreements with the countries concerned. These agreements may contain reciprocal rights and obligations as well as the possibility of undertaking activities jointly. Their implementation shall be the subject of periodic consultation.

TITLE II
PROVISIONS ON DEMOCRATIC PRINCIPLES

Article 9

In all its activities, the Union shall observe the principle of the equality of its citizens, who shall receive equal attention from its institutions, bodies, offices and agencies. Every national of a Member State shall be a citizen of the Union. Citizenship of the Union shall be additional to and not replace national citizenship.

Article 10

1. The functioning of the Union shall be founded on representative democracy.

2. Citizens are directly represented at Union level in the European Parliament.

Member States are represented in the European Council by their Heads of State or Government and in the Council by their governments, themselves democratically accountable either to their national Parliaments, or to their citizens.

3. Every citizen shall have the right to participate in the democratic life of the Union. Decisions shall be taken as openly and as closely as possible

to the citizen.

4. Political parties at European level contribute to forming European political awareness and to expressing the will of citizens of the Union.

Article 11

1. The institutions shall, by appropriate means, give citizens and representative associations the opportunity to make known and publicly exchange their views in all areas of Union action.

2. The institutions shall maintain an open, transparent and regular dialogue with representative associations and civil society.

3. The European Commission shall carry out broad consultations with parties concerned in order to ensure that the Union's actions are coherent and transparent.

4. Not less than one million citizens who are nationals of a significant number of Member States may take the initiative of inviting the European Commission, within the framework of its powers, to submit any appropriate proposal on matters where citizens consider that a legal act of the Union is required for the purpose of implementing the Treaties.

The procedures and conditions required for such a citizens' initiative shall be determined in accordance with the first paragraph of Article 24 of the Treaty on the Functioning of the European Union.

Article 12

National Parliaments contribute actively to the good functioning of the Union:

(a) through being informed by the institutions of the Union and having draft legislative acts of the Union forwarded to them in accordance with the Protocol on the role of national Parliaments in the European Union;

(b) by seeing to it that the principle of subsidiarity is respected in accordance with the procedures provided for in the Protocol on the application of the principles of subsidiarity and proportionality;

(c) by taking part, within the framework of the area of freedom, security and justice, in the evaluation mechanisms for the implementation of the Union policies in that area, in accordance with Article 70 of the Treaty on the Functioning of the European Union, and through being involved in the political monitoring of Europol and the evaluation of Eurojust's activities in accordance with Articles 88 and 85 of that Treaty;

(d) by taking part in the revision procedures of the Treaties, in accordance with Article 48 of this Treaty;

(e) by being notified of applications for accession to the Union, in accordance with Article 49 of this Treaty;

(f) by taking part in the inter-parliamentary cooperation between national Parliaments and with the European Parliament, in accordance with the Protocol on the role of national Parliaments in the European Union.

TITLE III
PROVISIONS ON THE INSTITUTIONS

Article 13

1. The Union shall have an institutional framework which shall aim to promote its values, advance its objectives, serve its interests, those of its citizens and those of the Member States, and ensure the consistency, effectiveness and continuity of its policies and actions.

The Union's institutions shall be:

- the European Parliament,
- the European Council,
- the Council,
- the European Commission (hereinafter referred to as "the Commission"),
- the Court of Justice of the European Union,
- the European Central Bank,
- the Court of Auditors.

2. Each institution shall act within the limits of the powers conferred on it in the Treaties, and in conformity with the procedures, conditions and objectives set out in them. The institutions shall practice mutual sincere cooperation.

3. The provisions relating to the European Central Bank and the Court

of Auditors and detailed provisions on the other institutions are set out in the Treaty on the Functioning of the European Union.

4. The European Parliament, the Council and the Commission shall be assisted by an Economic and Social Committee and a Committee of the Regions acting in an advisory capacity.

Article 14

1. The European Parliament shall, jointly with the Council, exercise legislative and budgetary functions. It shall exercise functions of political control and consultation as laid down in the Treaties. It shall elect the President of the Commission.

2. The European Parliament shall be composed of representatives of the Union's citizens. They shall not exceed seven hundred and fifty in number, plus the President. Representation of citizens shall be degressively proportional, with a minimum threshold of six members per Member State. No Member State shall be allocated more than ninety-six seats.

The European Council shall adopt by unanimity, on the initiative of the European Parliament and with its consent, a decision establishing the composition of the European Parliament, respecting the principles referred to in the first subparagraph.

3. The members of the European Parliament shall be elected for a term of five years by direct universal suffrage in a free and secret ballot.

4. The European Parliament shall elect its President and its officers from among its members.

Article 15

1. The European Council shall provide the Union with the necessary impetus for its development and shall define the general political directions and priorities thereof. It shall not exercise legislative functions.

2. The European Council shall consist of the Heads of State or Government of the Member States, together with its President and the President of the Commission. The High Representative of the Union for Foreign Affairs and Security Policy shall take part in its work.

3. The European Council shall meet twice every six months, convened by its President. When the agenda so requires, the members of the European

Council may decide each to be assisted by a minister and, in the case of the President of the Commission, by a member of the Commission. When the situation so requires, the President shall convene a special meeting of the European Council.

4. Except where the Treaties provide otherwise, decisions of the European Council shall be taken by consensus.

5. The European Council shall elect its President, by a qualified majority, for a term of two and a half years, renewable once. In the event of an impediment or serious misconduct, the European Council can end the President's term of office in accordance with the same procedure.

6. The President of the European Council:

(a) shall chair it and drive forward its work;

(b) shall ensure the preparation and continuity of the work of the European Council in cooperation with the President of the Commission, and on the basis of the work of the General Affairs Council;

(c) shall endeavour to facilitate cohesion and consensus within the European Council;

(d) shall present a report to the European Parliament after each of the meetings of the European Council.

The President of the European Council shall, at his level and in that capacity, ensure the external representation of the Union on issues concerning its common foreign and security policy, without prejudice to the powers of the High Representative of the Union for Foreign Affairs and Security Policy.

The President of the European Council shall not hold a national office.

Article 16

1. The Council shall, jointly with the European Parliament, exercise legislative and budgetary functions. It shall carry out policy-making and coordinating functions as laid down in the Treaties.

2. The Council shall consist of a representative of each Member State at ministerial level, who may commit the government of the Member State in question and cast its vote.

3. The Council shall act by a qualified majority except where the Treaties provide otherwise.

4. As from 1 November 2014, a qualified majority shall be defined as

at least 55 % of the members of the Council, comprising at least fifteen of them and representing Member States comprising at least 65 % of the population of the Union.

A blocking minority must include at least four Council members, failing which the qualified majority shall be deemed attained.

The other arrangements governing the qualified majority are laid down in Article 238(2) of the Treaty on the Functioning of the European Union.

5. The transitional provisions relating to the definition of the qualified majority which shall be applicable until 31 October 2014 and thosewhich shall be applicable from 1 November 2014 to 31 March 2017 are laid down in the Protocol on transitional provisions.

6. The Council shall meet in different configurations, the list of which shall be adopted in accordance with Article 236 of the Treaty on the Functioning of the European Union.

The General Affairs Council shall ensure consistency in the work of the different Council configurations. It shall prepare and ensure the follow-up to meetings of the European Council, in liaison with the President of the European Council and the Commission.

The Foreign Affairs Council shall elaborate the Union's external action on the basis of strategic guidelines laid down by the European Council and ensure that the Union's action is consistent.

7. A Committee of Permanent Representatives of the Governments of the Member States shall be responsible for preparing the work of the Council.

8. The Council shall meet in public when it deliberates and votes on a draft legislative act. To this end, each Council meeting shall be divided into two parts, dealing respectively with deliberations on Union legislative acts and non-legislative activities.

9. The Presidency of Council configurations, other than that of Foreign Affairs, shall be held by Member State representatives in the Council on the basis of equal rotation, in accordance with the conditions established in accordance with Article 236 of the Treaty on the Functioning of the European Union.

Article 17

1. The Commission shall promote the general interest of the Union and

take appropriate initiatives to that end. It shall ensure the application of the Treaties, and of measures adopted by the institutions pursuant to them. It shall oversee the application of Union law under the control of the Court of Justice of the European Union. It shall execute the budget and manage programmes. It shall exercise coordinating, executive and management functions, as laid down in the Treaties. With the exception of the common foreign and security policy, and other cases provided for in the Treaties, it shall ensure the Union's external representation. It shall initiate the Union's annual and multiannual programming with a view to achieving interinstitutional agreements.

2. Union legislative acts may only be adopted on the basis of a Commission proposal, except where the Treaties provide otherwise. Other acts shall be adopted on the basis of a Commission proposal where the Treaties so provide.

3. The Commission's term of office shall be five years.

The members of the Commission shall be chosen on the ground of their general competence and European commitment from persons whose independence is beyond doubt.

In carrying out its responsibilities, the Commission shall be completely independent. Without prejudice to Article 18(2), the members of the Commission shall neither seek nor take instructions from any Government or other institution, body, office or entity. They shall refrain from any action incompatible with their duties or the performance of their tasks.

4. The Commission appointed between the date of entry into force of the Treaty of Lisbon and 31 October 2014, shall consist of one national of each Member State, including its President and the High Representative of the Union for Foreign Affairs and Security Policy who shall be one of its Vice-Presidents.

5. As from 1 November 2014, the Commission shall consist of a number of members, including its President and the High Representative of the Union for Foreign Affairs and Security Policy, corresponding to two thirds of the number of Member States, unless the European Council, acting unanimously, decides to alter this number.

The members of the Commission shall be chosen from among the nationals of the Member States on the basis of a system of strictly equal rotation between the Member States, reflecting the demographic and geographical range of all the Member States. This system shall be established unanimously by the European Council in accordance with Article 244 of the Treaty on the Functioning of the European Union.

6. The President of the Commission shall:

(a) lay down guidelines within which the Commission is to work;

(b) decide on the internal organisation of the Commission, ensuring that it acts consistently, efficiently and as a collegiate body;

(c) appoint Vice-Presidents, other than the High Representative of the Union for Foreign Affairs and Security Policy, from among the members of the Commission.

A member of the Commission shall resign if the President so requests. The High Representative of the Union for Foreign Affairs and Security Policy shall resign, in accordance with the procedure set out in Article 18(1), if the President so requests.

7. Taking into account the elections to the European Parliament and after having held the appropriate consultations, the European Council, acting by a qualified majority, shall propose to the European Parliament a candidate for President of the Commission. This candidate shall be elected by the European Parliament by a majority of its component members. If he does not obtain the required majority, the European Council, acting by a qualified majority, shall within one month propose a new candidate who shall be elected by the European Parliament following the same procedure.

The Council, by common accord with the President-elect, shall adopt the list of the other persons whom it proposes for appointment as members of the Commission. They shall be selected, on the basis of the suggestions made by Member States, in accordance with the criteria set out in paragraph 3, second subparagraph, and paragraph 5, second subparagraph.

The President, the High Representative of the Union for Foreign Affairs and Security Policy and the other members of the Commission shall be subject as a body to a vote of consent by the European Parliament. On the basis of this consent the Commission shall be appointed by the European Council, acting by a qualified majority.

8. The Commission, as a body, shall be responsible to the European Parliament. In accordance with Article 234 of the Treaty on the Functioning

of the European Union, the European Parliament may vote on a motion of censure of the Commission. If such a motion is carried, the members of the Commission shall resign as a body and the High Representative of the Union for Foreign Affairs and Security Policy shall resign from the duties that he carries out in the Commission.

Article 18

1. The European Council, acting by a qualified majority, with the agreement of the President of the Commission, shall appoint the High Representative of the Union for Foreign Affairs and Security Policy. The European Council may end his term of office by the same procedure.

2. The High Representative shall conduct the Union's common foreign and security policy. He shall contribute by his proposals to the development of that policy, which he shall carry out as mandated by the Council. The same shall apply to the common security and defence policy.

3. The High Representative shall preside over the Foreign Affairs Council.

4. The High Representative shall be one of the Vice-Presidents of the Commission. He shall ensure the consistency of the Union's external action. He shall be responsible within the Commission for responsibilities incumbent on it in external relations and for coordinating other aspects of the Union's external action. In exercising these responsibilities within the Commission, and only for these responsibilities, the High Representative shall be bound by Commission procedures to the extent that this is consistent with paragraphs 2 and 3.

Article 19

1. The Court of Justice of the European Union shall include the Court of Justice, the General Court and specialised courts. It shall ensure that in the interpretation and application of the Treaties the law is observed.

Member States shall provide remedies sufficient to ensure effective legal protection in the fields covered by Union law.

2. The Court of Justice shall consist of one judge from each Member State. It shall be assisted by Advocates-General.

The General Court shall include at least one judge per Member State.

The Judges and the Advocates-General of the Court of Justice and the Judges of the General Court shall be chosen from persons whose independence is beyond doubt and who satisfy the conditions set out in Articles 253 and 254 of the Treaty on the Functioning of the European Union. They shall be appointed by common accord of the governments of the Member States for six years. Retiring Judges and Advocates-General may be reappointed.

3. The Court of Justice of the European Union shall, in accordance with the Treaties:

(a) rule on actions brought by a Member State, an institution or a natural or legal person;

(b) give preliminary rulings, at the request of courts or tribunals of the Member States, on the interpretation of Union law or the validity of acts adopted by the institutions;

(c) rule in other cases provided for in the Treaties.

TITLE IV
PROVISIONS ON ENHANCED COOPERATION

Article 20(ex Articles 27a to 27e, 40 to 40b and 43 to 45 TEU and ex Articles 11 and 11a TEC)

1. Member States which wish to establish enhanced cooperation between themselves within the framework of the Union's non-exclusive competences may make use of its institutions and exercise those competences by applying the relevant provisions of the Treaties, subject to the limits and in accordance with the detailed arrangements laid down in this Article and in Articles 326 to 334 of the Treaty on the Functioning of the European Union.

Enhanced cooperation shall aim to further the objectives of the Union, protect its interests and reinforce its integration process. Such cooperation shall be open at any time to all Member States, in accordance with Article 328 of the Treaty on the Functioning of the European Union.

2. The decision authorising enhanced cooperation shall be adopted by

the Council as a last resort, when it has established that the objectives of such cooperation cannot be attained within a reasonable period by the Union as a whole, and provided that at least nine Member States participate in it. The Council shall act in accordance with the procedure laid down in Article 329 of the Treaty on the Functioning of the European Union.

3. All members of the Council may participate in its deliberations, but only members of the Council representing the Member States participating in enhanced cooperation shall take part in the vote. The voting rules are set out in Article 330 of the Treaty on the Functioning of the European Union.

4. Acts adopted in the framework of enhanced cooperation shall bind only participating Member States. They shall not be regarded as part of the acquis which has to be accepted by candidate States for accession to the Union.

TITLE V
GENERAL PROVISIONS ON THE UNION'S EXTERNAL ACTION AND SPECIFIC PROVISIONS ON THE COMMON FOREIGN AND SECURITY POLICY

CHAPTER 1
GENERAL PROVISIONS ON THE UNION'S EXTERNAL ACTION

Article 21

1. The Union's action on the international scene shall be guided by the principles which have inspired its own creation, development and enlargement, and which it seeks to advance in the wider world: democracy, the rule of law, the universality and indivisibility of human rights and fundamental freedoms, respect for human dignity, the principles of equality and solidarity, and respect for the principles of the United Nations Charter and international law.

The Union shall seek to develop relations and build partnerships with third countries, and international, regional or global organisations which share the principles referred to in the first subparagraph. It shall promote multilateral solutions to common problems, in particular in the framework of the United Nations.

2. The Union shall define and pursue common policies and actions, and shall work for a high degree of cooperation in all fields of international relations, in order to:

(a) safeguard its values, fundamental interests, security, independence and integrity;

(b) consolidate and support democracy, the rule of law, human rights and the principles of international law;

(c) preserve peace, prevent conflicts and strengthen international security, in accordance with the purposes and principles of the United Nations Charter, with the principles of the Helsinki Final Act and with the aims of the Charter of Paris, including those relating to external borders;

(d) foster the sustainable economic, social and environmental development of developing countries, with the primary aim of eradicating poverty;

(e) encourage the integration of all countries into the world economy, including through the progressive abolition of restrictions on international trade;

(f) help develop international measures to preserve and improve the quality of the environment and the sustainable management of global natural resources, in order to ensure sustainable development;

(g) assist populations, countries and regions confronting natural or man-made disasters; and

(h) promote an international system based on stronger multilateral cooperation and good global governance.

3. The Union shall respect the principles and pursue the objectives set out in paragraphs 1 and 2 in the development and implementation of the different areas of the Union's external action covered by this Title and by Part Five of the Treaty on the Functioning of the European Union, and of the external aspects of its other policies.

The Union shall ensure consistency between the different areas of its external action and between these and its other policies. The Council and the Commission, assisted by the High Representative of the Union for Foreign Affairs and Security Policy, shall ensure that consistency and shall cooperate to that effect.

Article 22

1. On the basis of the principles and objectives set out in Article 21, the European Council shall identify the strategic interests and objectives of the Union.

Decisions of the European Council on the strategic interests and objectives of the Union shall relate to the common foreign and security policy and to other areas of the external action of the Union. Such decisions may concern the relations of the Union with a specific country or region or may be thematic in approach. They shall define their duration, and the means to be made available by the Union and the Member States.

The European Council shall act unanimously on a recommendation from the Council, adopted by the latter under the arrangements laid down for each area. Decisions of the European Council shall be implemented in accordance with the procedures provided for in the Treaties.

2. The High Representative of the Union for Foreign Affairs and Security Policy, for the area of common foreign and security policy, and the Commission, for other areas of external action, may submit joint proposals to the Council.

CHAPTER 2
SPECIFIC PROVISIONS ON THE COMMON FOREIGN AND SECURITY POLICY

SECTION 1
COMMON PROVISIONS

Article 23

The Union's action on the international scene, pursuant to this Chapter, shall be guided by the principles, shall pursue the objectives of, and be conducted in accordance with, the general provisions laid down in Chapter 1.

Article 24(ex Article 11 TEU)

1. The Union's competence in matters of common foreign and security policy shall cover all areas of foreign policy and all questions relating to the Union's security, including the progressive framing of a common defence policy that might lead to a common defence.

The common foreign and security policy is subject to specific rules and procedures. It shall be defined and implemented by the European Council and the Council acting unanimously, except where the Treaties provide otherwise. The adoption of legislative acts shall be excluded. The common foreign and security policy shall be put into effect by the High Representative of the Union for Foreign Affairs and Security Policy and by Member States, in accordance with the Treaties. The specific role of the European Parliament and of the Commission in this area is defined by the Treaties. The Court of Justice of the European Union shall not have jurisdiction with respect to these provisions, with the exception of its jurisdiction to monitor compliance with Article 40 of this Treaty and to review the legality of certain decisions as provided for by the second paragraph of Article 275 of the Treaty on the Functioning of the European Union.

2. Within the framework of the principles and objectives of its external action, the Union shall conduct, define and implement a common foreign and security policy, based on the development of mutual political solidarity among Member States, the identification of questions of general interest and the achievement of an ever-increasing degree of convergence of Member States' actions.

3. The Member States shall support the Union's external and security policy actively and unreservedly in a spirit of loyalty and mutual solidarity and shall comply with the Union's action in this area.

The Member States shall work together to enhance and develop their mutual political solidarity. They shall refrain from any action which is contrary to the interests of the Union or likely to impair its effectiveness as a cohesive force in international relations.

The Council and the High Representative shall ensure compliance with these principles.

Article 25(ex Article 12 TEU)

The Union shall conduct the common foreign and security policy by:

(a) defining the general guidelines;

(b) adopting decisions defining:

(i) actions to be undertaken by the Union;

(ii) positions to be taken by the Union;

(iii) arrangements for the implementation of the decisions referred to in points (i) and (ii);

and by

(c) strengthening systematic cooperation between Member States in the conduct of policy.

Article 26(ex Article 13 TEU)

1. The European Council shall identify the Union's strategic interests, determine the objectives of and define general guidelines for the common foreign and security policy, including for matters with defence implications. It shall adopt the necessary decisions.

If international developments so require, the President of the European Council shall convene an extraordinary meeting of the European Council in order to define the strategic lines of the Union's policy in the face of such developments.

2. The Council shall frame the common foreign and security policy and take the decisions necessary for defining and implementing it on the basis of the general guidelines and strategic lines defined by the European Council.

The Council and the High Representative of the Union for Foreign Affairs and Security Policy shall ensure the unity, consistency and effectiveness of action by the Union.

3. The common foreign and security policy shall be put into effect by the High Representative and by the Member States, using national and Union resources.

Article 27

1. The High Representative of the Union for Foreign Affairs and Security Policy, who shall chair the Foreign Affairs Council, shall contribute through his proposals towards the preparation of the common foreign and security

policy and shall ensure implementation of the decisions adopted by the European Council and the Council.

2. The High Representative shall represent the Union for matters relating to the common foreign and security policy. He shall conduct political dialogue with third parties on the Union's behalf and shall express the Union's position in international organisations and at international conferences.

3. In fulfilling his mandate, the High Representative shall be assisted by a European External Action Service. This service shall work in cooperation with the diplomatic services of the Member States and shall comprise officials from relevant departments of the General Secretariat of the Council and of the Commission as well as staff seconded from national diplomatic services of the Member States. The organisation and functioning of the European External Action Service shall be established by a decision of the Council. The Council shall act on a proposal from the High Representative after consulting the European Parliament and after obtaining the consent of the Commission.

Article 28(ex Article 14 TEU)

1. Where the international situation requires operational action by the Union, the Council shall adopt the necessary decisions. They shall lay down their objectives, scope, the means to be made available to the Union, if necessary their duration, and the conditions for their implementation.

If there is a change in circumstances having a substantial effect on a question subject to such a decision, the Council shall review the principles and objectives of that decision and take the necessary decisions.

2. Decisions referred to in paragraph 1 shall commit the Member States in the positions they adopt and in the conduct of their activity.

3. Whenever there is any plan to adopt a national position or take national action pursuant to a decision as referred to in paragraph 1, information shall be provided by the Member State concerned in time to allow, if necessary, for prior consultations within the Council. The obligation to provide prior information shall not apply to measures which are merely a national transposition of Council decisions.

4. In cases of imperative need arising from changes in the situation and failing a review of the Council decision as referred to in paragraph 1, Member States may take the necessary measures as a matter of urgency having regard

to the general objectives of that decision. The Member State concerned shall inform the Council immediately of any such measures.

5. Should there be any major difficulties in implementing a decision as referred to in this Article, a Member State shall refer them to the Council which shall discuss them and seek appropriate solutions. Such solutions shall not run counter to the objectives of the decision referred to in paragraph 1 or impair its effectiveness.

Article 29(ex Article 15 TEU)

The Council shall adopt decisions which shall define the approach of the Union to a particular matter of a geographical or thematic nature. Member States shall ensure that their national policies conform to the Union positions.

Article 30(ex Article 22 TEU)

1. Any Member State, the High Representative of the Union for Foreign Affairs and Security Policy, or the High Representative with the Commission's support, may refer any question relating to the common foreign and security policy to the Council and may submit to it initiatives or proposals as appropriate.

2. In cases requiring a rapid decision, the High Representative, of his own motion, or at the request of a Member State, shall convene an extraordinary Council meeting within 48 hours or, in an emergency, within a shorter period.

Article 31(ex Article 23 TEU)

1. Decisions under this Chapter shall be taken by the European Council and the Council acting unanimously, except where this Chapter provides otherwise. The adoption of legislative acts shall be excluded.

When abstaining in a vote, any member of the Council may qualify its abstention by making a formal declaration under the present subparagraph. In that case, it shall not be obliged to apply the decision, but shall accept that the decision commits the Union. In a spirit of mutual solidarity, the Member State concerned shall refrain from any action likely to conflict with or impede Union action based on that decision and the other Member States shall respect its position. If the members of the Council qualifying their abstention in this way represent at least one third of the Member States comprising at least one third of the population of the Union, the decision shall not be adopted.

2. By derogation from the provisions of paragraph 1, the Council shall act by qualified majority:

– when adopting a decision defining a Union action or position on the basis of a decision of the European Council relating to the Union's strategic interests and objectives, as referred to in Article 22(1),

– when adopting a decision defining a Union action or position, on a proposal which the High Representative of the Union for Foreign Affairs and Security Policy has presented following a specific request from the European Council, made on its own initiative or that of the High Representative,

– when adopting any decision implementing a decision defining a Union action or position,

– when appointing a special representative in accordance with Article 33.

If a member of the Council declares that, for vital and stated reasons of national policy, it intends to oppose the adoption of a decision to be taken by qualified majority, a vote shall not be taken. The High Representative will, in close consultation with the Member State involved, search for a solution acceptable to it. If he does not succeed, the Council may, acting by a qualified majority, request that the matter be referred to the European Council for a decision by unanimity.

3. The European Council may unanimously adopt a decision stipulating that the Council shall act by a qualified majority in cases other than those referred to in paragraph 2.

4. Paragraphs 2 and 3 shall not apply to decisions having military or defence implications.

5. For procedural questions, the Council shall act by a majority of its members.

Article 32(ex Article 16 TEU)

Member States shall consult one another within the European Council and the Council on any matter of foreign and security policy of general interest in order to determine a common approach. Before undertaking any action on the international scene or entering into any commitment which could affect the Union's interests, each Member State shall consult the others within the European Council or the Council. Member States shall ensure, through the convergence of their actions, that the Union is able to assert its interests and values on the international scene. Member States shall show mutual solidarity.

When the European Council or the Council has defined a common approach of the Union within the meaning of the first paragraph, the High Representative of the Union for Foreign Affairs and Security Policy and the Ministers for Foreign Affairs of the Member States shall coordinate their activities within the Council.

The diplomatic missions of the Member States and the Union delegations in third countries and at international organisations shall cooperate and shall contribute to formulating and implementing the common approach.

Article 33(ex Article 18 TEU)

The Council may, on a proposal from the High Representative of the Union for Foreign Affairs and Security Policy, appoint a special representative with a mandate in relation to particular policy issues. The special representative shall carry out his mandate under the authority of the High Representative.

Article 34(ex Article 19 TEU)

1. Member States shall coordinate their action in international organisations and at international conferences. They shall uphold the Union's positions in such forums. The High Representative of the Union for Foreign Affairs and Security Policy shall organise this coordination.

In international organisations and at international conferences where not all the Member States participate, those which do take part shall uphold the Union's positions.

2. In accordance with Article 24(3), Member States represented in international organisations or international conferences where not all the Member States participate shall keep the other Member States and the High Representative informed of any matter of common interest.

Member States which are also members of the United Nations Security

Council will concert and keep the other Member States and the High Representative fully informed. Member States which are members of the Security Council will, in the execution of their functions, defend the positions and the interests of the Union, without prejudice to their responsibilities under the provisions of the United Nations Charter.

When the Union has defined a position on a subject which is on the United Nations Security Council agenda, those Member States which sit on the Security Council shall request that the High Representative be invited to present the Union's position.

Article 35(ex Article 20 TEU)

The diplomatic and consular missions of the Member States and the Union delegations in third countries and international conferences, and their representations to international organisations, shall cooperate in ensuring that decisions defining Union positions and actions adopted pursuant to this Chapter are complied with and implemented.

They shall step up cooperation by exchanging information and carrying out joint assessments.

They shall contribute to the implementation of the right of citizens of the Union to protection in the territory of third countries as referred to in Article 20(2)(c) of the Treaty on the Functioning of the European Union and of the measures adopted pursuant to Article 23 of that Treaty.

Article 36(ex Article 21 TEU)

The High Representative of the Union for Foreign Affairs and Security Policy shall regularly consult the European Parliament on the main aspects and the basic choices of the common foreign and security policy and the common security and defence policy and inform it of how those policies evolve. He shall ensure that the views of the European Parliament are duly taken into consideration. Special representatives may be involved in briefing the European Parliament.

The European Parliament may ask questions of the Council or make recommendations to it and to the High Representative. Twice a year it shall hold a debate on progress in implementing the common foreign and security policy, including the common security and defence policy.

Article 37(ex Article 24 TEU)

The Union may conclude agreements with one or more States or international organisations in areas covered by this Chapter.

Article 38(ex Article 25 TEU)

Without prejudice to Article 240 of the Treaty on the Functioning of the European Union, a Political and Security Committee shall monitor the international situation in the areas covered by the common foreign and security policy and contribute to the definition of policies by delivering opinions to the Council at the request of the Council or of the High Representative of the Union for Foreign Affairs and Security Policy or on its own initiative. It shall also monitor the implementation of agreed policies, without prejudice to the powers of the High Representative.

Within the scope of this Chapter, the Political and Security Committee shall exercise, under the responsibility of the Council and of the High Representative, the political control and strategic direction of the crisis management operations referred to in Article 43.

The Council may authorise the Committee, for the purpose and for the duration of a crisis management operation, as determined by the Council, to take the relevant decisions concerning the political control and strategic direction of the operation.

Article 39

In accordance with Article 16 of the Treaty on the Functioning of the European Union and by way of derogation from paragraph 2 thereof, the Council shall adopt a decision laying down the rules relating to the protection of individuals with regard to the processing of personal data by the Member States when carrying out activities which fall within the scope of this Chapter, and the rules relating to the free movement of such data. Compliance with these rules shall be subject to the control of independent authorities.

Article 40(ex Article 47 TEU)

The implementation of the common foreign and security policy shall not affect the application of the procedures and the extent of the powers of the institutions laid down by the Treaties for the exercise of the Union competences referred to in Articles 3 to 6 of the Treaty on the Functioning of the European Union.

Similarly, the implementation of the policies listed in those Articles shall not affect the application of the procedures and the extent of the powers of the institutions laid down by the Treaties for the exercise of the Union competences under this Chapter.

Article 41 (ex Article 28 TEU)

1. Administrative expenditure to which the implementation of this Chapter gives rise for the institutions shall be charged to the Union budget.

2. Operating expenditure to which the implementation of this Chapter gives rise shall also be charged to the Union budget, except for such expenditure arising from operations having military or defence implications and cases where the Council acting unanimously decides otherwise.

In cases where expenditure is not charged to the Union budget, it shall be charged to the Member States in accordance with the gross national product scale, unless the Council acting unanimously decides otherwise. As for expenditure arising from operations having military or defence implications, Member States whose representatives in the Council have made a formal declaration under Article 31(1), second subparagraph, shall not be obliged to contribute to the financing thereof.

3. The Council shall adopt a decision establishing the specific proceduresfor guaranteeing rapid access to appropriations in the Union budget for urgent financing of initiatives in the framework of the common foreign and security policy, and in particular for preparatory activities for the tasks referred to in Article 42(1) and Article 43. It shall act after consulting the European Parliament.

Preparatory activities for the tasks referred to in Article 42(1) and Article 43 which are not charged to the Union budget shall be financed by a start-up fund made up of Member States' contributions.

The Council shall adopt by a qualified majority, on a proposal from the High Representative of the Union for Foreign Affairs and Security Policy, decisions establishing:

(a) the procedures for setting up and financing the start-up fund, in particular the amounts allocated to the fund;

(b) the procedures for administering the start-up fund;

(c) the financial control procedures.

When the task planned in accordance with Article 42(1) and Article 43 cannot be charged to the Union budget, the Council shall authorise the High Representative to use the fund. The High Representative shall report to the Council on the implementation of this remit.

SECTION 2
PROVISIONS ON THE COMMON SECURITY AND DEFENCE POLICY

Article 42(ex Article 17 TEU)

1. The common security and defence policy shall be an integral part of the common foreign and security policy. It shall provide the Union with an operational capacity drawing on civilian and military assets. The Union may use them on missions outside the Union for peace-keeping, conflict prevention and strengthening international security in accordance with the principles of the United Nations Charter. The performance of these tasks shall be undertaken using capabilities provided by the Member States.

2. The common security and defence policy shall include the progressive framing of a common Union defence policy. This will lead to a common defence, when the European Council, acting unanimously, so decides. It shall in that case recommend to the Member States the adoption of such a decision in accordance with their respective constitutional requirements.

The policy of the Union in accordance with this Section shall not prejudice the specific character of the security and defence policy of certain Member States and shall respect the obligations of certain Member States, which see their common defence realised in the North Atlantic Treaty Organisation(NATO), under the North Atlantic Treaty and be compatible with the common security and defence policy established within that framework.

3. Member States shall make civilian and military capabilities available to the Union for the implementation of the common security and defence policy, to contribute to the objectives defined by the Council. Those Member States which together establish multinational forces may also make them available to the common security and defence policy.

Member States shall undertake progressively to improve their military capabilities. The Agency in the field of defence capabilities development, research, acquisition and armaments (hereinafter referred to as "the European Defence Agency") shall identify operational requirements, shall promote measures to satisfy those requirements, shall contribute to identifying and, where appropriate, implementing any measure needed to strengthen the industrial and technological base of the defence sector, shall participate in defining a European capabilities and armaments policy, and shall assist the Council in evaluating the improvement of military capabilities.

4. Decisions relating to the common security and defence policy, including those initiating a mission as referred to in this Article, shall be adopted by the Council acting unanimously on a proposal from the High Representative of the Union for Foreign Affairs and Security Policy or an initiative from a Member State. The High Representative may propose the use of both national resources and Union instruments, together with the Commission where appropriate.

5. The Council may entrust the execution of a task, within the Union framework, to a group of Member States in order to protect the Union's values and serve its interests. The execution of such a task shall be governed by Article 44.

6. Those Member States whose military capabilities fulfil higher criteria and which have made more binding commitments to one another in this area with a view to the most demanding missions shall establish permanent structured cooperation within the Union framework. Such cooperation shall be governed by Article 46. It shall not affect the provisions of Article 43.

7. If a Member State is the victim of armed aggression on its territory, the other Member States shall have towards it an obligation of aid and assistance by all the means in their power, in accordance with Article 51 of the United Nations Charter. This shall not prejudice the specific character of the security and defence policy of certain Member States.

Commitments and cooperation in this area shall be consistent with commitments under the North Atlantic Treaty Organisation, which, for those States which are members of it, remains the foundation of their collective defence and the forum for its implementation.

Article 43

1. The tasks referred to in Article 42(1), in the course of which the Union may use civilian and military means, shall include joint disarmament operations, humanitarian and rescue tasks, military advice and assistance tasks, conflict prevention and peace-keeping tasks, tasks of combat forces in crisis management, including peace-making and post-conflict stabilisation. All these tasks may contribute to the fight against terrorism, including by supporting third countries in combating terrorism in their territories.

2. The Council shall adopt decisions relating to the tasks referred to in paragraph 1, defining their objectives and scope and the general conditions for their implementation. The High Representative of the Union for Foreign Affairs and Security Policy, acting under the authority of the Council and in close and constant contact with the Political and Security Committee, shall ensure coordination of the civilian and military aspects of such tasks.

Article 44

1. Within the framework of the decisions adopted in accordance with Article 43, the Council may entrust the implementation of a task to a group of Member States which are willing and have the necessary capability for such a task. Those Member States, in association with the High Representative of the Union for Foreign Affairs and Security Policy, shall agree among themselves on the management of the task.

2. Member States participating in the task shall keep the Council regularly informed of its progress on their own initiative or at the request of another Member State. Those States shall inform the Council immediately should the completion of the task entail major consequences or require amendment of the objective, scope and conditions determined for the task in the decisions referred to in paragraph 1. In such cases, the Council shall adopt the necessary decisions.

Article 45

1. The European Defence Agency referred to in Article 42(3), subject to the authority of the Council, shall have as its task to:

(a) contribute to identifying the Member States' military capability objectives and evaluating observance of the capability commitments given by the Member States;

(b) promote harmonisation of operational needs and adoption of effective, compatible procurement methods;

(c) propose multilateral projects to fulfil the objectives in terms of military capabilities, ensure coordination of the programmes implemented by the Member States and management of specific cooperation programmes;

(d) support defence technology research, and coordinate and plan joint research activities and the study of technical solutions meeting future operational needs;

(e) contribute to identifying and, if necessary, implementing any useful measure for strengthening the industrial and technological base of the defence sector and for improving the effectiveness of military expenditure.

2. The European Defence Agency shall be open to all Member States wishing to be part of it. The Council, acting by a qualified majority, shall adopt a decision defining the Agency's statute, seat and operational rules. That decision should take account of the level of effective participation in the Agency's activities. Specific groups shall be set up within the Agency bringing together Member States engaged in joint projects. The Agency shall carry out its tasks in liaison with the Commission where necessary.

Article 46

1. Those Member States which wish to participate in the permanent structured cooperation referred to in Article 42(6), which fulfil the criteria and have made the commitments on military capabilities set out in the Protocol on permanent structured cooperation, shall notify their intention to the Council and to the High Representative of the Union for Foreign Affairs and Security Policy.

2. Within three months following the notification referred to in paragraph 1 the Council shall adopt a decision establishing permanent structured cooperation and determining the list of participating Member States. The Council shall act by a qualified majority after consulting the High Representative.

3. Any Member State which, at a later stage, wishes to participate in the permanent structured cooperation shall notify its intention to the Council and to the High Representative.

The Council shall adopt a decision confirming the participation of the Member State concerned which fulfils the criteria and makes the commitments referred to in Articles 1 and 2 of the Protocol on permanent structured cooperation. The Council shall act by a qualified majority after consulting the High Representative. Only members of the Council representing the participating Member States shall take part in the vote.

A qualified majority shall be defined in accordance with Article 238(3)(a) of the Treaty on the Functioning of the European Union.

4. If a participating Member State no longer fulfils the criteria or is no longer able to meet the commitments referred to in Articles 1 and 2 of the Protocol on permanent structured cooperation, the Council may adopt a decision suspending the participation of the Member State concerned.

The Council shall act by a qualified majority. Only members of the Council representing the participating Member States, with the exception of the Member State in question, shall take part in the vote.

A qualified majority shall be defined in accordance with Article 238(3)(a) of the Treaty on the Functioning of the European Union.

5. Any participating Member State which wishes to withdraw from permanent structured cooperation shall notify its intention to the Council, which shall take note that the Member State in question has ceased to participate.

6. The decisions and recommendations of the Council within the frameworkof permanent structured cooperation, other than those provided for in paragraphs 2 to 5, shall be adopted by unanimity. For the purposes of this paragraph, unanimity shall be constituted by the votes of the representatives of the participating Member States only.

TITLE VI
FINAL PROVISIONS

Article 47

The Union shall have legal personality.

Article 48(ex Article 48 TEU)

1. The Treaties may be amended in accordance with an ordinary revision procedure. They may also be amended in accordance with simplified revision procedures.

Ordinary revision procedure

2. The Government of any Member State, the European Parliament or the Commission may submit to the Council proposals for the amendment of the Treaties. These proposals may, inter alia, serve either to increase or to reduce the competences conferred on the Union in the Treaties. These proposals shall be submitted to the European Council by the Council and the national Parliaments shall be notified.

3. If the European Council, after consulting the European Parliament and the Commission, adopts by a simple majority a decision in favour of examining the proposed amendments, the President of the European Council shall convene a Convention composed of representatives of the national Parliaments, of the Heads of State or Government of the Member States, of the European Parliament and of the Commission. The European Central Bank shall also be consulted in the case of institutional changes in the monetary area. The Convention shall examine the proposals for amendments and shall adopt by consensus a recommendation to a conference of representatives of the governments of the Member States as provided for in paragraph 4.

The European Council may decide by a simple majority, after obtaining the consent of the European Parliament, not to convene a Convention should this not be justified by the extent of the proposed amendments. In the latter case, the European Council shall define the terms of reference for a conference of representatives of the governments of the Member States.

4. A conference of representatives of the governments of the Member States shall be convened by the President of the Council for the purpose of determining by common accord the amendments to be made to the Treaties.

The amendments shall enter into force after being ratified by all the Member States in accordance with their respective constitutional requirements.

5. If, two years after the signature of a treaty amending the Treaties, four fifths of the Member States have ratified it and one or more Member States have encountered difficulties in proceeding with ratification, the matter

shall be referred to the European Council.

Simplified revision procedures

6. The Government of any Member State, the European Parliament or the Commission may submit to the European Council proposals for revising all or part of the provisions of Part Three of the Treaty on the Functioning of the European Union relating to the internal policies and action of the Union.

The European Council may adopt a decision amending all or part of the provisions of Part Three of the Treaty on the Functioning of the European Union. The European Council shall act by unanimity after consulting the European Parliament and the Commission, and the European Central Bank in the case of institutional changes in the monetary area. That decision shall not enter into force until it is approved by the Member States in accordance with their respective constitutional requirements.

The decision referred to in the second subparagraph shall not increase the competences conferred on the Union in the Treaties.

7. Where the Treaty on the Functioning of the European Union or Title V of this Treaty provides for the Council to act by unanimity in a given area or case, the European Council may adopt a decision authorising the Council to act by a qualified majority in that area or in that case. This subparagraph shall not apply to decisions with military implications or those in the area of defence.

Where the Treaty on the Functioning of the European Union provides for legislative acts to be adopted by the Council in accordance with a special legislative procedure, the European Council may adopt a decision allowing for the adoption of such acts in accordance with the ordinary legislative procedure.

Any initiative taken by the European Council on the basis of the first or the second subparagraph shall be notified to the national Parliaments. If a national Parliament makes known its opposition within six months of the date of such notification, the decision referred to in the first or the second subparagraph shall not be adopted. In the absence of opposition, the European Council may adopt the decision.

For the adoption of the decisions referred to in the first and second subparagraphs, the European Council shall act by unanimity after obtaining the consent of the European Parliament, which shall be given by a majority of its component members.

Article 49(ex Article 49 TEU)

Any European State which respects the values referred to in Article 2 and is committed to promoting them may apply to become a member of the Union. The European Parliament and national Parliaments shall be notified of this application. The applicant State shall address its application to the Council, which shall act unanimously after consulting the Commission and after receiving the consent of the European Parliament, which shall act by a majority of its component members. The conditions of eligibility agreed upon by the European Council shall be taken into account.

The conditions of admission and the adjustments to the Treaties on which the Union is founded, which such admission entails, shall be the subject of an agreement between the Member States and the applicant State. This agreement shall be submitted for ratification by all the contracting States in accordance with their respective constitutional requirements.

Article 50

1. Any Member State may decide to withdraw from the Union in accordance with its own constitutional requirements.

2. A Member State which decides to withdraw shall notify the European Council of its intention. In the light of the guidelines provided by the European Council, the Union shall negotiate and conclude an agreement with that State, setting out the arrangements for its withdrawal, taking account of the framework for its future relationship with the Union. That agreement shall be negotiated in accordance with Article 218(3) of the Treaty on the Functioning of the European Union. It shall be concluded on behalf of the Union by the Council, acting by a qualified majority, after obtaining the consent of the European Parliament.

3. The Treaties shall cease to apply to the State in question from the date of entry into force of the withdrawal agreement or, failing that, two years after the notification referred to in paragraph 2, unless the European Council, in agreement with the Member State concerned, unanimously decides to extend this period.

4. For the purposes of paragraphs 2 and 3, the member of the European Council or of the Council representing the withdrawing Member State shall not participate in the discussions of the European Council or Council or in decisions concerning it.

A qualified majority shall be defined in accordance with Article 238(3)(b) of the Treaty on the Functioning of the European Union.

5. If a State which has withdrawn from the Union asks to rejoin, its request shall be subject to the procedure referred to in Article 49.

Article 51

The Protocols and Annexes to the Treaties shall form an integral part thereof.

Article 52

1. The Treaties shall apply to the Kingdom of Belgium, the Republic of Bulgaria, the Czech Republic, the Kingdom of Denmark, the Federal Republic of Germany, the Republic of Estonia, Ireland, the Hellenic Republic, the Kingdom of Spain, the French Republic, the Italian Republic, the Republic of Cyprus, the Republic of Latvia, the Republic of Lithuania, the Grand Duchy of Luxembourg, the Republic of Hungary, the Republic of Malta, the Kingdom of the Netherlands, the Republic of Austria, the Republic of Poland, the Portuguese Republic, Romania, the Republic of Slovenia, the Slovak Republic, the Republic of Finland, the Kingdom of Sweden and the United Kingdom of Great Britain and Northern Ireland.

2. The territorial scope of the Treaties is specified in Article 355 of the Treaty on the Functioning of the European Union.

Article 53(ex Article 51 TEU)

This Treaty is concluded for an unlimited period.

Article 54(ex Article 52 TEU)

1. This Treaty shall be ratified by the High Contracting Parties in accordance with their respective constitutional requirements. The instruments of ratification shall be deposited with the Government of the Italian Republic.

2. This Treaty shall enter into force on 1 January 1993, provided that

all the Instruments of ratification have been deposited, or, failing that, on the first day of the month following the deposit of the Instrument of ratification by the last signatory State to take this step.

Article 55(ex Article 53 TEU)

1. This Treaty, drawn up in a single original in the Bulgarian, Czech, Danish, Dutch, English, Estonian, Finnish, French, German, Greek, Hungarian, Irish, Italian, Latvian, Lithuanian, Maltese, Polish, Portuguese, Romanian, Slovak, Slovenian, Spanish and Swedish languages, the texts in each of these languages being equally authentic, shall be deposited in the archives of the Government of the Italian Republic, which will transmit a certified copy to each of the governments of the other signatory States.

2. This Treaty may also be translated into any other languages as determined by Member States among those which, in accordance with their constitutional order, enjoy official status in all or part of their territory. A certified copy of such translations shall be provided by the Member States concerned to be deposited in the archives of the Council.

IN WITNESS WHEREOF the undersigned Plenipotentiaries have signed this Treaty.

Done at Maastricht on the seventh day of February in the year one thousand and ninety-two.

(List of signatories not reproduced)

국문

전문

벨기에국왕, 덴마크여왕, 독일연방공화국대통령, 아일랜드대통령, 그리스공화국대통령, 스페인국왕, 프랑스공화국대통령, 이탈리아공화국대통령, 룩셈부르크대공, 네덜란드여왕, 포르투갈공화국대통령, 영국·북아일랜드여왕[1]은

유럽공동체의 설립과 함께 시작된 유럽통합의 과정을 새로운 단계로 이끌어 갈 것을 결의하면서,

불가침인 동시에 양도불가능한 인간의 권리, 자유, 민주주의, 평등 및 법의 지배를 보편적 가치로서 발전시킨 유럽의 문화적, 종교적 및 휴머니즘적 유산으로부터 영향을 받으며,

유럽대륙의 분단 극복의 역사적 중요성 및 미래의 유럽을 건설하려는 확고한 기초를 마련할 필요성을 상기하면서,

자유, 민주주의, 인권과 기본적 자유의 존중원칙 및 법의 지배의 구속을 받을 것을 확인하면서,

1961년 10월 18일 토리노에서 서명된 유럽사회헌장 및 1989년 노동자의 사회적기본권에 관한 유럽공동체헌장이 정하는 사회적 기본권의 구속을 받을 것을 확인하면서,

인민들의 역사, 문화 및 전통을 존중하여 인민들간 연대를 강화할 것을 염원하면서,

기관이 양도받은 임무를 단일한 제도적 틀 속에서 보다 양호하게 수행할 수 있도록 하고, 기관이 보다 민주적이고 효율적인 활동을 강화할 것을 염원하면서,

---

1 불가리아공화국, 체코공화국, 에스토니아공화국, 사이프러스공화국, 라트비아공화국, 리투아니아공화국, 헝가리공화국, 말타공화국, 오스트리아공화국, 폴란드공화국, 루마니아, 슬로베니아공화국, 슬로바키아공화국, 핀란드공화국 및 스웨덴왕국이 유럽연합의 새로운 회원국이 되었다.

경제의 강화와 수렴을 성취하고, 나아가 본조약 및 유럽연합의 운영에 관한 조약과 일치하는 안정적 단일통화를 포함하는 경제통화동맹을 설립할 것을 결의하면서,

지속가능한 발전의 원칙을 고려하면서 인민을 위한 경제적 및 사회적 진보를 촉진하고, 또한 역내시장의 실현 및 결속과 환경보호 강화의 범위 내에서, 경제통합에서의 전진이 다른 분야와 평행하여 전진하는 것을 보장하는 정책을 추구할 것을 강하게 결의하면서,

(각 국가의)국가들의 국민들에게 공동시민권을 도입할 것을 결의하면서,

유럽 및 세계에서 평화, 안전 및 진보를 촉진하기 위하여 제42조의 규정에 따라 공동방위에 이를 수 있는 공동방위정책의 점진적 구상을 포함하는 공동외교안보정책을 추구하고, 이에 의해 유럽의 정체성 및 독립을 강화할 것을 결의하면서,

본조약 및 유럽연합의 운영에 관한 조약의 규정에 따라 자유, 안전 및 사법지대를 설립함으로써 인민의 안전을 보장하는 동시에 사람의 자유이동을 용이하게 할 것을 결의하면서,

모든 결정이 보충성원칙에 따라 가능한 한 시민에게 밀접하게 채택됨으로써 유럽인민들간 보다 긴밀한 연합의 창설 과정을 지속적으로 추진할 것을 결의하면서,

유럽통합을 전진시키기 위하여 취해야 하는 보다 심화된 조치를 견지하면서,

유럽연합을 설립할 것을 결정했다. 이 목적을 위하여, 전권위임자로 아래의 자를 임명했다.

(전권위임자의 이름은 생략)

전권위임자들은 정본 전권위임장의 교환 후 아래와 같이 합의했다.

제1편
공통 규정

제1조(ex Article 1 TEU)[2]

본 조약에 의해 체약국은 상호간 유럽연합(이하 '연합')을 창설하고, 회원국은 자신의 공동의 목표를 실현하기 위하여 권한을 양도한다.

본 조약은 시민에 대하여 가능한 한 공개적으로, 또 밀접하게 결정을 내림으로써 유럽인민들 사이에서 보다 긴밀한 연합을 창설하는 과정에서 새로운 장이 열렸다는 의미를 갖는다.

연합은 본 조약 및 유럽연합의 운영에 관한 조약(이하 '제조약')[역주 1]에 기초하여 설립된다. 제조약은 법적으로 동등한 가치를 가진다. 연합은 유럽공동체를 대체하고, 계승한다.

제2조

연합은 인간의 존엄성의 존중, 자유, 민주주의, 평등, 법의 지배 및 소수자의 권리를 포함한 인권 존중의 가치 위에 설립된다. 이 가치들은 다원주의, 비차별, 관용, 정의, 연대 및 남녀평등을 특징으로 하는 사회에 있어 회원국에 공통하는 것이다.

제3조(ex Article 2 TEU)

1. 연합의 목표는 평화, 그 가치 및 인민의 복지를 촉진하는 것이다.
2. 연합은 역외국경의 통제, 망명, 이민 및 범죄의 예방과 대응에 관한 적절한 조치를 취함으로써 사람의 자유이동이 보장되는 시민들에게 역내국경

---

2 기존의 '유럽연합조약'의 조문 번호는 단지 예시에 지나지 않는다. 보다 충분한 정보는 [부록]에 첨부된 제조약의 신구조문대조표를 참고하라.

역주 1 리스본조약에서 '제조약'(the Treaties)이라 함은 유럽연합조약(TEU)과 유럽연합의 운영에 관한 조약(TFEU)의 두 조약을 말한다. 유럽원자력공동체설립조약(Euratom)은 별개의 조약체제로 성립하고 있다는 점은 주의를 요한다.

이 없는 자유, 안전 및 사법지대를 제공한다.

3. 연합은 역내시장을 설립한다. 연합은 균형 잡힌 경제성장 및 물가안정을 기초로 하는 유럽의 지속가능한 발전, 완전고용 및 사회진보를 목표로 하는 고도의 경쟁력을 가지는 사회적 시장 경제, 또한 고도의 환경보호 및 환경의 질적 수준의 개선을 목표로 노력한다. 연합은 과학기술의 진보를 촉진한다.

연합은 사회적 배제와 차별에 대항하고, 사회적 정의와 보호, 남녀평등, 세대간 연대 및 아동의 권리 보호를 촉진한다.

연합은 경제적, 사회적·영토적 결속 및 회원국간 연대를 촉진한다.

연합은 그 풍부한 문화적 및 언어적 다양성을 존중하고, 유럽의 문화유산의 보호와 발전을 확보한다.

4. 연합은 유로를 통화로 하는 경제통화동맹을 설립한다.
5. 다른 세계와의 관계에 있어 연합은 연합의 가치와 이익을 유지·촉진하고, 연합 시민들의 보호에 기여한다. 연합은 평화, 안전, 지구의 지속가능한 발전, 인민들간 연대와 상호 존중, 자유롭고 공정한 무역, 빈곤의 근절 및 특히 아동의 권리를 포함한 인권의 보호에 기여한다. 또한 연합은 국제연합헌장의 제원칙의 준수를 포함한 국제법의 엄격한 존중과 발전에도 기여한다.
6. 연합은 제조약에서 연합에게 양도된 권한을 행사함으로써 적절한 수단에 의해 그 목표를 추구한다.

제4조

1. 제5조에 따라 제조약에서 연합에게 부여하지 않은 권한은 회원국에게 남아있다.
2. 연합은 제조약 하에서 회원국의 평등과 지역과 지방자치정부를 포함한 기본적인 정치적 및 헌법적 구조 속에 내재된 개별 회원국의 민족적 정체성을 존중한다. 연합은 영토보전, 법과 질서 및 국내치안의 유지를 포함한 국가의 본질적인 기능을 존중한다. 특히 국내치안은 계속하여 개별 회원국이 단독으로 책임을 진다.

3. 성실한 협력의 원칙에 따라, 연합과 회원국은 제조약에서 유래하는 임무의 수행시 전적으로 상호 존중하고, 지원한다.

회원국은 제조약 또는 연합의 기관의 행위에서 유래하는 의무를 이행하기 위하여 일반적 또는 특별한 성질을 가지는 모든 적절한 조치를 취한다.

회원국은 그 임무 수행을 쉽게 하도록 연합을 지원하고, 연합의 목표 실현을 위험에 빠뜨릴 가능성이 있는 어떠한 조치도 삼간다.

제5조(ex Article 5 TEC)

1. 연합의 권한[역주 2]의 한계는 권한배분의 원칙에 의해 규율된다. 연합의 권한의 행사는 보충성 및 비례원칙에 의해 규율된다.
2. 권한배분의 원칙에 따라 연합은 제조약에서 정한 목표를 실현하기 위하여 제조약에서 회원국이 연합에게 양도한 권한의 범위 내에서만 행동한다. 제조약에서 연합에게 양도하고 있지 않은 권한은 회원국에게 남아 있다.
3. 보충성원칙에 따라 연합은 그 배타적 권한에 속하고 있지 않은 분야에서는 제안된 조치의 목표가 회원국에 의해서는 중앙, 지역 및 지방의 어떤 차원에서도 충분하게 달성될 수 없고, 오히려 제안된 조치의 규모 또는 효과를 이유로 연합 차원에서 보다 효과적으로 달성될 수 있는 경우에는 그 범위에 한하여 개입한다.

연합의 기관은 보충성 및 비례원칙의 적용에 관한 의정서에 규정된 바에 따라 보충성원칙을 적용한다. 회원국 국내의회는 동 의정서에 규정된 절차에 따라 보충성원칙의 준수를 보장한다.

4. 비례원칙에 따라 연합 조치의 내용 및 형식은 제조약의 목적을 달성하는 데 필요한 한도를 넘을 수 없다.

연합의 기관은 보충성 및 비례원칙의 적용에 관한 의정서에 규정된 바에 따라 비례원칙을 적용한다.

역주 2 조약의 'competence(s)'는 '권한' 또는 '관할권'으로 번역할 수 있다. 그러나 조약이 후자의 의미로 'jurisdiction'이라는 용어를 별도로 사용하고 있으므로 'competence(s)'는 전자로 번역하였다.

제6조(ex Article TEU)

1. 연합은 2007년 12월 12일 스트라스부르에서 채택된 2000년 12월 7일자 유럽연합 기본권헌장이 정하는 권리, 자유 및 원칙을 승인한다. 기본권헌장과 제조약은 법적으로 동등한 가치가 있다.

헌장의 규정은 어떠한 경우라도 제조약에 규정된 연합의 권한을 확대할 수 없다.

헌장이 정하는 권리, 자유 및 원칙은 헌장의 해석 및 적용을 규율하는 헌장 제7편의 일반규정 및 동 규정의 전거(典據)를 이루는 헌장에 대한 해설을 충분히 고려하여 해석된다.

2. 연합은 인권 및 기본적 자유의 보호를 위한 유럽협약[역주 3]에 가입한다. 이 가입은 제조약에서 정하는 연합의 권한에는 영향을 미치지 못한다.
3. 기본적 자유의 보호를 위한 유럽협약 및 회원국 공통의 헌법적 전통에서 유래하는 기본권은 연합법의 일반원칙을 구성한다.

제7조(ex Article 7 TEU)

1. 회원국의 3분의 1, 유럽의회 또는 유럽위원회의 적절한 제안에 관하여, 이사회는 유럽의회의 동의를 얻은 후 제2조에 언급된 가치가 회원국에 의해 중대한 침해가 야기될 명백한 위험이 있다는 것을 그 위원의 5분의 4의 다수로 결정[역주 4]할 수 있다. 그와 같은 결정을 하기 전, 이사회는 당해 회원국으로부터 의견을 청취하고, 동일한 절차에 따라 당해 회원국에게 권고를 발할 수 있다.

이사회는 이 결정에 이르게 된 사유가 계속 유효한가 여부를 정기적으로 확인한다.

2. 회원국의 3분의 1 또는 유럽위원회의 제안에 의거하여, 동시에 유럽의회

역주 3 유럽인권협약을 말한다.

역주 4 영어본은 "… the Council, … may determine …"이라는 표현을, 불어본은 "… le Conseil, … peut constater …"라고 표현하고 있다. 전자에 의하면, "이사회는 … 결정할 수 있다"로 번역되지만 후자에 의하면, "이사회는 확인할 수 있다"고 번역된다. 이 두 용어를 어떻게 번역하는가에 따라 의미가 달라질 수 있다. 하지만 이하의 규정을 검토해보면, 전자의 의미가 타당하다고 판단된다.

의 동의를 얻은 후 유럽이사회는 제2조에 언급된 가치에 대한 회원국에 의한 중대하고도 지속적인 침해가 존재하고 있다는 것을 당해 회원국에게 의견 표명을 요구한 후 전원일치로 결정할 수 있다.

3. 전항에 의한 결정이 내려진 경우, 이사회는 이사회에서 당해 회원국 정부 대표의 의결권을 포함하여 당해 회원국에 대한 제조약의 적용에서 유래하는 특정 권리를 정지할 것을 가중다수결로 결정할 수 있다. 이와 같이 결정하는 경우, 이사회는 그와 같은 정지조치가 자연인 및 법인의 권리 및 의무에 미칠 수 있는 가능한 영향을 고려한다.

제조약에 따른 당해 회원국의 의무는 모든 경우에 당해 회원국을 계속하여 구속한다.

4. 이사회는 제3항에 따라 취해진 조치가 동 조치의 채택으로 이끈 상황에 변화가 생긴 때에는 변경 또는 취소할 것을 가중다수결로 결정할 수 있다.
5. 본 조의 목적을 위하여 유럽의회, 유럽이사회 및 이사회에 적용되는 의결방식은 유럽연합의 운영에 관한 조약 제354조에 규정된다.

제8조

1. 연합은 연합의 가치를 기초로, 또한 협력에 의거한 긴밀하고 우호적인 관계를 특징으로 하는 번영과 선린 영역을 구축하기 위하여 근린국가들과 특별관계를 발전시킨다.
2. 제1항의 목적을 위하여, 연합은 당해 제국과의(당해 국가와) 특별협정을 체결할 수 있다. 이 협정은 상호의 권리와 의무 및 공동행동의 가능성을 포함할 수 있다. 협정의 실시를 위하여 정기적인 협의가 행해진다.

제2편
민주주의원칙에 관한 규정

제9조

그 모든 활동에 있어 연합은 연합의 기관, 조직 및 기타 부서로부터 동등하게 배려되는 시민평등의 원칙을 존중한다. 회원국의 모든 국민은 연합의 시민이다. 연합시민권은 국가시민권에 부가되고, 이를 대체할 수 없다.

제10조

1. 연합의 운영은 대의민주주의에 기초한다.
2. 시민은 유럽의회에 의해 연합차원에서 직접 대표한다.

회원국은, 유럽이사회에서는 자국 의회 또는 시민들에게 민주적인 방법으로 책임을 지는 그들의 국가원수 또는 정부수반에 의해, 그리고 이사회에서는 동일한 책임을 지는 그들의 정부에 의해 대표된다.

3. 모든 시민은 연합의 민주적 생활에 참가할 권리가 있다. 모든 결정은 가능한 한 시민들에게 공개하며, 또한 밀접하게 내려진다.
4. 유럽 차원에서 정당은 유럽적 정치 의식의 형성 및 연합시민의 의사의 표현에 기여한다.

제11조

1. 기관은 시민 및 대표단체에게 적절한 방법으로 연합의 모든 행동 분야에서 자신의 의견을 공표하고, 의견을 교환할 기회를 부여한다.
2. 기관은 대표단체 및 시민사회와 공개적이고도 투명한 동시에 정기적인 대화를 한다.
3. 연합 행동의 일관성 및 투명성을 확보하기 위하여 유럽위원회는 관계자로부터 폭넓게 의견을 청취한다.
4. 상당수 회원국의 100만명 미만의 시민들은 제조약을 실시함에 있어 연합의 법적 행위가 필요하다고 생각되는 주제에 대하여, 유럽위원회에 대하

여 동 위원회의 권한의 범위 내에서 적절한 제안을 제출하도록 발의할 수 있다.

그와 같은 시민발의에 필요한 절차 및 조건은 유럽연합의 운영에 관한 조약 제24조 제1단에 따라 정해진다.

제12조

회원국 국내의회는 아래와 같이 연합의 원활한 운영에 적극적으로 기여한다.

(a) 유럽연합에서 회원국 국내의회의 역할에 관한 의정서에 따라 연합의 기관으로부터 통지를 받고, 연합의 입법행위안을 송부 받는다.

(b) 보충성원칙이 보충성 및 비례원칙의 적용에 관한 의정서가 정하는 절차에 따라 존중되도록 노력한다.

(c) 유럽연합의 운영에 관한 조약 제70조에 따라 자유, 안전 및 사법지대의 범위 내에서 이 분야에서 연합 정책의 실시를 위한 평가제도에 참가하고, 또한 동 조약 제88조 및 제85조에 따라 유로폴의 정치적 감독 및 유로저스트 활동에 대한 평가에 참가한다.

(d) 본 조약 제48조에 따라 제조약의 개정 절차에 참가한다.

(e) 본 조약 제49조에 따라 연합에 대한 가입 신청의 통지를 받는다.

(f) 유럽연합에서 회원국 국내의회의 역할에 관한 의정서에 따라 회원국 국내의회 상호간 및 국내의회와 유럽의회 상호간의 의회간 협력에 참가한다.

제3편
기관에 관한 규정

제13조

1. 연합은 그 가치를 촉진하고, 목표를 추구하며, 연합·연합시민 및 회원국의 이익에 봉사하며, 또한 연합의 정책 및 행동의 일관성, 효율성 및 계속

성을 확보한다는 목적을 지향하는 제도적 틀을 가진다.

연합의 기관은 아래와 같다.

- 유럽의회
- 유럽이사회
- 이사회
- 유럽위원회(이하, 위원회)
- 유럽연합 사법재판소
- 유럽중앙은행

2. 각 기관은 제조약에서 자신에게 부여되어 있는 권한의 한계 내에서 제조약에서 정하는 절차, 조건 및 목표에 따라 행동한다. 기관은 서로 성실하게 협력한다.
3. 유럽중앙은행 및 회계감사원에 관한 규정 및 기타 기관에 관한 상세한 규정은 유럽연합의 운영에 관한 조약에 규정된다.
4. 유럽의회, 이사회 및 위원회는 자문 역할을 하는 경제사회위원회 및 지역위원회의 보좌를 받는다.

제14조

1. 유럽의회는 이사회와 연대하여 법률을 제정하고, 예산을 수립한다. 유럽의회는 제조약에 따라 정치적 감독 임무 및 심의 기능을 행사한다. 유럽의회는 위원회의 위원장을 선출한다.
2. 유럽의회는 연합시민들의 대표로 구성된다. 그 대표의 수는 750명을 넘지 못한다. 시민들의 대표는 각 회원국별로 최소 6명으로 구성되는 체감적 비례(減却的 比例)로 선출된다. 어떤 회원국의 의석도 96석을 넘을 수 없다.

유럽이사회는 제1단에 규정된 제 원칙을 존중하면서 유럽의회의 구성에 관한 결정을 유럽의회의 발의와 그 동의에 의거하여 전원일치로 제정한다.

3. 유럽의회의 의원은 임기 5년이고, 보통, 직접, 자유 및 비밀선거에 의해 선출된다.
4. 유럽의회는 그 의원 중에서 의장과 임원을 선출한다.

제15조

1. 유럽이사회는 연합에 대해 그 발전에 필요한 자극을 주고, 일반적인 정책 목표 및 그를 위한 우선순위를 정한다. 유럽이사회는 입법 기능을 행사할 수 없다.
2. 유럽이사회는 회원국의 국가원수 또는 정부 수반과 유럽이사회 의장 및 위원회의 위원장으로 구성된다. 연합 외교안보정책고위대표도 그 활동에 참가한다.
3. 유럽이사회는 여섯 달에 두 번씩 의장에 의해 소집된다. 의제에 따라 필요하다면, 유럽이사회의 위원들은 각료 한명, 또한 위원회 위원장의 경우에는 위원회 위원 한명의 보좌를 받도록 결정할 수 있다. 사정에 따라 필요하다면, 의장은 유럽이사회의 특별회의를 소집한다.
4. 제조약에서 달리 규정하고 있지 않다면, 유럽이사회의 결정은 컨센서스에 의해 채택된다.
5. 유럽이사회는 가중다수결로 2년 6개월 임기의 의장을 선출한다. 그 임기는 한 번의 연임이 가능하다. 비리 또는 중대한 과실이 있는 경우, 유럽이사회는 동일한 절차에 따라 의장을 해임할 수 있다.
6. 유럽이사회의 의장은
   (a) 유럽이사회의 업무를 주재하고 추진한다.
   (b) 위원회의 위원장과 협력하여, 또 일반직무이사회의 업무에 의거하여 그 준비와 계속성을 보장한다.
   (c) 유럽이사회 내에서 결속과 컨센서스가 촉진되도록 노력한다.
   (d) 유럽이사회는 매 회의 후 유럽의회에 보고서를 제출한다.

유럽이사회 의장은 그 수준 및 그 능력 내에서 연합 외교안보정책고위대표의 권한을 침해하지 않는 범위 내에서 공동외교안보정책과 관련한 문제에 관한 연합의 대외적 대표성을 보장한다.

유럽이사회 의장은 개별 국가의 지시를 수행할 수 없다.

제16조

1. 이사회는 유럽의회와 연대하여 법률을 제정하고, 예산을 수립한다. 이사

회는 제조약에 규정된 바에 따라 정책의 수립 및 조정기능을 수행한다.

2. 이사회는 각 회원국당 한명의 각료급 대표로 구성된다. 해당 대표는 자신이 대표하는 회원국의 정부를 구속하는 행동을 할 수 있고, 투표권을 행사한다.
3. 제조약에서 달리 규정하고 있지 않다면, 이사회는 가중다수결로 결정한다.
4. 2014년부터 가중다수결로 인정되기 위해서는 이사회의 위원 중 적어도 15인 이상으로서 55% 이상의 다수여야 하고, 또 그 위원들에 의해 대표되는 회원국이 연합의 인구 가운데 적어도 65%가 되어야 한다.

가중다수결의 성립을 저지할 수 있는 봉쇄표는 적어도 4명의 이사회 위원을 필요로 하고, 이를 흠결한 경우에는 가중다수결에 이르렀다고 볼 수 없다.

가중다수결에 관한 기타 세부적인 사항은 유럽연합의 운영에 관한 조약 제238조 제2항에서 정한다.

5. 2014년 10월 31일까지 적용되는 가중다수결의 정의에 관한 경과규정 및 2014년 11월 1일부터 2017년 3월 31일 사이에 적용되는 경과규정은 경과규정에 관한 의정서에서 정한다.
6. 이사회는 다양한 편성방식으로 구성된다. 그 편성에 관한 목록은 유럽연합의 운영에 관한 조약 제236조에 따라 채택된다.

일반직무이사회는 다양한 편성방식으로 구성되어 있는 이사회 작업의 일관성을 보장한다. 일반직무이사회는 유럽이사회의장 및 위원회와 연대하여 유럽이사회의 회의를 준비하고, 그 회의가 지속되도록 보장한다.

외무이사회는 유럽이사회의 전략적 방침에 따라 연합의 대외적 행동을 마련하고, 연합의 행동의 일관성을 보장한다.

7. 회원국 정부의 상주대표위원회는 이사회의 작업을 준비할 책임이 있다.
8. 이사회는 입법행위안에 대해 심의 또는 표결할 때는 공개회의를 연다. 이 목적을 위하여 이사회의 각 회의는 2부로, 즉 연합의 입법행위에 관한 심의를 하는 회의와 비입법활동을 심의하는 회의로 구분된다.
9. 이사회의 편성방식상 의장직은 외무이사회를 제외하고 유럽연합의 운영에 관한 조약 제236조에 따라 정해진 조건에 일치하여 균등한 윤번제로 이사회에서 회원국의 대표에 의해 수행된다.

제17조

1. 위원회는 연합의 일반적 이익을 촉진하고, 이 목적을 위하여 적절한 발의를 한다. 위원회는 제조약의 적용 및 제조약에 따라 제 기관에 의해 채택된 조치의 적용을 확보한다. 위원회는 유럽연합 사법재판소의 감독 하에 연합법의 적용을 감시한다. 위원회는 예산안을 집행하고, 제반 계획을 관리한다. 위원회는 제조약에 규정된 바에 따라 조정·집행·관리기능을 행사한다. 공동외교안보정책 및 제조약에 규정된 기타 경우를 제외하고, 위원회는 연합의 외교적 대표권을 행사한다. 위원회는 연합의 조직간 합의를 도출하기 위하여 연합의 연간 및 다년간계획을 준비한다.
2. 제조약에서 달리 규정하고 있지 않다면, 연합의 입법행위는 오직 위원회의 제안에 의해서만 제정될 수 있다. 기타의 행위는 제조약에 규정되어 있는 경우에만 위원회의 제안에 의하여 제정된다.
3. 위원회의 임기는 5년이다.

위원회의 위원은 독립성에 의심의 여지가 없는 인물 가운데 종합적인 능력과 유럽에 대한 기여도에 기초하여 선출된다.

위원회는 완전히 독립하여 그 임무를 수행한다. 제18조 제2항을 침해하지 않는 범위 내에서 어떤 정부, 기타 기관, 조직 또는 기타 부서로부터도 지시를 구하지도 받지도 않는다. 위원회는 그 직무 또는 임무의 수행에 적합하지 않는 어떤 행동도 삼간다.

4. 리스본조약 발효 일자와 2014년 10월 31일과의 사이에 임명된 위원회는 그 위원장 및 위원회의 부위원장의 1인이기도 한 외교안보정책고위대표를 포함하여 각 회원국 당 1명의 국민으로 구성된다.
5. 전원일치로 행동하는 유럽이사회가 그 수를 변경하는 결정을 하지 않는 한 2014년 11월 1일부터 위원회는 그 위원장 및 외교안보정책고위대표를 포함하여 회원국 수의 3분의 2에 상당하는 수의 위원으로 구성된다.

위원회 위원은 회원국간 균등한 윤번제에 따라 회원국의 국민 중에서 회원국 전체 인구 및 지리적 분포를 반영하여 선출된다. 이 제도는 유럽이사회가 유럽연합의 운영에 관한 조약 제244조에 따라 전원일치로 정한다.

6. 위원회 위원장은

(a) 위원회가 그 임무를 수행하도록 방침을 정하고,

(b) 위원회의 행동의 범위 내에서 일관성, 효율성 및 집단지도체제를 보장하기 위하여 위원회의 내부조직에 대하여 결정하고,

(c) 외교안보정책고위대표를 제외한 기타 복수의 부위원장을 위원회의 위원 중에서 임명한다.

위원회의 위원은 위원장이 요청하는 경우 그 직을 사퇴한다. 연합 외교안보정책고위대표는 위원장이 요청하는 경우 제18조 제1항의 절차에 따라 그 직을 사퇴한다.

7. 유럽이사회는 유럽의회의 선거 결과를 고려하고, 또 적절한 협의 후 가중다수결로 위원회의 위원장 후보자 한명을 제안한다. 이 후보자는 유럽의회에 의해 재적의원의 과반수로 선출된다. 만약 이 후보자가 과반수를 획득하지 못한 경우, 유럽이사회는 가중다수결로 1개월 이내 동일한 절차에 따라 유럽의회에 의해 선출된 새로운 후보자 한명을 제안한다.

이사회는 선출된 위원장과 공동 합의하여 위원회의 위원으로 임명하고자 제안하는 다른 인물의 명부를 채택한다. 이 인물들은 회원국의 제안에 기하여 제3항 제2단 및 제5항 후단의 기준에 따라 선출된다.

위원장, 외교안보정책고위대표 및 위원회의 기타 위원은 일괄하여 유럽의회의 신임투표에 구속된다. 이 신임에 의거하여 위원회는 유럽이사회에 의해 가중다수결로 임명된다.

8. 위원회는 일괄하여 유럽의회에 대하여 책임을 진다. 유럽의회는 유럽연합의 운영에 관한 조약 제234조에 따라 위원회에 대한 불신임안을 채택할 수 있다. 불신임안이 채택되었을 때 위원회 위원은 일괄 사퇴해야 하고, 또 연합 외교안보정책고위대표는 위원회의 범위 내에서 행사하는 직무에서 사퇴한다.

제18조

1. 유럽이사회는 위원회 위원장의 동의를 얻어 연합 외교안보정책고위대표를 가중다수결로 임명한다. 유럽이사회는 연합 외교안보정책고위대표의 임기를 동일한 절차에 따라 종료시킬 수 있다.

2. 고위대표는 연합의 공동외교안보정책을 지휘한다. 고위대표는 자신의 제안에 의해 이 정책의 결정에 기여하고, 이사회의 위임에 의하여 이를 실시한다. 이는 공동안보·방위정책 분야에 대해서도 동일하게 적용한다.
3. 고위대표는 외무이사회의 의장이 된다.
4. 고위대표는 위원회 부위원장의 1인이 된다. 고위대표는 연합의 대외적 행동의 일관성을 보장한다. 고위대표는 위원회 내에서 대외관계 및 연합의 대외적 행동의 기타 측면을 조정할 책임을 진다. 위원회 내에서 이 책임을 지는 데 있어, 또 오직 이 책임에 대해서만 고위대표는 제2항 및 제3항에 부합하는 한도 내에서 위원회 절차에 구속된다.

제19조

1. 유럽연합 사법재판소는 사법재판소, 보통재판소 및 전문재판소를 포함한다.
   유럽연합 사법재판소는 제조약의 해석 및 적용시 법의 존중을 확보한다.

회원국은 연합법이 미치는 분야에서 효과적인 법적 보호를 확보하기 위하여 충분한 소송제도를 마련한다.

2. 사법재판소는 각 회원국당 한명의 재판관으로 구성된다. 사법재판소는 법무관의 보좌를 받는다.

보통재판소는 각 회원국당 한명의 재판관으로 구성된다.

사법재판소의 재판관과 법무관 및 보통재판소의 재판관은 그 독립성에 의심의 여지가 없고, 또한 유럽연합의 운영에 관한 조약 제253조 및 제254조에 규정된 조건을 만족하는 인물이 선출된다. 이 인물들은 회원국 정부의 공동 합의에 의해 6년의 임기로 임명된다. 퇴직하는 재판관 및 법무관은 재선임될 수 있다.

3. 유럽연합 사법재판소는 제조약에 따라
   (a) 회원국, 기관 또는 법인 또는 자연인에 의해 제기된 소송을 심리한다.
   (b) 연합법의 해석 또는 제 기관에 의해 제정된 행위의 유효성에 대하여 회원국의 법원 또는 재판소의 부탁에 대해 선결적 판결을 내린다.
   (c) 제조약에 규정된 기타의 경우에 대해 심리한다.

제4편
강화된 협력에 관한 규정

제20조(ex Articles 27a to 27e, 40 to 40b and 43 to 45 TEU and ex Articles 11 and 11a TEC)

1. 연합의 비배타적 권한의 범위 내에서 상호 강화된 협력을 설립하기를 원하는 회원국은 본 조 및 유럽연합의 운영에 관한 조약 제326조 내지 제334조에 규정된 한계에 구속되고, 또 그 세부사항에 따라 제조약의 관련 규정을 적용함으로써 그 기관을 이용하는 동시에 그 권한을 행사할 수 있다.

강화된 협력은 연합의 목표를 실현하고, 연합의 이익을 옹호하며, 또 연합의 통합 과정을 강화하려는 목적이 있다. 그러한 협력은 유럽연합의 운영에 관한 조약 제328조에 따라 언제나 모든 회원국에게 열려있다.

2. 강화된 협력을 승인하는 결정은, 만약 이사회가 그러한 협력의 목표가 전체적인 면에서 연합에 의해서는 합리적인 기간 내에 달성될 수 없다고 판단한다면, 또 만약 적어도 9개 회원국이 이 협력에 참가하고 있다면, 이사회에 의해 최종 수단으로 제정된다. 이사회는 유럽연합의 운영에 관한 조약 제329조에 규정된 절차에 따라 결정한다.
3. 이사회의 모든 위원들은 이사회의 심의에 참가할 수 있다. 단, 강화된 협력에 참가하고 있는 회원국을 대표하는 이사회의 위원만이 표결에 참가한다. 표결방법은 유럽연합의 운영에 관한 조약 제330조에서 정한다.
4. 강화된 협력의 범위 내에서 제정된 행위는 오직 참가회원국만을 구속한다. 이 행위는 연합에 가입을 희망하는 후보국들에 의해 수용된 (연합의) 축적된 법체계(acquis)의 부분으로 간주되어서는 아니 된다.

제5편
연합의 대외적 행동에 관한 일반규정 및 공동외교안보정책에 관한 특별규정

제1장
연합의 대외적 행동에 관한 일반규정

제21조

1. 국제무대에서의 연합의 행동은 연합 자신의 창설, 발전 및 확대에 영향을 미친, 또한 범세계적으로 강력하게 보급시키고자 희망하는 제 원칙에 의해 인도된다. 즉, 그 원칙은 민주주의, 법의 지배, 인권 및 기본적 자유의 보편적 유효성과 불가분성, 인간의 존엄성 존중, 평등과 연대의 원칙, 국제연합헌장 및 국제법의 제 원칙의 존중이다.

연합은 제1단에 언급하는 제 원칙을 공유하는 제3국 및 지역적 또는 세계적인 국제조직과의 관계를 확대하고, 이들과의 우호협력관계를 강구하도록 노력한다. 연합은 특히 국제연합의 범위 내에서 공동의 문제에 대하여 다자간 해결을 촉진한다.

2. 연합은 아래의 목적을 위하여 공동의 정책 및 행동을 정하고, 이를 실시하며, 국제관계의 모든 분야에서 고도의 협력을 위하여 노력한다.
   (a) 연합의 제 가치, 기본적 이익, 안전, 독립성 및 불가침성을 확보한다.
   (b) 민주주의, 법의 지배, 인권 및 국제법의 제 원칙을 강화하고, 지원한다.
   (c) 역외국경에 관한 목표 및 원칙을 포함하여 국제연합헌장의 목표 및 원칙, 헬싱키최종의정서의 원칙 및 파리헌장의 목표에 따라 평화를 유지하고, 분쟁을 방지하며, 국제적 안전을 강화한다.
   (d) 빈곤의 근절을 우선적 목표로 하여 개발도상국에서의 경제, 사회 및 환경에 관한 지속적인 발전을 촉진한다.
   (e) 국제적 무역장벽의 점진적 철폐를 포함하여 세계 경제에서 모든 국가의 통합을 촉진한다.

(f) 지속가능한 발전을 확보하기 위하여 환경의 질과 세계천연자원의 지속적인 관리의 유지 및 향상을 위한 국제적 조치의 발전에 기여한다.
(g) 자연재해 또는 인위적 재해를 입은 민족, 국가 및 지역을 원조한다.
(h) 강고한 다자간 협력 및 선량한 글로벌 거버넌스에 의거한 국제체제를 추진한다.

3. 연합은 본 편(編) 및 유럽연합의 운영에 관한 조약 제5부에 포함되는 다양한 분야에서 대외적 행동 및 기타 정책 분야의 대외적 측면을 발전시키고 실시함에 있어 제1항 및 제2항에 언급된 원칙 및 목표를 존중한다.

연합은 대외적 행동의 개별 분야 간 및 대외적 행동과 기타 정책 분야 간의 일관성을 확보한다. 연합 외교안보정책고위대표의 보좌를 받는 이사회 및 위원회는 이 일관성을 확보하고, 이 목적을 위하여 협력한다.

제22조

1. 제21조에 언급되어 있는 원칙 및 목표에 의거하여 유럽이사회는 연합의 전략적 이익 및 목표를 정한다.

연합의 전략적 이익 및 목표에 관한 유럽이사회의 결정은 공동외교안보정책 및 연합의 대외적 행동의 기타 분야에까지 영향을 미친다. 이 결정은 특정국가 또는 특정지역과 연합의 관계에 관한 것일 수도, 또 특정주제를 대상으로 하는 것일 수도 있다. 이 결정은 그 유효기간 및 연합과 회원국이 제공하는 수단에 대해서도 정한다.

유럽이사회는 이사회가 개별 분야마다 정하는 세부사항에 따라 행하는 권고에 의거하여 전원일치로 결정한다. 유럽이사회의 결정은 제조약에 정해져 있는 절차에 따라 실시된다.

2. 연합 외교안보정책고위대표는 공동외교안보정책의 분야에 대해, 그리고 위원회는 대외적 행동의 기타 분야에 대해, 이사회 앞에 공동의 제안을 제출할 수 있다.

제2장
공동외교안보정책에 관한 특별규정

제1절
공통규정

제23조

본 장(章)의 범위 내에서 국제무대에서의 연합의 행동은 제1장의 원칙에 기초하고, 同章에 규정된 목표를 추구하며, 또한 同章의 일반규정에 따라 인도된다.

제24조(ex Article 11 TEU)

1. 공동외교안보정책 분야에서의 연합의 권한은 외교정책의 모든 분야에 미치고, 공동방위에 이를 수 있는 공동방위정책의 점진적 구상을 포함하는 연합의 안전보장과 관련한 모든 문제에도 미친다.

공동외교안보정책에는 특별 규정 및 절차가 적용된다. 동 정책은 제조약에서 달리 규정하고 있지 않다면, 유럽이사회 및 이사회가 전원일치로 결정하고, 실시한다. 입법행위의 제정은 제외된다. 공동외교안보정책은 제조약에 따라 외교안보정책고위대표 및 회원국에 의해 실시된다. 이 분야에서의 유럽의회 및 위원회의 특별한 역할은 제조약에서 정한다. 유럽연합 사법재판소는 본 조약 제40조의 준수에 대한 감독 및 유럽연합의 운영에 관한 조약 제275조 후단에 따른 특정 결정의 합법성에 대한 감시를 제외한 공동외교안보정책에 대한 규정에 관해서는 관할권이 없다.

2. 그 대외적 행동의 원칙 및 목표의 범위 내에서 유럽연합은 회원국 상호간 정치적 연대의 발전, 일반적 이익을 가지는 문제의 조사 및 제 회원국 행동의 강한 결속력의 달성에 의거한 공동외교안보정책을 추구하고, 결정하며, 실시한다.
3. 회원국은 성실과 상호연대의 정신으로 공동외교안보정책을 적극적이고도 유보 없이 지지하고, 이 분야에서 연합의 행동을 존중한다.

회원국은 서로의 정치적 연대를 강화하고, 발전시키기 위하여 협력한다. 회원국은 연합의 이익에 반하거나 또는 국제관계에서 결속력으로서의 연합의 유효성을 침해할 가능성이 있는 모든 형태의 행동을 삼간다.

이사회 및 고위대표는 이 원칙의 준수를 확보한다.

제25조(ex Article 12 TEU)

연합은 아래 사항에 의해 공동외교안보정책을 수행한다.

(a) 일반적 방침의 결정

(b) 아래의 사항을 정하는 결정의 제정

(i) 연합이 실시하는 행동

(ii) 연합이 취해야 할 입장

(iii) (i)호 및 (ii)호에 언급된 결정의 실시 세칙

(c) 정책 수행시 회원국간 체계적 협력의 확대

제26조(ex Article 13 TEU)

1. 유럽이사회는 연합의 전략적 이익을 결정하고, 방위정책과 관련한 문제를 포함한 연합의 공동외교안보정책의 목표 및 일반적 방침을 정한다. 유럽이사회는 필요한 결정을 제정한다.

국제정세에 비추어 필요한 경우, 유럽이사회 의장은 당해 정세에 직면하여 연합 정책의 전략적 계획을 수립하기 위하여 유럽이사회의 임시회의를 소집한다.

2. 이사회는 유럽이사회가 정한 일반적 방침 및 전략적 계획에 의거하여 공동외교안보정책을 형성하고, 이 정책을 수립하고 실시하기 위한 필요한 결정을 채택한다.

이사회 및 연합 외교안보정책고위대표는 연합에 의한 행동의 통일성, 일관성 및 유효성을 확보한다.

3. 공동외교안보정책은 고위대표 및 회원국에 의해 회원국 및 연합의 재원을 사용하여 실시된다.

제27조

1. 외무이사회 의장인 연합 외교안보정책고위대표는 자신의 제안을 통하여

공동외교안보정책의 결정에 기여하고, 유럽이사회 및 이사회가 제정한 결정의 실시를 확보한다.

2. 고위대표는 공동외교안보정책 분야에서 연합을 대표한다. 고위대표는 연합의 이름으로 제3자와 정치대화를 하고, 국제조직 및 국제회의에서 연합의 입장을 대표한다.
3. 고위대표는 그 임무를 수행할 때 유럽대외행동국의 보좌를 받는다. 同局은 회원국의 외교기관과 협력하고, 이사회의 사무총장 및 위원회의 關係部의 공무원 및 회원국의 외교기관이 파견하는 인원을 포함한다. 유럽대외행동국의 조직 및 운영은 이사회의 결정으로 정한다. 이사회는 고위대표의 제안에 의거하여 유럽의회와 협의 후, 또 위원회의 동의를 얻은 후 결정한다.

제28조(ex Article 14 TEU)

1. 국제정세가 연합의 작전행동을 요구할 때 이사회는 필요한 결정을 제정한다. 이 결정에서는 목표, 범위, 연합이 사용할 수 있는 수단, 필요한 경우 행동의 지속기간 및 시행 조건을 명시한다.

그 결정의 대상 사항에 실질적인 영향을 미치는 상황 변경이 발생한 경우, 이사회는 결정의 원칙 및 목표를 검토하여 필요한 결정을 제정한다.

2. 제1항에 의한 결정은 입장 표명 및 행동 시 모든 회원국을 구속한다.
3. 제1항에 따라 회원국이 결정에 따라 국내 입장을 채택하거나 국내 조치를 취하기 위한 계획을 가지고 있는 경우, 필요한 경우에 이사회 내에서 사전협의를 할 수 있는 시간적 여유를 두고 해당 정보를 제공한다. 사전에 정보를 제공해야 할 의무는 단순히 이사회 결정을 회원국 내에 이전하는 데 불과한 조치에는 적용되지 않는다.
4. 상황 변경에 따라 긴급한 필요가 발생하고, 동시에 제1항에서 규정하고 있는 이사회의 결정이 검토되지 않은 경우, 회원국은 그 결정의 일반적 목표를 고려하면서 긴급한 필요성에 대응하는 데 필요한 조치를 취할 수 있다. 해당 회원국은 상기의 모든 조치를 즉시 이사회에 통지한다.
5. 본 조에 규정된 결정을 시행하는 데 중대한 어려움이 있는 경우, 회원국은

이를 이사회에 회부해야 하고, 이사회는 토론을 통해 적절한 해결책을 찾아야 한다. 상기의 해결책은 제1항에 규정된 결정의 목표에 배치되거나 그 유효성을 손상시켜서는 아니 된다.

제29조(ex Article 15 TEU)

이사회는 지리적 성격의 특정 사항 또는 주제별 특정 사항에 대한 연합의 접근방법을 규정하는 결정을 제정한다. 회원국은 자국의 국내 정책이 연합의 입장에 부합될 수 있도록 보장한다.

제30조(ex Article 22 TEC)

1. 각 회원국, 연합 외교안보정책고위대표, 또는 위원회의 지지를 받은 고위대표는 이사회에 공동외교안보정책의 문제를 부탁하고, 적절한 발의 또는 제안을 할 수 있다.
2. 신속한 결정이 필요한 경우, 고위대표는 자신이 발의하거나 또는 회원국의 요청에 따라 48시간 내 또는 긴급하다고 판단되는 경우에는 단기간 내 이사회의 임시회의를 소집한다.

제31조(ex Article 23 TEU)

1. 본 장에 의한 결정은, 본 장에서 달리 규정하지 않는다면, 유럽이사회 및 이사회가 전원일치로 제정한다. 입법행위의 제정은 제외된다.

이사회의 어떤 위원이라도 투표에서의 기권 시 본단(本段)에 따라 공식적으로 선언함으로써 기권할 수 있다. 이 경우, 기권한 위원은 결정을 실시할 의무는 없지만 결정이 연합을 구속한다는 사실은 인정한다. 해당 회원국은 상호 연대의 정신에 따라 상기 결정에 기초한 연합의 조치와 충돌하거나 이를 침해할 가능성이 있는 행동을 해서는 안되며, 다른 회원국은 해당 회원국의 입장을 존중한다. 기권을 표명한 이사회 위원이 회원국의 적어도 3분의 1을 대표하고, 동시에 당해 모든 회원국의 인구가 연합 인구의 적어도 3분의 1에 해당할 때는 당해 결정은 제정될 수 없다.

2. 제1항의 규정과는 달리, 이사회는 아래의 경우에는 가중다수결로 결정한다.

- 제22조 제1항에 의한 연합의 전략적 이익 및 목표에 관한 유럽이사회의 결정에 의거하여 연합의 행동 또는 입장을 정하는 결정을 제정할 때
- 유럽이사회가 자신의 발의로 행한 특별 요청에 따라 또는 유럽이사회가 고위대표의 발의로 행한 특별 요청에 따라, 고위대표가 이사회에 제출한 제안에 의거하여 연합의 행동 또는 입장을 정하는 결정을 제정할 때
- 연합의 행동 또는 입장을 정하는 결정을 실시하기 위한 결정을 제정할 때
- 제33조에 따라 특별 대표를 임명할 때

이사회의 특정 위원이 중대하고 확정적인 국내정책 상의 사유를 들어 가중다수결에 따른 결정의 제정을 반대하고자 하는 의사를 표명하는 경우에는 투표를 해서는 아니 된다. 고위대표는 해당 회원국과 긴밀하게 협의하고, 수용 가능한 해결에 이르도록 노력한다. 이것이 실패하는 경우, 이사회는 가중다수결로 의결함으로써 해당 사안을 유럽이사회에 회부하여 전원일치의 찬성으로 결정을 내릴 것을 요구할 수 있다.

3. 유럽이사회는 제2항에 언급된 경우 이외에도 이사회가 가중다수결로 의결하는 것을 정하는 결정을 전원일치로 제정할 수 있다.
4. 제2항 및 제3항은 군사정책 또는 방위정책과 관련하는 결정에는 적용되지 않는다.
5. 절차문제에 대해 이사회는 위원의 과반수로 결정한다.

제32조(ex Article 16 TEU)

회원국은 공동대처를 정하기 위하여 일반적 이익이 있는 외교안보정책상의 어떤 문제에 대해서도 유럽이사회 및 이사회 내에서 협의한다. 회원국은 국제무대에서 행동하기에 앞서 또는 연합의 이익에 저촉될 가능성이 있는 방법으로 행동하기에 앞서 유럽이사회 및 이사회에서 다른 회원국과 협의한다. 회원국은 그 행동의 결속을 통해 연합이 국제무대에서 그 이익과 가치를 관철하도록 보장한다. 회원국은 서로 연대한다.

유럽이사회 또는 이사회가 제1단에서 말하는 연합의 공동접근을 정한 경우, 외교안보정책고위대표 및 회원국의 외무부장관은 이사회 내에서 그 행동을 조정한다.

제3국 및 국제조직에서 회원국의 외교사절 및 연합의 대표단은 협력하고, 공동대처를 수립하고 실시하는 데 기여한다.

제33조(ex Article 18 TEU)

이사회는 연합 외교안보정책고위대표의 제안에 의거하여 특별한 정치적 문제를 위한 특별대표를 임명할 수 있다. 특별대표는 고위대표의 책임 하에 그 대표권을 행사한다.

제34조(ex Article 19 TEU)

1. 회원국은 국제조직 및 국제회의에서 그 행동을 조정한다. 그러한 경우에는 회원국은 연합의 입장을 지지한다. 연합 외교안보정책고위대표는 그 조정을 조직화한다.

회원국이 대표를 파견하고 있지 않는 국제조직 및 국제회의에서는 대표를 파견하고 있는 회원국이 연합의 입장을 대리한다.

2. 국제조직 또는 국제회의에 대표를 파견하고 있는 회원국은 대표를 파견하고 있지 않는 회원국 및 고위대표에 대해 제24조 제3항에 따라 공동의 이익에 관한 모든 문제에 대해 정보를 제공한다.

국제연합 안전보장이사회의 이사국인 회원국은 상호 조정하고, 기타 회원국 및 고위대표에게 충분하게 정보를 제공한다. 안전보장이사회의 이사국인 회원국은 그 임무의 수행 시 국제연합헌장의 규정상 자신의 책임을 침해하지 않는 범위 내에서 연합의 입장 및 이익을 옹호한다.

연합이 국제연합 안전보장이사회의 의제로 다루어지고 있는 주제에 대해 입장을 정한 때에는 안전보장이사회의 이사국인 회원국은 연합의 입장에 대한 연설을 해줄 것을 고위대표에게 요청한다.

제35조(ex Article 20 TEU)

제3국 및 국제회의에서 회원국의 외교사절·영사 및 연합의 대표부, 또한 국제조직에서 회원국 및 연합의 대표는 본 장에 따라 제정된 연합의 입장 및 행동을 정하는 결정의 준수 및 실시를 확보하기 위하여 협력한다.

이 대표들은 정보의 교환 및 공동의 평가를 통해 협력을 강화한다.

이 대표들은 유럽연합의 운영에 관한 조약 제20조 제2항 (c)호에 언급된 제3국 영토에서 유럽시민의 권리 보호를 실현하고, 또 동조약 제23조에 따라 채택되는 조치의 실시에 기여한다.

제36조(ex Article 21 TEU)

연합 외교안보정책고위대표는 공동외교안보정책 및 공동안보방위정책의 가장 중요한 측면 및 기본적 선택사항에 대해 유럽의회와 정기적으로 협의하고, 이 분야에서 정책의 전개 상황에 대해 유럽의회에 보고한다. 고위대표는 유럽의회의 의견이 충분히 고려되도록 보장한다. 유럽의회에서의 보고를 위한 특별대표가 임명될 수 있다.

유럽의회는 이사회 및 고위대표에게 질문 또는 권고를 행할 수 있다. 유럽의회는 년 2회 공동안보방위정책을 포함한 공동외교안보정책의 실시의 진전에 대해 심의한다.

제37조(ex Article 24 TEU)

연합은 본 장에 의해 규율되는 분야에서 하나 또는 복수의 국가 또는 국제조직과 협정을 체결할 수 있다.

제38(ex Article 25 TEU)

유럽연합의 운영에 관한 조약 제240조를 침해하지 않는 범위 내에서 정치·안전보장위원회가 공동외교안보정책 분야에서 국제정세를 추적하고, 이사회 또는 연합 외교안보정책고위대표의 요청에 의거하여, 또는 자신의 발의로 이사회에 대한 의견 표명을 통하여 정책의 결정에 기여한다. 또한 정치·안전보장위원회는 고위대표의 권한을 침해하지 않는 범위 내에서 합의된 정책의 실시를 감시한다.

본 장의 범위 내에서 정치·안전보장위원회는 이사회 및 고위대표의 책임 하에 제43조에 규정된 위기관리행동의 정치적 통제 및 전략적 지휘를 행한다.

이사회는 이사회가 정한 위기관리행동의 목적 및 기간에 한하여 당해 행동의 정치적 통제 및 전략적 지휘에 관하여 적절한 조치를 채택할 것을 정치·안전보장위원회에 위임할 수 있다.

제39조

유럽연합의 운영에 관한 조약 제16조에 따라, 또한 동조 제2항과는 달리, 이사회는 본 장의 적용 분야에 포함되어 있는 행동의 실시의 범위 내에서 회원국이 처리하는 개인정보의 보호 및 동 정보의 자유로운 교환에 관한 법규를 정하기 위한 결정을 제정한다. 이 법규의 준수는 독립된 기관에 의해 감시된다.

제40조(ex Article 47 TEU)

공동외교안보정책의 실시는 유럽연합의 운영에 관한 조약 제3조 내지 제6조에 언급된 연합의 권한의 행사를 위하여 제조약이 정하는 절차의 적용 및 제 기관의 권한의 범위에는 저촉되지 않는다.

마찬가지로 전기(前記)의 제 조항에 따른 정책의 실시는 본 장에 따른 연합의 권한의 행사를 위하여 제조약이 정하는 절차의 적용 및 제 기관의 권한의 범위에는 저촉되지 않는다.

제41조(ex Article 28 TEU)

1. 본 장의 실시로부터 제 기관에 발생하는 행정경비는 연합 재정의 부담으로 한다.
2. 또한 본 장의 시행에 따라 발생하는 운영비도 군사 또는 방위와 관련한 운영비이거나 이사회가 전원일치로 달리 결정하는 경우를 제외하고는 연합 재정의 부담으로 한다.

제반 연합의 재정으로 충당하지 않는 비용은 이사회가 전원일치로 달리 결정하는 경우를 제외하고는 각 회원국이 국민총생산의 규모에 따라 부담한다. 군사 또는 방위와 관련한 운영비의 경우, 자국의 대표자가 이사회에서 제31조 제1항 후단의 규정에 따른 공식적인 선언을 표명한 회원국은 운영비를 분담해야 할 의무가 없다.

3. 이사회는 공동외교안보정책의 범위 내에서 발의를 하기 위하여, 특히 제

42조 제1항 및 제43조에 의한 임무의 준비 활동을 위한 연합의 긴급용 재정 자금의 신속한 이용을 확보하기 위하여 특별 수단을 정하는 결정을 제정한다. 이사회는 유럽의회와 협의 후 결정한다.

연합 재정에 의해 부담되지 않는 제42조 제1항 및 제43조에 언급된 임무를 준비하기 위한 활동은 회원국의 분담액으로 이루어진 개시기금으로부터 자금을 공급받는다.

이사회는 연합 외교안보정책고위대표의 제안에 의거하여 가중다수결로 아래에 관한 결정을 제정한다.

(a) 개시기금의 창설 및 자금 공여를 위한 세칙, 특히 동 기금에 대한 할당액

(b) 개시기금의 운영 세칙

(c) 재정 감사의 세칙

제42조 제1항 및 제43조에 따라 계획된 임무를 연합 재정이 부담할 수 없을 때는 이사회는 이 기금의 이용을 고위대표에게 위임한다. 고위대표는 이사회에 대해 이 위임된 권한의 실시에 대해 보고한다.

제2절
공동안보방위정책에 관한 규정

제42조(ex Article 17 TEU)

1. 공동안보방위정책은 공동외교안보정책의 필요불가결한 구성요소이다. 공동안보방위정책은 연합에게 비군사적 및 군사적 수단에 의거한 작전능력을 제공한다. 연합은 이 능력을 국제연합헌장의 원칙에 따라 평화 유지, 분쟁 예방 및 국제적 안보의 강화를 위한 연합 외부에서의 임무 수행 시 사용할 수 있다. 이 임무의 수행은 회원국에 의해 제공된 능력을 사용하여 행한다.
2. 공동안보방위정책은 연합의 공동방위정책의 점진적 구상을 포함한다. 이 점진적 정의는 유럽이사회가 전원일치로 결정할 때 공동방위로 이어진다. 그 경우, 유럽이사회는 회원국에 대해 각국의 헌법상의 요청에 따라 그 결정을 채택하도록 권고한다.

본 절(節)에 의한 연합의 정책은 특정 회원국의 안보방위정책의 특별한 성격을 침해할 수 없다. 또한 연합의 이 정책은 북대서양조약기구(NATO)에서 그들의 공동방위가 실현되었다고 간주하는 특정 회원국의 북대서양조약상 의무를 존중하고, 그 틀의 범위 내에서 확립된 공동안보방위정책에 부합한다.

3. 공동안보방위정책의 실시를 위하여 회원국은 이사회에 의해 정의된 목표에 기여하기 위하여 연합에게 이용 가능한 비군사적 및 군사적 능력을 제공한다. 공동으로 다국적군을 편성하는 회원국은 공동안보방위정책을 위하여 이를 제공할 수 있다.

회원국은 그들의 군사적 능력을 점진적으로 향상시킬 책임이 있다. 방위 능력의 개발, 연구, 조달 및 장비 분야를 위한 청(유럽방위청)이 설치된다. 유럽방위청의 임무는 작전에 필요한 물품을 조사하고, 그 필요를 만족시키기 위한 조치를 개선하며, 방위 부문의 산업적 및 기술적 기초를 강화하기 위한 모든 조치를 조사하는 데 기여하고, 적절한 곳에서 당해 조치를 실시하며, 유럽군사능력 및 군비정책을 정의하는데 참가하고, 또 군사적 능력의 향상에 대해 평가함에 있어 이사회를 보좌하는 것이다.

4. 본 조에 의한 임무의 개시를 포함한 공동안보방위정책을 위한 결정은 연합 외교안보정책고위대표의 제안 또는 회원국의 발의에 의거하여 이사회에 의해 전원일치로 제정된다. 고위대표는 위원회와 함께 회원국 및 연합 차원의 적절한 수단의 사용을 제안할 수 있다.

5. 이사회는 연합의 제 가치를 보호하고, 또 그 이익의 달성에 봉사하기 위하여 회원국단(會員國團)에게 연합의 범위 내에서 임무 수행을 위임할 수 있다. 그와 같은 임무의 수행은 제44조에 의해 규율된다.

6. 군사적 능력에 관한 가장 높은 기준을 충족하고, 또 요구되는 임무를 위하여 가장 엄격한 의무를 수용한 회원국들은 연합의 범위 내에서 상설구조협력을 확립한다. 이 협력은 제46조에 의해 규율된다. 이 기구는 제43조의 규정에 영향을 미치지 않는다.

7. 어느 회원국의 영토에 대한 무력공격이 있는 경우에는 다른 회원국들은 국제연합헌장 제51조에 따라 그들의 권한의 범위 내에서 모든 수단을 이용하여 원조하고 지원할 의무가 있다. 이는 특정 회원국의 안보방위정책

의 특별한 성격을 해할 수 없다.

이 분야에서의 의무 및 협력은 북대서양조약기구의 회원국에 대해서는 그들의 집단방위의 기초이자 그 실시를 위한 장으로서 동기구상 인정되는 의무에 부합한다.

제43조

1. 연합이 군사적 및 비군사적 수단을 사용할 수 있는 제42조 제1항에 정해진 임무는 공동무장해제조치, 인도적 임무, 구원출동, 군사적 조언 및 지원 임무, 분쟁예방 및 평화유지 임무, 나아가 평화재건 임무 및 분쟁 후 상황 안정화 활동을 포함하는 위기관리의 범위 내에서 전투 출동을 포함한다. 이 모든 임무는 제3국의 영토 내에서의 테러리즘과 대항 시 그 제3국을 지원하는 것을 포함하여 테러리즘과 대항하여 싸우는 데 기여할 수 있다.
2. 이사회는 임무의 목표 및 범위, 나아가 임무에 적용되는 일반적 실시규정을 정하고 있는 제1항에 의한 임무에 관한 결정을 제정한다. 연합 외교안보정책고위대표는 이사회의 감독 하에 정치·안전보장위원회와 긴밀하게 상시 협의하면서 이 임무의 군사적 및 비군사적 측면의 조정을 확보한다.

제44조

1. 제43조에 따라 제정된 결정의 범위 내에서 이사회는 그와 같은 임무를 위하여 필요한 능력을 가지고, 위임을 원하는 회원국단에게 임무의 수행을 위임할 수 있다. 당해 회원국은 연합 외교안보정책고위대표와 협의하면서 임무의 수행을 회원국간 상호 합의한다.
2. 임무의 실시에 참가하고 있는 회원국은 이사회에게 임무의 현상에 대해 그 자신의 발의로, 또는 기타 회원국의 신청에 의거하여 정기적으로 보고한다. 참가하고 있는 회원국은 임무의 실시로부터 중대한 사태가 발생하고, 또는 제1항에 언급된 결정에 정해져 있는 임무의 목표, 범위 또는 적용된 조건이 수정되지 않았다고 간주될 때는 이사회에게 직접 이를 부탁한다. 이 경우, 이사회는 필요한 결정을 제정한다.

제45조

1. 제42조 제3항에 규정되어 있고, 이사회의 관할 하에 있는 유럽방위청의 임무는 아래와 같다.
   (a) 회원국의 군사적 능력 분야에서 목표의 조사 및 회원국이 이 능력과 관련하여 인수한 의무의 이행 여부의 평가 시 협력에 기여한다.
   (b) 작전상 필수품의 조화 및 효율적이고도 적합한 조달방법의 결정을 촉진한다.
   (c) 군사적 능력 분야에서 목표를 달성하기 위한 다국간 프로젝트를 제안하고, 회원국이 실시하는 계획의 조달 및 특별한 협력계획의 운영을 보장한다.
   (d) 방위기술 분야의 연구를 지원하고, 공동 연구 활동 및 장래의 작전상 필요에 적합한 기술적 해결책의 연구를 조정하고 계획한다.
   (e) 방위 부문의 산업적 및 기술적 기반의 강화 및 방위 지출의 효과적 투입을 위한 유효한 조치를 조사하고, 이 조치를 필요에 따라 실시한다.
2. 참가를 희망하는 모든 회원국은 유럽방위청의 활동에 참가할 수 있다. 이사회는 유럽방위청의 지위, 소재지 및 운영 방식을 정하는 결정을 가중다수결로 제정한다. 이 결정은 유럽방위청의 활동에 대해 효과적 참가의 범위를 고려한다. 유럽방위청 내에서는 공동프로젝트를 실시하는 모든 회원국이 결집하는 특별그룹이 형성된다. 유럽방위청은 필요에 따라 위원회와 연대하면서 그 임무를 수행한다.

제46조

1. 제42조 제6항에서 말하는 상설구조협력에 참가하는 것을 희망하고, 상설구조협력에 관한 의정서에 포함되어 있는 군사적 능력에 대한 기준을 만족하는 동시에 의무를 인수한 회원국은 그 의도를 이사회 및 연합 외교안보정책고위대표에게 통지한다.
2. 이사회는 제1항에 언급된 통지로부터 3개월 내에 상설구조협력의 설립 및 이에 참가하는 회원국의 목록에 관하여 결정을 제정한다. 이사회는 고위대표와 협의 후 가중다수결로 결정한다.

3. 나중에 상설구조협력에 참가하는 것을 원하는 회원국은 이사회 및 고위대표에게 그 의도를 통지한다.

이사회는 상설구조협력에 관한 의정서의 제1조 및 제2조에 의한 기준을 만족하고, 동시에 의무를 인수한 당해 회원국의 참가를 확인하는 결정을 제정한다. 이사회는 고위대표와 협의 후 가중다수결로 결정한다. 참가하고 있는 모든 회원국을 대표하는 이사회 위원만이 표결에 참가한다.

가중다수결은 유럽연합의 운영에 관한 조약 제238조 제3항 (a)호에 따른다.

4. 참가하고 있는 회원국이 상설구조협력에 관한 의정서의 제1조 및 제2조에 의한 기준을 충족시키지 않고, 또는 동 의정서에 언급된 의무를 이행할 수 없을 때는 이사회는 당해 회원국의 참가를 정지시키는 결정을 제정할 수 있다.

이사회는 가중다수결로 결정한다. 당해 회원국을 제외한 참가하고 있는 모든 회원국을 대표하는 이사회 위원만이 표결에 참가한다.

가중다수결은 유럽연합의 운영에 관한 조약 제238조 제3항 (a)호에 따른다.

5. 참가 중인 회원국이 상설구조협력에서 탈퇴를 원하는 경우, 당해 회원국은 그 의사를 이사회에 통지하고, 이사회는 당해 회원국의 참가가 종료되었다는 것을 확인한다.
6. 제2항 내지 제5항에 의한 결정을 제외하고, 이사회는 상설구조협력기구의 범위 내에서 결정 및 권고를 전원일치로 제정한다. 본 항의 목적에 따라 전원일치는 이 협력에 참가하고 있는 모든 회원국의 대표의 투표에 의해서만 행해진다.

제6편
최종규정

제47조

연합은 법인격을 가진다.

제48조(ex Article 48 TEU)

제조약은 보통개정절차에 따라 개정될 수 있다. 또한 제조약은 약식개정절차에 따라 개정될 수 있다.

보통개정절차

2. 각 회원국 정부, 유럽의회 또는 위원회는 이사회에 제조약의 개정안을 제출할 수 있다. 이 개정안은 특히 제조약에서 연합에게 부여된 권한의 확대 또는 축소를 목적으로 할 수 있다. 이 개정안은 이사회에 의해 유럽이사회에 송부되고, 회원국 국내의회에 통지된다.
3. 유럽이사회가 유럽의회 및 위원회와 협의 후 개정안의 검토를 단순다수결로 결정할 때 유럽이사회 의장은 회원국 국내의회, 회원국의 국가원수 및 정부수반, 유럽의회 및 위원회의 대표자로 구성되는 자문회의를 소집한다. 통화 분야의 기구 변경시에는 유럽중앙은행과 협의한다. 자문회의는 개정안을 검토하고, 컨센서스절차에 따라 제4항에 의한 회원국 정부대표자회의에 대해 권고를 행한다.

유럽이사회는 계획되어 있는 개정의 범위에서는 소집이 정당화될 수 없을 때 자문회의를 소집하지 않을 것을 유럽의회의 동의를 얻은 후 단순다수결로 결정할 수 있다. 이 경우, 유럽이사회는 회원국 정부대표자회의의 위임사항을 정한다.

4. 회원국 정부대표자회의는 제조약의 개정에 합의하기 위하여 이사회 의장에 의해 소집된다.

개정은 모든 회원국이 그 헌법상의 요청에 따라 비준한 후 발효한다.

5. 제조약을 개정하는 조약의 서명으로부터 2년이 경과한 후 회원국의 5분의 4가 이 개정조약을 비준했지만 하나 혹은 복수의 회원국에서 비준에 어려움이 발생한 때에는 유럽이사회가 이 문제를 토의한다.

약식개정절차

6. 각 회원국정부, 유럽의회 또는 위원회는 연합의 역내 정책 및 행동 분야에 관한 유럽연합의 운영에 관한 조약 제3부의 규정의 전부 또는 일부의 개정안을 유럽이사회에 제출할 수 있다.

유럽이사회는 유럽연합의 운영에 관한 조약 제3부의 규정의 전부 또는 일부를 개정하는 결정을 제정할 수 있다. 유럽이사회는 유럽의회 및 위원회와 협의 후, 또한 통화 분야의 기구의 변경시에는 유럽중앙은행과 협의 후 전원일치로 결정한다. 이 결정은 회원국의 헌법상의 요청에 따른 동의를 얻은 후 발효한다.

제2단에 의한 결정은 제조약의 범위 내에서 연합에게 부여된 권한을 확대할 수 없다.

7. 이사회가 유럽연합의 운영에 관한 조약 또는 본조약 제5편에 따라 어떤 분야 또는 특정한 경우에 전원일치로 행동한다는 규정을 두고 있다고 할지라도 유럽이사회는 이사회가 당해 분야 또는 당해 경우에 가중다수결로 행동하는 것을 승인하는 결정을 제정할 수 있다. 본 단은 군사정책 및 방위정책과 관련된 결정에는 적용되지 않는다.

유럽연합의 운영에 관한 조약이 특별입법절차에 따라 이사회에 의해 제정된 법률에 대해 규정하고 있는 경우라고 할지라도 유럽이사회는 보통입법절차에 따라 이 법률의 제정을 허용하는 결정을 제정할 수 있다.

제1단 또는 제2단에 의거하여 유럽이사회가 행한 모든 발의는 회원국 국내의회에 통지된다. 이 발의가 통지된 후 6개월 이내 어떤 회원국 국내의회에 의해 거부될 때는 제1항 또는 제2항에 의한 결정은 제정될 수 없다. 이 발의가 거부되지 않은 경우, 유럽이사회는 당해 결정을 제정할 수 있다.

유럽이사회는 제1단 및 제2단에 의한 결정을 재적의원의 과반수로서 결정하는 유럽의회의 동의를 얻은 후 전원일치로 제정한다.

제49조(ex Article 49 TEU)

제2조에 언급된 가치를 존중하고, 그 촉진을 위하여 노력하는 어느 유럽국가라도 연합에 가입을 신청할 수 있다. 유럽의회 및 회원국 국내의회는 가입 신청에 관한 사항을 통보받는다. 가입신청국은 이사회에 그 가입을 신청한다. 이사회는 위원회와 협의 후, 동시에 재적의원의 과반수로 결정하는 유럽의회의 동의를 얻은 후 전원일치로 결정한다. 유럽이사회에 의해 합의된 가입조건은 고려된다.

가입조건 및 가입에 필요한 연합의 토대가 되는 제조약에 대한 조정은 회원국 및 가입신청국 간 협정에 기속된다. 이 협정은 모든 체약국의 헌법상의 요청에 따라 비준되어야 한다.

제50조

1. 모든 회원국은 그 헌법상의 요청에 따라 연합으로부터의 탈퇴를 결정할 수 있다.
2. 탈퇴를 결정하는 회원국은 유럽이사회에 그 의도를 통지한다. 유럽이사회의 방침에 따라 연합은 장래의 관계를 위한 틀을 고려하고 당해국과 함께 탈퇴에 관한 협정에 대해 교섭하고, 이를 체결한다. 이 협정은 유럽연합의 운영에 관한 조약 제218조 제3항에 따라 교섭된다. 이 협정은 유럽의회의 동의를 얻은 후 연합의 이름으로 유럽이사회에 의해 가중다수결로 체결된다.
3. 제조약은 당해국에 대해서는 탈퇴협정의 발효일로부터, 또는 그 외의 경우에는 제2항에 언급된 통지 후 2년째 되는 해부터 적용되지 않는다. 단, 유럽이사회가 당해 회원국과 합의하여 기간의 연장을 전원일치로 결정한 때에는 이에 한하지 않는다.
4. 제2항 및 제3항의 목적을 위하여, 탈퇴하는 회원국을 대표하는 유럽이사회 및 이사회의 위원은 유럽이사회 또는 이사회의 심의, 또는 그와 관련된 결정에 참가할 수 없다.

가중다수결은 유럽연합의 운영에 관한 조약 제238조 제3항 (b)호에 따른다.

5. 연합으로부터 탈퇴한 국가가 재가입을 요청하는 경우, 그 요청은 제49조의 절차에 기속된다.

제51조

제조약의 의정서 및 부속서는 제조약의 필요불가결한 구성부분이다.

제52조

1. 제조약은 벨기에왕국, 불가리아공화국, 체코공화국, 덴마크왕국, 독일연방공화국, 에스토니아공화국, 아일랜드, 그리스공화국, 스페인왕국, 프랑스공화국, 이탈리아공화국, 사이프러스공화국, 라트비아공화국, 리투아니아공화국, 룩셈부르크공국, 헝가리공화국, 몰타공화국, 네덜란드왕국, 오스트리아공화국, 폴란드공화국, 포르투갈공화국, 루마니아, 슬로베니아공화국, 슬로바키아공화국, 핀란드공화국, 스웨덴왕국 및 영국·북아일랜드에

적용된다.

2. 제조약의 적용 영역은 유럽연합의 운영에 관한 조약 제355조에서 상세하게 정한다.

제53조(ex Article 51 TEU)

본 조약은 기한없이 체결된다.

제54조(ex Article 52 TEU)

1. 본 조약은 그 헌법상의 요청에 따라 체약국에 의해 비준되어야 한다. 비준서는 이탈리아공화국정부에 기탁된다.
2. 본 조약은 모든 비준서가 기탁된 경우에는 1993년 1월 1일에, 기타 경우에는 마지막 비준서가 기탁된 다음 달 1일에 발효한다.

제55조(ex Article 53 TEU)

1. 본 조약은 불가리아어, 체코어, 덴마크어, 네덜란드어, 영어, 에스토니아어, 핀란드어, 프랑스어, 독일어, 그리스어, 헝가리어, 아일랜드어, 이탈리아어, 라트비아어, 리투아니아어, 말타어, 폴란드어, 포르투갈어, 루마니아어, 슬로바키아어, 슬로베니아어, 스페인어 및 스웨덴어에 의해 원본이 기초되고, 어느 원본이나 동일한 정본이다. 본 조약은 이탈리아공화국 정부 공문서 보관소에 기탁된다. 동 정부는 다른 각 서명국 정부에게 인증등본을 교부한다.
2. 또한 본 조약은 회원국이 정하는 다른 어떤 원어로도 당해 언어가 개개회원국의 헌법질서에 따라 전 영토 또는 그 일부에서 공용어라면 번역될 수 있다. 당해 회원국은 이사회의 공문서관리소에 기탁되는 당해 번역의 인증등본을 교부한다.

위의 증거로서 전권위임자는 본 조약에 서명했다.

마스트리히트에서, 1992년 2월 7일

(서명자의 이름은 생략)

[출처] 채형복 옮김, 『리스본조약』(서울: 국제환경규제 기업지원센터, 2010), pp.13-59.

【부록 2】 아세안헌장

PREAMBLE

WE, THE PEOPLES of the Member States of the Association of Southeast Asian Nations(ASEAN), as represented by the Heads of State or Government of Brunei Darussalam, the Kingdom of Cambodia, the Republic of Indonesia, the Lao People's Democratic Republic, Malaysia, the Union of Myanmar, the Republic of the Philippines, the Republic of Singapore, the Kingdom of Thailand and the Socialist Republic of Viet Nam:

NOTING with satisfaction the significant achievements and expansion of ASEAN since its establishment in Bangkok through the promulgation of The ASEAN Declaration;

RECALLING the decisions to establish an ASEAN Charter in the Vientiane Action Programme, the Kuala Lumpur Declaration on the Establishment of the ASEAN Charter and the Cebu Declaration on the Blueprint of the ASEAN Charter;

MINDFUL of the existence of mutual interests and interdependence among the peoples and Member States of ASEAN which are bound by geography, common objectives and shared destiny;

INSPIRED by and united under One Vision, One Identity and One Caring and Sharing Community;

UNITED by a common desire and collective will to live in a region of lasting peace, security and stability, sustained economic growth, shared prosperity and social progress, and to promote our vital interests, ideals and aspirations;

RESPECTING the fundamental importance of amity and cooperation, and the principles of sovereignty, equality, territorial integrity, non-interference, consensus and unity in diversity;

ADHERING to the principles of democracy, the rule of law and good governance, respect for and protection of human rights and fundamental freedoms;

RESOLVED to ensure sustainable development for the benefit of present and future generations and to place the well-being, livelihood and welfare of the peoples at the centre of the ASEAN community building process;

CONVINCED of the need to strengthen existing bonds of regional solidarity to realise an ASEAN Community that is politically cohesive, economically integrated and socially responsible in order to effectively respond to current and future challenges and opportunities;

COMMITTED to intensifying community building through enhanced regional cooperation and integration, in particular by establishing an ASEAN Community comprising the ASEAN Security Community, the ASEAN Economic Community and the ASEAN Socio-Cultural Community, as provided for in the Bali Declaration of ASEAN Concord II;

HEREBY DECIDE to establish, through this Charter, the legal and institutional framework for ASEAN,

AND TO THIS END, the Heads of State or Government of the Member States of ASEAN, assembled in Singapore on the historic occasion of the 40 th anniversary of the founding of ASEAN, have agreed to this Charter.

CHAPTER I
PURPOSES AND PRINCIPLES

ARTICLE 1
PURPOSES

The Purposes of ASEAN are:

1. To maintain and enhance peace, security and stability and further strengthen peace-oriented values in the region;

2. To enhance regional resilience by promoting greater political, security, economic and socio-cultural cooperation;

3. To preserve Southeast Asia as a Nuclear Weapon-Free Zone and free of all other weapons of mass destruction;

4. To ensure that the peoples and Member States of ASEAN live in peace with the world at large in a just, democratic and harmonious environment;

5. To create a single market and production base which is stable, prosperous, highly competitive and economically integrated with effective facilitation for trade and investment in which there is free flow of goods, services and investment; facilitated movement of business persons, professionals, talents and labour; and freer flow of capital;

6. To alleviate poverty and narrow the development gap within ASEAN through mutual assistance and cooperation;

7. To strengthen democracy, enhance good governance and the rule of law, and to promote and protect human rights and fundamental freedoms, with due regard to the rights and responsibilities of the Member States of ASEAN;

8. To respond effectively, in accordance with the principle of comprehensive security, to all forms of threats, transnational crimes and transboundary challenges;

9. To promote sustainable development so as to ensure the protection of the region's environment, the sustainability of its natural resources, the preservation of its cultural heritage and the high quality of life of its peoples;

10. To develop human resources through closer cooperation in education and life-long learning, and in science and technology, for the empowerment of the peoples of ASEAN and for the strengthening of the ASEAN Community;

11. To enhance the well-being and livelihood of the peoples of ASEAN by providing them with equitable access to opportunities for human development, social welfare and justice;

12. To strengthen cooperation in building a safe, secure and drug-free environment for the peoples of ASEAN;

13. To promote a people-oriented ASEAN in which all sectors of society are encouraged to participate in, and benefit from, the process of ASEAN integration and community building;

14. To promote an ASEAN identity through the fostering of greater awareness of the diverse culture and heritage of the region; and

15. To maintain the centrality and proactive role of ASEAN as the primary driving force in its relations and cooperation with its external partners in a regional architecture that is open, transparent and inclusive.

ARTICLE 2
PRINCIPLES

1. In pursuit of the Purposes stated in Article 1, ASEAN and its Member States reaffirm and adhere to the fundamental principles contained in the declarations, agreements, conventions, concords, treaties and other instruments of ASEAN.

2. ASEAN and its Member States shall act in accordance with the following Principles:

(a) respect for the independence, sovereignty, equality, territorial integrity and national identity of all ASEAN Member States;

(b) shared commitment and collective responsibility in enhancing regional peace, security and prosperity;

(c) renunciation of aggression and of the threat or use of force or other actions in any manner inconsistent with international law;

(d) reliance on peaceful settlement of disputes;

(e) non-interference in the internal affairs of ASEAN Member States;

(f) respect for the right of every Member State to lead its national existence free from external interference, subversion and coercion;

(g) enhanced consultations on matters seriously affecting the common interest of ASEAN;

(h) adherence to the rule of law, good governance, the principles of democracy and constitutional government;

(i) respect for fundamental freedoms, the promotion and protection of human rights, and the promotion of social justice;

(j) upholding the United Nations Charter and international law, including international humanitarian law, subscribed to by ASEAN Member States;

(k) abstention from participation in any policy or activity, including the use of its territory, pursued by any ASEAN Member State or non-ASEAN State or any non-State actor, which threatens the sovereignty, territorial integrity or political and economic stability of ASEAN Member States;

(l) respect for the different cultures, languages and religions of the peoples of ASEAN, while emphasising their common values in the spirit of unity in diversity;

(m) the centrality of ASEAN in external political, economic, social and cultural relations while remaining actively engaged, outward-looking, inclusive and non-discriminatory; and

(n) adherence to multilateral trade rules and ASEAN's rules-based regimes for effective implementation of economic commitments and progressive reduction towards elimination of all barriers to regional economic integration, in a market-driven economy.

CHAPTER II
LEGAL PERSONALITY

ARTICLE 3
LEGAL PERSONALITY OF ASEAN

ASEAN, as an inter-governmental organisation, is hereby conferred legal personality.

CHAPTER III
MEMBERSHIP

ARTICLE 4
MEMBER STATES

The Member States of ASEAN are Brunei Darussalam, the Kingdom of Cambodia, the Republic of Indonesia, the Lao People's Democratic Republic, Malaysia, the Union of Myanmar, the Republic of the Philippines, the Republic of Singapore, the Kingdom of Thailand and the Socialist Republic of Viet Nam.

ARTICLE 5
RIGHTS AND OBLIGATIONS

1. Member States shall have equal rights and obligations under this Charter.

2. Member States shall take all necessary measures, including the enactment of appropriate domestic legislation, to effectively implement the provisions of this Charter and to comply with all obligations of membership.

3. In the case of a serious breach of the Charter or non-compliance, the matter shall be referred to Article 20.

ARTICLE 6

ADMISSION OF NEW MEMBERS

1. The procedure for application and admission to ASEAN shall be prescribed by the ASEAN Coordinating Council.

2. Admission shall be based on the following criteria:

(a) location in the recognised geographical region of Southeast Asia;

(b) recognition by all ASEAN Member States;

(c) agreement to be bound and to abide by the Charter; and

(d) ability and willingness to carry out the obligations of Membership.

3. Admission shall be decided by consensus by the ASEAN Summit, upon the recommendation of the ASEAN Coordinating Council.

4. An applicant State shall be admitted to ASEAN upon signing an Instrument of Accession to the Charter.

CHAPTER IV
ORGANS

ARTICLE 7

ASEAN SUMMIT

1. The ASEAN Summit shall comprise the Heads of State or Government of the Member States.

2. The ASEAN Summit shall:

(a) be the supreme policy-making body of ASEAN;

(b) deliberate, provide policy guidance and take decisions on key issues pertaining to the realisation of the objectives of ASEAN, important matters of interest to Member States and all issues referred to it by the ASEAN Coordinating Council, the ASEAN Community Councils and ASEAN Sectoral Ministerial Bodies;

(c) instruct the relevant Ministers in each of the Councils concerned to hold ad hoc inter-Ministerial meetings, and address important issues concerning ASEAN that cut across the Community Councils. Rules of procedure for such meetings shall be adopted by the ASEAN Coordinating Council;

(d) address emergency situations affecting ASEAN by taking appropriate actions;

(e) decide on matters referred to it under Chapters VII and VIII;

(f) authorise the establishment and the dissolution of Sectoral Ministerial Bodies and other ASEAN institutions; and

(g) appoint the Secretary-General of ASEAN, with the rank and status of Minister, who will serve with the confidence and at the pleasure of the Heads of State or Government upon the recommendation of the ASEAN Foreign Ministers Meeting.

3. ASEAN Summit Meetings shall be:

(a) held twice annually, and be hosted by the Member State holding the ASEAN Chairmanship; and

(b) convened, whenever necessary, as special or ad hoc meetings to be chaired by the Member State holding the ASEAN Chairmanship, at venues to be agreed upon by ASEAN Member States.

ARTICLE 8
ASEAN COORDINATING COUNCIL

1. The ASEAN Coordinating Council shall comprise the ASEAN Foreign Ministers and meet at least twice a year.

2. The ASEAN Coordinating Council shall:

(a) prepare the meetings of the ASEAN Summit;

(b) coordinate the implementation of agreements and decisions of the ASEAN Summit;

(c) coordinate with the ASEAN Community Councils to enhance policy coherence, efficiency and cooperation among them;

(d) coordinate the reports of the ASEAN Community Councils to the ASEAN Summit;

(e) consider the annual report of the Secretary-General on the work of ASEAN;

(f) consider the report of the Secretary-General on the functions and operations of the ASEAN Secretariat and other relevant bodies;

(g) approve the appointment and termination of the Deputy

Secretaries-General upon the recommendation of the Secretary-General; and

(h) undertake other tasks provided for in this Charter or such other functions as may be assigned by the ASEAN Summit.

3. The ASEAN Coordinating Council shall be supported by the relevant senior officials.

ARTICLE 9
ASEAN COMMUNITY COUNCILS

1. The ASEAN Community Councils shall comprise the ASEAN Political-Security Community Council, ASEAN Economic Community Council, and ASEAN Socio-Cultural Community Council.

2. Each ASEAN Community Council shall have under its purview the relevant ASEAN Sectoral Ministerial Bodies.

3. Each Member State shall designate its national representation for each ASEAN Community Council meeting.

4. In order to realise the objectives of each of the three pillars of the ASEAN Community, each ASEAN Community Council shall:

(a) ensure the implementation of the relevant decisions of the ASEAN Summit;

(b) coordinate the work of the different sectors under its purview, and on issues which cut across the other Community Councils; and

(c) submit reports and recommendations to the ASEAN Summit on matters under its purview.

5. Each ASEAN Community Council shall meet at least twice a year and shall be chaired by the appropriate Minister from the Member State holding the ASEAN Chairmanship.

6. Each ASEAN Community Council shall be supported by the relevant senior officials.

ARTICLE 10
ASEAN SECTORAL MINISTERIAL BODIES

1. ASEAN Sectoral Ministerial Bodies shall:

(a) function in accordance with their respective established mandates;

(b) implement the agreements and decisions of the ASEAN Summit under their respective purview;

(c) strengthen cooperation in their respective fields in support of ASEAN integration and community building; and

(d) submit reports and recommendations to their respective Community Councils.

2. Each ASEAN Sectoral Ministerial Body may have under its purview the relevant senior officials and subsidiary bodies to undertake its functions as contained in Annex 1. The Annex may be updated by the Secretary-General of ASEAN upon the recommendation of the Committee of Permanent Representatives without recourse to the provision on Amendments under this Charter.

ARTICLE 11
SECRETARY-GENERAL OF ASEAN AND ASEAN SECRETARIAT

1. The Secretary-General of ASEAN shall be appointed by the ASEAN Summit for a non-renewable term of office of five years, selected from among nationals of the ASEAN Member States based on alphabetical rotation, with due consideration to integrity, capability and professional experience, and gender equality.

2. The Secretary-General shall:

(a) carry out the duties and responsibilities of this high office in accordance with the provisions of this Charter and relevant ASEAN instruments, protocols and established practices;

(b) facilitate and monitor progress in the implementation of ASEAN agreements and decisions, and submit an annual report on the work of ASEAN to the ASEAN Summit;

(c) participate in meetings of the ASEAN Summit, the ASEAN Community Councils, the ASEAN Coordinating Council, and ASEAN Sectoral Ministerial Bodies and other relevant ASEAN meetings;

(d) present the views of ASEAN and participate in meetings with external parties in accordance with approved policy guidelines and mandate given to the Secretary-General; and

(e) recommend the appointment and termination of the Deputy Secretaries-General to the ASEAN Coordinating Council for approval.

3. The Secretary-General shall also be the Chief Administrative Officer of ASEAN.

4. The Secretary-General shall be assisted by four Deputy Secretaries-General with the rank and status of Deputy Ministers. The Deputy Secretaries-General shall be accountable to the Secretary-General in carrying out their functions.

5. The four Deputy Secretaries-General shall be of different nationalities from the Secretary-General and shall come from four different ASEAN Member States.

6. The four Deputy Secretaries-General shall comprise:

(a) two Deputy Secretaries-General who will serve a non-renewable term of three years, selected from among nationals of the ASEAN Member States based on alphabetical rotation, with due consideration to integrity, qualifications, competence, experience and gender equality; and

(b) two Deputy Secretaries-General who will serve a term of three years, which may be renewed for another three years. These two Deputy Secretaries-General shall be openly recruited based on merit.

7. The ASEAN Secretariat shall comprise the Secretary-General and such staff as may be required.

8. The Secretary-General and the staff shall:

(a) uphold the highest standards of integrity, efficiency, and competence in the performance of their duties;

(b) not seek or receive instructions from any government or external party outside of ASEAN; and

(c) refrain from any action which might reflect on their position as ASEAN Secretariat officials responsible only to ASEAN.

9. Each ASEAN Member State undertakes to respect the exclusively ASEAN character of the responsibilities of the Secretary-General and the staff, and not to seek to influence them in the discharge of their responsibilities.

ARTICLE 12
COMMITTEE OF PERMANENT REPRESENTATIVES TO ASEAN

1. Each ASEAN Member State shall appoint a Permanent Representative to ASEAN with the rank of Ambassador based in Jakarta.

2. The Permanent Representatives collectively constitute a Committee of Permanent Representatives, which shall:

(a) support the work of the ASEAN Community Councils and ASEAN

Sectoral Ministerial Bodies;

(b) coordinate with ASEAN National Secretariats and other ASEAN Sectoral Ministerial Bodies;

(c) liaise with the Secretary-General of ASEAN and the ASEAN Secretariat on all subjects relevant to its work;

(d) facilitate ASEAN cooperation with external partners; and

(e) perform such other functions as may be determined by the ASEAN Coordinating Council.

ARTICLE 13
ASEAN NATIONAL SECRETARIATS

Each ASEAN Member State shall establish an ASEAN National Secretariat which shall:

(a) serve as the national focal point;

(b) be the repository of information on all ASEAN matters at the national level;

(c) coordinate the implementation of ASEAN decisions at the national level;

(d) coordinate and support the national preparations of ASEAN meetings;

(e) promote ASEAN identity and awareness at the national level; and

(f) contribute to ASEAN community building.

ARTICLE 14
ASEAN HUMAN RIGHTS BODY

1. In conformity with the purposes and principles of the ASEAN Charter relating to the promotion and protection of human rights and fundamental freedoms, ASEAN shall establish an ASEAN human rights body.

2. This ASEAN human rights body shall operate in accordance with the terms of reference to be determined by the ASEAN Foreign Ministers Meeting.

ARTICLE 15
ASEAN FOUNDATION

1. The ASEAN Foundation shall support the Secretary-General of ASEAN and collaborate with the relevant ASEAN bodies to support ASEAN

community building by promoting greater awareness of the ASEAN identity, people-to-people interaction, and close collaboration among the business sector, civil society, academia and other stakeholders in ASEAN.

2. The ASEAN Foundation shall be accountable to the Secretary-General of ASEAN, who shall submit its report to the ASEAN Summit through the ASEAN Coordinating Council.

CHAPTER V
ENTITIES ASSOCIATED WITH ASEAN

ARTICLE 16
ENTITIES ASSOCIATED WITH ASEAN

1. ASEAN may engage with entities which support the ASEAN Charter, in particular its purposes and principles. These associated entities are listed in Annex 2.

2. Rules of procedure and criteria for engagement shall be prescribed by the Committee of Permanent Representatives upon the recommendation of the Secretary-General of ASEAN.

3. Annex 2 may be updated by the Secretary-General of ASEAN upon the recommendation of the Committee of Permanent Representatives without recourse to the provision on Amendments under this Charter.

CHAPTER VI
IMMUNITIES AND PRIVILEGES

ARTICLE 17
IMMUNITIES AND PRIVILEGES OF ASEAN

1. ASEAN shall enjoy in the territories of the Member States such immunities and privileges as are necessary for the fulfilment of its purposes.

2. The immunities and privileges shall be laid down in separate agreements between ASEAN and the host Member State.

ARTICLE 18
IMMUNITIES AND PRIVILEGES OF THE SECRETARY-GENERAL OF ASEAN AND STAFF OF THE ASEAN SECRETARIAT

1. The Secretary-General of ASEAN and staff of the ASEAN Secretariat participating in official ASEAN activities or representing ASEAN in the Member States shall enjoy such immunities and privileges as are necessary for the independent exercise of their functions.

2. The immunities and privileges under this Article shall be laid down in a separate ASEAN agreement.

ARTICLE 19
IMMUNITIES AND PRIVILEGES OF THE PERMANENT REPRESENTATIVES AND OFFICIALS ON ASEAN DUTIES

1. The Permanent Representatives of the Member States to ASEAN and officials of the Member States participating in official ASEAN activities or representing ASEAN in the Member States shall enjoy such immunities and privileges as are necessary for the exercise of their functions.

2. The immunities and privileges of the Permanent Representatives and officials on ASEAN duties shall be governed by the 1961 Vienna Convention on Diplomatic Relations or in accordance with the national law of the ASEAN Member State concerned.

CHAPTER VII
DECISION-MAKING

ARTICLE 20
CONSULTATION AND CONSENSUS

1. As a basic principle, decision-making in ASEAN shall be based on consultation and consensus.

2. Where consensus cannot be achieved, the ASEAN Summit may decide how a specific decision can be made.

3. Nothing in paragraphs 1 and 2 of this Article shall affect the modes of decision-making as contained in the relevant ASEAN legal instruments.

4. In the case of a serious breach of the Charter or non-compliance,

the matter shall be referred to the ASEAN Summit for decision.

ARTICLE 21
IMPLEMENTATION AND PROCEDURE

1. Each ASEAN Community Council shall prescribe its own rules of procedure.

2. In the implementation of economic commitments, a formula for flexible participation, including the ASEAN Minus X formula, may be applied where there is a consensus to do so.

CHAPTER VIII
SETTLEMENT OF DISPUTES

ARTICLE 22
GENERAL PRINCIPLES

1. Member States shall endeavour to resolve peacefully all disputes in a timely manner through dialogue, consultation and negotiation.

2. ASEAN shall maintain and establish dispute settlement mechanisms in all fields of ASEAN cooperation.

ARTICLE 23
GOOD OFFICES, CONCILIATION AND MEDIATION

1. Member States which are parties to a dispute may at any time agree to resort to good offices, conciliation or mediation in order to resolve the dispute within an agreed time limit.

2. Parties to the dispute may request the Chairman of ASEAN or the Secretary-General of ASEAN, acting in an ex-officio capacity, to provide good offices, conciliation or mediation.

ARTICLE 24
DISPUTE SETTLEMENT MECHANISMS IN SPECIFIC INSTRUMENTS

1. Disputes relating to specific ASEAN instruments shall be settled through the mechanisms and procedures provided for in such instruments.

2. Disputes which do not concern the interpretation or application of

any ASEAN instrument shall be resolved peacefully in accordance with the Treaty of Amity and Cooperation in Southeast Asia and its rules of procedure.

3. Where not otherwise specifically provided, disputes which concern the interpretation or application of ASEAN economic agreements shall be settled in accordance with the ASEAN Protocol on Enhanced Dispute Settlement Mechanism.

ARTICLE 25
ESTABLISHMENT OF DISPUTE SETTLEMENT MECHANISMS

Where not otherwise specifically provided, appropriate dispute settlement mechanisms, including arbitration, shall be established for disputes which concern the interpretation or application of this Charter and other ASEAN instruments.

ARTICLE 26
UNRESOLVED DISPUTES

When a dispute remains unresolved, after the application of the preceding provisions of this Chapter, this dispute shall be referred to the ASEAN Summit, for its decision.

ARTICLE 27
COMPLIANCE

1. The Secretary-General of ASEAN, assisted by the ASEAN Secretariat or any other designated ASEAN body, shall monitor the compliance with the findings, recommendations or decisions resulting from an ASEAN dispute settlement mechanism, and submit a report to the ASEAN Summit.

2. Any Member State affected by non-compliance with the findings, recommendations or decisions resulting from an ASEAN dispute settlement mechanism, may refer the matter to the ASEAN Summit for a decision.

ARTICLE 28
UNITED NATIONS CHARTER PROVISIONS AND OTHER RELEVANT INTERNATIONAL PROCEDURES

Unless otherwise provided for in this Charter, Member States have the right of recourse to the modes of peaceful settlement contained in Article

33(1) of the Charter of the United Nations or any other international legal instruments to which the disputing Member States are parties.

CHAPTER IX
BUDGET AND FINANCE

ARTICLE 29
GENERAL PRINCIPLES

1. ASEAN shall establish financial rules and procedures in accordance with international standards.

2. ASEAN shall observe sound financial management policies and practices and budgetary discipline.

3. Financial accounts shall be subject to internal and external audits.

ARTICLE 30
OPERATIONAL BUDGET AND FINANCES OF THE ASEAN SECRETARIAT

1. The ASEAN Secretariat shall be provided with the necessary financial resources to perform its functions effectively.

2. The operational budget of the ASEAN Secretariat shall be met by ASEAN Member States through equal annual contributions which shall be remitted in a timely manner.

3. The Secretary-General shall prepare the annual operational budget of the ASEAN Secretariat for approval by the ASEAN Coordinating Council upon the recommendation of the Committee of Permanent Representatives.

4. The ASEAN Secretariat shall operate in accordance with the financial rules and procedures determined by the ASEAN Coordinating Council upon the recommendation of the Committee of Permanent Representatives.

CHAPTER X
ADMINISTRATION AND PROCEDURE

ARTICLE 31
CHAIRMAN OF ASEAN

1. The Chairmanship of ASEAN shall rotate annually, based on the alphabetical order of the English names of Member States.

2. ASEAN shall have, in a calendar year, a single Chairmanship by which the Member State assuming the Chairmanship shall chair:

(a) the ASEAN Summit and related summits;

(b) the ASEAN Coordinating Council;

(c) the three ASEAN Community Councils;

(d) where appropriate, the relevant ASEAN Sectoral Ministerial Bodies and senior officials; and

(e) the Committee of Permanent Representatives.

ARTICLE 32
ROLE OF THE CHAIRMAN OF ASEAN

The Member State holding the Chairmanship of ASEAN shall:

(a) actively promote and enhance the interests and well-being of ASEAN, including efforts to build an ASEAN Community through policy initiatives, coordination, consensus and cooperation;

(b) ensure the centrality of ASEAN;

(c) ensure an effective and timely response to urgent issues or crisis situations affecting ASEAN, including providing its good offices and such other arrangements to immediately address these concerns;

(d) represent ASEAN in strengthening and promoting closer relations with external partners; and

(e) carry out such other tasks and functions as may be mandated.

ARTICLE 33
DIPLOMATIC PROTOCOL AND PRACTICES

ASEAN and its Member States shall adhere to existing diplomatic protocol and practices in the conduct of all activities relating to ASEAN. Any changes shall be approved by the ASEAN Coordinating Council upon the recommendation of the Committee of Permanent Representatives.

ARTICLE 34
WORKING LANGUAGE OF ASEAN

The working language of ASEAN shall be English.

CHAPTER XI
IDENTITY AND SYMBOLS

ARTICLE 35
ASEAN IDENTITY

ASEAN shall promote its common ASEAN identity and a sense of belonging among its peoples in order to achieve its shared destiny, goals and values.

ARTICLE 36
ASEAN MOTTO

The ASEAN motto shall be: "One Vision, One Identity, One Community"

ARTICLE 37
ASEAN FLAG

The ASEAN flag shall be as shown in Annex 3.

ARTICLE 38
ASEAN EMBLEM

The ASEAN emblem shall be as shown in Annex 4.

ARTICLE 39
ASEAN DAY

The eighth of August shall be observed as ASEAN Day.

ARTICLE 40
ASEAN ANTHEM

ASEAN shall have an anthem.

CHAPTER XII
EXTERNAL RELATIONS

ARTICLE 41
CONDUCT OF EXTERNAL RELATIONS

1. ASEAN shall develop friendly relations and mutually beneficial dialogue, cooperation and partnerships with countries and sub-regional, regional and international organisations and institutions.

2. The external relations of ASEAN shall adhere to the purposes and principles set forth in this Charter.

3. ASEAN shall be the primary driving force in regional arrangements that it initiates and maintain its centrality in regional cooperation and community building.

4. In the conduct of external relations of ASEAN, Member States shall, on the basis of unity and solidarity, coordinate and endeavour to develop common positions and pursue joint actions.

5. The strategic policy directions of ASEAN's external relations shall be set by the ASEAN Summit upon the recommendation of the ASEAN Foreign Ministers Meeting.

6. The ASEAN Foreign Ministers Meeting shall ensure consistency and coherence in the conduct of ASEAN's external relations.

7. ASEAN may conclude agreements with countries or sub-regional, regional and international organisations and institutions. The procedures for concluding such agreements shall be prescribed by the ASEAN Coordinating Council in consultation with the ASEAN Community Councils.

ARTICLE 42
DIALOGUE COORDINATOR

1. Member States, acting as Country Coordinators, shall take turns to take overall responsibility in coordinating and promoting the interests of ASEAN in its relations with the relevant Dialogue Partners, regional and international organisations and institutions.

2. In relations with the external partners, the Country Coordinators shall, inter alia:

(a) represent ASEAN and enhance relations on the basis of mutual respect and equality, in conformity with ASEAN's principles;

(b) co-chair relevant meetings between ASEAN and external partners; and

(c) be supported by the relevant ASEAN Committees in Third Countries and International Organisations.

ARTICLE 43
ASEAN COMMITTEES IN THIRD COUNTRIES AND INTERNATIONAL ORGANISATIONS

1. ASEAN Committees in Third Countries may be established in non-ASEAN countries comprising heads of diplomatic missions of ASEAN Member States. Similar Committees may be established relating to international organisations. Such Committees shall promote ASEAN's interests and identity in the host countries and international organisations.

2. The ASEAN Foreign Ministers Meeting shall determine the rules of procedure of such Committees.

ARTICLE 44
STATUS OF EXTERNAL PARTIES

1. In conducting ASEAN's external relations, the ASEAN Foreign Ministers Meeting may confer on an external party the formal status of Dialogue Partner, Sectoral Dialogue Partner, Development Partner, Special Observer, Guest, or other status that may be established henceforth.

2. External parties may be invited to ASEAN meetings or cooperative activities without being conferred any formal status, in accordance with the rules of procedure.

ARTICLE 45
RELATIONS WITH THE UNITED NATIONS SYSTEM AND OTHER INTERNATIONAL ORGANISATIONS AND INSTITUTIONS

1. ASEAN may seek an appropriate status with the United Nations system as well as with other sub-regional, regional, international organisations and institutions.

2. The ASEAN Coordinating Council shall decide on the participation of ASEAN in other sub-regional, regional, international organisations and

institutions.

ARTICLE 46
ACCREDITATION OF NON-ASEAN MEMBER STATES TO ASEAN

Non-ASEAN Member States and relevant inter-governmental organisations may appoint and accredit Ambassadors to ASEAN. The ASEAN Foreign Ministers Meeting shall decide on such accreditation.

CHAPTER XIII
GENERAL AND FINAL PROVISIONS

ARTICLE 47
SIGNATURE, RATIFICATION, DEPOSITORY AND ENTRY INTO FORCE

1. This Charter shall be signed by all ASEAN Member States.

2. This Charter shall be subject to ratification by all ASEAN Member States in accordance with their respective internal procedures.

3. Instruments of ratification shall be deposited with the Secretary-General of ASEAN who shall promptly notify all Member States of each deposit.

4. This Charter shall enter into force on the thirtieth day following the date of deposit of the tenth instrument of ratification with the Secretary-General of ASEAN.

ARTICLE 48
AMENDMENTS

1. Any Member State may propose amendments to the Charter.

2. Proposed amendments to the Charter shall be submitted by the ASEAN Coordinating Council by consensus to the ASEAN Summit for its decision.

3. Amendments to the Charter agreed to by consensus by the ASEAN Summit shall be ratified by all Member States in accordance with Article 47.

4. An amendment shall enter into force on the thirtieth day following the date of deposit of the last instrument of ratification with the Secretary-General of ASEAN.

ARTICLE 49
TERMS OF REFERENCE AND RULES OF PROCEDURE

Unless otherwise provided for in this Charter, the ASEAN Coordinating Council shall determine the terms of reference and rules of procedure and shall ensure their consistency.

ARTICLE 50
REVIEW

This Charter may be reviewed five years after its entry into force or as otherwise determined by the ASEAN Summit.

ARTICLE 51
INTERPRETATION OF THE CHARTER

1. Upon the request of any Member State, the interpretation of the Charter shall be undertaken by the ASEAN Secretariat in accordance with the rules of procedure determined by the ASEAN Coordinating Council.

2. Any dispute arising from the interpretation of the Charter shall be settled in accordance with the relevant provisions in Chapter VIII.

3. Headings and titles used throughout the Charter shall only be for the purpose of reference.

ARTICLE 52
LEGAL CONTINUITY

1. All treaties, conventions, agreements, concords, declarations, protocols and other ASEAN instruments which have been in effect before the entry into force of this Charter shall continue to be valid.

2. In case of inconsistency between the rights and obligations of ASEAN Member States under such instruments and this Charter, the Charter shall prevail.

ARTICLE 53
ORIGINAL TEXT

The signed original text of this Charter in English shall be deposited with the Secretary-General of ASEAN, who shall provide a certified copy to each Member State.

ARTICLE 54
REGISTRATION OF THE ASEAN CHARTER

This Charter shall be registered by the Secretary-General of ASEAN with the Secretariat of the United Nations, pursuant to Article 102, paragraph 1 of the Charter of the United Nations.

ARTICLE 55
ASEAN ASSETS

The assets and funds of the Organisation shall be vested in the name of ASEAN.

Done in Singapore on the Twentieth Day of November in the Year Two Thousand and Seven, in a single original in the English language.

For Brunei Darussalam:

HAJI HASSANAL BOLKIAH
Sultan of Brunei Darussalam

For the Kingdom of Cambodia:

SAMDECH HUN SEN
Prime Minister

For the Republic of Indonesia:

DR. SUSILO BAMBANG YUDHOYONO
President

For the Lao People's Democratic Republic:

BOUASONE BOUPHAVANH
Prime Minister

For Malaysia:

DATO' SERI ABDULLAH AHMAD BADAWI
Prime Minister

For the Union of Myanmar:

GENERAL THEIN SEIN
Prime Minister

For the Republic of the Philippines:

GLORIA MACAPAGAL-ARROYO
President

For the Republic of Singapore:

LEE HSIEN LOONG
Prime Minister

For the Kingdom of Thailand:

GENERAL SURAYUD CHULANONT (RET.)
Prime Minister

For the Socialist Republic of Viet Nam:

NGUYEN TAN DUNG
Prime Minister

ANNEX 1
ASEAN SECTORAL MINISTERIAL BODIES

I. ASEAN POLITICAL-SECURITY COMMUNITY

1. ASEAN Foreign Ministers Meeting(AMM)
   - ASEAN Senior Officials Meeting(ASEAN SOM)
   - ASEAN Standing Committee(ASC)
   - Senior Officials Meeting on Development Planning(SOMDP)
2. Commission on the Southeast Asia Nuclerar Weapon-Free Zone (SEANWFZ Commission)
   - Executive Committee of the SEANWFZ Commission
3. ASEAN Defence Ministers Meeting(ADMM)
   - ASEAN Defence Senior Officials Meeting(ADSOM)
4. ASEAN Law Ministers Meeting(ALAWMM)
   - ASEAN Senior Law Officials Meeting(ASLOM)
5. ASEAN Ministerial Meeting on Transnational Crime(AMMTC)
   - Senior Officials Meeting on Transnational Crime(SOMTC)
   - ASEAN Senior Officials on Drugs Matters(ASOD)
   - Directors-General of Immigration Departments and Heads of Consular Affairs Divisions of Ministries of Foreign Affairs Meeting(DGICM)
6. ASEAN Regional Forum(ARF)
   - ASEAN Regional Forum Senior Officials Meeting(ARF SOM)

II. ASEAN ECONOMIC COMMUNITY

1. ASEAN Economic Ministers Meeting(AEM)
   - High Level Task Force on ASEAN Economic Integration(HLTF-EI)
   - Senior Economic Officials Meeting(SEOM)
2. ASEAN Free Trade Area(AFTA) Council
3. ASEAN Investment Area(AIA) Council
4. ASEAN Finance Ministers Meeting(AFMM)
   - ASEAN Finance and Central Bank Deputies Meeting(AFDM)
   - ASEAN Directors-General of Customs Meeting(Customs DG)
5. ASEAN Ministers Meeting on Agriculture and Forestry(AMAF)

- Senior Officials Meeting of the ASEAN Ministers on Agriculture and Forestry(SOM-AMAF)
- ASEAN Senior Officials on Forestry(ASOF)

6. ASEAN Ministers on Energy Meeting(AMEM)
   - Senior Officials Meeting on Energy(SOME)
7. ASEAN Ministerial Meeting on Minerals(AMMin)
   - ASEAN Senior Officials Meeting on Minerals(ASOMM)
8. ASEAN Ministerial Meeting on Science and Technology(AMMST)
   - Committee on Science and Technology(COST)
9. ASEAN Telecommunications and Information Technology Ministers Meeting(TELMIN)
   - Telecommunications and Information Technology Senior Officials Meeting(TELSOM)
   - ASEAN Telecommunication Regulators' Council(ATRC)
10. ASEAN Transport Ministers Meeting(ATM)
    - Senior Transport Officials Meeting(STOM)
11. Meeting of the ASEAN Tourism Ministers(M-ATM)
    - Meeting of the ASEAN National Tourism Organisations(ASEAN NTOs)
12. ASEAN Mekong Basin Development Cooperation(AMBDC)
    - ASEAN Mekong Basin Development Cooperation Steering Committee(AMBDC SC)
    - High Level Finance Committee(HLFC)
13. ASEAN Centre for Energy
14. ASEAN-Japan Centre in Tokyo

III. ASEAN SOCIO-CULTURAL COMMUNITY

1. ASEAN Ministers Responsible for Information(AMRI)
   - Senior Officials Meeting Responsible for Information(SOMRI)
2. ASEAN Ministers Responsible for Culture and Arts(AMCA)
   - Senior Officials Meeting for Culture and Arts(SOMCA)
3. ASEAN Education Ministers Meeting(ASED)
   - Senior Officials Meeting on Education(SOM-ED)
4. ASEAN Ministerial Meeting on Disaster Management(AMMDM)
   - ASEAN Committee on Disaster Management(ACDM)

5. ASEAN Ministerial Meeting on the Environment(AMME)
   - ASEAN Senior Officials on the Environment(ASOEN)
6. Conference of the Parties to the ASEAN Agreement on Transboundary Haze Pollution(COP)
   - Committee(COM) under the COP to the ASEAN Agreement on Transboundary Haze Pollution
7. ASEAN Health Ministers Meeting(AHMM)
   - Senior Officials Meeting on Health Development(SOMHD)
8. ASEAN Labour Ministers Meeting(ALMM)
   - Senior Labour Officials Meeting(SLOM)
   - ASEAN Committee on the Implementation of the ASEAN Declaration on the Protection and Promotion of the Rights of Migrant Workers
9. ASEAN Ministers on Rural Development and Poverty Eradication (AMRDPE)
   - Senior Officials Meeting on Rural Development and Poverty Eradication(SOMRDPE)
10. ASEAN Ministerial Meeting on Social Welfare and Development (AMMSWD)
    - Senior Officials Meeting on Social Welfare and Development (SOMSWD)
11. ASEAN Ministerial Meeting on Youth(AMMY)
    - Senior Officials Meeting on Youth(SOMY)
12. ASEAN Conference on Civil Service Matters(ACCSM)
13. ASEAN Centre for Biodiversity(ACB)
14. ASEAN Coordinating Centre for Humanitarian Assistance on disaster management(AHA Centre)
15. ASEAN Earthquakes Information Centre
16. ASEAN Specialised Meteorological Centre(ASMC)
17. ASEAN University Network(AUN)

ANNEX 2
ENTITIES ASSOCIATED WITH ASEAN

I. PARLIAMENTARIANS

ASEAN Inter-Parliamentary Assembly(AIPA)

II. BUSINESS ORGANISATIONS

ASEAN Airlines Meeting
ASEAN Alliance of Health Supplement Association(AAHSA)
ASEAN Automotive Federation(AAF)
ASEAN Bankers Association(ABA)
ASEAN Business Advisory Council(ASEAN-BAC)
ASEAN Business Forum(ABF)
ASEAN Chamber of Commerce and Industry(ASEAN-CCI)
ASEAN Chemical Industries Council
ASEAN Federation of Textiles Industries(AFTEX) ASEAN Furniture Industries Council(AFIC) ASEAN Insurance Council(AIC)
ASEAN Intellectual Property Association(ASEAN IPA)
ASEAN International Airports Association(AAA)
ASEAN Iron & Steel Industry Federation
ASEAN Pharmaceutical Club
ASEAN Tourism Association(ASEANTA)
Federation of ASEAN Economic Associations(FAEA)
Federation of ASEAN Shippers' Council
US-ASEAN Business Council

III. THINK TANKS AND ACADEMIC INSTITUTIONS

ASEAN-ISIS Network

IV. ACCREDITED CIVIL SOCIETY ORGANISATIONS

ASEAN Academics of Science, Engineering and Technology(ASEAN CASE)
ASEAN Academy of Engineering and Technology(AAET)
ASEAN Association for Clinical Laboratory Sciences(AACLS)
ASEAN Association for Planning and Housing(AAPH)
ASEAN Association of Radiologists(AAR)

ASEAN Chess Confederation(ACC)
ASEAN Confederation of Employers(ACE)
ASEAN Confederation of Women's Organisation(ACWO)
ASEAN Constructors Federation(ACF)
ASEAN Cosmetics Association(ACA)
ASEAN Council for Japan Alumni (ASCOJA)
ASEAN Council of Teachers(ACT)
ASEAN Federation for Psychiatric and Mental Health(AFPMH)
ASEAN Federation of Accountants(AFA)
ASEAN Federation of Electrical Engineering Contractors(AFEEC)
ASEAN Federation of Engineering Organization(AFEO)
ASEAN Federation of Flying Clubs(AFFC)
ASEAN Federation of Forwarders Associations(AFFA)
ASEAN Federation of Heart Foundation(AFHF)
ASEAN Federation of Land Surveying and Geomatics(ASEAN FLAG)
ASEAN Federation of Mining Association(AFMA)
ASEAN Fisheries Federation(AFF)
ASEAN Football Federation(AFF)
ASEAN Forest Products Industry Club(AFPIC)
ASEAN Forestry Students Association(AFSA)
ASEAN Handicraft Promotion and Development Association(AHPADA)
ASEAN Kite Council(AKC)
ASEAN Law Association(ALA)
ASEAN Law Students Association(ALSA)
ASEAN Music Industry Association(AMIA)
ASEAN Neurosurgical Society(ANS)
ASEAN NGO Coalition on Ageing ASEAN Non-Governmental Organizations for the Prevention of Drugs and Substance Abuse
ASEAN Oleochemical Manufacturers Group(AOMG)
ASEAN Orthopaedic Association(AOA)
ASEAN Paediatric Federation(APF)
ASEAN Para Sports Federation(APSF)
ASEAN Ports Association(APA)
ASEAN Thalassaemia Society(ATS)
ASEAN Valuers Association(AVA)

ASEAN Vegetable Oils Club(AVOC)
Asian Partnership for Development of Human Resources in Rural Asia (AsiaDHRRA)
Committee for ASEAN Youth Cooperation(CAYC)
Federation of ASEAN Consulting Engineers(FACE)
Federation of ASEAN Public Relations Organizations(FAPRO)
Federation of ASEAN Shipowners' Associations(FASA)
Medical Association of Southeast Asian Nations Committee(MASEAN)
Rheumatism Association of ASEAN(RAA)
Southeast Asia Regional Institute for Community and Education (SEARICE)
Southeast Asian Studies Regional Exchange Program(SEASREP) Foundation
Veterans Confederation of ASEAN Countries(VECONAC)

V. OTHER STAKEHOLDERS IN ASEAN
ASEANAPOL
Federation of Institutes of Food Science and Technology in ASEAN (FIFSTA)
Southeast Asian Fisheries Development Centre(SEAFDEC)
Working Group for an ASEAN Human Rights Mechanism

ANNEX 3
ASEAN FLAG

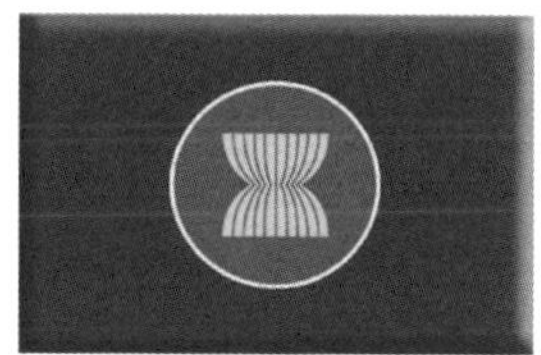

The ASEAN Flag represents a stable, peaceful, united and dynamic ASEAN. The colours of the Flag — blue, red, white and yellow — represent the main colours of the flags of all the ASEAN Member States.

The blue represents peace and stability. Red depicts courage and dynamism. White shows purity and yellow symbolises prosperity.

The stalks of padi represent the dream of ASEAN's Founding Fathers for an ASEAN comprising all the countries in Southeast Asia bound together in friendship and solidarity. The circle represents the unity of ASEAN.

The specification of Pantone Colour adopted for the colours of the ASEAN Flag are:

Blue: Pantone 19-4053 TC

Red: Pantone 18-1655 TC

White: Pantone 11-4202 TC

Yellow: Pantone 13-0758 TC

For the printed version, the specifications of colours(except white) will follow those for the colours of the ASEAN Emblem, i.e.:

Blue: Pantone 286 or Process Colour 100C 60M 0Y 6K

Red: Pantone Red 032 or Process Colour 0C 91M 87Y 0K

Yellow: Pantone Process Yellow or Process Colour 0C 0M 100Y 0K

The ratio of the width to the length of the Flag is two to three, and the size specifications for the following Flags are:

Table Flag: 10cm × 15cm

Room Flag: 100cm × 150cm

Car Flag: 10cm × 30 cm

Field Flag: 200cm × 300cm

ANNEX 4

ASEAN EMBLEM

The ASEAN Emblem represents a stable, peaceful, united and dynamic ASEAN. The colours of the Emblem — blue, red, white and yellow — represent the main colours of the crests of all the ASEAN Member States.

The blue represents peace and stability. Red depicts courage and dynamism. White shows purity and yellow symbolises prosperity.

The stalks of padi represent the dream of ASEAN's Founding Fathers for an ASEAN comprising all the countries in Southeast Asia bound together in friendship and solidarity. The circle represents the unity of ASEAN.

The specification of Pantone Colour adopted for the colours of the ASEAN Emblem are:

Blue: Pantone 286

Red: Pantone Red 032

Yellow: Pantone Process Yellow

For four-colour printing process, the specifications of colours will be:

Blue: 100C 60M 0Y 6K(100C 60M 0Y 10K)

Red: 0C 91M 87Y 0K(0C 90M 90Y 0K)

Yellow: 0C 0M 100Y 0K

Specifications in brackets are to be used when an arbitrary measurement of process colours is not possible.

In Pantone Process Colour Simulator, the specifications equal to:

Blue: Pantone 204-1

Red: Pantone 60-1

Yellow: Pantone 1-3

The font used for the word "ASEAN" in the Emblem is lower-case Helvetica in bold.

【부록 3】 미주기구헌장

Department of International Law
Secretariat for Legal Affairs

MULTILATERAL TREATIES

» CHARTER OF THE ORGANIZATION OF AMERICAN STATES (A-41)

As amended by the Protocol of Amendment to the Charter of the Organization of American States "Protocol of Buenos Aires", signed on February 27, 1967, at the Third Special Inter-American Conference,

by the Protocol of Amendment to the Charter of the Organization of American States "Protocol of Cartagena de Indias", approved on December 5, 1985, at the Fourteenth Special Session of the General Assembly,

by the Protocol of Amendment to the Charter of the Organization of American States "Protocol of Washington", approved on December 14, 1992, at the Sixteenth Special Session of the General Assembly,

and by the Protocol of Amendment to the Charter of the Organization of American States "Protocol of Managua," adopted on June 10, 1993, at the Nineteenth Special Session of the General Assembly.

TABLE OF CONTENTS

Part Two

Part Three

CHARTER OF THE ORGANIZATION OF AMERICAN STATES *

IN THE NAME OF THEIR PEOPLES, THE STATES REPRESENTED AT THE NINTH INTERNATIONAL CONFERENCE OF AMERICAN STATES,

Convinced that the historic mission of America is to offer to man a land of liberty and a favorable environment for the development of his personality and the realization of his just aspirations;

Conscious that that mission has already inspired numerous agreements, whose essential value lies in the desire of the American peoples to live together in peace and, through their mutual understanding and respect for the sovereignty of each one, to provide for the betterment of all, in independence, in equality and under law;

Convinced that representative democracy is an indispensable condition for the stability, peace and development of the region;

Confident that the true significance of American solidarity and good neighborliness can only mean the consolidation on this continent, within the framework of democratic institutions, of a system of individual liberty and social justice based on respect for the essential rights of man;

Persuaded that their welfare and their contribution to the progress and the civilization of the world will increasingly require intensive continental cooperation;

Resolved to persevere in the noble undertaking that humanity has conferred upon the United Nations, whose principles and purposes they solemnly reaffirm;

Convinced that juridical organization is a necessary condition for security and peace founded on moral order and on justice; and

In accordance with Resolution IX of the Inter-American Conference on Problems of War and Peace, held in Mexico City,

HAVE AGREED

upon the following

CHARTER OF THE ORGANIZATION OF AMERICAN STATES

Part One

Chapter I
NATURE AND PURPOSES

Article 1

The American States establish by this Charter the international organization that they have developed to achieve an order of peace and justice, to promote their solidarity, to strengthen their collaboration, and to defend their sovereignty, their territorial integrity, and their independence. Within the United Nations, the Organization of American States is a regional agency.

The Organization of American States has no powers other than those expressly conferred upon it by this Charter, none of whose provisions authorizes it to intervene in matters that are within the internal jurisdiction of the Member States.

Article 2

The Organization of American States, in order to put into practice the principles on which it is founded and to fulfill its regional obligations under the Charter of the United Nations, proclaims the following essential purposes:

a) To strengthen the peace and security of the continent;

b) To promote and consolidate representative democracy, with due respect for the principle of nonintervention;

c) To prevent possible causes of difficulties and to ensure the pacific settlement of disputes that may arise among the Member States;

d) To provide for common action on the part of those States in the event of aggression;

e) To seek the solution of political, juridical, and economic problems that may arise among them;

f) To promote, by cooperative action, their economic, social, and cultural development;

g) To eradicate extreme poverty, which constitutes an obstacle to the full democratic development of the peoples of the hemisphere; and

h) To achieve an effective limitation of conventional weapons that will make it possible to devote the largest amount of resources to the economic and social development of the Member States.

Chapter II
PRINCIPLES

Article 3

The American States reaffirm the following principles:

a) International law is the standard of conduct of States in their reciprocal relations;

b) International order consists essentially of respect for the personality, sovereignty, and independence of States, and the faithful fulfillment of obligations derived from treaties and other sources of international law;

c) Good faith shall govern the relations between States;

d) The solidarity of the American States and the high aims which are sought through it require the political organization of those States on the basis of the effective exercise of representative democracy;

e) Every State has the right to choose, without external interference, its political, economic, and social system and to organize itself in the way best suited to it, and has the duty to abstain from intervening in the affairs of another State. Subject to the foregoing, the American States shall cooperate fully among themselves, independently of the nature of their political, economic, and social systems;

f) The elimination of extreme poverty is an essential part of the promotion and consolidation of representative democracy and is the common and shared responsibility of the American States;

g) The American States condemn war of aggression: victory does not give rights;

h) An act of aggression against one American State is an act of aggression against all the other American States;

i) Controversies of an international character arising between two or more American States shall be settled by peaceful procedures;

j) Social justice and social security are bases of lasting peace;

k) Economic cooperation is essential to the common welfare and prosperity of the peoples of the continent;

l) The American States proclaim the fundamental rights of the individual without distinction as to race, nationality, creed, or sex;

m) The spiritual unity of the continent is based on respect for the cultural values of the American countries and requires their close cooperation for the high purposes of civilization;

n) The education of peoples should be directed toward justice, freedom, and peace.

Chapter III
MEMBERS

Article 4

All American States that ratify the present Charter are Members of the Organization.

Article 5

Any new political entity that arises from the union of several Member States and that, as such, ratifies the present Charter, shall become a Member of the Organization. The entry of the new political entity into the Organization shall result in the loss of membership of each one of the States which constitute it

Article 6

Any other independent American State that desires to become a Member of the Organization should so indicate by means of a note addressed to the Secretary General, in which it declares that it is willing to sign and ratify the Charter of the Organization and to accept all the obligations inherent in membership, especially those relating to collective security expressly set forth in Articles 28 and 29 of the Charter.

Article 7

The General Assembly, upon the recommendation of the Permanent Council of the Organization, shall determine whether it is appropriate that the Secretary General be authorized to permit the applicant State to sign the Charter and to accept the deposit of the corresponding instrument of ratification. Both the recommendation of the Permanent Council and the decision of the General Assembly shall require the affirmative vote of two thirds of the Member States.

Article 8

Membership in the Organization shall be confined to independent States of the Hemisphere that were Members of the United Nations as of December 10, 1985, and the non autonomous territories mentioned in document OEA/Ser. P, AG/doc.1939/85, of November 5, 1985, when they become independent.

Article 9

A Member of the Organization whose democratically constituted government has been overthrown by force may be suspended from the exercise of the right to participate in the sessions of the General Assembly, the Meeting of Consultation, the Councils of the Organization and the Specialized Conferences as well as in the commissions, working groups and any other bodies established.

a) The power to suspend shall be exercised only when such diplomatic initiatives undertaken by the Organization for the purpose of promoting the restoration of representative democracy in the affected Member State have been unsuccessful;

b) The decision to suspend shall be adopted at a special session of the General Assembly by an affirmative vote of two-thirds of the Member States;

c) The suspension shall take effect immediately following its approval by the General Assembly;

d) The suspension notwithstanding, the Organization shall endeavor to undertake additional diplomatic initiatives to contribute to the re-establishment of representative democracy in the affected Member State;

e) The Member which has been subject to suspension shall continue to fulfill its obligations to the Organization;

f) The General Assembly may lift the suspension by a decision adopted with the approval of two-thirds of the Member States;

g) The powers referred to in this article shall be exercised in accordance with this Charter.

Chapter IV
FUNDAMENTAL RIGHTS AND DUTIES OF STATES

Article 10

States are juridically equal, enjoy equal rights and equal capacity to exercise these rights, and have equal duties. The rights of each State depend not upon its power to ensure the exercise thereof, but upon the mere fact of its existence as a person under international law.

Article 11

Every American State has the duty to respect the rights enjoyed by every other State in accordance with international law.

Article 12

The fundamental rights of States may not be impaired in any manner whatsoever.

Article 13

The political existence of the State is independent of recognition by other States. Even before being recognized, the State has the right to defend its integrity and independence, to provide for its preservation and prosperity, and consequently to organize itself as it sees fit, to legislate concerning its interests, to administer its services, and to determine the jurisdiction and competence of its courts. The exercise of these rights is limited only by the exercise of the rights of other States in accordance with international law.

Article 14

Recognition implies that the State granting it accepts the personality of the new State, with all the rights and duties that international law prescribes for the two States.

Article 15

The right of each State to protect itself and to live its own life does not authorize it to commit unjust acts against another State.

Article 16

The jurisdiction of States within the limits of their national territory is exercised equally over all the inhabitants, whether nationals or aliens.

Article 17

Each State has the right to develop its cultural, political, and economic life freely and naturally. In this free development, the State shall respect the rights of the individual and the principles of universal morality.

Article 18

Respect for and the faithful observance of treaties constitute standards for the development of peaceful relations among States. International treaties and agreements should be public.

Article 19

No State or group of States has the right to intervene, directly or indirectly, for any reason whatever, in the internal or external affairs of any other State. The foregoing principle prohibits not only armed force but also any other form of interference or attempted threat against the personality of the State or against its political, economic, and cultural elements.

Article 20

No State may use or encourage the use of coercive measures of an economic or political character in order to force the sovereign will of another State and obtain from it advantages of any kind.

Article 21

The territory of a State is inviolable; it may not be the object, even temporarily, of military occupation or of other measures of force taken by another State, directly or indirectly, on any grounds whatever. No territorial acquisitions or special advantages obtained either by force or by other means of coercion shall be recognized.

Article 22

The American States bind themselves in their international relations not to have recourse to the use of force, except in the case of selfdefense in accordance with existing treaties or in fulfillment thereof.

Article 23

Measures adopted for the maintenance of peace and security in accordance with existing treaties do not constitute a violation of the principles set forth in Articles 19 and 21.

Chapter V
PACIFIC SETTLEMENT OF DISPUTES

Article 24

International disputes between Member States shall be submitted to the peaceful procedures set forth in this Charter.

This provision shall not be interpreted as an impairment of the rights and obligations of the Member States under Articles 34 and 35 of the Charter of the United Nations.

Article 25

The following are peaceful procedures: direct negotiation, good offices, mediation, investigation and conciliation, judicial settlement, arbitration, and those which the parties to the dispute may especially agree upon at any time.

Article 26

In the event that a dispute arises between two or more American States which, in the opinion of one of them, cannot be settled through the usual diplomatic channels, the parties shall agree on some other peaceful procedure that will enable them to reach a solution.

Article 27

A special treaty will establish adequate means for the settlement of disputes and will determine pertinent procedures for each peaceful means such that no dispute between American States may remain without definitive settlement within a reasonable period of time.

Chapter VI
COLLECTIVE SECURITY

Article 28

Every act of aggression by a State against the territorial integrity or the inviolability of the territory or against the sovereignty or political independence of an American State shall be considered an act of aggression against the other American States.

Article 29

If the inviolability or the integrity of the territory or the sovereignty or political independence of any American State should be affected by an armed attack or by an act of aggression that is not an armed attack, or by an extracontinental conflict, or by a conflict between two or more American States, or by any other fact or situation that might endanger the peace of America, the American States, in furtherance of the principles of continental solidarity or collective selfdefense, shall apply the measures and procedures established in the special treaties on the subject.

Chapter VII
INTEGRAL DEVELOPMENT

Article 30

The Member States, inspired by the principles of interAmerican solidarity and cooperation, pledge themselves to a united effort to ensure international social justice in their relations and integral development for their peoples, as conditions essential to peace and security. Integral development encompasses the economic, social, educational, cultural, scientific, and technological fields through which the goals that each country sets for accomplishing it should be achieved.

Article 31

Inter-American cooperation for integral development is the common and joint responsibility of the Member States, within the framework of the democratic principles and the institutions of the interAmerican system. It should include the economic, social, educational, cultural, scientific, and technological fields, support the achievement of national objectives of the Member States, and respect the priorities established by each country in its development plans, without political ties or conditions.

Article 32

Inter-American cooperation for integral development should be continuous and preferably channeled through multilateral organizations, without prejudice to bilateral cooperation between Member States.

The Member States shall contribute to inter-American cooperation for integral development in accordance with their resources and capabilities and in conformity with their laws.

Article 33

Development is a primary responsibility of each country and should constitute an integral and continuous process for the establishment of a more just economic and social order that will make possible and contribute to the fulfillment of the individual.

Article 34

The Member States agree that equality of opportunity, the elimination of extreme poverty, equitable distribution of wealth and income and the full participation of their peoples in decisions relating to their own development are, among others, basic objectives of integral development. To achieve them, they likewise agree to devote their utmost efforts to accomplishing the following basic goals:

a) Substantial and self-sustained increase of per capita national product;

b) Equitable distribution of national income;

c) Adequate and equitable systems of taxation;

d) Modernization of rural life and reforms leading to equitable and efficient land-tenure systems, increased agricultural productivity, expanded use of land, diversification of production and improved processing and marketing systems for agricultural products; and the strengthening and expansion of the means to attain these ends;

e) Accelerated and diversified industrialization, especially of capital and intermediate goods;

f) Stability of domestic price levels, compatible with sustained economic development and the attainment of social justice;

g) Fair wages, employment opportunities, and acceptable working conditions for all;

h) Rapid eradication of illiteracy and expansion of educational opportunities for all;

i) Protection of man's potential through the extension and application of modern medical science;

j) Proper nutrition, especially through the acceleration of national efforts to increase the production and availability of food;

k) Adequate housing for all sectors of the population;

l) Urban conditions that offer the opportunity for a healthful, productive, and full life;

m) Promotion of private initiative and investment in harmony with action in the public sector; and

n) Expansion and diversification of exports.

Article 35

The Member States should refrain from practicing policies and adopting actions or measures that have serious adverse effects on the development of other Member States.

Article 36

Transnational enterprises and foreign private investment shall be subject to the legislation of the host countries and to the jurisdiction of their competent courts and to the international treaties and agreements to which said countries are parties, and should conform to the development policies of the recipient countries.

Article 37

The Member States agree to join together in seeking a solution to urgent or critical problems that may arise whenever the economic development or stability of any Member State is seriously affected by conditions that cannot be remedied through the efforts of that State.

Article 38

The Member States shall extend among themselves the benefits of science and technology by encouraging the exchange and utilization of scientific and technical knowledge in accordance with existing treaties and national laws.

Article 39

The Member States, recognizing the close interdependence between foreign trade and economic and social development, should make individual and united efforts to bring about the following:

a) Favorable conditions of access to world markets for the products of the developing countries of the region, particularly through the reduction or elimination, by importing countries, of tariff and nontariff barriers that affect the exports of the Member States of the Organization, except when such barriers are applied in order to diversify the economic structure, to speed up the development of the lessdeveloped Member States, and intensify their process of economic integration, or when they are related to national security or to the needs of economic balance;

b) Continuity in their economic and social development by means of:

i. Improved conditions for trade in basic commodities through international agreements, where appropriate; orderly marketing procedures that avoid the disruption of markets, and other measures designed to promote the expansion of markets and to obtain dependable incomes for producers, adequate and dependable supplies for consumers, and stable prices that are both remunerative to producers and fair to consumers;

ii. Improved international financial cooperation and the adoption of other means for lessening the adverse impact of sharp fluctuations in export earnings experienced by the countries exporting basic commodities;

iii. Diversification of exports and expansion of export opportunities for manufactured and semi- manufactured products from the developing countries; and

iv. Conditions conducive to increasing the real export earnings of the Member States, particularly the developing countries of the region, and to increasing their participation in international trade.

Article 40

The Member States reaffirm the principle that when the more developed countries grant concessions in international trade agreements that lower or eliminate tariffs or other barriers to foreign trade so that they benefit the lessdeveloped countries, they should not expect reciprocal concessions from those countries that are incompatible with their economic development, financial, and trade needs.

Article 41

The Member States, in order to accelerate their economic development, regional integration, and the expansion and improvement of the conditions of their commerce, shall promote improvement and coordination of transportation and communication in the developing countries and among the Member States.

Article 42

The Member States recognize that integration of the developing countries of the Hemisphere is one of the objectives of the inter-American system and, therefore, shall orient their efforts and take the necessary measures to accelerate the integration process, with a view to establishing a Latin American common market in the shortest possible time.

Article 43

In order to strengthen and accelerate integration in all its aspects, the Member States agree to give adequate priority to the preparation and carrying out of multinational projects and to their financing, as well as to encourage economic and financial institutions of the interAmerican system to continue giving their broadest support to regional integration institutions and programs.

Article 44

The Member States agree that technical and financial cooperation that seeks to promote regional economic integration should be based on the principle of harmonious, balanced, and efficient development, with particular attention to the relatively less-developed countries, so that it may be a decisive factor that will enable them to promote, with their own efforts, the improved development of their infrastructure programs, new lines of production, and export diversification.

Article 45

The Member States, convinced that man can only achieve the full realization of his aspirations within a just social order, along with economic development and true peace, agree to dedicate every effort to the application of the following principles and mechanisms:

a) All human beings, without distinction as to race, sex, nationality, creed, or social condition, have a right to material well-being and to their spiritual development, under circumstances of liberty, dignity, equality of opportunity, and economic security;

b) Work is a right and a social duty, it gives dignity to the one who performs it, and it should be performed under conditions, including a system of fair wages, that ensure life, health, and a decent standard of living for the worker and his family, both during his working years and in his old age, or when any circumstance deprives him of the possibility of working;

c) Employers and workers, both rural and urban, have the right to associate themselves freely for the defense and promotion of their interests, including the right to collective bargaining and the workers' right to strike, and recognition of the juridical personality of associations and the protection of their freedom and independence, all in accordance with applicable laws;

d) Fair and efficient systems and procedures for consultation and collaboration among the sectors of production, with due regard for safeguarding the interests of the entire society;

e) The operation of systems of public administration, banking and credit, enterprise, and distribution and sales, in such a way, in harmony with the private sector, as to meet the requirements and interests of the community;

f) The incorporation and increasing participation of the marginal sectors of the population, in both rural and urban areas, in the economic, social, civic, cultural, and political life of the nation, in order to achieve the full integration of the national community, acceleration of the process of social mobility, and the consolidation of the democratic system. The encouragement of all efforts of popular promotion and cooperation that have as their purpose the development and progress of the community;

g) Recognition of the importance of the contribution of organizations such as labor unions, cooperatives, and cultural, professional, business, neighborhood, and community associations to the life of the society and to the development process;

h) Development of an efficient social security policy; and

i) Adequate provision for all persons to have due legal aid in order to secure their rights.

Article 46

The Member States recognize that, in order to facilitate the process of Latin American regional integration, it is necessary to harmonize the social legislation of the developing countries, especially in the labor and social security fields, so that the rights of the workers shall be equally protected, and they agree to make the greatest efforts possible to achieve this goal.

Article 47

The Member States will give primary importance within their development plans to the encouragement of education, science, technology, and culture, oriented toward the overall improvement of the individual, and as a foundation for democracy, social justice, and progress.

Article 48

The Member States will cooperate with one another to meet their educational needs, to promote scientific research, and to encourage technological progress for their integral development. They will consider themselves individually and jointly bound to preserve and enrich the cultural heritage of the American peoples.

Article 49

The Member States will exert the greatest efforts, in accordance with their constitutional processes, to ensure the effective exercise of the right to education, on the following bases:

a) Elementary education, compulsory for children of school age, shall also be offered to all others who can benefit from it. When provided by the State it shall be without charge;

b) Middle-level education shall be extended progressively to as much of the population as possible, with a view to social improvement. It shall be diversified in such a way that it meets the development needs of each country without prejudice to providing a general education; and

c) Higher education shall be available to all, provided that, in order to maintain its high level, the corresponding regulatory or academic standards are met.

Article 50

The Member States will give special attention to the eradication of illiteracy, will strengthen adult and vocational education systems, and will ensure that the benefits of culture will be available to the entire population. They will promote the use of all information media to fulfill these aims.

Article 51

The Member States will develop science and technology through educational, research, and technological development activities and information and dissemination programs. They will stimulate activities in the field of technology for the purpose of adapting it to the needs of their integral development. They will organize their cooperation in these fields efficiently and will substantially increase exchange of knowledge, in accordance with national objectives and laws and with treaties in force.

Article 52

The Member States, with due respect for the individuality of each of them, agree to promote cultural exchange as an effective means of consolidating interAmerican understanding; and they recognize that regional integration programs should be strengthened by close ties in the fields of education, science, and culture.

Part Two

Chapter VIII
THE ORGANS

Article 53

The Organization of American States accomplishes its purposes by means of:

a) The General Assembly;

b) The Meeting of Consultation of Ministers of Foreign Affairs;

c) The Councils;

d) The Inter-American Juridical Committee;

e) The Inter-American Commission on Human Rights;

f) The General Secretariat;

g) The Specialized Conferences; and

h) The Specialized Organizations.

There may be established, in addition to those provided for in the Charter and in accordance with the provisions thereof, such subsidiary organs, agencies, and other entities as are considered necessary.

Chapter IX
THE GENERAL ASSEMBLY

Article 54

The General Assembly is the supreme organ of the Organization of American States. It has as its principal powers, in addition to such others as are assigned to it by the Charter, the following:

a) To decide the general action and policy of the Organization, determine the structure and functions of its organs, and consider any matter relating to friendly relations among the American States;

b) To establish measures for coordinating the activities of the organs, agencies, and entities of the Organization among themselves, and such activities with those of the other institutions of the interAmerican system;

c) To strengthen and coordinate cooperation with the United Nations and its specialized agencies;

d) To promote collaboration, especially in the economic, social, and cultural fields, with other international organizations whose purposes are similar to those of the Organization of American States;

e) To approve the program-budget of the Organization and determine the quotas of the Member States;

f) To consider the reports of the Meeting of Consultation of Ministers of Foreign Affairs and the observations and recommendations presented by the Permanent Council with regard to the reports that should be presented by the other organs and entities, in accordance with the provisions of Article 91.f, as well as the reports of any organ which may be required by the General Assembly itself;

g) To adopt general standards to govern the operations of the General Secretariat; and

h) To adopt its own rules of procedure and, by a twothirds vote, its agenda.

The General Assembly shall exercise its powers in accordance with the provisions of the Charter and of other inter-American treaties.

Article 55

The General Assembly shall establish the bases for fixing the quota that each Government is to contribute to the maintenance of the Organization, taking into account the ability to pay of the respective countries and their determination to contribute in an equitable manner. Decisions on budgetary matters require the approval of two thirds of the Member States.

Article 56

All Member States have the right to be represented in the General

Assembly. Each State has the right to one vote.

Article 57

The General Assembly shall convene annually during the period determined by the rules of procedure and at a place selected in accordance with the principle of rotation. At each regular session the date and place of the next regular session shall be determined, in accordance with the rules of procedure.

If for any reason the General Assembly cannot be held at the place chosen, it shall meet at the General Secretariat, unless one of the Member States should make a timely offer of a site in its territory, in which case the Permanent Council of the Organization may agree that the General Assembly will meet in that place.

Article 58

In special circumstances and with the approval of two thirds of the Member States, the Permanent Council shall convoke a special session of the General Assembly.

Article 59

Decisions of the General Assembly shall be adopted by the affirmative vote of an absolute majority of the Member States, except in those cases that require a twothirds vote as provided in the Charter or as may be provided by the General Assembly in its rules of procedure.

Article 60

There shall be a Preparatory Committee of the General Assembly, composed of representatives of all the Member States, which shall:

a) Prepare the draft agenda of each session of the General Assembly;

b) Review the proposed program-budget and the draft resolution on quotas, and present to the General Assembly a report thereon containing the recommendations it considers appropriate; and

c) Carry out such other functions as the General Assembly may assign to it.

The draft agenda and the report shall, in due course, be transmitted to the Governments of the Member States.

Chapter X
THE MEETING OF CONSULTATION OF MINISTERS OF FOREIGN AFFAIRS

Article 61

The Meeting of Consultation of Ministers of Foreign Affairs shall be held in order to consider problems of an urgent nature and of common interest to the American States, and to serve as the Organ of Consultation.

Article 62

Any Member State may request that a Meeting of Consultation be called. The request shall be addressed to the Permanent Council of the Organization, which shall decide by an absolute majority whether a meeting should be held.

Article 63

The agenda and regulations of the Meeting of Consultation shall be prepared by the Permanent Council of the Organization and submitted to the Member States for consideration.

Article 64

If, for exceptional reasons, a Minister of Foreign Affairs is unable to attend the meeting, he shall be represented by a special delegate.

Article 65

In case of an armed attack on the territory of an American State or within the region of security delimited by the treaty in force, the Chairman of the Permanent Council shall without delay call a meeting of the Council to decide on the convocation of the Meeting of Consultation, without prejudice to the provisions of the Inter- American Treaty of Reciprocal Assistance with regard to the States Parties to that instrument.

Article 66

An Advisory Defense Committee shall be established to advise the Organ of Consultation on problems of military cooperation that may arise in connection with the application of existing special treaties on collective security.

Article 67

The Advisory Defense Committee shall be composed of the highest military authorities of the American States participating in the Meeting of Consultation. Under exceptional circumstances the Governments may appoint substitutes. Each State shall be entitled to one vote.

Article 68

The Advisory Defense Committee shall be convoked under the same conditions as the Organ of Consultation, when the latter deals with matters relating to defense against aggression.

Article 69

The Committee shall also meet when the General Assembly or the Meeting of Consultation or the Governments, by a twothirds majority of the Member States, assign to it technical studies or reports on specific subjects.

Chapter XI
THE COUNCILS OF THE ORGANIZATION
Common Provisions

Article 70

The Permanent Council of the Organization and the Inter-American Council for Integral Development are directly responsible to the General Assembly, and each has the authority granted to it in the Charter and other inter-American instruments, as well as the functions assigned to it by the General Assembly and the Meeting of Consultation of Ministers of Foreign Affairs.

Article 71

All Member States have the right to be represented on each of the

Councils. Each State has the right to one vote.

Article 72

The Councils may, within the limits of the Charter and other interAmerican instruments, make recommendations on matters within their authority.

Article 73

The Councils, on matters within their respective competence, may present to the General Assembly studies and proposals, drafts of international instruments, and proposals on the holding of specialized conferences, on the creation, modification, or elimination of specialized organizations and other inter-American agencies, as well as on the coordination of their activities. The Councils may also present studies, proposals, and drafts of international instruments to the Specialized Conferences.

Article 74

Each Council may, in urgent cases, convoke Specialized Conferences on matters within its competence, after consulting with the Member States and without having to resort to the procedure provided for in Article 122.

Article 75

The Councils, to the extent of their ability, and with the cooperation of the General Secretariat, shall render to the Governments such specialized services as the latter may request.

Article 76

Each Council has the authority to require the other Council, as well as the subsidiary organs and agencies responsible to them, to provide it with information and advisory services on matters within their respective spheres of competence. The Councils may also request the same services from the other agencies of the inter- American system.

Article 77

With the prior approval of the General Assembly, the Councils may establish the subsidiary organs and the agencies that they consider advisable for the better performance of their duties. When the General Assembly is not in session, the aforesaid organs or agencies may be established provisionally by the corresponding Council. In constituting the membership of these bodies, the Councils, insofar as possible, shall follow the criteria of rotation and equitable geographic representation.

Article 78

The Councils may hold meetings in any Member State, when they find it advisable and with the prior consent of the Government concerned.

Article 79

Each Council shall prepare its own statutes and submit them to the General Assembly for approval. It shall approve its own rules of procedure and those of its subsidiary organs, agencies, and committees.

Chapter XII
THE PERMANENT COUNCIL OF THE ORGANIZATION

Article 80

The Permanent Council of the Organization is composed of one representative of each Member State, especially appointed by the respective Government, with the rank of ambassador. Each Government may accredit an acting representative, as well as such alternates and advisers as it considers necessary.

Article 81

The office of Chairman of the Permanent Council shall be held by each of the representatives, in turn, following the alphabetic order in Spanish of the names of their respective countries. The office of Vice Chairman shall be filled in the same way, following reverse alphabetic order.

The Chairman and the Vice Chairman shall hold office for a term of not more than six months, which shall be determined by the statutes.

Article 82

Within the limits of the Charter and of interAmerican treaties and agreements, the Permanent Council takes cognizance of any matter referred to it by the General Assembly or the Meeting of Consultation of Ministers of Foreign Affairs.

Article 83

The Permanent Council shall serve provisionally as the Organ of Consultation in conformity with the provisions of the special treaty on the subject.

Article 84

The Permanent Council shall keep vigilance over the maintenance of friendly relations among the Member States, and for that purpose shall effectively assist them in the peaceful settlement of their disputes, in accordance with the following provisions.

Article 85

In accordance with the provisions of this Charter, any party to a dispute in which none of the peaceful procedures provided for in the Charter is under way may resort to the Permanent Council to obtain its good offices. The Council, following the provisions of the preceding article, shall assist the parties and recommend the procedures it considers suitable for peaceful settlement of the dispute.

Article 86

In the exercise of its functions and with the consent of the parties to the dispute, the Permanent Council may establish ad hoc committees.

The ad hoc committees shall have the membership and the mandate that the Permanent Council agrees upon in each individual case, with the consent of the parties to the dispute.

Article 87

The Permanent Council may also, by such means as it deems advisable, investigate the facts in the dispute, and may do so in the territory of any of the parties, with the consent of the Government concerned.

Article 88

If the procedure for peaceful settlement of disputes recommended by the Permanent Council or suggested by the pertinent ad hoc committee under the terms of its mandate is not accepted by one of the parties, or one of the parties declares that the procedure has not settled the dispute, the Permanent Council shall so inform the General Assembly, without prejudice to its taking steps to secure agreement between the parties or to restore relations between them.

Article 89

The Permanent Council, in the exercise of these functions, shall take its decisions by an affirmative vote of two thirds of its Members, excluding the parties to the dispute, except for such decisions as the rules of procedure provide shall be adopted by a simple majority.

Article 90

In performing their functions with respect to the peaceful settlement of disputes, the Permanent Council and the respective ad hoc committee shall observe the provisions of the Charter and the principles and standards of international law, as well as take into account the existence of treaties in force between the parties.

Article 91

The Permanent Council shall also:

a) Carry out those decisions of the General Assembly or of the Meeting of Consultation of Ministers of Foreign Affairs the implementation of which has not been assigned to any other body;

b) Watch over the observance of the standards governing the operation of the General Secretariat and, when the General Assembly is not in session, adopt provisions of a regulatory nature that enable the General Secretariat to carry out its administrative functions;

c) Act as the Preparatory Committee of the General Assembly, in accordance with the terms of Article 60 of the Charter, unless the General

Assembly should decide otherwise;

d) Prepare, at the request of the Member States and with the cooperation of the appropriate organs of the Organization, draft agreements to promote and facilitate cooperation between the Organization of American States and the United Nations or between the Organization and other American agencies of recognized international standing. These draft agreements shall be submitted to the General Assembly for approval;

e) Submit recommendations to the General Assembly with regard to the functioning of the Organization and the coordination of its subsidiary organs, agencies, and committees;

f) Consider the reports of the Inter-American Council for Integral Development, of the Inter-American Juridical Committee, of the Inter-American Commission on Human Rights, of the General Secretariat, of specialized agencies and conferences, and of other bodies and agencies, and present to the General Assembly any observations and recommendations it deems necessary; and

g) Perform the other functions assigned to it in the Charter.

Article 92

The Permanent Council and the General Secretariat shall have the same seat.

Chapter XIII
THE INTER-AMERICAN COUNCIL FOR INTEGRAL DEVELOPMENT

Article 93

The Inter-American Council for Integral Development is composed of one principal representative, of ministerial or equivalent rank, for each Member State, especially appointed by the respective Government.

In keeping with the provisions of the Charter, the Inter-American Council for Integral Development may establish the subsidiary bodies and the agencies that it considers advisable for the better performance of its duties.

Article 94

The purpose of the Inter-American Council for Integral Development is to promote cooperation among the American States for the purpose of achieving integral development and, in particular, helping to eliminate extreme poverty, in accordance with the standards of the Charter, especially those set forth in Chapter VII with respect to the economic, social, educational, cultural, scientific, and technological fields.

Article 95

In order to achieve its various goals, especially in the specific area of technical cooperation, the Inter- American Council for Integral Development shall:

a) Formulate and recommend to the General Assembly a strategic plan which sets forth policies, programs, and courses of action in matters of cooperation for integral development, within the framework of the general policy and priorities defined by the General Assembly;

b) Formulate guidelines for the preparation of the program-budget for technical cooperation and for the other activities of the Council;

c) Promote, coordinate, and assign responsibility for the execution of development programs and projects to the subsidiary bodies and relevant organizations, on the basis of the priorities identified by the Member States, in areas such as:

1) Economic and social development, including trade, tourism, integration and the environment;

2) Improvement and extension of education to cover all levels, promotion of scientific and technological research, through technical cooperation, and support for cultural activities; and

3) Strengthening of the civic conscience of the American peoples, as one of the bases for the effective exercise of democracy and for the observance of the rights and duties of man.

These ends shall be furthered by sectoral participation mechanisms and other subsidiary bodies and organizations established by the Charter and by other General Assembly provisions.

d) Establish cooperative relations with the corresponding bodies of the United Nations and with other national and international agencies, especially with regard to coordination of inter-American technical cooperation programs.

e) Periodically evaluate cooperation activities for integral development, in terms of their performance in the implementation of policies, programs, and projects, in terms of their impact, effectiveness, efficiency, and use of resources, and in terms of the quality, inter alia, of the technical cooperation services provided; and report to the General Assembly.

Article 96

The Inter-American Council for Integral Development shall hold at least one meeting each year at the ministerial or equivalent level. It shall also have the right to convene meetings at the same level for the specialized or sectorial topics it considers relevant, within its province or sphere of competence. It shall also meet when convoked by the General Assembly or the Meeting of Consultation of Foreign Ministers, or on its own initiative, or for the cases envisaged in Article 37 of the Charter.

Article 97

The Inter-American Council for Integral Development shall have the nonpermanent specialized committees which it decides to establish and which are required for the proper performance of its functions. Those committees shall operate and shall be composed as stipulated in the Statutes of the Council.

Article 98

The execution and, if appropriate, the coordination, of approved projects shall be entrusted to the Executive Secretariat for Integral Development, which shall report on the results of that execution to the Council.

Chapter XIV
THE INTER-AMERICAN JURIDICAL COMMITTEE

Article 99

The purpose of the Inter-American Juridical Committee is to serve the Organization as an advisory body on juridical matters; to promote the progressive development and the codification of international law; and to study juridical problems related to the integration of the developing countries of the Hemisphere and, insofar as may appear desirable, the possibility of attaining uniformity in their legislation.

Article 100

The Inter-American Juridical Committee shall undertake the studies and preparatory work assigned to it by the General Assembly, the Meeting of Consultation of Ministers of Foreign Affairs, or the Councils of the Organization. It may also, on its own initiative, undertake such studies and preparatory work as it considers advisable, and suggest the holding of specialized juridical conferences.

Article 101

The Inter-American Juridical Committee shall be composed of eleven jurists, nationals of Member States, elected by the General Assembly for a period of four years from panels of three candidates presented by Member States. In the election, a system shall be used that takes into account partial replacement of membership and, insofar as possible, equitable geographic representation. No two Members of the Committee may be nationals of the same State.

Vacancies that occur for reasons other than normal expiration of the terms of office of the Members of the Committee shall be filled by the Permanent Council of the Organization in accordance with the criteria set forth in the preceding paragraph.

Article 102

The Inter-American Juridical Committee represents all of the Member States of the Organization, and has the broadest possible technical autonomy.

Article 103

The Inter-American Juridical Committee shall establish cooperative relations with universities, institutes, and other teaching centers, as well as with national and international committees and entities devoted to study, research, teaching, or dissemination of information on juridical matters of international interest.

Article 104

The Inter-American Juridical Committee shall draft its statutes, which shall be submitted to the General Assembly for approval.

The Committee shall adopt its own rules of procedure.

Article 105

The seat of the Inter-American Juridical Committee shall be the city of Rio de Janeiro, but in special cases the Committee may meet at any other place that may be designated, after consultation with the Member State concerned.

Chapter XV
THE INTER-AMERICAN COMMISSION ON HUMAN RIGHTS

Article 106

There shall be an Inter-American Commission on Human Rights, whose principal function shall be to promote the observance and protection of human rights and to serve as a consultative organ of the Organization in these matters.

An inter-American convention on human rights shall determine the structure, competence, and procedure of this Commission, as well as those of other organs responsible for these matters.

Chapter XVI
THE GENERAL SECRETARIAT

Article 107

The General Secretariat is the central and permanent organ of the Organization of American States. It shall perform the functions assigned to it in the Charter, in other inter-American treaties and agreements, and by the General Assembly, and shall carry out the duties entrusted to it by the General Assembly, the Meeting of Consultation of Ministers of Foreign Affairs, or the Councils.

Article 108

The Secretary General of the Organization shall be elected by the General Assembly for a five-year term and may not be reelected more than once or succeeded by a person of the same nationality. In the event that the office of Secretary General becomes vacant, the Assistant Secretary General shall assume his duties until the General Assembly shall elect a new Secretary General for a full term.

Article 109

The Secretary General shall direct the General Secretariat, be the legal representative thereof, and, notwithstanding the provisions of Article 91.b, be responsible to the General Assembly for the proper fulfillment of the obligations and functions of the General Secretariat.

Article 110

The Secretary General, or his representative, may participate with voice but without vote in all meetings of the Organization.

The Secretary General may bring to the attention of the General Assembly or the Permanent Council any matter which in his opinion might threaten the peace and security of the Hemisphere or the development of the Member States.

The authority to which the preceding paragraph refers shall be exercised in accordance with the present Charter.

Article 111

The General Secretariat shall promote economic, social, juridical, educational, scientific, and cultural relations among all the Member States of the Organization, with special emphasis on cooperation for the elimination of extreme poverty, in keeping with the actions and policies decided upon by the General Assembly and with the pertinent decisions of the Councils.

Article 112

The General Secretariat shall also perform the following functions:

a) Transmit ex officio to the Member States notice of the convocation of the General Assembly, the Meeting of Consultation of Ministers of Foreign

Affairs, the Inter-American Council for Integral Development, and the Specialized Conferences;

b) Advise the other organs, when appropriate, in the preparation of agenda and rules of procedure;

c) Prepare the proposed program-budget of the Organization on the basis of programs adopted by the Councils, agencies, and entities whose expenses should be included in the program-budget and, after consultation with the Councils or their permanent committees, submit it to the Preparatory Committee of the General Assembly and then to the Assembly itself;

d) Provide, on a permanent basis, adequate secretariat services for the General Assembly and the other organs, and carry out their directives and assignments. To the extent of its ability, provide services for the other meetings of the Organization;

e) Serve as custodian of the documents and archives of the Inter-American Conferences, the General Assembly, the Meetings of Consultation of Ministers of Foreign Affairs, the Councils, and the Specialized Conferences;

f) Serve as depository of inter-American treaties and agreements, as well as of the instruments of ratification thereof;

g) Submit to the General Assembly at each regular session an annual report on the activities of the Organization and its financial condition; and

h) Establish relations of cooperation, in accordance with decisions reached by the General Assembly or the Councils, with the Specialized Organizations as well as other national and international organizations.

Article 113

The Secretary General shall:

a) Establish such offices of the General Secretariat as are necessary to accomplish its purposes; and

b) Determine the number of officers and employees of the General Secretariat, appoint them, regulate their powers and duties, and fix their remuneration.

The Secretary General shall exercise this authority in accordance with such general standards and budgetary provisions as may be established by the General Assembly.

Article 114

The Assistant Secretary General shall be elected by the General Assembly for a fiveyear term and may not be reelected more than once or succeeded by a person of the same nationality. In the event that the office of

Assistant Secretary General becomes vacant, the Permanent Council shall elect a substitute to hold that office until the General Assembly shall elect a new Assistant Secretary General for a full term.

Article 115

The Assistant Secretary General shall be the Secretary of the Permanent Council. He shall serve as advisory officer to the Secretary General and shall act as his delegate in all matters that the Secretary General may entrust to him. During the temporary absence or disability of the Secretary General, the Assistant Secretary General shall perform his functions.

The Secretary General and the Assistant Secretary General shall be of different nationalities.

Article 116

The General Assembly, by a two-thirds vote of the Member States, may remove the Secretary General or the Assistant Secretary General, or both, whenever the proper functioning of the Organization so demands.

Article 117

The Secretary General shall appoint, with the approval of the Inter-American Council for Integral Development, an Executive Secretary for Integral Development.

Article 118

In the performance of their duties, the Secretary General and the personnel of the Secretariat shall not seek or receive instructions from any Government or from any authority outside the Organization, and shall refrain from any action that may be incompatible with their position as international officers responsible only to the Organization

Article 119

The Member States pledge themselves to respect the exclusively international character of the responsibilities of the Secretary General and the personnel of the General Secretariat, and not to seek to influence them in the discharge of their duties.

Article 120

In selecting the personnel of the General Secretariat, first consideration shall be given to efficiency, competence, and integrity; but at the same time, in the recruitment of personnel of all ranks, importance shall be given to the necessity of obtaining as wide a geographic representation as possible.

Article 121

The seat of the General Secretariat is the city of Washington, D.C.

Chapter XVII
THE SPECIALIZED CONFERENCES

Article 122

The Specialized Conferences are intergovernmental meetings to deal with special technical matters or to develop specific aspects of interAmerican cooperation. They shall be held when either the General Assembly or the Meeting of Consultation of Ministers of Foreign Affairs so decides, on its own initiative or at the request of one of the Councils or Specialized Organizations.

Article 123

The agenda and rules of procedure of the Specialized Conferences shall be prepared by the Councils or Specialized Organizations concerned and shall be submitted to the Governments of the Member States for consideration.

Chapter XVIII
THE SPECIALIZED ORGANIZATIONS

Article 124

For the purposes of the present Charter, InterAmerican Specialized Organizations are the intergovernmental organizations established by multilateral agreements and having specific functions with respect to technical matters of common interest to the American States.

Article 125

The General Secretariat shall maintain a register of the organizations that fulfill the conditions set forth in the foregoing Article, as determined by the General Assembly after a report from the Council concerned.

Article 126

The Specialized Organizations shall enjoy the fullest technical autonomy, but they shall take into account the recommendations of the General Assembly and of the Councils, in accordance with the provisions of the Charter.

Article 127

The Specialized Organizations shall transmit to the General Assembly annual reports on the progress of their work and on their annual budgets and expenses.

Article 128

Relations that should exist between the Specialized Organizations and the Organization shall be defined by means of agreements concluded between each organization and the Secretary General, with the authorization of the General Assembly.

Article 129

The Specialized Organizations shall establish cooperative relations with world agencies of the same character in order to coordinate their activities. In concluding agreements with international agencies of a worldwide character, the Inter-American Specialized Organizations shall preserve their identity and their status as integral parts of the Organization of American States, even when they perform regional functions of international agencies.

Article 130

In determining the location of the Specialized Organizations consideration shall be given to the interest of all of the Member States and to the desirability of selecting the seats of these organizations on the basis of a geographic representation as equitable as possible.

Part Three

Chapter XIX
THE UNITED NATIONS

Article 131

None of the provisions of this Charter shall be construed as impairing the rights and obligations of the Member States under the Charter of the United Nations.

Chapter XX
MISCELLANEOUS PROVISIONS

Article 132

Attendance at meetings of the permanent organs of the Organization of American States or at the conferences and meetings provided for in the Charter, or held under the auspices of the Organization, shall be in accordance with the multilateral character of the aforesaid organs, conferences, and meetings and shall not depend on the bilateral relations between the Government of any Member State and the Government of the host country.

Article 133

The Organization of American States shall enjoy in the territory of each Member such legal capacity, privileges, and immunities as are necessary for the exercise of its functions and the accomplishment of its purposes.

Article 134

The representatives of the Member States on the organs of the Organization, the personnel of their delegations, as well as the Secretary General and the Assistant Secretary General shall enjoy the privileges and immunities corresponding to their positions and necessary for the independent performance of their duties.

Article 135

The juridical status of the Specialized Organizations and the privileges and immunities that should be granted to them and to their personnel, as well as to the officials of the General Secretariat, shall be determined in a multilateral agreement. The foregoing shall not preclude, when it is considered necessary, the concluding of bilateral agreements.

Article 136

Correspondence of the Organization of American States, including printed matter and parcels, bearing the frank thereof, shall be carried free of charge in the mails of the Member States.

Article 137

The Organization of American States does not allow any restriction based on race, creed, or sex, with respect to eligibility to participate in the activities of the Organization and to hold positions therein.

Article 138

Within the provisions of this Charter, the competent organs shall endeavor to obtain greater collaboration from countries not Members of the Organization in the area of cooperation for development.

Chapter XXI
RATIFICATION AND ENTRY INTO FORCE

Article 139

The present Charter shall remain open for signature by the American States and shall be ratified in accordance with their respective constitutional procedures. The original instrument, the Spanish, English, Portuguese, and French texts of which are equally authentic, shall be deposited with the General Secretariat, which shall transmit certified copies thereof to the Governments for purposes of ratification. The instruments of ratification shall be deposited with the General Secretariat, which shall notify the signatory States of such deposit.

Article 140

The present Charter shall enter into force among the ratifying States when two thirds of the signatory States have deposited their ratifications. It shall enter into force with respect to the remaining States in the order in which they deposit their ratifications.

Article 141

The present Charter shall be registered with the Secretariat of the United Nations through the General Secretariat.

Article 142

Amendments to the present Charter may be adopted only at a General Assembly convened for that purpose. Amendments shall enter into force in accordance with the terms and the procedure set forth in Article 140.

Article 143

The present Charter shall remain in force indefinitely, but may be denounced by any Member State upon written notification to the General Secretariat, which shall communicate to all the others each notice of denunciation received. After two years from the date on which the General Secretariat receives a notice of denunciation, the present Charter shall cease to be in force with respect to the denouncing State, which shall cease to belong to the Organization after it has fulfilled the obligations arising from the present Charter.

Chapter XXII
TRANSITORY PROVISIONS

Article 144

The Inter-American Committee on the Alliance for Progress shall act as the permanent executive committee of the Inter-American Economic and Social Council as long as the Alliance is in operation.

Article 145

Until the inter-American convention on human rights, referred to in Chapter XV, enters into force, the present InterAmerican Commission on Human Rights shall keep vigilance over the observance of human rights.

Article 146

The Permanent Council shall not make any recommendation nor shall the General Assembly take any decision with respect to a request for admission on the part of a political entity whose territory became subject, in whole or in part, prior to December 18, 1964, the date set by the First Special Inter-American Conference, to litigation or claim between an extra-continental country and one or more Member States of the Organization, until the dispute has been ended by some peaceful procedure. This article shall remain in effect until December 10, 1990.

* Signed in Bogotá in 1948 and amended by the Protocol of Buenos Aires in 1967, by the Protocol of Cartagena de Indias in 1985, by the Protocol of Washington in 1992, and by the Protocol of Managua in 1993.

【부록 4】 미주기구 회원국 명단 및 가입 연도 (총 35개국, 2015년 2월 기준)

- 1948년 헌장 서명 국가(총 21개국): Argentina, Bolivia, Brazil, Chile, Colombia, Costa Rica, Cuba,* Dominican Republic, Ecuador, El Salvador, Guatemala, Haiti, Honduras, Mexico, Nicaragua, Panama, Paraguay, Peru, United States of America, Uruguay and Venezuela (Bolivarian Republic of).

- 추가 가입 국가 및 가입연도(총 14개국): Barbados, Trinidad and Tobago (1967); Jamaica(1969); Grenada(1975); Suriname(1977); Dominica (Commonwealth of), Saint Lucia(1979); Antigua and Barbuda, Saint Vincent and the Grenadines(1981); The Bahamas(Commonwealth of)(1982); St. Kitts & Nevis(1984); Canada(1990); Belize and Guyana (1991).

* 2009년 6월 3일 미주기구 외무장관협의회 결의로 1962년의 쿠바 배제 조치가 해제되었으며, 쿠바 정부의 요청이 있을 경우 미주기구의 행동, 목적, 원칙에 따라 쿠바의 참여를 논의하도록 함.

【부록 5】 미주기구 상임 옵서버 명단 및 가입 연도 (총 70개국, 2015년 2월 기준)

	Country	Date
1	SPAIN	February 2, 1972
2	ISRAEL	February 2, 1972
3	NETHERLANDS	March 15, 1972
4	ITALY	May 17, 1972
5	FRANCE	September 20, 1972
6	GERMANY	December 6, 1972
7	BELGIUM	December 20, 1972
8	JAPAN	December 12, 1973
9	PORTUGAL	March 26, 1975
10	EGYPT	March 16, 1977
11	AUSTRIA	April 5, 1978
12	HOLY SEE (Vatican)	July 1, 1978
13	SWITZERLAND	September 13, 1978
14	GREECE	September 27, 1979
15	SAUDI ARABIA	October 22, 1980
16	KOREA	June 3, 1981
17	MOROCCO	November 18, 1981
18	CYPRUS	April 17, 1985
19	EQUATORIAL GUINEA	March 4, 1987
20	ALGERIA	June 10, 1987
21	PAKISTAN	January 6, 1988

22	FINLAND	January 6, 1988
23	EUROPEAN UNION	November 18, 1989
24	TUNISIA	September 12, 1990
25	HUNGARY	September 12, 1990
26	ROMANIA	October 31, 1990
27	INDIA	May 9, 1991
28	POLAND	September 25, 1991
29	ANGOLA	December 10, 1991
30	RUSSIAN FEDERATION	April 1, 1992
31	UKRAINE	May 9, 1994
32	LEBANON	November 30, 1994
33	CROATIA	March 8, 1995
34	CZECH REPUBLIC	March 8, 1995
35	UNITED KINGDOM	September 6, 1995
36	BOSNIA AND HERZEGOVINA	December 6, 1995
37	LATVIA	December 6, 1995
38	KAZAKHSTAN	February 22, 1996
39	SRI LANKA	February 22, 1996
40	SWEDEN	March 20, 1996
41	GHANA	October 9, 1996
42	BULGARIA	October 28, 1997
43	YEMEN	November 20, 1997

44	THAILAND	September 16, 1998
45	TURKEY	September 16, 1998
46	PHILIPPINES	August 26, 1999
47	IRELAND	May 25, 2000
48	DENMARK	October 11, 2000
49	NORWAY	November 8, 2000
50	AZERBAIJAN	April 5, 2001
51	ARMENIA	November 28, 2001
52	ESTONIA	February 13, 2002
53	GEORGIA	April 24, 2002
54	SLOVAK REPUBLIC	April 24, 2002
55	SERBIA	September 25, 2002
56	QATAR	October 16, 2002
57	SLOVENIA	October 14, 2003
58	NIGERIA	October 14, 2003
59	LUXEMBOURG	February 4, 2004
60	CHINA	May 26, 2004
61	ICELAND	May 9, 2008
62	VANUATU	October 14, 2008
63	BENIN	October 14, 2008
64	LITHUANIA	December 16, 2009
65	MONACO	September 15, 2010
66	FORMER YUGOSLAV REPUBLIC OF MACEDONIA	May 18, 2011
67	MALTA	September 21, 2011
68	ALBANIA	October 19, 2011
69	PRINCIPALITY OF LIECHTENSTEIN	January 31, 2014
70	MONTENEGRO	January 31, 2014

【부록 6】 미주기구 정규분담금 할당 비율

Country	2014 Quota %	Quota before Limits	Increases (Decreases)	Percent Change	Limiting Change to +/- 25%	2015~2017 Quota	% Change over 2014
Antigua and Barbuda	0.022	0.0220	-	0.00%	-	0.022	0.0%
Argentina	2.408	2.3360	(0.072)	-2.99%	(0.003)	2.405	-0.1%
Bahamas	0.062	0.0480	(0.014)	-22.58%	(0.013)	0.049	-21.0%
Barbados	0.045	0.0220	(0.023)	-51.11%	(0.011)	0.034	-24.4%
Belize	0.022	0.0220	-	0.00%	-	0.022	0.0%
Bolivia	0.049	0.0540	0.005	10.20%	0.007	0.056	14.3%
Brazil	9.941	12.6730	2.732	27.48%	2.485	12.426	25.0%
Canada	11.972	10.2980	(1.674)	-13.98%	(1.369)	10.603	-11.4%
Chile	1.189	1.2730	0.084	7.06%	0.122	1.311	10.3%
Colombia	1.049	1.7810	0.732	69.78%	0.262	1.311	25.0%
Costa Rica	0.221	0.2240	0.003	1.36%	0.010	0.231	4.5%
Cuba	0.575	0.3970	(0.178)	-30.96%	(0.144)	0.431	-25.0%
Dominica	0.022	0.0220	-	0.00%	-	0.022	0.0%
Dominican Republic	0.257	0.3080	0.051	19.84%	0.060	0.317	23.3%
Ecuador	0.258	0.3280	0.070	27.13%	0.065	0.323	25.2%
El Salvador	0.114	0.0770	(0.037)	-32.46%	(0.028)	0.086	-24.6%
Grenada	0.022	0.0220	-	0.00%	-	0.022	0.0%
Guatemala	0.168	0.1410	(0.027)	-16.07%	(0.023)	0.145	-13.7%
Guyana	0.022	0.0220	-	0.00%	-	0.022	0.0%
Haiti	0.034	0.0220	(0.012)	-35.29%	(0.008)	0.026	-23.5%
Honduras	0.051	0.0420	(0.009)	-17.65%	(0.008)	0.043	-15.7%
Jamaica	0.093	0.0540	(0.039)	-41.94%	(0.023)	0.070	-24.7%
Mexico	8.281	6.6050	(1.676)	-20.24%	(1.480)	6.801	-17.9%
Nicaragua	0.034	0.0220	(0.012)	-35.29%	(0.008)	0.026	-23.5%
Panama	0.158	0.1710	0.013	8.23%	0.018	0.176	11.4%
Paraguay	0.093	0.0730	(0.020)	-21.51%	(0.018)	0.075	-19.4%
Peru	0.688	0.9360	0.248	36.05%	0.172	0.860	25.0%
Saint Kitts and Nevis	0.022	0.0220	-	0.00%	-	0.022	0.0%
Saint Lucia	0.022	0.0220	-	0.00%	-	0.022	0.0%
Saint Vincent and the Grenadines	0.022	0.0220	-	0.00%	-	0.022	0.0%
Suriname	0.034	0.0220	(0.012)	-35.29%	(0.008)	0.026	-23.5%
Trinidad and Tobago	0.180	0.1280	(0.052)	-28.89%	(0.045)	0.135	-25.0%
United States	59.470	59.4700	-	0.00%	-	59.470	0.0%
Uruguay	0.214	0.2330	0.019	8.88%	0.026	0.240	12.1%
Venezuela	2.186	2.0860	(0.100)	-4.57%	(0.038)	2.148	-1.7%
	100.000	100.000	(0.000)		(0.000)	100.000	

출처: OAS, "Scale of Quota Assessment 2015-2017," http://www.scm.oas.org/pdfs/2014/CP32540E.pdf(검색일: 2015.1.30)

【부록 7】 아프리카연합헌장(The Constitutive Act)

We, Heads of State and Government of the Member States of the Organization of African Unity (OAU):

1. The President of the People's Democratic Republic of Algeria
2. The President of the Republic of Angola
3. The President of the Republic of Benin
4. The President of the Republic of Botswana
5. The President of Burkina Faso
6. The President of the Republic of Burundi
7. The President of the Republic of Cameroon
8. The President of the Republic of Cape Verde
9. The President of the Central African Republic
10. The President of the Republic of Chad
11. The President of the Islamic Federal Republic of the Comoros
12. The President of the Republic of the Congo
13. The President of the Republic of Côte d'Ivoire
14. The President of the Democratic Republic of Congo
15. The President of the Republic of Djibouti
16. The President of the Arab Republic of Egypt
17. The President of the State of Eritrea
18. The Prime Minister of the Federal Democratic Republic of Ethiopia
19. The President of the Republic of Equatorial Guinea
20. The President of the Gabonese Republic
21. The President of the Republic of The Gambia
22. The President of the Republic of Ghana
23. The President of the Republic of Guinea
24. The President of the Republic of Guinea Bissau
25. The President of the Republic of Kenya

26. The Prime Minister of Lesotho
27. The President of the Republic of Liberia
28. The Leader of the 1st of September Revolution of the Great Socialist People's Libyan Arab Jamahiriya
29. The President of the Republic of Madagascar
30. The President of the Republic of Malawi
31. The President of the Republic of Mali
32. The President of the Islamic Republic of Mauritania
33. The Prime Minister of the Republic of Mauritius
34. The President of the Republic of Mozambique
35. The President of the Republic of Namibia
36. The President of the Republic of Niger
37. The President of the Federal Republic of Nigeria
38. The President of the Republic of Rwanda
39. The President of the Sahrawi Arab Democratic Republic
40. The President of the Republic of Sao Tome and Principe
41. The President of the Republic of Senegal
42. The President of the Republic of Seychelles
43. The President of the Republic of Sierra Leone
44. The President of the Republic of Somalia
45. The President of the Republic of South Africa
46. The President of the Republic of Sudan
47. The King of Swaziland
48. The President of the United Republic of Tanzania
49. The President of the Togolese Republic
50. The President of the Republic of Tunisia
51. The President of the Republic of Uganda
52. The President of the Republic of Zambia
53. The President of the Republic of Zimbabwe

INSPIRED by the noble ideals which guided the founding fathers of our Continental Organization and generations of Pan-Africanists in their determination to promote unity, solidarity, cohesion and cooperation among the peoples of Africa and African States;

CONSIDERING the principles and objectives stated in the Charter of the Organization of African Unity and the Treaty establishing the African Economic Community;

RECALLING the heroic struggles waged by our peoples and our countries for political independence, human dignity and economic emancipation;

CONSIDERING that since its inception, the Organization of African Unity has played a determining and invaluable role in the liberation of the continent, the affirmation of a common identity and the process of attainment of the unity of our continent and has provided a unique framework for our collective action in Africa and in our relations with the rest of the world.

DETERMINED to take up the multifaceted challenges that confront our continent and peoples in the light of the social, economic and political changes taking place in the world;

CONVINCED of the need to accelerate the process of implementing the Treaty establishing the African Economic Community in order to promote the socio-economic development of Africa and to face more effectively the challenges posed by globalization;

GUIDED by our common vision of a united and strong Africa and by the need to build a partnership between governments and all segments of civil society, in particular women, youth and the private sector, in order to strengthen solidarity and cohesion among our peoples;

CONSCIOUS of the fact that the scourge of conflicts in Africa constitutes a major impediment to the socio-economic development of the continent and of the need to promote peace, security and stability as a prerequisite for the implementation of our development and integration agenda;

DETERMINED to promote and protect human and peoples' rights, consolidate democratic institutions and culture, and to ensure good governance and the rule of law;

FURTHER DETERMINED to take all necessary measures to strengthen our common institutions and provide them with the necessary powers and resources to enable them discharge their respective mandates effectively;

RECALLING the Declaration which we adopted at the Fourth Extraordinary Session of our Assembly in Sirte, the Great Socialist People's

Libyan Arab Jamahiriya, on 9.9. 99, in which we decided to establish an African Union, in conformity with the ultimate objectives of the Charter of our Continental Organization and the Treaty establishing the African Economic Community;

HAVE AGREED AS FOLLOWS:

Article 1
Definitions

In this Constitutive Act:

"Act" means the present Constitutive Act;

"AEC" means the African Economic Community;

"Assembly" means the Assembly of Heads of State and Government of the Union;

"Charter" means the Charter of the OAU;

"Commission" means the Secretariat of the Union;

"Committee" means a Specialized Technical Committee of the Union;

"Council" means the Economic, Social and Cultural Council of the Union;

"Court" means the Court of Justice of the Union;

"Executive Council" means the Executive Council of Ministers of the Union;

"Member State" means a Member State of the Union;

"OAU" means the Organization of African Unity;

"Parliament" means the Pan-African Parliament of the Union;

"Union" means the African Union established by the present Constitutive Act.

Article 2
Establishment

The African Union is hereby established in accordance with the provisions of this Act.

Article 3

Objectives

The objectives of the Union shall be to:

(a) achieve greater unity and solidarity between the African countries and the peoples of Africa;

(b) defend the sovereignty, territorial integrity and independence of its Member States;

(c) accelerate the political and socio-economic integration of the continent;

(d) promote and defend African common positions on issues of interest to the continent and its peoples;

(e) encourage international cooperation, taking due account of the Charter of the United Nations and the Universal Declaration of Human Rights;

(f) promote peace, security, and stability on the continent;

(g) promote democratic principles and institutions, popular participation and good governance;

(h) promote and protect human and peoples' rights in accordance with the African Charter on Human and Peoples' Rights and other relevant human rights instruments;

(i) establish the necessary conditions which enable the continent to play its rightful role in the global economy and in international negotiations;

(j) promote sustainable development at the economic, social and cultural levels as well as the integration of African economies;

(k) promote co-operation in all fields of human activity to raise the living standards of African peoples;

(l) coordinate and harmonize the policies between the existing and future Regional Economic Communities for the gradual attainment of the objectives of the Union;

(m) advance the development of the continent by promoting research in all fields, in particular in science and technology;

(n) work with relevant international partners in the eradication of preventable diseases and the promotion of good health on the continent.

Article 4
Principles

The Union shall function in accordance with the following principles:

(a) sovereign equality and interdependence among Member States of the Union;

(b) respect of borders existing on achievement of independence;

(c) participation of the African peoples in the activities of the Union;

(d) establishment of a common defence policy for the African Continent;

(e) peaceful resolution of conflicts among Member States of the Union through such appropriate means as may be decided upon by the Assembly;

(f) prohibition of the use of force or threat to use force among Member States of the Union;

(g) non-interference by any Member State in the internal affairs of another;

(h) the right of the Union to intervene in a Member State pursuant to a decision of the Assembly in respect of grave circumstances, namely: war crimes, genocide and crimes against humanity;

(i) peaceful co-existence of Member States and their right to live in peace and security;

(j) the right of Member States to request intervention from the Union in order to restore peace and security;

(k) promotion of self-reliance within the framework of the Union;

(l) promotion of gender equality;

(m) respect for democratic principles, human rights, the rule of law and good governance;

(n) promotion of social justice to ensure balanced economic development;

(o) respect for the sanctity of human life, condemnation and rejection of impunity and political assassination, acts of terrorism and subversive activities;

(p) condemnation and rejection of unconstitutional changes of governments.

Article 5

Organs of the Union

1. The organs of the Union shall be:

(a) The Assembly of the Union;

(b) The Executive Council;

(c) The Pan-African Parliament;(d) The Court of Justice;

(e) The Commission;

(f) The Permanent Representatives Committee;

(g) The Specialized Technical Committees;

(h) The Economic, Social and Cultural Council;

(i) The Financial Institutions;

2. Other organs that the Assembly may decide to establish.

Article 6

The Assembly

1. The Assembly shall be composed of Heads of States and Government or their duly accredited representatives.

2. The Assembly shall be the supreme organ of the Union.

3. The Assembly shall meet at least once a year in ordinary session. At the request of any Member State and on approval by a two-thirds majority of the Member States, the Assembly shall meet in extraordinary session.

4. The Office of the Chairman of the Assembly shall be held for a period of one year by a Head of State or Government elected after consultations among the Member States.

Article 7

Decisions of the Assembly

1. The Assembly shall take its decisions by consensus or, failing which, by a two-thirds majority of the Member States of the Union. However, procedural matters, including the question of whether a matter is one of procedure or not, shall be decided by a simple majority.

2. Two-thirds of the total membership of the Union shall form a quorum at any meeting of the Assembly.

Article 8
Rules of Procedure of the Assembly

The Assembly shall adopt its own Rules of Procedure.

Article 9
Powers and Functions of the Assembly

1. The functions of the Assembly shall be to:

(a) determine the common policies of the Union;

(b) receive, consider and take decisions on reports and recommendations from the other organs of the Union;

(c) consider requests for Membership of the Union;

(d) establish any organ of the Union;

(e) monitor the implementation of policies and decisions of the Union as well ensure compliance by all Member States;

(f) adopt the budget of the Union;

(g) give directives to the Executive Council on the management of conflicts, war and other emergency situations and the restoration of peace;

(h) appoint and terminate the appointment of the judges of the Court of Justice;

(i) appoint the Chairman of the Commission and his or her deputy or deputies and Commissioners of the Commission and determine their functions and terms of office.

2. The Assembly may delegate any of its powers and functions to any organ of the Union.

Article 10
The Executive Council

1. The Executive Council shall be composed of the Ministers of Foreign Affairs or such other Ministers or Authorities as are designated by the Governments of Member States.

2. The Executive Council shall meet at least twice a year in ordinary session. It shall also meet in an extra-ordinary session at the request of any Member State and upon approval by two-thirds of all Member States.

Article 11
Decisions of the Executive Council

1. The Executive Council shall take its decisions by consensus or, failing which, by a two-thirds majority of the Member States. However, procedural matters, including the question of whether a matter is one of procedure or not, shall be decided by a simple majority.

2. Two-thirds of the total membership of the Union shall form a quorum at any meeting of the Executive Council.

Article 12
Rules of Procedure of the Executive Council

The Executive Council shall adopt its own Rules of Procedure.

Article 13
Functions of the Executive Council

1. The Executive Council shall coordinate and take decisions on policies in areas of common interest to the Member States, including the following:

(a) foreign trade;

(b) energy, industry and mineral resources;

(c) food, agricultural and animal resources, livestock production and forestry;

(d) water resources and irrigation;

(e) environmental protection, humanitarian action and disaster response and relief;

(f) transport and communications;

(g) insurance;

(h) education, culture, health and human resources development;

(i) science and technology;

(j) nationality, residency and immigration matters;

(k) social security, including the formulation of mother and child care policies, as well as policies relating to the disabled and the handicapped;

(l) establishment of a system of African awards, medals and prizes.

2. The Executive Council shall be responsible to the Assembly. It shall consider issues referred to it and monitor the implementation of policies formulated by the Assembly.

3. The Executive Council may delegate any of its powers and functions mentioned in paragraph 1 of this Article to the Specialized Technical Committees established under Article 14 of this Act.

Article 14
The Specialized Technical Committees
Establishment and Composition

1. There is hereby established the following Specialized Technical Committees, which shall be responsible to the Executive Council:

(a) The Committee on Rural Economy and Agricultural Matters;

(b) The Committee on Monetary and Financial Affairs;

(c) The Committee on Trade, Customs and Immigration Matters;

(d) The Committee on Industry, Science and Technology, Energy, Natural Resources and Environment;

(e) The Committee on Transport, Communications and Tourism;

(f) The Committee on Health, Labour and Social Affairs; and

(g) The Committee on Education, Culture and Human Resources.

2. The Assembly shall, whenever it deems appropriate, restructure the existing Committees or establish other Committees.

3. The Specialized Technical Committees shall be composed of Ministers or senior officials responsible for sectors falling within their respective areas of competence.

Article 15
Functions of the Specialized Technical Committees

Each Committee shall within its field of competence:

(a) prepare projects and programmes of the Union and submit it to the Executive Council;

(b) ensure the supervision, follow-up and the evaluation of the implementation of decisions taken by the organs of the Union;

(c) ensure the coordination and harmonization of projects and programmes of the Union;

(d) submit to the Executive Council either on its own initiative or at the request of the Executive Council, reports and recommendations on the implementation of the provisions of this Act; and

(e) carry out any other functions assigned to it for the purpose of ensuring the implementation of the provisions of this Act.

Article 16
Meetings

Subject to any directives given by the Executive Council, each Committee shall meet as often as necessary and shall prepare its Rules of Procedure and submit them to the Executive Council for approval.

Article 17
The Pan-African Parliament

1. In order to ensure the full participation of African peoples in the development and economic integration of the continent, a Pan-African Parliament shall be established.

2. The composition, powers, functions and organization of the Pan-African Parliament shall be defined in a protocol relating thereto.

Article 18
The Court of Justice

1. A Court of Justice of the Union shall be established;

2. The statute, composition and functions of the Court of Justice shall be defined in a protocol relating thereto.

Article 19
The Financial Institutions

The Union shall have the following financial institutions whose rules and regulations shall be defined in protocols relating thereto:

(a) The African Central Bank;

(b) The African Monetary Fund;

(c) The African Investment Bank.

Article 20
The Commission

1. There shall be established a Commission of the Union, which shall be the Secretariat of the Union.

2. The Commission shall be composed of the Chairman, his or her deputy or deputies and the Commissioners. They shall be assisted by the necessary staff for the smooth functioning of the Commission.

3. The structure, functions and regulations of the Commission shall be determined by the Assembly.

Article 21
The Permanent Representatives Committee

1. There shall be established a Permanent Representatives Committee. It shall be composed of Permanent Representatives to the Union and other Plenipotentiaries of Member States.

2. The Permanent Representatives Committee shall be charged with the responsibility of preparing the work of the Executive Council and acting on the Executive Council's instructions. It may set up such sub-committees or working groups as it may deem necessary.

Article 22
The Economic, Social and Cultural Council

1. The Economic, Social and Cultural Council shall be an advisory organ composed of different social and professional groups of the Member States of the Union.

2. The functions, powers, composition and organization of the Economic, Social and Cultural Council shall be determined by the Assembly.

Article 23
Imposition of Sanctions

1. The Assembly shall determine the appropriate sanctions to be imposed on any Member State that defaults in the payment of its contributions to the budget of the Union in the following manner: denial of the right to speak at meetings, to vote, to present candidates for any position or post within the Union or to benefit from any activity or commitments, therefrom;

2. Furthermore, any Member State that fails to comply with the decisions and policies of the Union may be subjected to other sanctions, such as the denial of transport and communications links with other Member States, and other measures of a political and economic nature to be determined by the

Assembly.

Article 24
The Headquarters of the Union

1. The Headquarters of the Union shall be in Addis Ababa in the Federal Democratic Republic of Ethiopia.

2. There may be established such other offices of the Union as the Assembly may, on the recommendation of the Executive Council, determine.

Article 25
Working Languages

The working languages of the Union and all its institutions shall be, if possible, African languages, Arabic, English, French and Portuguese.

Article 26
Interpretation

The Court shall be seized with matters of interpretation arising from the application or implementation of this Act. Pending its establishment, such matters shall be submitted to the Assembly of the Union, which shall decide by a two-thirds majority.

Article 27
Signature, Ratification and Accession

1. This Act shall be open to signature, ratification and accession by the Member States of the OAU in accordance with their respective constitutional procedures.

2. The instruments of ratification shall be deposited with the Secretary-General of the OAU.

3. Any Member State of the OAU acceding to this Act after its entry into force shall deposit the instrument of accession with the Chairman of the Commission.

Article 28
Entry into Force

This Act shall enter into force thirty (30) days after the deposit of the instruments of ratification by two-thirds of the Member States of the OAU.

Article 29
Admission to Membership

1. Any African State may, at any time after the entry into force of this Act, notify the Chairman of the Commission of its intention to accede to this Act and to be admitted as a member of the Union.

2. The Chairman of the Commission shall, upon receipt of such notification, transmit copies thereof to all Member States. Admission shall be decided by a simple majority of the Member States. The decision of each Member State shall be transmitted to the Chairman of the Commission who shall, upon receipt of the required number of votes, communicate the decision to the State concerned.

Article 30
Suspension

Governments which shall come to power through unconstitutional means shall not be allowed to participate in the activities of the Union.

Article 31
Cessation of Membership

1. Any State which desires to renounce its membership shall forward a written notification to the Chairman of the Commission, who shall inform Member States thereof. At the end of one year from the date of such notification, if not withdrawn, the Act shall cease to apply with respect to the renouncing State, which shall thereby cease to belong to the Union.

2. During the period of one year referred to in paragraph 1 of this Article, any Member State wishing to withdraw from the Union shall comply with the provisions of this Act and shall be bound to discharge its obligations under this Act up to the date of its withdrawal.

Article 32
Amendment and Revision

1. Any Member State may submit proposals for the amendment or revision of this Act.

2. Proposals for amendment or revision shall be submitted to the Chairman of the Commission who shall transmit same to Member States within thirty (30) days of receipt thereof.

3. The Assembly, upon the advice of the Executive Council, shall examine these proposals within a period of one year following notification of Member States, in accordance with the provisions of paragraph 2 of this Article;

4. Amendments or revisions shall be adopted by the Assembly by consensus or, failing which, by a two-thirds majority and submitted for ratification by all Member States in accordance with their respective constitutional procedures. They shall enter into force thirty (30) days after the deposit of the instruments of ratification with the Chairman of the Commission by a two-thirds majority of the Member States.

Article 33
Transitional Arrangements and Final Provisions

1. This Act shall replace the Charter of the Organization of African Unity. However, the Charter shall remain operative for a transitional period of one year or such further period as may be determined by the Assembly, following the entry into force of the Act, for the purpose of enabling the OAU/AEC to undertake the necessary measures regarding the devolution of its assets and liabilities to the Union and all matters relating thereto.

2. The provisions of this Act shall take precedence over and supersede any inconsistent or contrary provisions of the Treaty establishing the African Economic Community.

3. Upon the entry into force of this Act, all necessary measures shall be undertaken to implement its provisions and to ensure the establishment of the organs provided for under the Act in accordance with any directives or decisions which may be adopted in this regard by the Parties thereto within the transitional period stipulated above.

4. Pending the establishment of the Commission, the OAU General Secretariat shall be the interim Secretariat of the Union.

5. This Act, drawn up in four (4) original texts in the Arabic, English, French and Portuguese languages, all four (4) being equally authentic, shall be deposited with the Secretary-General of the OAU and, after its entry into

force, with the Chairman of the Commission who shall transmit a certified true copy of the Act to the Government of each signatory State. The Secretary-General of the OAU and the Chairman of the Commission shall notify all signatory States of the dates of the deposit of the instruments of ratification or accession and shall upon entry into force of this Act register the same with the Secretariat of the United Nations.

IN WITNESS WHEREOF, WE have adopted this Act.
Done at Lome, Togo, this 11th day of July, 2000.

CONSTITUTIVE ACT OF THE AFRICAN UNION
ADOPTED BY THE THIRTY-SIXTH ORDINARY SESSION OF THE ASSEMBLY OF HEADS OF STATE AND GOVERNMENT
11 JULY, 2000 – LOME, TOGO

1. People's Democratic Republic of Algeria
2. Republic of Angola
3. Republic of Benin
4. Republic of Botswana
5. Burkina Faso
6. Republic of Burundi
7. Republic of Cameroon
8. Republic of Cape Verde
9. Central African Republic
10. Republic of Chad
11. Islamic Federal Republic of the Comoros
12. Republic of the Congo
13. Republic of Côte d'Ivoire
14. Democratic Republic of Congo
15. Republic of Djibouti
16. Arab Republic of Egypt
17. State of Eritrea
18. Federal Democratic Republic of Ethiopia

19. Republic of Equatorial Guinea
20. Republic of Gabon
21. Republic of The Gambia
22. Republic of Ghana
23. Republic of Guinea
24. Republic of Guinea Bissau
25. Republic of Kenya
26. Kingdom of Lesotho
27. Republic of Liberia
28. Great Socialist People's Libyan Arab Jamahiriya
29. Republic of Madagascar
30. Republic of Malawi
31. Republic of Mali
32. Islamic Republic of Mauritania
33. Republic of Mauritius
34. Republic of Mozambique
35. Republic of Namibia
36. Republic of Niger
37. Federal Republic of Nigeria
38. Republic of Rwanda
39. Sahrawi Arab Democratic Republic
40. Republic of Sao Tome and Principe
41. Republic of Senegal
42. Republic of Seychelles
43. Republic of Sierra Leone
44. Republic of Somalia
45. Republic of South Africa
46. Republic of Sudan
47. Kingdom of Swaziland
48. United Republic of Tanzania
49. Republic of Togo
50. Republic of Tunisia
51. Republic of Uganda
52. Republic of Zambia
53. Republic of Zimbabwe

색 · 인

| ㄷ |

| ㄹ |

| ㅁ |

| ㅂ |

| ㅅ |

| ㅇ |

| ㅈ |

| ㅊ |

| ㅋ |

| ㅌ |

| ㅍ |

| ㅎ |

필 · 자 · 소 · 개

(원고 게재순)

✢ 조한승

현 | 단국대학교 정치외교학과 교수

미국 University of Missouri-Columbia 국제정치학 박사

연구분야: 국제분쟁, 안보정책, 국제기구

✢ 오영달

현 | 충남대학교 정치외교학과 부교수

영국 Aberystwyth University(전 The University of Wales, Aberystwyth) 국제정치학 박사

연구분야: 국제인권, 국제기구, 유럽정치, 정치사상

✣ 김도희

현 | 유네스코 아시아태평양 국제이해교육원 연구원

미국 University of Wisconsin-Milwaukee 정치학 박사

연구분야: 국제관계, 안보, 국제기구, 국제협력

✣ 이한규

현 | 한국외국어대학교 아프리카연구소 연구교수

프랑스 Paris 10(Nanterre) University 정치학 박사

연구분야: 아프리카 국제정치, 지역연구, 정치현상